Das Standard-Datenschutzmodell (SDM)

Martin Rost

Das Standard-Datenschutzmodell (SDM)

Einführung in die Umsetzung der operativen Anforderungen der DSGVO

2. Auflage

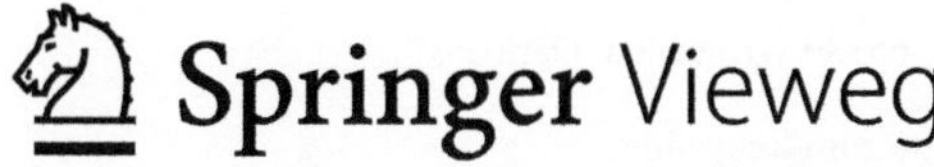

Martin Rost
Langwedel, Schleswig-Holstein, Deutschland

ISBN 978-3-658-44997-1   ISBN 978-3-658-44998-8   (eBook)
https://doi.org/10.1007/978-3-658-44998-8

Die Deutsche Nationalbibliothek verzeichnet diese Publikation in der Deutschen Nationalbibliografie; detaillierte bibliografische Daten sind im Internet über https://portal.dnb.de abrufbar.

Planung/Lektorat: David Imgrund
Springer Vieweg ist ein Imprint der eingetragenen Gesellschaft Springer Fachmedien Wiesbaden GmbH und ist ein Teil von Springer Nature.
Die Anschrift der Gesellschaft ist: Abraham-Lincoln-Str. 46, 65189 Wiesbaden, Germany

Wenn Sie dieses Produkt entsorgen, geben Sie das Papier bitte zum Recycling.

Vorwort zur 2. Auflage

Der gesamte Text wurde überarbeitet. Bei der Überarbeitung gab es folgende Schwerpunkte und Neuerungen:

Als ich das Manuskript der 1. Auflage dieses Buches Ende Mai 2022 abgab, war unsicher, ob es der SDM-Würfel in die offizielle, von den unabhängigen Datenschutzbehörden des Bundes und der Länder (DSK) verabschiedete, Version des „SDM-V3" schaffen wird. Ich hatte den Würfel bereits in meinen Schulungen verwendet. Dabei konnte ich beobachten, wie produktiv der Würfel, nach einer kurzen Einführung, von den Teilnehmer*innen zur Analyse ihrer Verarbeitungen genutzt wurde. Ich hatte das Buch auch deshalb geschrieben, um den SDM-Würfel in die Welt zu setzen. Doch meine Sorge war unbegründet, das SDM-V3 wurde mit dem SDM-Würfel von der DSK im November 2022 verabschiedet. Deshalb konnte das Kapitel zum SDM-Würfel nun in den Haupttext aufgenommen werden, der sich dadurch auszeichnet, dass die Erläuterungen auf der Grundlage der DSK-Veröffentlichungen zum SDM basieren (s. Abschn. 8.1), es mussten nur an der Beschriftung der Würfelachsen einige Änderungen vorgenommen werden. Ergänzt wurde dieses neue Kapitel mit Erläuterungen, wie der Würfel auch bei der Erarbeitung rechtlich motivierter Regelungen genutzt werden kann; bislang hatten die Interpretationen des Würfels eine technische Schlagseite. Das Buch wurde insgesamt aktualisiert auf die Inhalte des SDM-V3.1, das am 15. Mai 2024 von der DSK verabschiedet wurde.

Was wurde noch geändert?

Das Kapitel zu Datenschutzrisiken wurden grundlegend überarbeitet (s. Kap. 6), um Leser*innen mit einem konventionellen Verständnis von Risiko besser abzuholen. Auch wenn im Datenschutz die betriebswirtschaftlich und sicherheitstechnisch eingeführte Risikoformel „Risiko = Eintrittswahrscheinlichkeit x Schadenshöhe" zu berücksichtigen nur eingeschränkt ihre Berechtigung hat, so ist es methodisch zweifellos sinnvoll an der konventionellen Abfolge festzuhalten, dass Risiken erst zu identifizieren, dann zu beurteilen und zu bearbeiten sind.

Das Kapitel „SDM-Tools" (s. Abschn. 8.5) sowie das kurze Kapitel zu „SDM-Schulungen" (s. Abschn. 8.6) habe ich deshalb neu hinzugenommen, weil inzwischen viele SDM-Tools genutzt und SDM-Schulungen angeboten werden, die beide in methodischer Hinsicht fast nichts mit dem SDM der DSK bzw. mit dem Thema dieses Buches gemeinsam haben. Im Unterschied zur ISO oder dem BSI gelang es Datenschutzaufsichtsbehörden bislang nicht, eine Infrastruktur zur Qualitätssicherung des SDM zu betreiben, mit denen problematische Auswüchse oder Trivialisierungen des SDM durch SDM-Tool-Hersteller und SDM-Schulungsveranstalter eingefangen werden können.

Das BSI-Kapitel zu CON.2 wurde ebenfalls auf den aktuellen Stand gebracht (s. Abschn. 9.1). Analog zum SDM-Würfel lag auch das CON.2-Kapitel bereits als fertig abgestimmter Entwurf zum Zeitpunkt des Erscheinens der 1. Auflage des Buches vor. Zum Zeitpunkt der Manuskriptabgabe war ebenfalls nicht klar, was das BSI im Grundschutzkompendium zum SDM tatsächlich publizieren würde. Der abgestimmte Textentwurf wurde dann aber wenige Wochen später ohne Änderungen veröffentlicht. Fast alle kritischen Anmerkungen zum CON.2 aus der 1. Auflage dieses Buches waren damit obsolet geworden. Das BSI-Kapitel konnte gekürzt werden, SDM und BSI-Grundschutz ergänzen sich nun ohne Übergriffigkeit auf bestmögliche Weise.

Neu hinzugekommen sind zuletzt Ausführungen zu „Mittel einer Verarbeitung", weil diese die wesentlichen Änderungen zwischen der Version SDM-V3 und SDM-V3.1 ausmachen. Diese Ausführungen in der SDM-V3.1 ändern nichts an der Struktur oder Logik des SDM.

Neu hinzugekommen ist außerdem das Kapitel zur „SDM-Konformität". Ich war mehrfach darum gebeten worden, dazu etwas zu sagen, nun habe ich es aufgeschrieben und anstelle einer Zusammenfassung als Schlusskapitel eingefügt (s. Kap. 10).

Martin Rost

Überarbeitetes Vorwort zur 1. Auflage

Was leistet das Standard-Datenschutzmodell?
Mit Hilfe des Standard-Datenschutzmodells (SDM) können Organisationen die normativen Anforderungen der DSGVO in funktionale Anforderungen an ihre Verarbeitungen mit personenbeziehbaren Daten transformieren.

Das ist aktuell die bündigste Erklärung zum SDM, die mir bislang eingefallen ist. Diese Erklärung präferiert allerdings ein wenig die Planungsphase einer Verarbeitung, in der Verantwortliche sich erst einmal fragen, was die DSGVO überhaupt „will". Das SDM lässt sich auch praxisnäher, etwa mit Bezug auf eine Datenschutzprüfung einer bereits produktiven Verarbeitung erklären:

Das SDM hilft bei der Analyse, ob die Funktionen, Regeln und Schutzmaßnahmen einer laufenden Verarbeitung den Anforderungen der DSGVO genügen. Das SDM bietet zur Bearbeitung von Risiken einen Katalog mit Schutzmaßnahmen.

Die erste Erklärung zum SDM ist die theoretisch fundiertere, weil sie die Transformationseigenschaft des SDM Ernst nimmt, vom Recht zur Technik. Die zweite Erklärung reagiert dagegen auf die typischen Erwartungen aus der Datenschutzpraxis. Wichtig ist: In beiden Fällen ist der Ausgangspunkt die *Verarbeitung*. Der Ausgangspunkt ist nicht die zum Einsatz kommende Hardware oder Software. Die Verarbeitung – also der Geschäftsprozess, das Verfahren, das Projekt – erzeugt Risiken. Ob Daten angemessen erhoben, ob sie mittels der dabei verwendeten IT-Komponente angemessen organisiert und verarbeitet und die Schutzmaßnahme angemessen dimensioniert, betrieben und kontrolliert werden, hängt am Ende zudem von der rechtlichen Beurteilung der Verarbeitung dieser Daten ab. „Es kommt darauf an ...", sagt die Juristin oder der Jurist, und das ist vollkommen Ernst gemeint, das ist keine Floskel. Der Verweis auf die rechtlichen Regelungen einer Verarbeitung kann man im Kontext Datenschutz für eine Trivialität halten; wenn man „Datenschutz tatsächlich kann", dann ist ein solcher Verweis auch trivial. Doch erfahrungsgemäß dauert es bspw. bei IT-Techniker*innen lange, bis sie den Bezug zum Recht gefunden haben, darunter befinden erfahrungsgemäß gerade diejenigen Kolleg*innen, die sich viel mit IT-Sicherheit beschäftigt haben. So war es anfangs bei mir und so beobachte ich es seit 25 Jahren, mit nur wenigen Ausnahmen. Und Jurist*innen müssen im Gegenzug lernen, dass Anforderungen an den Datenschutz nicht mit dem

Schaffen einer Rechtsgrundlage umgesetzt sind, sondern dass sich die Anforderungen auf die gesamte Verarbeitung, also inklusive Technik und Organisation, erstreckt. So muss bspw. bei einer Einwilligung in eine Verarbeitung all die dabei verwendete Technik den an die Praxis gerichteten Anforderungen der DSGVO genügen. „Das ist jetzt Technik, da bin ich raus." ist für einen Juristen bzw. eine Juristin im Kontext Datenschutz – und genauso im Kontext der Informationssicherheit – kein zugelassenes Statement. Genau so wenig wie für Richter*innen, die über Datenschutzfälle zu urteilen haben. Für den operativen Datenschutz gilt, die Technik einer legitimen Verarbeitung grundrechtskonform zu formen. Oder den Mangel einer Verarbeitung herauszuarbeiten, weil bspw. der Grundrechtseingriff durch die Verarbeitung zu intensiv wäre.

Das SDM hilft, dass Jurist*innen in Anbetracht der Technik nicht irgendwie dilletieren müssen. Und Techniker*innen müssen Sachverhalte nicht erst noch lange, mit Hilfe von für Sie widersprüchlichen Regelwerken, erst durchdringen, abwägen und beurteilen, bevor sie wirksame Schutzmaßnahmen bestimmen können.

So fordert bspw. ein/e Jurist*in, personenbezogene Daten unverzüglich zu löschen, weil sie nicht mehr erforderlich sind. Juristisch ist damit das Wesentliche entschieden; sein/ihr Job ist damit gemacht. Daten real aus der Welt zu schaffen, ist eine anspruchsvolle Aktivität. Und der von der DSGVO geforderte Nachweis darüber, dass diese Daten tatsächlich wirksam gelöscht wurden, kann den Vorgang innerhalb von komplexen Organisationen kompliziert machen. Es geht beim Löschen von Daten in Organisationen ja nicht nur um das, was bei privater Nutzung auf einem PC passiert. In einer Organisation dürfen bzw. müssen nur befugte Mitarbeiter*innen löschen. Dabei darf auf keinen Fall etwas Falsches oder zu früh oder nur so halb gelöscht werden. Zuvor sollten selbstverständlich(?) von Sachverständigen die Löschprogramme prüfen, ob diese die Daten tatsächlich löschen oder nur den Zugang zu den Daten erschweren; standardmäßig ist bekanntlich letzteres der Fall. Das Löschen von Daten meint dabei nicht zwingend das Vernichten auch des Datenträgers. Aber wann müssen die Datenträger dann doch vernichtet werden? Wann reicht es, nur die Daten auf dem Datenträger zu löschen, zumal sie mit den nächsten Schreibvorgängen auf den Datenträger wahrscheinlich überschrieben werden? Die Antwort: Es kommt darauf an. Die Antwort hängt bspw. von den Risiken ab, die von der Verarbeitung für die betroffenen Personen ausgehen. Bei einem hohen Risiko für betroffene Personen wäre es typisch, dass gleich das Datenmedium vernichtet werden muss. Wenn die Betriebswirtin nach dem Grund für das teurere Vernichtenmüssen des Datenträgers fragt, dann geht es in die Diskussion mit der Juristin und der Datenschutzbeauftragten, mit durchaus offenem Ausgang. Denn es kann sein, dass ein starkes Löschen, etwa mit dem Löschprogramm „wipe", tatsächlich rechtlich ausreichen und der Datenträger somit erhalten bleiben kann. In jedem Falle müssen beim Löschen auch die Daten in den mehrere Generationen umfassenden Backups auf anderen Speichermedien berücksichtigt werden ...müssen auch diese unverzüglich gelöscht werden? Aufbewahrungsvorschriften können dem Löschen entgegenstehen, wie die Justiziarin anmerken könnte. Außerdem: Was heißt „unverzüglich" konkret? Am Ende muss der Verantwortliche entscheiden; für eine insgesamt rationale Entscheidung können die Informationen dabei gar nicht gut genug sein. Ein Verantwortlicher kann kein Interesse an einem/einer Datenschutzbeauftragten haben, der/die nicht in der Lage ist, die tatsächlich bestehenden Datenschutzrisiken am Ende nicht nur für betroffene Personen, sondern auch für die Organisation zu analysieren und Ratschläge zu deren Bearbeitung zu geben.

Die arbeitsteilig-sachgerechte Entkoppelung unterschiedlichen Fachwissens und die Integration dieses Fachwissens in Bezug auf die konkrete Verarbeitung kann mithilfe des SDM dann gelingen, wenn die beteiligten Expert*innen ihre Anforderungen mit den begrifflichen Mitteln des SDM auszudrücken verstehen. Die Expert*innen müssen darauf vertrauen können, dass eine allseitig zufriedenstellende Integration der Anforderungen und Aktivitäten gelingen kann, wenn sie das SDM gemeinsam kompetent – kompetent im je eigenen professionellen Verständnis – nutzen. Denn genau dieses Zusammenwirken ist in der arbeitsteiligen Datenschutzpraxis gefordert. Ein einseitiges Abwälzen etwa auf Abteilungsleiter*innen, die einen bereichsspezifischen Geschäftsprozess betreuen, auf Jurist*innen, Informatiker*innen oder Datenschutzbeauftragte, ist typisch, ist billig, erzeugt dauerhaft Stress, erzeugt dann doch Kosten und erzeugt vor allem keinen nennenswert wirksamen Datenschutz. Es beginnt schon damit, dass eine Expertin oder ein Experte allein die Komplexität einer Verarbeitung und die Umsetzung der Anforderungen der DSGVO nicht überschauen kann. Für eine gelingende Integration ist ein gemeinsames Verständnis von „Verarbeitung" und „Gewährleistungszielen" notwendig, von der/dem Datenschutzbeauftragten wird erwartet, dass sie/er das beherrscht. Im typischen Fall hat eine/ein Datenschutzbeauftragte/r einen eher rechtlichen oder eher technischen Zugang zum Datenschutz. Jurist*innen bzw. juristisch ausgebildete Datenschutzbeauftragte müssen in Bezug auf real wirksamen Datenschutz bereit sein, Normen und Regeln als „Ziele" zu rekonstruieren und zu kommunizieren. Techniker*innen/ Informatiker*innen bzw. technisch ausgebildete Datenschutzbeauftragte müssen bereit sein, „Ziele" in Form von aufeinander abgestimmten Techniken zu verstehen und umzusetzen, die primär rechtlich begründet ergriffen werden und bei denen nicht die Nützlichkeit von Funktionen, die Kosten oder die Sicherheit die letztlich maßgeblichen Design-Maßstäbe bilden. Alle Beteiligten müssen bereit sein, die durch Ziele fokussierte Aufmerksamkeit auf die Gestaltung bestimmter Eigenschaften von Verarbeitungstätigkeiten zu richten. Denn es sind die personenbezogenen *Verarbeitungen,* deren Eigenschaften im Zentrum der DSGVO stehen, nicht nur deren „schützenswerten personenbezogenen Daten".

Was leistet das SDM nicht?
Das SDM definiert nicht endgültig, welche Schutzmaßnahmen in welcher Ausprägung zur Umsetzung von Anforderungen der DSGVO zu treffen sind. Das SDM kann auch keinen Algorithmus zur endgültigen Wahl, Konfiguration und Dauerüberwachung von technisch-organisatorischen Maßnahmen anbieten. Das SDM bietet trotzdem mehr als nur eine lose Heuristik; angestrebt wird ein Kalkül mit abgegrenztem Handlungsspielraum für die Bestimmung von risikenmindernden Maßnahmen. Das SDM unterstützt auf der rechtlichen Seite auch bei der Erstellung von Regelungen, es kann dabei aber nicht die unterschiedlichen Typen von Regelungsgrundlagen für eine Verarbeitung – z.B.

Gesetze, Verordnungen, Verträge, Einwilligungen, Betriebsvereinbarung – generieren oder nahelegen. Aber im Bestimmen von Werten und Regeln eröffnet und beschränkt das SDM die Optionen.

Es liegt nicht am SDM, dass die technisch-organisatorischen Maßnahmen und Regelungen nicht in der von der Praxis gewünschten zweifelsfreien Eindeutigkeit auf Knopfdruck bestimmbar sind. Der Datenschutz ist starken politischen Konflikten und einer enormen organisatorischen und technischen Komplexität ausgesetzt:

a) Operativer Datenschutz muss den Schutz der Rechte und Freiheiten von Personen aufseiten der Organisationen und deren Verarbeitungen umsetzen; diese Anforderungen werden jedoch interessenabhängig interpretiert. Organisationen sollen Maßnahmen bezahlen, die für sie keinen unmittelbaren Nutzen haben. Betroffene Personen werden wohlmeinend angehalten, sich für den Schutz ihrer Privatheit zu interessieren, obwohl sie den Nutzen von freiwilligen unkomfortablen Einschränkungen nicht erkennen (können). Wirksamer Datenschutz verhindert bei Unternehmen das Abschöpfen der möglicherweise realisierbaren Werte personenbeziehbarer Daten und bei Staaten das bedingungslose staatliche Machtausüben von aus dem Ruder der check & balances laufenden Behörden oder gar Despoten. Genau deshalb ist Datenschutz einem starken politischen Konfliktfeld ausgesetzt, weshalb es mitunter Jahre dauern kann, bis bspw. für bestimmte Eigenschaften eines Betriebssystems – wer denkt da nicht an Microsoft? – eine Klärung bzw. ein Urteil herbeigeführt werden kann, sei es durch eine Datenschutzaufsichtsbehörde (DSA), durch ein Gericht einer unteren Instanz oder durch das Bundesverfassungsgericht (BVerfG) oder den europäischen Gerichtshof (EuGH). Wenn einer Organisation ein Datenschutzurteil nicht passt, kann sie leichter Hand behaupten, das Urteil sei strittig. Daraus folgt: Wenn die Auslegungen der Normen und Regeln der DSGVO nicht fix sind, können auch die darauf gegründeten Funktionen und Begründungen von Schutzmaßnahmen und Regelungen nicht fix sein. Die Organisationen sind gegenüber betroffenen Personen nicht nur stärker in der Gestaltung der Verarbeitung, sie verfügen auch über ungleich mehr Ressourcen für die Publikation von Artikeln zu Durchsetzung ihrer Interessen.

b) Die im Datenschutz zu analysierende Menge an Risiken kann sehr groß gemacht werden. Dies hat zur Folge, dass damit auch die Menge der zu treffenden Schutzmaßnahmen sehr groß werden kann. Es gibt keine aus der Technik heraus begründbare Regel zum Stoppen einer Risikoanalyse und der Bearbeitung von Datenschutzrisiken durch Maßnahmen. Grundsätzlich gilt: Wer die Macht über die Chips hat, hat auch die Macht über deren Ausführungen, gerade auch in Bezug auf Schutzmaßnahmen wie Verschlüsselung oder Prüfsummenmanagement. Es kommt durch Techniken der künstlichen Intelligenz hinzu, dass bei verrauscht erscheinenden Daten sehr viel aussichtsreicher als bislang erfolgreich geraten werden kann. Das SDM bietet deshalb zur Bearbeitung dieses Problems eine Strategie zur integer kalkulierbaren Komplexitätsreduktion insbesondere auf der Grundlage der Grundsätze aus Art. 5 DSGVO an.

Am Ende aller datenschützerischen Aktivitäten steht immer ein rechtliches Urteil über die Intensität eines Grundrechtseingriffs durch eine Verarbeitung sowie der dafür passenden technisch-organisatorischen Maßnahmen und deren Wirksamkeit. Vielleicht gibt es irgendwann einmal eine Datenschutz-Prüf-KI als Assistenz, die sehr viele Risikokonstellationen maschinell zu bearbeiten verspricht. Bis dahin bedarf es vertretbarer Strategien für eine rechtlich verantwortbare, methodische Komplexitätsreduktion, mit einigen unverzichtbaren, kontrafaktischen Fiktionen.

Für welche Leser*innen habe ich das Buch geschrieben?

Das Buch richtet sich vor allem an *Datenschutzbeauftragte* und an Mitarbeiter*innen und Leiter*innen von Datenschutzabteilungen, deren Zuständigkeit in der Administration bzw. Durchsetzung von Datenschutz in ihrer Organisation besteht. Das SDM hilft, eine gemeinsame methodische Grundlage für die interdisziplinäre Arbeit sowohl im Kontext von Datenschutzprüfungen, Datenschutz-Folgenabschätzungen (DSFA) als auch des Datenschutzmanagements (DSM) zu bilden.

Das Buch richtet sich ebenso an Spezialist*innen wie *Jurist*innen, Systemarchitekt*innen, Informatiker*innen, Techniker*innen und Administrator*innen,* die die Datenverarbeitungen in Organisationen maßgeblich mitgestalten. Ein Datenschutzkonzept hilft, eine Verarbeitung möglichst methodisch und effizient zu gestalten, um nur die unvermeidlichen Konflikte zu führen und unnötige Kosten zu vermeiden. Eine ganze Reihe maßgeblicher Organisationen empfehlen das SDM genau deshalb für Prüfungen und Beratungen im Datenschutz.

Nützlich ist eine Befassung mit dem SDM darüber hinaus für *Projektmanager*innen,* die nicht viel von Datenschutz verstehen, aber professionell DSFAen durchführen. Interessant ist das SDM nicht zuletzt für *Generalist*innen,* wie bspw. *Verantwortliche, Journalist*innen, Sozialwissenschaftler*innen* oder für Mitglieder von *NGOs,* die wissen wollen, was eine wirkungsvolle Datenschutzpraxis ausmacht und wie man sich bspw. gegen schlechte Entscheidungen von Ministerien oder Behörden sachkundig wehren kann.

Selbstverständlich verspreche ich nicht, was Datenschutzberater*innen typischerweise versprechen, nämlich dass ein wirksamer Datenschutz mit wenig Aufwand machbar ist. Nein, mit wenig Aufwand ist ein wirksamer Datenschutz nicht machbar, so wenig wie Umweltschutz, Informationssicherheit, Qualitätsmanagement, Arbeitsschutz oder Wirtschaftsprüfung ohne Aufwand machbar sind. *Das SDM zeigt in der Regel auf, welch unbestreitbar hoher Aufwand zu betreiben ist, um wirksamen Datenschutz gemäß DSGVO zu erreichen.* Das SDM hilft nicht, die Anforderungen des operativen Datenschutzes zu verzwergen oder, was noch immer vielfach versucht wird, in die IT-Sicherheit hinein umzubiegen. Allerdings ist für eine Organisation der für den operativen Datenschutz zu betreibende Aufwand auf Grundlage des SDM nicht größer, als der Aufwand zur Umsetzung von ISO-Standards oder von Maßnahmen zur Umsetzung der Informationssicherheit durch IT-Grundschutz (ITGS). Das SDM lässt sich, ohne besonderen Aufwand, in ITIL (Information Technology Infrastructure Library) und CoBIT (Control Objectives for Information and Related Technology) integrieren.

Es reichte noch nie und es reicht weiterhin nicht, einige Vorlagen aus Formularsammlungen zu kopieren und diese auszufüllen, dann vielleicht noch ein „Verzeichnis der Verarbeitungstätigkeiten" einzurichten (und zu glauben, damit seien die Dokumentationsanforderungen der DSGVO erfüllt) und am Ende einige Einwilligungserklärungen anzupassen, die aus dem Internet kopiert wurden. Das sind teure weil nutzlos-leerdrehende bürokratische Aktivitäten. Auf dem gleichen Niveau des Kleinmachens befindet sich die Vorstellung, dass ein/e externe/r Datenschutzbeauftragte/r für 30 EUR – oder eine Mitarbeiterin oder ein Mitarbeiter mit einem Zeitbudget von 5 % im Monat – für eine kleine oder mittlere Organisation die Anforderungen der DSGVO umsetzen kann. Das kann selbstverständlich niemand, ob mit oder ohne SDM. Solche durchaus leider noch immer typischen Konstellationen erzeugen zu Beginn gestresste und später dann lethargische Datenschutzbeauftragte, die nicht einmal die zu erledigenden Aufgaben verstehen, geschweige denn eine angemessene Strategie zu deren Bewältigung trotz zu geringer Ressourcen ausbilden. Inkompetenz muss einen DSB trotzdem nicht daran hindern, sich auf irgendetwas aus der DSGVO zu berufen und dadurch ganze Abteilungen lahmzulegen mit Behauptungen darüber, was alles „aufgrund von Datenschutz" nicht geht. Viele betriebliche DSB sind trotz haufenweise erworbener Datenschutz-Zertifikate bedrückend schlecht ausgebildet. Den Leitungen der Organisationen sind methodisch und inhaltlich schlecht ausgebildete DSBe durchaus recht. Die Folge ist eine viele Jahre während Tätigkeitssimulation im Bereich des operativen Datenschutzes. Kommt es zu einem Datenschutzvorfall, dann ziehen solche Organisationen blank und es kann für die Organisation sehr teuer und Tätigkeitssimulationen für den/die DSB sehr unangenehm werden. Und auch die Organisationen leiden unnötig, denn vieles ist sehr wohl machbar, ohne dass dadurch der Datenschutz für betroffene Personen vernachlässigt werden muss. Einiges an Verarbeitungen geht wiederum gar nicht, ganz gleich, was da rechtlich um den nicht-legitimen Zweck drumherum gestrickt wird.

Welche Lesepfade können durch das Buch sinnvoll eingeschlagen werden?
Vorausschicken möchte ich, dass es sich bei den freundlich formulierten Lektürehinweise zum Beginn eines jeden Kapitels in Wahrheit um Aufforderungen autoritärer Art handelt. Besorgen Sie sich bitte die in den Hinweisen genannten Texte zur Parallellektüre tatsächlich. Ich habe mich bemüht, wenn möglich aus dem Internet leicht beziehbare Texte zusammenzustellen.

Ich habe dieses Buch für drei Nutzungsformen strukturiert: Typ „Schlendern", Typ „Intensiv" und Typ „Effizient".

Der Nutzungstyp *Schlendern* will einen entspannten Einblick in eine Datenschutzmethodik bekommen, vielleicht auch ganz gezielt in das. Mit diesem Interesse ist es sinnvoll, zunächst den Überblick im Kap. 2, die Einleitungen und jeweils die Zwischenfazite zum Ende der Kapitel zu lesen. Jedes Kapitel wird mit einem Überblick zum Inhalt eingeleitet und durch ein Zwischenfazit abgeschlossen, in dem die Hauptthesen des Kapitels zusammengestellt sind. Das ist, über das gesamte Buch gesehen, zwar redundant, erlaubt aber ein abgerundetes Befassen zunächst nur mit einzelnen Themen und ein schnelles Wiederreinkommen zur Fortsetzung der Lektüre zu einem anderen Thema.

Der Nutzungstyp *Intensiv* lässt sich, unabhängig vom Vorwissen, auf das Thema „Datenschutzmodellierung mit SDM" ein und nimmt sich vor, das Thema mithilfe dieses Buches intensiv zu erarbeiten. Diesem Nutzungstyp empfehle ich, erst das Buch einmal vollständig durchzulesen und es danach, in einem weiteren vollständigen Durchgang, durchzuarbeiten. Dieser Nutzungstyp entsteht häufig aus Enttäuschung heraus, dass zuvor eine ganze Reihe an vermeintlichen Abkürzungen – etwa Schulung zur Informationssicherheit, Lesen von ISO-Standards der 27000er-Reihe, Lesen einer ganzen Menge an kurzen Datenschutzberatungs-Artikeln – keine Abkürzungen waren, sondern die Verwirrung eher noch gesteigert haben. Beim ersten Lesen sollten die Kapitel vollständig zumindest bis zu den Kapiteln „Vertiefende Erläuterungen" gelesen werden, vielleicht auch noch ohne Bearbeiten der im Buch verstreuten Aufgaben. Dadurch entsteht ein Gesamtüberblick, so wie er sich durch eine gründliche Befassung mit den offiziellen Publikationen zum SDM bestenfalls einstellen könnte. Danach sollte das Buch inklusive der vertiefenden Erläuterungen durchgearbeitet werden, mit ernsthaftem Bearbeiten der Aufgaben und jeder Menge an eigenen Notizen. Redundanz ist nicht zu vermeiden, sondern unverzichtbarer Bestandteil eines jeden Lernens. Der hermeneutische Zirkel besagt, dass man eigentlich nur das versteht, was man schon verstanden hat. Sie stellen erst beim zweiten Mal Lesen bzw. Bearbeiten des Buches fest, dass Sie bereits viel verstanden haben. In den vertiefenden Erläuterungen finden sich Herleitungen, Hintergründe und Fortentwicklungen zur offiziellen Darstellung des SDM, die Sie in die Lage versetzen sollen, das SDM kreativ auf ihre spezielle Situation hin anzuwenden und vielleicht eigenständig weiterzuentwickeln. Ich wünsche mir natürlich genau diese Art von Intensivnutzung des Buches. Dann einige Monate später noch eine gute SDM-Schulung obendrauf, und Sie können sichergehen, fortan tatsächlich jedes Problem der Datenschutzpraxis methodisch in den Griff zu bekommen. Vielleicht wollen sie dann intensiv über das SDM diskutieren oder sogar einen Beitrag zur Fortentwicklung des SDM leisten? Im Anhang des Buches finden sie Adressen, an die Sie sich dann wenden können.

Der Leser oder die Leserin vom Nutzungstyp *Effizient* kennt das SDM schon, zumindest grob umrissen aus dem Methodik-Handbuch der DSK, und bringt Erfahrungen aus der Datenschutzumsetzungspraxis mit. In diesem Falle kann es sinnvoll sein, vom Ende des Buches her das Wissen zu vertiefen. Konkret hieße das: Vorblättern zum SDM-Würfel im Abschn. 8.1, der die Modellierungsdimensionen der SDM-Methodik in einer Grafik vereint. Und anschließend denken Sie dann erst einmal eigenständig längere Zeit über den Würfel und seine Möglichkeiten zur Entfaltung der Risiken nach. Legen Sie dafür das Buch schlicht zur Seite. Erfinden Sie den SDM-Würfel nach, verbessern Sie ihn! Der SDM-Würfel ist nicht in Stein gemeißelt, er dient als Grundlage der Modellierung von Verarbeitungen in Organisationen. Ich weiss, dass viele SDM-Nutzer*innen primär an den SDM-Bausteinen bzw. technisch-organisatorischen Maßnahmen interessiert sind. Bei diesen Kolleg*innen beobachte ich häufig, zumindest wenn sie aus dem Bereich der

IT-Sicherheit kommen und mit operativem Datenschutz kaum befasst waren, dass sie – aufgrund der Verwendung der gleichen Schutzmaßnahmen sowohl in der IT-Sicherheit als auch dem Datenschutz – den operativen Datenschutz als eine Verlängerung der IT-Sicherheit begreifen. Und dann entsteht in der Regel die Idee, dass man doch IT-Sicherheit und operativen Datenschutz gleich zusammenbringen und zusammen denken müsse. Dass da noch niemand drauf gekommen ist...Doch doch, da sind schon Anwender*innen drauf gekommen! Eigentlich jede/r. Es gilt, die beiden Disziplinen „operativer Datenschutz" und „Informationssicherheit" erst einmal klar voneinander zu unterscheiden, bevor man sich anschließend daran machen kann, sie durch Synchronisierung in eine überwiegende Win-Win-Beziehung zu bekommen. Nicht nur echten Datenschützer*innen, auch den methodisch wirklich gut ausgebildeten IT-Grundschutz-Auditor*innen und den Entwickler*innen im BSI ist diese Unterscheidung „Datenschutz/Informationssicherheit" erfahrungsgemäß wichtig. Bei anderen Leser*innen dieses Buches könnte vor allem die anstehende Durchführungen einer DSFA (Abschn. 8.3) drücken. Oder es steht die Erarbeitung des „Verzeichnisses der Verarbeitungstätigkeiten" (Art. 30 DSGVO) im Vordergrund und man sucht ganz spezifisch nach Informationen, was an Verarbeitungen (s. Kap. 3) und technisch-organisatorischen Maßnahmen (s. Kap. 7) zu dokumentieren ist.

Die Methodik des SDM mithilfe dieses Buches anwenden zu lernen, wird sich über Monate ziehen. Wenn Sie nicht allein davor sind und mit anderen Spezialist*innen zusammenarbeiten können, kann es sehr viel schneller gehen. Einmal das Buch nur durchzulesen, wird zum Erlernen der Anwendung des SDM nicht reichen. Solche ärgerlichen Sätze wie dieses „es dauert" stehen in jedem Handbuch, irgendwie glaubt jede/r trotzdem an Abkürzungen, insbesondere wenn bereits gute Kenntnisse des Datenschutzrechts, zu IT-, IT-Sicherheit oder Methoden des Risikomanagements vorliegen. Ich habe Folien von SDM-Dozenten (allesamt Männer!) gesehen, die offenbaren, dass sie das offiziell von der DSK publizierte SDM-Methodik-Handbuch nicht auch nur ein einziges Mal bis zum Ende gelesen hatten. Sie haben die Menge der Gewährleistungsziele gesehen, verstanden, dass es doppelt so viele sind wie in der IT-Sicherheit und die auf der Hand liegende Sinnhaftigkeit der Ausweitung des Schutzziele-Sets verstanden. Das reichte ihnen an Kompetenzzuwachs. Sie haben nicht verstanden, dass das SDM sehr viel mehr...nämlich ein „Game-Changer in der Umsetzung von Datenschutzanforderungen" (Thomas Werning, Vorsitzender der Usergroup SDM (UGSDM)) ist. Wie bei jedem anderen Handwerk oder jeder anderen anspruchsvollen Dienstleistung dauert es, bis eine Methode anzuwenden Spaß macht, weil man weiss, was man wann in welcher Reihenfolge mit welchen Gründen macht und vor allem was man alles gut begründbar nicht macht, weil man es nicht machen muss. Ja, Datenschutz kann mit SDM sogar richtig Spaß machen.

Ein kluger Kollege, von dem ich viel lernen durfte, meinte anlässlich einer Kaffeepause, dass ihm auf der langen Bahnfahrt zur Konferenz klar geworden sei, dass er wohl zehn lange Jahre gebraucht habe, bis er Datenschutz konnte. Zehn Jahre! Dass es so lange dauerte, habe ihn nicht gerade fröhlich gestimmt, schließlich ließe das an seiner Intelligenz zweifeln. Denn eigentlich dürfe man erwarten, einen Job spätestens nach drei Jahren ausüben zu können. Ich stimmte beidem sofort zu, ich hatte wohl ebenfalls zehn

Jahre gebraucht; bei hohem persönlichen Engagement, mit viel Interesse und in einer anregenden, dem Datenschutz positiv gesonnenen Umgebung. Auch wenn man nur drei Minuten nach der Bestellung als DSB bereits relevante Effekte auslösen kann mit Fragen wie: „Ok, dann fange ich gleich mal an: Kann ich bitte eine Aufstellung aller Verarbeitungen bekommen?" Um dann ein bisschen in den Dokumenten wühlend nachzulegen mit einer weiteren Frage wie „Wo ist bitte die Rechtsgrundlage für diese Verarbeitung?" Solche Standardfragen von DSBen werden durchaus relevante Ergebnisse erzeugen, aber die sind nicht nachhaltig, denn im Kontrollieren, ob Prüfgrundlagen vorliegen, erschöpft sich Datenschutz ja nicht. Wie geht es anschließend denn weiter? Wie sieht die Prüfung einer Verarbeitung aus, welche Kompetenzen verlangt sie, welche Schutzmaßnahmen sind die richtigen? Eine Übersicht der Verarbeitungstätigkeiten nach Art. 30 DSGVO und die dazugehörigen Rechtsgrundlagen nach Art. 6 DSGVO allein erzeugen noch keinen Schutz vor den möglicherweise zu intensiven Zugriffen der Organisation auf deren Bürger*innen, Kund*innen oder Patient*innen. Ein Schutz entsteht durch die Gestaltung der Verarbeitung, dem Installieren von Schutzmaßnahmen, dem Prüfen des Betriebs der Maßnahmen und dem Beheben von Mängeln und dem Korrigieren von Fehlern. Also: Wie steigt man in echten Datenschutz ein und wie macht ihn? Was ist zu tun und wie setzt man das durch?

Mein Ehrgeiz ist, Ihre Lehrzeit für operativen Datenschutz mithilfe des SDM drastisch zu verkürzen.

Inhaltsverzeichnis

Abkürzungsverzeichnis

Abs.	Absatz
AK-Technik	Arbeitskreis „Technik" der DSK
Art.	Artikel
AV	Auftragsverarbeitung oder Auftragsverarbeiter
BayLfD	Der Bayerische Landesbeauftragte für den Datenschutz
BBfDSuI	Berliner Beauftragte für Datenschutz und Informationsfreiheit
BDI	Bundesverband der Deutschen Industrie e. V.
BDSG	Bundesdatenschutzgesetz
BfD EKD	Der Beauftragte für den Datenschutz der evangelischen Kirche Deutschlands
BfDI	Der Datenschutzbeauftragte für den Datenschutz und die Informationssicherheit
BGB	Bürgerliches Gesetzbuch
BGM	Bundesministerium für Gesundheit
BI	Business Intelligence
BMI	Bundesministerium des Innern und für Heimat
BPM	Business Process Model
BPML	Business Process Modeling Language
BPMN	Business Process Model and Notation
BSI	Bundesamt für Sicherheit in der Informationstechnik
BuED	Bildungs- und Entwicklungsdokumentation
BvD	Der Berufsverband der Datenschutzbeauftragten Deutschlands e. V.
BVerfG	Bundesverfassungsgericht
bzw.	beziehungsweise
CCC	Chaos Computer Club
CNIL	Commission Nationale de l'Informatique et des Libertés
CoBIT	Control Objectives for Information and Related Technology
CR	Change Request
CWA	Corona-Warn-App
DSA	Datenschutzaufsichtsbehörde oder Digital Service Act

DSFA	Datenschutz-Folgenabschätzung
DSGVO	Datenschutz-Grundverordnung
DSK	Unabhängige Datenschutzbehörden des Bundes und der Länder
DSM	Datenschutz-Management
DSMS	Datenschutz-Managementsystem
DuD	Datenschutz und Datensicherheit (Zeitschrift)
EDBP	European Data Protection Board
EG	Erwägungsgrund
EuGh	Europäischer Gerichtshof
EU-GrCh	Grundrechtecharta der europäischen Union (EU)
FIfF	Forum InformatikerInnen für Frieden und gesellschaftliche Verantwortung
GDD	Gesellschaft für Datenschutz und Datensicherheit e. V.
GDPR	General Data Protection Regulation (deutsch: DSGVO)
ggfs.	gegebenenfalls
GZ	Gewährleistungsziele
HBDI	Der Hessische Beauftragte für Datenschutz und Informationsfreiheit
HIIG	Alexander von Humboldt – Institut für Internet und Gesellschaft
HmbBfDI	Der Hamburgische Beauftragte für Datenschutz und Informationsfreiheit
IFSG	Infektionsschutzgesetz
ISB	Informationssicherheitsbeauftragte/r
ISMS	Informationssicherheitsmanagementsystem
IT	Informationstechnik
ITGS	IT-Grundschutz des BSI
ITIL	Information Technology Infrastructure Library
IZG	Informationszugangsgesetz
JRL	Justizrichtlinie
JRL	„Justizrichtlinie", RICHTLINIE (EU) 2016/680 DES EUROPÄISCHEN PARLAMENTS UND DES RATES
KDM	Kirchen-Datenschutzmodell
KI	Künstliche Intelligenz
KPI	Key Performance Indicator
KRI	Key Risc Indicator
KRITIS	Kritische Infrastrukturen
LDI	Landesbeauftragte für Datenschutz und Informationsfreiheit Nordrhein-Westfalen
LfDI M-V	Der Landesbeauftragte für Datenschutz und Informationsfreiheit Mecklenburg-Vorpommern
LfD NI	Die Landesbeauftragte für den Datenschutz Niedersachsen
LDSG	Landesdatenschutzgesetz
lit	Buchstabe
NGO	Non Governmental Organisation

NIS	The Network and Information Security (NIS) Directive
OH	Orientierungshilfe
OVG	Oberverwaltungsgericht
pbD	personenbezogene Daten
pbV	personenbezogenes Verfahren
PET	Privacy Enhancing Technology
PII	Personally Identifiable Information
PIMS	Datenschutzinformationsmanagementsystem
PIMS	Privacy Information Management System
PKI	Public Key Infrastructure
RBK	Technisches Rollen- und Berechtigungskonzept für Systeme und Dienste
RKI	Robert Koch Institut
RZ	Rechenzentrum
RZK	Fachliches Rollen- und Zuständigkeitskonzept für Verarbeitungen
SDM	Standard-Datenschutzmodell
SD	Sächsische Datenschutzbeauftragte
s. Abb.	siehe Abbildung
s. Kap.	siehe Kapitel
TFA	Technikfolgenabschätzung
TOM	technisch-organisatorische Maßnahmen
TTDSG	Gesetz über den Datenschutz und den Schutz der Privatsphäre in der Telekommunikation und bei Telemedien
UAGSDM	Unterarbeitsgruppe „Standard-Datenschutzmodell" des AK-Technik der DSK
UGSDM	Usergroup SDM
ULD	Unabhängiges Landeszentrum für Datenschutz Schleswig-Holstein
UML	Unified Modelling Language
vgl.	vergleiche mit
VPN	Virtual Private Network
VVT	Verzeichnis von Verarbeitungstätigkeiten

Was meint „Datenschutz"? 1

Das Standard-Datenschutzmodell (SDM) ist mit seinen wenigen Modellierungskomponenten leicht zu verstehen. Es sollte Sie nicht wundern, wenn Sie sich am Ende der Lektüre des Buches fragen: Soll das jetzt schon alles gewesen sein? Es hieß doch, das SDM sei kompliziert! Datenschutz mit Logik ist möglich. Voraussetzung für Logik im Datenschutz ist eine klare Vorstellung vom Zweck des Datenschutzes. Und man sollte dabei vermeiden, Datenschutz mit Datenschutzrecht gleichzusetzen; so wie man Umweltschutz auch nicht mit Umweltschutzrecht verwechseln sollte. Was „Datenschutz" meint, welchen Konflikt Datenschutzrecht regelt, und welchen Zweck operativer Datenschutz verfolgt, muss einem allein als Bürger*in klar sein; doch ein klares Wissen um den Zweck von Datenschutz darf man nicht einmal Datenschutz-Profis unterstellen.

In den Anfangsjahren war der Zweck des Datenschutzes den politisch interessierten Bürger*innen in Deutschland klar. Im Vorfeld des Volkszählungsurteils von 1983 wurde breit über einen allmächtig werdenden Staat diskutiert, der sich mit Hilfe von Computertechnik Zugriff auf sämtliche Daten der Bürger*innen verschaffen könne. Horst Herold, Präsident des Bundeskriminalamts von 1971 bis 1981, hatte als Vision, durch computergestützte Vorhersagen noch vor dem Täter am Tatort sein zu können. Diese bis heute bei den Polizeistrategen weltweit verbreitete Fantasie gab es zeitgenössisch genau so in der DDR (vgl. Bergien 2017). Der Umfang des Zugriffs und die Möglichkeiten zur Auswertung von Daten waren damals jedoch nur ein Bruchteil dessen, was sich heute einzelne Unternehmen herausnehmen. Weitaus weniger bekannt ist, dass das junge Grundgesetz (23.05.1949) beim höchsten Zivilgericht hinsichtlich des Schutzes der Persönlichkeit im Privatrechtsverkehr bereits ab 1954 Beachtung fand und mit dem „Herrenreiter-Urteil" („von der Ehrverletzung zum Persönlichkeitsschutz") von 1958 einen ersten Höhepunkt hatte. Das Anliegen des Datenschutzes beschäftigt das Bundesverfassungsgericht somit nicht erst seit 1983 mit dem Aufkommen von IT.

M. Rost, *Das Standard-Datenschutzmodell (SDM)*,
https://doi.org/10.1007/978-3-658-44998-8_1

> Überall, wo Individuen mit Organisationen kommunizieren, verfügen diese Organisationen in der Regel über die Ressourcen und die Definitionsmacht, um die Mehrzahl dieser Individuen zur Benutzung solcher Kommunikationswege zu veranlassen, die den Rationalisierungs- und Herrschaftsinteressen dieser Organisationen entgegenkommen. Mit verstärkter elektronisch vermittelter, gesteuerter und kontrollierter Kommunikation werden die Arbeitnehmer für den Arbeitgeber, die Kunden für den Produzenten, die Bürger für die Verwaltung und den Staat berechenbarer. Informationsungleichgewichte, die immer auch Machtungleichgewichte sind, würden so verstärkt (Kubicek 1988, S. 88).

Diese damalige Klarheit zur Bedeutung von Macht bei der Gestaltung von Informationsverarbeitungen hat sich mit der zu Beginn der 1990er Jahre aufkommenden begeisterten Nutzung des Internet verflüchtigt (vgl. Rost 1996).

Seit dem Jahrtausendwechsel hält bis heute der Skandalisierungsdiskurs zum Datenschutz an. Allerdings mit einem vollkommen entkernten Verständnis von Datenschutz als ein Irgendwas „mit Privatheit, Schutz von Daten und vor Werbung im Internet", das bei Organisationen permanent für überbordende Bürokratie sorge. Einige Skandale erreichten inzwischen, aus der Perspektive der Mitte der 1980er Jahre beurteilt, den Status eines größten anzunehmenden Unfalls (GAU) – für mich zählten die Offenbarungen Edward Snowdens 2013 zu den weltweiten Überwachungs- und Spionagepraktiken der Geheimdienste dazu –, mit exakt keinerlei Folgen. Im Zuge der Internetnutzung als universalem Verbreitungsmedium sind mächtige IT-Unternehmen hinzugekommen. Fortan gilt es, nicht nur die Wünsche von Kund*innen zu prognostizieren oder sie qua Kund*innenanalyse zu erzeugen („Vorschläge„), sondern aus Kund*innen mindestens Mitglieder (keine Ware ohne Firmen-Account) und mehr noch unentgeldlich arbeitende Mitarbeiter*innen zu machen. Man kann sagen: Die inzwischen nahezu omnipräsenten Meldungen zu Grundrechtsverstößen halten ersichtlich die „Erosion des Datenschutzes" (Simitis 1999) nicht auf, im Gegenteil: Man hat sich stattdessen achselzuckend allseits eingerichtet, wie sich im folgenden Zitat zeigt:

> Natürlich landen alle Inhalte von Mails, Excel-Arbeitsblättern, Word-Texten und Präsentationen für die KI-Verarbeitung bei Microsoft. Die Frage ist jedoch, ob die Daten auch weitergegeben werden, etwa zum Training der Sprachmodelle. Für Business-Accounts ('Copilot für Office 365') verneint Microsoft dies, sagt aber nichts zu den 'kleinen' Office-Abos Microsoft 365 Familiy und Personal. Auf Nachfrage verwies das Unternehmen lediglich auf die umfangreichen, in dieser Frage aber auch nicht expliziten Datenschutzbestimmungen (s. Wischner 2024, S. 17).

Natürlich …alle mit Microsoft-Produkten erzeugten Inhalte landen selbstverständlich – wie gesagt: geradezu natürlich – bei Microsoft. Und anstatt dies als grundrechtlich absolut inakzeptabel zu kritisieren – die Auslieferung von Privatpersonen an Microsoft wird akzeptiert, bei der Auslieferung von Geschäftsgeheimnisse zeigt man noch Skrupel –, kann die wirklich wichtige Frage ja nur noch lauten, ob Microsoft die Daten weitergibt. Ganz klar, natürlich. Der nur angedeutete kritische Unterton bestätigt die Praxis und nimmt dem Ungeheuerlichen peu à peu den Schrecken.

An diesen Verhältnissen ist in modernen Rechtsstaaten nichts „natürlich“ im Sinne von „unvermeidlich“. Wenn Microsoft als Unternehmen wie ein Unternehmen handelt, dann werden Daten in dem Moment herausgeben, an dem der Preis stimmt. Und wenn der amerikanische Staat anklopft, dann muss Microsoft auch unfreiwillig die Daten rausrücken (Stichwort: „Cloud Act“). Es ist sogar glaubhaft, dass Microsoft das nicht schmeckt, denn es offenbart, dass es da noch immer eine Instanz gibt, die mächtiger als Microsoft ist. Ferner darf man davon ausgehen, dass über diesen Kanal zumindest befreundete Staaten ebenfalls auf für sie interessante Daten zugreifen können. Zugleich versucht die staatliche Seite, die Macht solcher Unternehmen zu begrenzen. Die EU-Kommission hatte Microsoft Mitte Mai 2024 ein Ultimatum gesetzt, dass Microsoft umfassende Informationen über die Risiken generativer KI vorlegen müsse, weil der Verdacht bestehe, dass der Copilot in der Suchmaschine Bing sowie das Microsoft-Programm „Designer“ gegen den Digital Service Act verstießen (vgl. EU-Commission 2024) Also: Microsoft ist das Problem, sie erheben diese Daten, weil sie das qua ihrer Marktmacht können. Und das Problem ist noch größer in Anbetracht der Qualität des Rechenzentrumsbetriebs von Microsoft, immerhin ja die Basis für MS365: Das BSI attestierte im Mai 2024 Microsoft, angesicht der Umstände des Diebstahls des Master-Keys für die Microsoft-Cloud, einen desaströs unsicheren Betrieb und nannte es ein „Komplettversagen“ (vgl. Schmidt 2024).

Zurück zur Machtasymmetrie. Die Staaten sind insofern ebenfalls ein Problem, weil sie kein Interesse daran haben, an diesen für sie nützlichen datenschutzunfreundlichen Praktiken der Unternehmen und Großplattformen etwas wirksam zu ändern; Symbolpolitik muss es richten. So helfen Apple und Google bspw. mit dem Tracking von Usern übers Handy und dem Profiling über das Internet hinweg aus (Stichwort „unique users“). Die Ermittelbarkeit von Handypositionen – nebenbei bemerkt gelten solche hoch informationshaltigen Daten „nur“ als „Metadaten“ – erlaubt eine Automatisierung des Mordens mittels ferngesteuerter Drohnen, was bspw. seit 2010 in Aghanistan zum Alltagsbewusstsein der Menschen zählt, sobald diese ein Haus verlassen und auf die Straße treten (vgl. Lobo 2015).

Dabei hängt von der Sicherstellung der Vertraulichkeit und Zweckbindung qua durchgesetzter Trennung unterschiedlicher Organisationen das Funktionieren von Märkten genauso wie die staatliche Gewaltenteilung und die Demokratie sowie wissenschaftliche Diskurse unabhängig Forschender ab. Die Grundsätze der DSGVO gelten insofern nicht unmittelbar der Umsetzung der Privatheitsbedürfnisse von Personen, sondern zuvor den Organisationen in der EU, denen grundrechtlich begründete Fesseln angelegt werden und so die Struktur moderner Gesellschaften aufrechterhalten wird. Erst darin können sich solche konturarmen, widersprüchlichen und wenig Halt bietenden Konzepte wie „Privatheit“ oder „Bedürfnisse nach informationeller Selbstbestimmung“ ausbilden (vgl. Ochs 2022).

Die Wirkung der technischen Systeme auf gesellschaftliche Ordnungsbildung kann damit nicht auf die Intensivierung normalisierender Kontrollmechanismen reduziert werden. Vielmehr dienen sie – gleichzeitig – zur Durchsetzung von Entscheidungen über gesellschaftlichen Ein- und Ausschluss, die (ohne ihre Beteiligung) von anderen getroffen wurden. Das Versprechen der Digitalkonzerne aus der Frühphase des Internets, wonach dieses eine umfassende Demokratisierung aller Lebensbereiche ermöglichen würde, konnte also nicht eingelöst werden. Stattdessen wird das Subjekt im digitalen Zeitalter erneut zum Objekt der Willkür übergeordneter Instanzen, indem es bei entsprechenden Ergebnissen algorithmischer Berechnungen mit negativen Folgen zu rechnen hat. Der Unterschied zu herkömmlichen Formen staatlicher Willkür besteht nun aber darin, dass es für die Berechnungen der Algorithmen weder eine normative Begründung noch eine Möglichkeit gibt, sich mit juristischen Mitteln gegen sie zur Wehr zu setzen (vgl. Siedenburg 2021, S. 87f.).

Eine moderne Gesellschaft kann vom Datenschutz als Operationalisierung der Grundrechte nicht lassen; Datenschutz ist d e r Indikator für das Moderne an einer modernen Gesellschaft. Der Zusammenhang von Datenschutz und moderner Gesellschaft ist dabei schlicht: Werden Grundrechte nicht (mehr) geachtet, dann deshalb, weil die Struktur der Gesellschaft sich ändert und, zumindest bei einer theoretisch schlichten Annahme, eine Gesellschaft wieder in die Verhältnisse der Vormoderne zurückfällt. Weder Markt noch Recht noch Wissenschaft funktionieren ohne Datenschutz in einer modernen Gesellschaft. Wirksam beachtete Grundrechte halten ökonomische und staatliche Begehrlichkeiten von Organisationen auf Distanz. Die Durchsetzung des Datenschutzrechts ist für eine moderne Gesellschaft strukturell so notwendig wie die Durchsetzung des Kartellrechts oder des Staatsorganisationsrechts. Auch wenn Datenschutz wie vielleicht noch nie in der Geschichte der Menschheit beschworen wird, so darf man realistisch zumindest nicht erwarten, dass Organisationen ernsthaft an einer Umsetzung von Datenschutz Interesse haben. So wenig wie an dem noch viel dringlicher beschworenen Klima- oder Naturschutz. Kurz: Datenschutz muss Organisationen abgerungen werden. Immer. Denn Datenschutz bedeutet Aufwand bzw. Kosten für Organisationen.

Das SDM will, aus einer gefestigten Analyse des Zwecks des Datenschutzes in einer modernen Gesellschaft heraus und verankert in der DSGVO, einen wirksamen Beitrag zur wirksamen Umsetzung des operativen Grundrechteschutzes in Form des Datenschutzes leisten. Das SDM kann selbstverständlich auch gegen diese grundrechtlich verankerte Motivation verwendet werden, gerade weil es die neuralgischen Stellen bei Verarbeitungen ausweist. Wie immer so hängt auch hier die Wirksamkeit eines Werkzeugs bzw. Kalküls zum Guten oder Schlechten von der Instanz ab, die es benutzt.

Was bezeichnet „Datenschutz" konkret?
Datenschutz gibt es nicht, weil es zu Vor-DSGVO-Zeiten ein Bundesdatenschutzgesetz („BDSG"), ein Volkszählungsurteil von 1983 oder die Datenschutz-Richtlinie der EU („Richtlinie 95/46/EG") von 1995 und seit 2016/2018 die Datenschutzgrundverordnung („DSGVO") gibt. Und auch die DSGVO gibt es nicht deshalb, weil man sich erst seit 2010 ernsthaft daran machte, die nationalen Datenschutzgesetze EU-weit zu vereinheitlichen. Der Sinn und Zweck von Datenschutz gründet außerdem nicht auf bloßen privaten Meinungen und Vorstellungen zu individuellen Bedürfnissen nach Privatheit, die bei dem einen so und bei der anderen auch mal ganz anders ausfallen können. Datenschutz steht viel mehr für eine präzise definierbare Konfliktkonstellation, die es erst in modernen Gesellschaften gibt und

die durch Datenschutzrecht in eine erwartbare Form des Umgangs gebracht wird. Außerdem reproduziert sich der Datenschutzkonflikt gesellschaftlich permanent; und das heißt, dass er nicht von Motiven von Menschen abhängig ist. Der Datenschutzkonflikt ist da und kehrt immer wieder, ohne dass dieser durch das Recht endgültig aufgelöst und aus der Welt geschafft werden kann.

Welchen Konflikt bearbeitet das Datenschutzrecht? Die Lektüre der DSGVO allein hilft dabei wenig, um dem Konflikt, der den Datenschutz in der modernen Gesellschaft entstehen ließ, auf die Spur zu kommen. Viele im Datenschutz tätige Jurist*innen kennen „Datenschutz" nur als „Datenschutzrecht" in Form von Gesetzestexten und Fachartikeln zum Datenschutzrecht. Für sie ist Datenschutz, zumindest wenn sie nicht nachdenken, gleich Datenschutzrecht und das ist im Persönlichkeitsrecht verankert. Aber was ist der Gegenstand des Datenschutzes? Ohne Verständnis für den Regelungsgegenstand bzw. das Schutzgut ist der Vollzug von Datenschutzrecht tatsächlich nichts anderes als Bürokratismus. Im Unterschied zum Datenschutz ist der Naturschutz immerhin intuitiv zugänglich. Man versteht hinreichend intuitiv was Natur ist, versucht gar nicht, die Antwort im Umweltschutzrecht zu finden.

Bitte legen Sie das Buch beiseite. Lassen Sie sich Zeit für die Beantwortung dieser beiden Fragen:

Was meint „Datenschutz"?

Und: Welcher Konflikt wird durch das Datenschutzrecht geformt und bearbeitet?

(…)

Und? Haben Sie das Buch soeben in einem neuen Anlauf in die Hand genommen? Lag es tatsächlich neben Ihnen, während Sie über diese Fragen nachdachten? Sind Sie der Überzeugung, dass Sie durch Nachdenken eine gehaltvolle Antworten finden werden bzw. gefunden haben? Oder stellen Sie gerade fest, dass Ihnen dazu nicht allzuviel einfällt? Letzteres wäre, so meine Erfahrung aus Schulungen, eher typisch.

Wollen Sie das Buch nicht vielleicht wirklich zumindest kurz beiseite legen und darüber nachdenken, worin der datenschutzrechtlich regelungsbedürftige Datenschutzkonflikt besteht?

Eine Zwischenbemerkung: Man kann auch ohne klare Vorstellungen zum Zweck des Datenschutzes als DSB drauflosarbeiten. Man wird als DSB meistens in Ruhe gelassen, man kann es sich erstaunlich gemütlich einrichten. Alle Verantwortlichen sind mit einem mehr oder weniger passiven Datenschützer, „der ab und an ein wenig vor sich hinbrummt", zufrieden.

Denken Sie noch über Datenschutz nach? Ich wollte Ihnen mit der Zwischenbemerkung etwas Zeit geben …

Eine etwas andere, aber nur leicht nebenläufige Frage, über die nachzudenken ebenfalls eine Voraussetzung ist, um effizient als DSB arbeiten zu können: Was bezeichnet „Grundrechte"? Könnten Sie mit ihren Vorstellungen zu „Datenschutz" und „Grundrechten" den Nutzen des Datenschutzes einem Kritiker oder einer Kritikerin des Datenschutzes erklären?

Diese Polemik vom Datenschutz als nur überbordende sinnlose, manchmal auch gefährliche Bürokratie, gehört bei vielen Verantwortlichen ja zur alltäglichen Praxis.

Und dann vielleicht noch eine Frage, auf die eine Antwort zu haben in der Praxis wichtig ist: Welche praktische Funktion hat die Datenschutzaufsicht, sei es als organisationsinterne DSB oder als Datenschutzaufsichtsbehörde?

…

Meine Erklärungen zum Zweck des Datenschutzes, zum Datenschutzrecht und zur Datenschutzkontrolle lauten wie folgt: *Der Zweck des Datenschutzes besteht darin, Personen vor latent übergriffigen Organisationen zu schützen. Die Funktion des Datenschutzrechts besteht deshalb zunächst einmal darin, die Machtasymmetrie beim Zugriff von Organisationen auf Personen unter normative Bedingungen zu stellen. Denn Organisationen in modernen Gesellschaften sind aufgrund des gesellschaftlichen Umfelds nicht motiviert, die Grundrechte von Personen zu beachten. Die Funktion der organisationsinternen Datenschutzbeauftragten und der Datenschutzaufsichtsbehörden besteht deshalb darin zu beobachten, zu kontrollieren, zu prüfen und zu beurteilen sowie darauf hinzuwirken, dass sich Organisationen mit ihren Verarbeitungstätigkeiten an die datenschutzrechtlichen Normen und Regeln halten. Sie tun dies als Expert*innen, stellvertretend für die betroffenen Personen.*

Wenn Organisationen gegenüber Personen fair agieren, dann kann Privatheit, was auch immer damit gemeint ist, entstehen (vgl. Solove 2006, Zimmermann 2014; Ochs 2022). Es besteht dann eine Chance, so die gängige Vorstellung, auf Ausbildung einer „informationellen Selbstbestimmung" der Personen. Diese Vorstellung von der „informationellen Selbstbestimmung" scheint klar verständlich zu sein, sie geht vielen „Datenschützer*innen" wie selbstverständlich und locker über die Lippen, insbesondere Jurist*innen, wenn sie von „Persönlichkeitsrechten" sprechen. „Informationelle Selbstbestimmung" ist allerdings, wenn man mit psychologischer oder soziologischer Ausbildung davon hört, eine vollends rätselhafte Vorstellung. Es handelt sich weder um eine empirisch gedeckte Aussage noch kann sie sinnvoll als eine normative Zielvorgabe verwendet werden. Kommunikationstheoretisch betrachtet funktioniert sie vor allem als Beschwörungsformel, mit der weitere Nachfragen gestoppt werden, was genau darunter verstanden werden könnte. Die Privacy-Forschung wechselt an dieser Stelle dann schnell das Thema und beleuchtet stattdessen den Wandel der „Subjektivierungen" im Kontext der Digitalisierung der „Kommunikationsverhältnisse" oder „Arbeitsformen" (vgl. Friedewald 2018), wobei im Kontext von Subjektivierungen wiederum gezeigt werden kann, wie wenig „Selbstbestimmung" dabei vorliegt und wie viel „Dispositive der Macht" Einzug in das als höchst subjektiv Empfundene halten (vgl. Foucault 1978; Ochs 2022). Erfunden wurde diese griffige Formel der informationellen Selbstbestimmung von Wilhelm Steinmüller im Kontext des von ihm mitverfassten, weltweit ersten Datenschutzgutachtens. Es handelte sich, so äußerte er sich in einem Interview, um eine fixe Marketingidee bei der Vorstellung seines Datenschutzgutachtens, um dem Datenschutzkonflikt eine leichte Erfassbarkeit mitzugeben. Es handelte sich um kein theoretisch fundiertes Konzept (vgl. Rost und Krasemann 2008).

Klar, und auch empirisch zugänglich, kann man dagegen folgendes zum Verhältnis Datenschutz und Privatheit sagen: Wenn Organisationen fair gegenüber Personen agieren, dann haben die Personen ihren praktischen Nutzen dadurch, dass Organisationen sie nicht übermäßig für ihre Zwecke einspannen. Kund*innen sollen organisationsexterne, souveräne, rational agierende Kund*innen bleiben dürfen. Das wären sie dann nicht mehr, wenn sie vor dem Kauf erst einmal Mitglieder eines Unternehmens werden müssen, indem sie auf der Firmen-Plattform einen Account beantragen müssen, bevor sie als Kund*innen agieren dürfen. Fortan ist jeder Kauf einer Ware an den Account auf der Firmen-Website gebunden. Über den Account werden Kund*innen dann getrackt; sie haben sich qua Account-Eröffnung einverstanden damit erklärt. Das wäre somit der Nutzen von Datenschutz für Personen: *Datenschutz hält Organisationen gegenüber Personen auf Distanz.* Datenschutz ist somit diejenige Praxis, die helfen soll, dass Organisationen in modernen Gesellschaften ihren Machtvorteil bei der Gestaltung der Beziehungen gegenüber Personen nicht (bedingungslos) ausspielen können. Und wenn Organisationen mit Menschen interagieren, dann wachen Datenschützer*innen darüber, dass die edelsten Versprechen der EU-Grundrechtecharta und des Grundgesetzes in der Praxis tatsächlich wirksam eingelöst werden. Deren Versprechen lautet schließlich, dass die Würde des Menschen und dessen Freiheit nicht angetastet werden sollen. Die Passage im Grundgesetz ist dabei interessanterweise weder als eine Zusage noch als eine Forderung formuliert, was man zunächst erwarten würde, sondern als Behauptung: „Die Würde des Menschen ist unantastbar." Diese Formulierung löst mit einem Blick auf die Praxis zwar sofort großen Zweifel aus, besagt aber, dass die Würde auch nicht durch das Recht angetastet werden kann oder darf; das Grundgesetz schützt sie selbst noch vor dem Zugriff durch das Grundgesetz (vgl. Bock und Engeler 2016). Ein derartig sensibler Satz scheint mir das Maximum dessen zu sein, was rechtlich formulierbar ist, er lässt sich genau deshalb zu leicht als Floskel abtun. Oder aber man erliegt nicht der Polemik, es handele sich um eine Floskel oder ein ohnehin leeres Versprechen der Mächtigen, und interpretiert ihn im Gegenteil als eine einklagbare Zusage des Staates an Menschen und eine Anweisung an mächtige Organisationen, in ihren Aktivitäten (mit ihren Verarbeitungen!) vorsichtig mit Menschen umzugehen.

Die Umsetzung von Datenschutz gelingt nicht, wenn die Aktivitäten von Organisationen nur ethisch reflektiert werden, anstatt diese anhand der EU-Grundrechtecharta, des Grundgesetzes, der DSGVO und der Methoden zur Bearbeitung der Datenschutzkonflikte wirksam zu bearbeiten und einzugrenzen. Datenschutzkonflikte mit ethischen Reflexionen zu bearbeiten ist in der Regel ein Ausweichmanöver, das den Interessen der Organisationen nützt und die Stellung, vermutlich entgegen den Intentionen der meisten Ethiker*innen, von Personen schwächt (am Beispiel der Corona-Warn-App diskutiert in Rehak 2022). Die Wirkungslosigkeit ethischer Regelungsversuche zeigte sich besonders deutlich im Kontext von Automaten, die als „künstliche Intelligenz" (KI) bezeichnet werden (s. Rehak 2023; Schulzki-Haddouti 2023). Entgegen dem langsam abklingenden leichten Grusel in manchen Feuilletons, die den smarten Automaten sogar schon Subjektqualitäten andichteten – war in dem Moment beendet, als mit den generativen Large-Language-Modells wie ChatGPT und Bard die KI tatsächlich beeindruckend leistungstark und die Technik dahinter breit und verständlich erklärt wurde (vgl. Wolfram 2023). Es bereitete außerdem von Beginn an überraschend wenig Probleme, die Regelungsvorgaben der DSGVO auf Verarbeitungen mit KI-Automaten anzuwenden (vgl. AK-Technik 2019). Dann folgte der komplizierte AI-Act, dessen Verhältnis zur DSGVO in der Praxis noch nicht abzusehen ist (Stand: Frühjahr 2024).

Die Umsetzung von Datenschutz gelingt ebenfalls nicht, wenn man, wie im Kontext der „Privacy-Enhancing-Technologies" (PET) vielfach missverständlich geschehen, bevorzugt den betroffenen Personen das Betreiben von Schutzmaßnahmen auferlegt bzw. abverlangt. Das nährt zwar die Vorstellung technikkundiger Nerds, wonach sie durch die Nutzung relativ exotischer Betriebssysteme mit teilweise selbst-compilierten Tools und Anwendungen weitgehend entkoppelt von Allem agieren zu können glauben, ignoriert aber den faktisch bestehenden hohen Grad der Abhängigkeit aller Personen von Organisationen, auch in Bezug auf IT-Anwendungen. Man hat keine Chance, als Einzelperson auch nur „seinen" individuellen Datenschutz durchzusetzen (vgl. Lisker 2023). In die gleiche Logik gehört der Versuch, die Verantwortung für die Bewältigung operativer Datenschutzrisiken, oder auch Risiken der IT-Sicherheit, von der Organisation insbesondere auf Mitarbeiter*innen abzuwälzen. Im Kontext des Datenschutzes ist dann von „Mitarbeiter-Exzess" die Rede, wenn Mitarbeiter*innen aus privatem Interesse Daten der Organisation verwenden können. Im Kontext der IT-Sicherheit wird „der Mensch" als größter Schwachpunkt in IT-Sicherheitskonzepten ausgewiesen. In beiden Fällen handelt es sich jedoch vor allem um Organisationsversagen (vgl. Wolfangel 2023). Man kann Technik in Organisationen, wenn auch auf Kosten des Komforts und der Effizienz, so einrichten, dass Mitarbeiter*innen diese nicht nach Belieben nutzen können. Es sind dann in der Regel nicht die Mitarbeiter*innen sondern die Leitungen der Organisationen das Problem, die als Ausdruck ihrer herausragenden Position darauf bestehen, dass für sie Ausnahmen von Sicherheitsvorkehrungen eingerichtet werden, die dann die gesamte Infrastruktur, bspw. durch Phishing-Mails oder durch Viren von USB-Sticks, unsicher machen (vgl. Wolfangel 2022).

Die EU-Staaten helfen ihren Bürger*innen, dass diese sich, mit Bezug auf die DSGVO, vor übergriffigen Aktivitäten von Organisationen schützen können. Die Staaten helfen dabei ein wenig, so im Grundsätzlichen. Sagen wir klar, wie es ist: Diese staatliche Hilfe beim Schutz vor dem Staat und vor anderen mächtigen Organisationen geschieht real auf einem niedrigen Niveau. Gegen die Aktivitäten der VLOPs („Very Large Online Platforms") und VLOSESe („Very Large Online Search Engines") von Google, Amazon, Facebook, TikTok, Instagram, Apple, Microsoft, um nur einige der größten und aggressivsten Unternehmen bei der Erhebung (Stichwort „Tracking", vgl. Schulzki-Haddouti 2024) und der Verwertung personenbezogener Daten zu nennen, werden die Personen, die deren Plattformen bzw. Dienste nutzen (inzwischen: teilweise müssen) – und nicht zu vergessen auch die Personen, die diese nicht nutzen, aber trotzdem betroffen sind, nur weil sie Internet nutzen –, weitgehend allein gelassen, trotz des DSA (Digital Service Act, Liste der VLOPs/VLOSEs siehe https://digital-strategy.ec.europa.eu/en/policies/list-designated-vlops-and-vloses). Ebenso wie gegenüber den Aktivitäten der Nachrichtendienste, insbesondere der ausländischen (vgl. Roßnagel et al.

2022). Bedrückenderweise bleibt es einzelnen Aktivist*innen, wie der inzwischen vergessenen Chelsea Manning, dem fast vergessenen Julian Assange oder dem noch etwas präsenteren Edward Snowden und Max Schrems im Heldenmodus überlassen, dass überhaupt etwas von Relevanz in Richtung Zurückweisung übergriffiger Aktivitäten durch staatliche Behörden und übermächtige Privatunternehmen geschieht. Eigentlich wären moderne Gesellschaften, wären sie tatsächlich modern, nicht auf Helden, genauer: mit einer erstaunlich großen Zahl an Heldinnen (vgl. Leister 2020), angewiesen.

Das grundrechtlich gegebene Versprechen einzulösen, dass Menschen gegen unfair agierende Organisationen durch professionelle Datenschützer*innen geholfen wird, verlangt von Datenschützer*innen Parteinahme zugunsten der Menschen und zuungunsten der Organisationen. Etwa in der Form und in dem Umfang, mit denen Umweltschützer*innen Partei für die Natur und gegen die umweltbelastenden Organisationen nehmen. Und das gilt nicht nur im Kontext staatlicher Behörden, sondern auch im Kontext von Unternehmen, was selbstverständlich politisch gern und viel bestritten wird (siehe Abschn. 4.3.1). Datenschützer*innen müssen deshalb Partei ergreifen und können nicht neutral sein, als Ausgleich dafür, dass die Organisationen strukturell die Mächtigeren sind: Es sind die Organisationen, die mit ihren Datenverarbeitungen und deren Inhalten, Formen und Techniken die Ziele und die Mittel der Verarbeitung von Personendaten bestimmen; es sind nicht die betroffenen Personen. Das Verhältnis ist per se strukturell unfair, zugunsten der Organisationen. Und praktisch niemand stoppt Organisationen, sich alles genau so hinzulegen, wie es von Vorteil für sie ist. Noch ist nicht absehbar, welche grundrechtlichen Auswirkungen die Beachtung des Digital Service Acts (DSA) haben wird. Betroffene Personen können die Verarbeitungen der Organisationen in der Praxis tatsächlich nur akzeptieren. Transparenz und Einwilligung, die vielfach als Rechtsgrundlage herhalten muss, erzeugen keine Schutzwirkungen vor unfairen Verarbeitungen. Vielmehr erwarten Organisationen mit der Einwilligung perfiderweise sogar noch die Zustimmung der Personen zu ihrer Unterwerfung, eben unter die Bedingungen der Organisationen. Es gibt viele vermeintliche Datenschützer*innen, die ausgerechnet in der Kapitulationserklärung „Einwilligung" einen souveränen Akt der Willensausübung von Personen sehen, so als wenn transparent ausgewiesene Wahlmöglichkeiten das am Ende Gewählte zu etwas rational Gewolltem des Befragten macht. Einen zum Tode Verurteilten transparent die unbestritten souveräne Wahl zu lassen, ob er lieber per Spritze oder per Stromstoß getötet werden möchte, ist sicher nicht als Zustimmung des Verurteilten auch zum Todesurteil interpretierbar. Legitimation eines Urteils entsteht durch ein korrekt durchgeführtes Verfahren, nicht durch Zustimmung der Verurteilten. Nur in ganz wenigen Fällen haben Personen tatsächlich eine Wahl, weil real faire Alternativen zur Verfügung stehen. Wenn sich mit jedem neuen Webseitenaufruf komplizierte Entscheidungen reindrängen, deren Voraussetzungen nur zu sichten eine Viertelstunde beansprucht, obwohl die eigentlich gewünschte Aktivität auf der Webseite in wenigen Sekunden erledigt wäre oder man am Ende sowieso nur zwangsweise einwilligen kann, dann erscheint Datenschutz selbstverständlich nur als ein „fragwürdiger Formalkram", als nutzlos und ohne Schutzwirkung für

Nutzer*innen. Niemand verklagt solche Webseitenbetreiber; dabei ist es technisch trivial, Webseiten minimal invasiv zu präsentieren.

Datenschutzbeauftragte müssen somit entschieden als Anwält*innen der Interessen von Bürger*innen gegenüber Behörden, von Kund*innen gegenüber Unternehmen, von Patient*innen gegenüber Krankenhäusern, von Schüler*innen gegenüber Schulen und Kultusministerien, von Gefangenen gegen den Strafvollzug oder von Mitarbeiter*innen gegen Arbeitgeber auftreten. Wie gesagt: Diese unterstützende Haltung strukturell benachteiligter Personen stand den Datenschützer*innen Ende der 1970er Jahre bis Anfang der 1990er Jahre klar vor Augen. Ein solches Wissen und eine solche Haltung werden heutzutage vielfach wahlweise als obsolet, veraltet oder naiv geframt, insbesondere mit Hinweisen auf die sich rasend schnell verändernden Techniken. Wieder ist klar, dass dieses Framing den Interessen der Organisationen dient. Die Techniken werden immer raffinierter und beeindruckender, aber der zentrale Datenschutzkonflikt – Konditionierung der Machtasymmetrie – hat spezifisch mit Technik und Digitalisierung nur insofern zu tun, als dass Technik diese Machtasymmetrie zwischen Organisationen und Personen materialisiert und dadurch verstärkt; und die Digitalisierung macht die Techniken immer kleiner, flexibler, umfassender, intelligenter und dadurch noch einmal mächtiger, selbstverständlicher…und letztlich scheinbar alternativlos. Datenschutz ist in Wahrheit heute so nötig wie noch nie zuvor, damit die moderne Gesellschaft eine moderne Gesellschaft bleibt (oder erst noch wird?) und nicht qua übermächtige Organisationen in die stratifizierte Vormoderne zurückfällt, in der wenige Organisationen das gesamte Leben der Menschen verwalteten, in den Grenzen, die die Organisationen den Menschen zum Leben vorgaben (vgl. Pohle und Rost 2021).

Diese geforderte Parteinahme gegen ihre Macht ausnutzenden Organisationen macht selbstverständlich die Arbeit für Datenschutzbeauftragte ungemütlich. Dabei ist es gleichgültig, ob ein/e DSBe in einer Behörde, einem Unternehmen, einem Forschungslabor oder einer Datenschutzaufsichtsbehörden arbeitet. *Eine Datenschutzbeauftragte oder ein Datenschutzbeauftragter, die oder der keinen Ärger macht oder keinen Ärger hat, erledigt ihren oder seinen Job nicht.* Ich wüsste keinen gültigeren Indikator für das Wirken eines oder einer Datenschutzbeauftragten.

Viele Datenschutzbeauftragte agieren mit der Vorstellung, dass Datenschutz dann ausreichend sichergestellt sei, wenn (irgend)eine Rechtsgrundlage und das VVT („Verzeichnis von Verarbeitungstätigkeiten" gemäß Art. 30 DSGVO) vorlägen und einige Maßnahmen der IT-Sicherheit zur Verschlüsselung ergriffen würden. Auch wenn das im gelungenen Ergebnis nicht Nichts ist, im Hinblick auf Sicherung der Grundrechte von Personen reicht allein das nicht. Die Verarbeitung selber ist das Problem, die durch solche formalen Aktivitäten nicht nur nicht berührt, sondern geradezu unsichtbar gemacht wird. Die NGOs, die im Kontext Datenschutz agieren und die gesellschaftliche Kommunikationen mit der notwendigen Konfliktkommunikation versorgen – ich denke da bspw. an die Humanistische Union (HU), an die Deutsche Vereinigung für Datenschutz (DVD), Netzwerk Datenschutzexpertise und insbesondere an die Aktivitäten des CCC mit Linus Neumann, Digitalcourage, FIfF, netzpolitik.org, freiheitsrechte.org sowie NOYB mit Max Schrems als Galionsfigur oder einzelne

Aktivist*innen wie bspw. Dr. Patrick Breyer, Katharina Nocun oder Lilith Wittmann – scheinen mir ungleich konfliktbewusster und sogar in der Öffentlichkeit präsenter als die meisten Datenschutzaufsichtsbehörden zu sein. Selbst wenn sich Datenschutzaufsichtsbehörden in der Öffentlichkeit zurückhalten und vor allem nach Innen wirken, in vielen Fällen tun sie sich auch noch schwer mit technischen Prüfungen (vgl. Schulzki-Haddouti 2017). In welchem Ausmaß sachfremde Eigenschaften die Bestellungen der Leitungen von Datenschutzaufsichtsbehörden, trotz der klaren Vorgaben der DSGVO, beeinflussen können, zeigen die vielen politischen Possen um die Besetzungen von öffentlichen Datenschutzbeauftragten in den 2020er Jahren sowie ein Gutachten des „Netzwerk Datenschutzexpertise" (vgl. Bernhardt et al. 2021, S. 12).

Aber auch echte Datenschützer*innen der NGOs sind auf eine gehaltvolle Datenschutztheorie, wirksame Methoden und Tools angewiesen, die dabei helfen, über „bloßes" journalistisches Berichten, juristisches Abwägen und politische Aktivitäten hinauszukommen und Datenschutz in der Praxis wirkungsvoll durchzusetzen. Hinzukommt, dass auch Aktivist*innen im Kontext Datenschutz nicht immer eine hinreichend klare oder fokussierte Vorstellung von Grundrechten und Datenschutz haben. Operativer Datenschutz erschöpft sich nicht mit der Bereitstellung und Nutzung von Open-Source-Programmen, wirksamer Verschlüsselung oder gut verfügbaren Anonymitätsservern.

Datenschutz wirksam umzusetzen – und das meint eigentlich immer: gegen Widerstand von Organisationen, die die Kosten dafür übernehmen sollen, durchzusetzen – gelingt nicht, indem man Mitarbeiter*innen oder Bürger*innen oder Jugendliche, die sich bspw. naiv der ganzen Welt auf Instagram oder TikTok präsentieren, schult oder berät. Diese Personen sind, wie sie sind, nicht-festgestellt, die *Nichtfestgestelltheit von Menschen* ist die Pointe des Humanismus: Menschen sind genau nicht das, was so über sie gesagt wird, was sie sind. Sie „sind" auch das, was sie sein könnten. Man schweige dazu in Respekt. In einer rechtlich zugänglicheren Variante formuliert: „Was Privatheit ist, kann nicht objektiv bestimmt werden, sondern wird individuell von der betroffenen Person festgelegt." (Roßnagel 2019, S. 2) Menschen sind individuell, auch wenn das Individuellseinwollen ein Massenphänomen ist, mit einem *Zwang zum Individuellsein* (vgl. Meuter 2002). Menschen moderner Gesellschaften müssen auf ihre Art witzig, intelligent, geistreich und alles in allem tolle Erscheinungen sein, elegant und tätowiert zugleich, und zugleich „müssen" sie das alles auch nicht. Datenschutz stellt sich als Problem nicht durch die Analyse von Personen mit ihren vorgeblich einmaligen Meinungen und individuellen Eigenschaften, sondern durch die Analyse der in Techniken gegossenen Aktivitäten der Organisationen gegenüber Personen in einer modernen Gesellschaft, die als souveräne Bürger*innen, Kund*innen, Patient*innen usw. gegenüber Organisationen agieren … müssen. Die Organisationen erzeugen das Problem, indem sie Bestimmtheit und Typisierungen für Kommunikationen und Handlungen verlangen und voraussetzen. Personen, die sich vor den Anforderungen von Organisationen vielleicht nicht hinreichend schützen oder die vielleicht naiv den Spaß von Social-Media-Plattformen einfach nur mitnehmen wollen und die sich privat gar nicht ausreichend schützen können, sind nicht das Problem. Die Verführungen für Organisationen, in der Praxis unfair zu agieren und zu versuchen, die Risiken des Marktes und des Rechtsstaates auf die Kund*innen und Bürger*innen abzuwälzen, sind dabei sehr groß. Es ist die Funktion des Staates, gesetzlich zu bestimmen, welche Verarbeitungen der Organisationen erwünscht sind und welche nicht. Der DSA ist ein Versuch der EU, hier Grenzen zu setzen, die aus meiner Sicht bereits durch die DSGVO hinreichend gesetzt wurden.

Die Organisationen bestimmen über die Formen der Informationsverarbeitung und der Kommunikation mit den Menschen; sie sind bestrebt, den Umgang mit Menschen, allein aus Vereinfachungs- und Kostengründen, zu standardisieren und zu automatisieren. Dabei ist es mit der Würde des Menschen nicht vereinbar – darin stimmen über alle politischen Differenzen der Autor*innen hinweg die Kommentare zum Grundgesetz überein –, wenn Menschen als Objekte – also so, als seien sie wie Gegenstände ohne Würde – behandelt werden. Datenschutzmaßnahmen, die mit der DSGVO begründet den Angriffen auf die Würde durch Organisationen etwas entgegensetzen, verursachen Kosten. Immer. Datenschutz muss deshalb den Verantwortlichen in den Organisationen abgetrotzt werden. Immer. Mehr denn je. Denn Organisationen befinden sich strukturell immer schon im Vorteil. Und die Chancen der Organisationen, mit unfair gestalteten Prozessen personenbezogener Datenverarbeitungen ungeschoren davon zu kommen, stehen gut.

Den Verantwortlichen der Organisationen ist deren mehr oder weniger offene Widerstand gegen Datenschutz selbstverständlich nicht persönlich vorzuwerfen. Wobei es sich überwiegend gar nicht um Widerstand handelt – denn der setzte ein klares Verständnis von dem voraus, was nicht gewollt wird –, sondern ungleich mehr um Ignoranz. Der Widerstand der Unternehmen bezieht sich auf die Kosten, der Widerstand der Behörden auf das Binden ihrer Handlungsoptionen, die die Umsetzung von Datenschutzanforderungen erzeugen, es ist nicht das Anliegen des Datenschutzes selber. Die Konflikte, die im Kontext Datenschutz bearbeitet werden, sind struktureller, gesellschaftlicher Art. Man lasse sich bei Gelegenheit auf der nächsten Party mal von Soziolog*innen „Gesellschaft" erklären, weil das mehr als nur „irgendwie viele Menschen" und „Normen und Rituale des Zusammenlebens" meint. Soziolog*innen unterscheiden bspw. Interaktionssysteme von Organisationssystemen und die wiederum von Funktionssystemen, die sich „funktional differenziert" reproduzieren (vgl. Luhmann 1997). Datenschutz ist nicht mit der Behandlung von individuellen Einzelinteressen und Konflikten zu erledigen. Auch Verantwortliche sind Bürger*innen, Kund*innen, Patient*innen, die von den Leistungen eines funktionierenden Datenschutzes profitieren. Die Ignoranz der Datenschutzanforderungen seitens der Organisationen ist insofern „normal", sozio-logisch in der täglichen Arbeit einer oder eines DSB in Rechnung zu stellen und in der Form des Umgangs mit strukturellen Differenzen zu bearbeiten. Das SDM macht dieses Ignorieren allerdings unmöglich, das SDM offenbart die gesamte Komplexität der Anforderungen insbesondere der DSGVO, weshalb das SDM bei vielen DSBen, die für wenig Geld nur einen Job wie jeden anderen machen wollen, auf wenig Begeisterung oder auf Ablehnung stößt. Die Leistungen funktionierender Organisationen – angefangen bei den Verwaltungen der Kommunen bis hin zu den Betreibern der großen Plattformen des Internet – sind grandios und werden allseits geschätzt. Niemand will oder kann auf die Leistungen von Behörden, Unternehmen und Forschungsinstitute verzichten. Die Leistungen von Organisationen sind unverzichtbar, sie halten uns Menschen am Leben und verhindern, dass eine Gesellschaft auseinanderfällt (vgl. Lieckweg 2016).

Organisationen greifen mit ihren personenbezogenen Verfahren in die Grundrechte und Grundfreiheiten von Personen ein. Immer. Es ist falsch, zu fordern, dass Organisationen nicht in Grundrechte eingreifen dürfen. Sie müssen und sie dürfen das, es geht gar nicht anders. Aber es ist eine Frage angemessener Bedingungen, unter die die Eingriffe zu stellen sind. Dazu muss man „personenbezogene Verarbeitungen" verstehen, die eine Betroffenheit von Personen erzeugen. „Die Rechte und Freiheiten von Betroffenen beziehen sich hauptsächlich auf das Recht auf Datenschutz, können sich aber auch auf andere Grundrechte wie Rede- und Gedankenfreiheit, Freizügigkeit, Benachteiligungsverbot, Recht auf Freiheit, Gewissens- und Religionsfreiheit erstrecken." (s. Art.29-Group 2017, S. 6; vgl. Bieker 2022). Das sind eine Menge Rechtsgüter, die durch Verarbeitungen personenbezogener Daten unzulässig eingeschränkt werden können. Die Maßgabe, dass die Grundrechte und Grundfreiheiten von Menschen in diesen Verarbeitungen zu achten sind, ist dabei kein bloßer Spruch, kein Wunsch. Das ist wie schon gesagt eine Aufforderung, die sich in der Art und dem Umfang der Datenverarbeitungen der Organisationen niederschlagen muss. Datenschutz hatte nie und hat auch weiterhin nicht die Funktion, die Datenverarbeitungen von Organisationen mit ihren Techniken zu verhindern. Die Funktion des Datenschutzes besteht darin, die Datenverarbeitungen insbesondere der sehr viel mächtigeren Organisationen gegenüber den Personen unter die normativen und operativen Bedingungen einer modernen Gesellschaft zu stellen; einer Gesellschaft, die Individualität von Personen ebenso erzeugt wie zur Voraussetzung hat wie sie zu bändigen und zu entfalten. Diese Bedingungen sind als Grundrechte in der EU-GrCh formuliert, deren operative Umsetzung durch die DSGVO erfolgt. So unzulänglich die DSGVO auch sein mag: Die DSGVO bildet in der Geschichte der Menschheit vermutlich den besten Regelungsmaßstab für den behutsamen Umgang von Organisationen mit Personen.

Dieser Entwicklung hin zum mit KI vollständig industrialisierten Umgang mit Menschen ist nicht mit Privatisierung, Ethik und Moral beizukommen, und wenn überhaupt dann mit modernem Recht in Form insbesondere der DSGVO, des AI-Acts und des Digital-Services-Act sowie deren Vollzug in Form effizient funktionierender Aufsichtsbehörden (eine Prognose der Entwicklung bis 2033 findet sich bei Felix Bieker und Hansen 2023). Die den Datenschutz erzeugende Machtasymmetrie zwischen Organisationen und Personen ist inzwischen weitgehend in Technik materialisiert, die, auch das darf nicht mehr länger ignoriert werden, Energie zu ihrer Reproduktion braucht, sogar sehr viel Energie. An diesem Punkt des industrialisierten Umgangs mit Mensch und Natur berühren sich Grundrechteschutz und Umweltschutz sogar unmittelbar (vgl. Höfner und Frick 2019), wobei Datenschutz einen positiven Beitrag zum Umweltschutz leisten kann (vgl. Strohbach 2023).

Die Machtasymmetrie zwischen Organisationen und Personen, die soziologisch insbesondere von Foucault (vgl. Foucault 1994) und Poulantzas (vgl. Poulantzas 2002) frühzeitig hochauflösend herausgearbeitet wurden, und die durch Digitalisierung noch weiter gefestigt wurde (vgl. Zuboff 2018), wird durch Datenschutzaktivitäten, in nahezu jeder Interaktion von Personen mit Organisationen, und dadurch unabweisbar als Konflikt beobachtbar; wenn zumeist auch unter der falschen Fragestellung „Wem gehören die Daten?" bzw. der Nötigung „Bitte willigen Sie hier ein, damit uns die Daten gehören.". Diese Interaktionen werden mit Hilfe des Datenschutzrechts, selbst wenn die unmittelbare Schutzwirkung dadurch nur gering ausfallen mag, immerhin unter normative und funktional zugängliche Bedingungen gestellt. Das ist die Funktion des Datenschutzes: Den Zugriff von Organisationen auf Personen im Kontext einer modernen Gesellschaft unter normative und funktionale Bedingungen zu stellen, deren konkrete Praxis nicht unthematisiert einseitig von Organisationen festgelegt werden soll.

Und welche Rolle spielt das SDM?
Das SDM macht die komplizierte DSGVO mit ihren Anforderungen für Praktiker*innen verständlich und die nicht minder komplizierte Umsetzungspraxis für Jurist*innen zugänglich. Die Betriebswirt*innen schätzen am SDM vor allem, dass es technisch-organisatorische Standardschutzmaßnahmen ausweist und dadurch die DSGVO und Umsetzungspraxis nicht nur rechtlich beurteilbar, sondern wirtschaftlich bewertbar macht. Den ersten Anruf zum SDM erhielt ich 2015 von einer namhaften großen Versicherung, die sich deshalb für das SDM entschied, weil anhand der Standardmaßnahmen des SDM die Umsetzung von Datenschutzanforderungen für sie erstmals kalkulierbar wurde. Was kann man als Profi noch mehr von einer Methode verlangen? Und es gibt ein erstes Urteil, das sich auf das SDM beruft. Das Landgericht Mannheim verweist für die Beurteilung des Schutzniveaus, die Erfassung von Verarbeitungstätigkeiten, die Risikobetrachtung und die strukturierte Vorgehensweise bezüglich des organisatorischen Datenschutzes sowohl auf BSI-Grundschutz als auch das SDM (s. https://www.landesrecht-bw.de/bsbw/document/NJRE001569921).

Es gibt einige Institutionen, die in ihrem Wirkungskreis die Verwendung des SDM bei Prüfungen und Beratungen empfehlen. So empfiehlt die Konferenz der unabhängigen Datenschutzaufsichtsbehörden des Bundes und der Länder, kurz: die Datenschutzbeauftragtenkonferenz (DSK), allen Organisationen, also sowohl Behörden als auch Unternehmen und Forschungsinstituten, die Anwendung des SDM (vgl. DSK 2024). Der IT-Planungsrat (ITPLR) empfiehlt die Anwendung des SDM speziell für den behördlichen Bereich (vgl. IT-Planungsrat 2020). Der IT-Grundschutz (ITGS) des BSI, der insbesondere im öffentlichen Bereich Anforderungen an die IT-Sicherheit formuliert, verweist zur Umsetzung der Anforderungen des operativen Datenschutzes im Baustein CON.2 auf das SDM (vgl. BSI 2023). Und die beiden großen christlichen Kirchen haben das SDM, unter Berücksichtigung einiger Details des kirchlichen Datenschutzrechts, als „Kirchliches Datenschutzmodell" (KDM) übernommen (vgl. Diözesandatenschutzbeauftragten der katholischen Kirche und die Evangelische Kirche in Deutschland 2020). Soweit ich weiß, konnten sich Interessensvereinigungen aus dem privatwirtschaftlichen Umfeld bislang nicht zu einer Empfehlung des SDM durchringen.

Literatur

Art.29-Group (2017). *Leitlinien zur Datenschutz-Folgenabschätzung (DSFA) und Beantwortung der Frage, ob eine Verarbeitung im Sinne der Verordnung 2016/679 „wahrscheinlich ein hohes Risiko mit sich bringt".* Techn. Ber. Art. 29. Group. https://www.datenschutz-bayern.de/technik/orient/wp248.pdf.

Bergien, Rüdiger (2017). *,Big Data' als Vision – Computereinführung und Organisationswandel in BKA und Staatssicherheit (1967–1989).* https://zeithistorische-forschungen.de/file/4413/download?token=LB61vJlf.

Bernhardt, Ute u. a. (2021). *Die Bestellung der Leitung von Datenschutz-Aufsichtsbehörden in Deutschland.* https://www.netzwerk-datenschutzexpertise.de/sites/default/files/gut_2021_bestellgbfdilfd03.pdf.

Bieker, Felix (2022). *The Right to Data Protection – Individual and Structural Dimensions of Data Protection in EU Law.*

Bock, Kirsten und Malte Engeler (2016). „Die verfassungsrechtliche Wesensgehaltsgarantie als absolute Schranke im Datenschutzrecht". In: *DVBl – Deutsches Verwaltungsblatt* 10, S. 593–599.

BSI (2023). *IT-Grundschutz-Kompendium.* https://www.bsi.bund.de/SharedDocs/Downloads/DE/BSI/Grundschutz/IT-GS-Kompendium/IT_Grundschutz_Kompendium_Edition2023.html.

EU-Commission (2024). *Commission compels Microsoft to provide information under the Digital Services Act on generative AI risks on Bing.* https://ec.europa.eu/commission/presscorner/detail/en/mex_24_2681.

Diözesandatenschutzbeauftragten der katholischen Kirche und die Evangelische Kirche in Deutschland, Konferenz der (2020). *Pressemitteilung: Evangelische und katholische Datenschutzaufsichtsbehörden veröffentlichen „Kirchliches Datenschutzmodell".* http://wordpress-kdm.p469119.webspaceconfig.de/wp-content/uploads/Pressemitteilung_KDM_1.pdf.

DSK (2024). *Das Standard-Datenschutzmodell – Eine Methode zur Datenschutzberatung und -prüfung auf der Basis einheitlicher Gewährleistungsziele – Version 3.1.* https://www.datenschutz-mv.de/datenschutz/datenschutzmodell/.

Felix Bieker, Felix und Marit Hansen (2023). „Data Protection in 2033: Playing Whac-A-Mole with Injustices?" In: *European Data Protection Law Review (EDPL)* 4, S. 399–408.

Foucault, Michel (1978). *Dispositive der Macht – Über Sexualität, Wissen und Wahrheit.* Merve.

Foucault, Michel (1994). *Überwachen und Strafen. Die Geburt des Gefängnisses.* Suhrkamp.

Friedewald, Michael, Hrsg. (2018). *Privatheit und selbstbestimmtes Leben in der digitalen Welt. Interdisziplinäre Perspektiven auf aktuelle Herausforderungen des Datenschutzes.* Springer.

Höfner, Anja und Vivian Frick (2019). *Was Bits und Bäume verbindet.* https://www.researchgate.net/profile/Vivian-Frick/publication/334231664_Was_Bits_und_Baume_verbindet_Digitalisierung_nachhaltig_gestalten/links/5d1e1caf458515c11c12600f/Was-Bits-und-Baeume-verbindet-Digitalisierung-nachhaltig-gestalten.pdf?origin=publication_detail.

Kubicek, Herbert (1988). „Telematische Integration – Zurück in die Sozialstrukturen des Frühkapitalismus". In: *Verdatet und Vernetzt.* Hrsg. von Wilhelm Steinmüller. Bd. 1. Frankfurt am Main: Fischer, S. 51–104.

Leister, Judith (2020). *Heroismus in postheroischen Zeiten – Gibt es ein Comeback des Helden?* https://www.deutschlandfunk.de/heroismus-in-postheroischen-zeiten-gibt-es-ein-comeback-des-100.html.

Lieckweg, Tania (2016). „Strukturelle Kopplung von Funktionssystemen" über „Organisation". In: *Soziale Systeme – Zeitschrift für soziologische Theorie* 7.2, S. 267–289.

Lisker, Anne-Mareike (2023). *Von der (Un-)Möglichkeit, digital mündig zu sein – Tracking-Infrastrukturen und die Responsibilisierung des Individuums im Internet (Masterar-*

beit). https://api-depositonce.tu-berlin.de/server/api/core/bitstreams/5f032944-eb28-4e06-b5bd-30a8d08695c9/content.

Lobo, Sascha (2015). *Automatischer Mord.* https://www.spiegel.de/netzwelt/web/sascha-lobo-die-voelkerrechtswidrige-praxis-des-drohnenkrieges-a-1029935.html.

Luhmann, Niklas (1997). *Die Gesellschaft der Gesellschaft.* Bd. 1. Frankfurt am Main: Suhrkamp.

Meuter, Norbert (2002). „Müssen Individuen individuell sein?" In: *Transitorische Identität – Der Prozesscharakter des modernen Selbst.* Hrsg. von Jürgen Straub und Joachim Renn. Frankfurt, New York: Campus, S. 187–210.

Ochs, Carsten (2022). *Soziologie der Privatheit.* Weilerswist: Velbrück Wissenschaft. https://www.nomos-elibrary.de/10.5771/9783748914877.pdf?download_full_pdf=1&page=1.

IT-Planungsrat (2020). *31. Sitzung vom 25.03.2020 – Beschluss 2020/06.* https://www.it-planungsrat.de/beschluss/beschluss-2020-06 (besucht am 06. 03. 2022).

Pohle, Jörg und Martin Rost (2021). „Bei Strafe ihres Untergangs – Digitale Infrastrukturen als Spannungsverstärker zwischen Gesellschaftssimulation und Organisationserhalt". In: Blättel-Mink, Birgit. *Gesellschaft unter Spannung. Verhandlungen des 40. Kongresses der Deutschen Gesellschaft für Soziologie 2020.* https://publikationen.soziologie.de/index.php/kongressband_2020/article/view/1359/1624.

Poulantzas, Nicos (2002). *Staatstheorie – Politischer Überbau, Ideologie, Autoritärer Etatismus.* Hamburg: VSA-Verlag.

Rehak, Rainer (2022). „When Ethics demands the already Present – How Ethics undermines effective data protection in the case of the Corona-Warn-App in Germany". In: *Technologien der Krise – Die Covid-19-Pandemie als Katalysator neuer Formen der Vernetzung.* Hrsg. von Dennis Krämer, Joschka Haltaufderheide und Jochen Vollmann. Transcript Bielefeld. https://www.transcript-verlag.de/978-3-8376-5924-5/.

Rehak, Rainer (2023). „Zwischen Macht und Mythos – Eine kritische Einordnung aktueller KI-Narrative". In: *Soziopolis.* https://www.soziopolis.de/zwischen-macht-und-mythos.html.

Roßnagel, Alexander (2019). „Kein „Verbotsprinzip" und kein „Verbot mit Erlaubnisvorbehalt" im Datenschutzrecht". In: *Neue Juristische Wochenschrift (NJW)* 72, S. 1–5.

Roßnagel, Alexander u. a. (2022). „Auswirkungen ausländischer Gesetzgebung auf die deutsche Cybersicherheit". In: *Datenschutz und Datensicherheit (DuD)* 03, S. 156–163.

Rost, Martin (1996). *Die Netzrevolution – Auf dem Weg in die Weltgesellschaft.* Hrsg. von Martin Rost. 1. Aufl. Frankfurt am Main: Eichborn-Verlag. http://www.maroki.de/pub/technology/mr_nr.html.

Rost, Martin und Henry Krasemann (2008). *Interview mit Prof. Steinmüller, aus der Reihe „ Video-Interviews mit DatenschützerInnen zur Geschichte und Theorie des Datenschutzes".* https://maroki.de/pub/video/steinmueller/start_video_steinmueller.html.

Schmidt, Jürgen (2024). *BSI verklagt Microsoft auf Herausgabe von Informationen zu Security-Desaster.* https://www.heise.de/news/BSI-verklagt-Microsoft-auf-Herausgabe-von-Informationen-zu-Security-Desaster-9721245.html.

Schulzki-Haddouti, Christiane (2017). „Prüfungs-Placebo. Datenschutzbehörden tun sich mit technischen Prüfungen schwer". In: *c't* 19, S. 120.

Schulzki-Haddouti, Christiane (2023). „ChatGPT: Wenn der stochastische Papagei unsere Geheimnisse und Privates ausplappert". In: *Riffreporter vom 8.3.2023.*

Schulzki-Haddouti, Christiane (2024). *Der Spion aus dem Werbebanner – Standortdaten aus der Onlinewerbung (18. März.* https://www.golem.de/news/standortdaten-aus-der-onlinewerbung-der-spion-aus-dem-werbebanner-2403-183217.html.

Siedenburg Philipp und Raupach, Tim (2021). „Big Data und die (Re-)Produktion gesellschaftlicher Ordnung. Zu den normativen Implikationen der Digitalisierung". In: *Autonomie und Verantwortung in digitalen Kulturen. Privatheit im Geflecht von Recht, Medien und Gesellschaft*. Hrsg. von Franz X. et. al. Berger. Academia, S. 75–96.

Simitis, Spiros (1999). „Die Erosion des Datenschutzes – Von der Abstumpfung der alten Regelungen und den Schwierigkeiten, neue Instrumente zu entwickeln". In: *Neue Instrumente im Datenschutz*. Hrsg. von Bettina Sokol. Die Landesbeauftragte für den Datenschutz Nordrhein-Westfalen, S. 5–40. http://www.maroki.de/pub/dphistory/1999_Neue_Instrumente_im_Datenschutz.pdf.

Solove, Daniel J. (Jan. 2006). „A Taxonomy of Privacy". In: *University of Pennsylvania Law Review* 154.3, S. 477–560. http://papers.ssrn.com/sol3/papers.cfm?abstract_id=667622.

Strohbach, Paul (2023). *Untersuchung der Klimaauswirkungen des Datenschutzes (Bachelorarbeit)*. https://luap42.de/data/ba-thesis.pdf.

AK-Technik (2019). *Arbeitsauftrag der Taskforce KI an den AK Technik und Vorschläge des AK Technik zur Umsetzung*. https://www.datenschutz.bremen.de/sixcms/media.php/13/Positionspapier %2BTask%2BForce%2BKI%2B20191015.pdf.

Wischner, Stefan (2024). „Bedingt flugtauglich". In: *ct – Zeitschrift für Computertechnik* 4, S. 17.

Wolfangel, Eva (2022). *Ein falscher Klick: Hackern auf der Spur: Warum der Cyberkrieg uns alle betrifft – Wie wir uns gegen Angriffe aus dem Internet schützen*. Penguin Verlag.

Wolfangel, Eva (2023). *re:publica: Der Mensch ist nicht das Problem, der Mensch ist nicht das Problem*. https://www.youtube.com/watch?v=0muvKOlFNnI.

Wolfram, Stephen (2023). *What Is ChatGPT Doing ... and Why Does It Work?* Englisch. https://writings.stephenwolfram.com/2023/02/what-is-chatgpt-doing-and-why-does-it-work/.

Zimmermann, Wolfgang (2014). „Privatsphäre. Aufruf zur Konstruktion einer realitätsbezogenen Bildwelt". In: *Fundationes I: Geschichte und Theorie des Datenschutzes*. Hrsg. von Jörg Pohle und Andrea Knaut. https://fundationes.de/datenschutz.html.

Zuboff, Shoshana (2018). *Das Zeitalter des Überwachungskapitalismus*. Frankfurt am Main: Campus.

Der Inhalt dieses Kapitels

Dieses Kapitel gibt einen Überblick über den Aufbau und die Themen dieses Buches. Dadurch soll zunächst ein Gesamtbild entstehen, bevor die einzelnen Themen mit den Einzelheiten angesprochen werden.

Um eine Verarbeitung oder Verarbeitungstätigkeit mit Hilfe des SDM so zu gestalten, dass die Normen und Regeln der Datenschutz-Grundverordnung (DSGVO) eingehalten werden, sollte eine Verarbeitung *horizontal* entweder in vier Phasen oder neun Verarbeitungsvorgänge und *vertikal* in drei Ebenen – Verarbeitungslogik, Sachbearbeitung mit Fachapplikation, IT-Infrastruktur – gegliedert werden. Dadurch lassen sich für jede Ebene die Daten, IT-Systeme und Prozesse identifizieren, die die zu analysierenden Risiken erzeugen. Abhängig von der Risikostufe können dadurch die Maßnahmen zur Verringerung der Risiken der Verarbeitung für die betroffenen Personen bestimmt werden.

Wenn Sie den vorigen Absatz nicht auf Anhieb, und selbst nach mehrmaligem Lesen immer noch nicht so richtig verstehen, ihn aber verstehen wollen, dann halten Sie genau das richtige Buch in der Hand. Damit Sie den vorigen Absatz im Detail gründlich verstehen und dadurch in Ihrer Datenschutzpraxis handlungsfähiger als bislang werden, habe ich dieses Buch geschrieben.

Sollten Sie schon Vorkenntnisse zum SDM mitbringen, könnte bei Ihnen durch diese kompakte Formulierung gerade der Eindruck eines endlich vollständigen Gesamtbildes entstanden sein. Sie finden mit dem „SDM-Würfel" im Abschn. 8.1 ein solches Gesamtbild der Dimensionen des SDM in diesem Buch. Aber bitte blättern Sie nur dann zum Würfel vor, wenn Sie sich bereits ausreichend mit dem SDM beschäftigt haben. Versuchen Sie vielleicht

M. Rost, *Das Standard-Datenschutzmodell (SDM)*,
https://doi.org/10.1007/978-3-658-44998-8_2

anstatt vorzublättern im Laufe des Durcharbeitens des Buches Ihren eigenen SDM-Würfel zu entwickeln! Tipp: Versuchen Sie, die Inhalte der Kapitel als Kanten eines Würfels anzuordnen…und wer weiß, vielleicht entwickeln Sie einen noch besseren SDM-Würfel, als die Version, die derzeit das Optimum an Modellintegration bietet?

Sie werden in den Kapiteln Aufgaben finden, die Sie, wenn Sie das SDM wirklich gründlich kennenlernen und nutzen wollen, tatsächlich durchführen sollten. Die Aufgaben nicht zu bearbeiten, verkürzt sicher nicht die Lernzeit. Ich teile Ihnen meistens keine Lösungen zu den Aufgaben mit, die Funktion der meisten Aufgaben besteht darin, Sie durch Nachdenken auf die nachfolgenden Ausführungen vorzubereiten; diese nachfolgenden Ausführungen sind dann die Lösungen. Im letzten Teil des Buches stelle ich allerdings komplexe Aufgaben, für deren Bearbeitung Sie das Gelernte zusammenfügen müssen, und zu denen ich deshalb zumindest Lösungsansätze in den Anhang gestellt habe.

Verarbeitung

Der Einstieg in die Darstellung des SDM beginnt problemorientiert, nämlich mit den Verarbeitungen von Organisationen. Was meint „Verarbeitung"?

Verarbeitungen, und noch nicht das bloße Vorhandensein personenbezogener Daten, erzeugen die Datenschutz-Probleme; von „Verarbeitung" ist gleich im ersten Satz des Artikel 1 der DSGVO die Rede. Organisationen greifen mit Ihren Verarbeitungen in die „Rechte und Grundfreiheiten" der von den Verarbeitungen unmittelbar betroffenen Personen ein. Deswegen ist im Datenschutz das Verständnis von „Verarbeitung" von grundlegener Bedeutung: Wie lässt sich eine konkrete Verarbeitung personenbeziehbarer Daten bestimmen und von anderen Verarbeitungen abgrenzen?

Der wesentliche Bestandteil einer Definition dessen, was mit Verarbeitung gemeint ist, lässt sich durch eine Beschreibung und zunehmend einengende Definition des Zwecks, einschließlich der allmählichen Anreicherung mit speziellen Eigenschaften, erarbeiten. Ein(e) Jurist*in verlangt von einer Zweckdefinition eine streng am Prinzip der Erforderlichkeit und der Verhältnismäßigkeit orientierte Bestimmung des Zwecks. Jede Verarbeitung personenbeziehbarer Daten umfasst abstrakt erst einmal eine Abfolge von Verarbeitungsschritten zum Umsetzen des bestimmten Zwecks, die eine Organisation dauerhaft betreibt. Die weiteren Subprozesse einer Verarbeitung werden im SDM als „Verarbeitungsvorgänge", auch ein Begriff der DSGVO, bezeichnet. Die Verarbeitung personenbezogener Daten durch Organisationen muss nicht zwingend mit Hilfe von Informationstechnik (IT) durchgeführt werden; eine Verarbeitung kann auch andere Formen annehmen. Man denke als Beispiel an die Verarbeitung der Corona-Kontaktverfolgungen, die bspw. von Restaurants in wesentlichen Teilen der Verarbeitung sowohl mit Papier und Bleistift als auch mit IT umgesetzt wurden. Um die Verarbeitungen von Organisationen nach den Vorgaben der DSGVO gestalten zu können, ist demnach ein problembewusstes Verständnis von „Verarbeitung" die Voraussetzung.

DSGVO

Wenn Verarbeitungen zu gestalten die wesentlich zu bearbeitende Aufgabe im praktischen Datenschutz ist, dann kann man von der DSGVO erwarten, dass in ihr sämtliche(!) Anforderungen an die Gestaltung von Verarbeitungen mit Personenbezug enthalten sind. Das ist tatsächlich der Fall.

Im Unterschied zur IT-Sicherheit oder Informationssicherheit braucht man bzgl. der zu bearbeitenden Risiken im operativen Datenschutz keine Fantasie oder besonderes Weltwissen. Die DSGVO teilt mit, welche Risiken zu bearbeiten bzw. zu verringern sind. Es gilt jedoch Wissen aufzubauen, wie man diese Risiken dann wirksam verringert.

Das SDM stellt sich vollständig in den Dienst der DSGVO, um die normativen Anforderungen für die Praxis verständlich und zugänglich zu machen. Das SDM weist in den SDM-Bausteinen außerdem technisch-organisatorische Maßnahmen (TOM) aus, mit denen sich die Risiken minimieren lassen, die die Verarbeitungen für Personen erzeugen. Alles – wirklich: alles – was an operativen Aktivitäten im Datenschutz gemacht wird, muss einen Bezug zur DSGVO aufweisen. Man verschlüsselt berufliche E-Mails oder Datenbestände nicht deshalb, weil man es kann und es inzwischen nichts Nennenswertes mehr kostet; man verschlüsselt im Kontext Datenschutz, weil es datenschutzrechtlich geboten ist. Für Praktiker stellt sich dann allenfalls die Frage: Wo steht diese Anforderungen? Sie steht z. B. abstrakt als Grundsatz in Art. 5 DSGVO: Sicherung der „Vertraulichkeit". Der Art. 5 der DSGVO verlangt in Abs. 1 außerdem Transparenz. Das bedeutet, dass wesentliche Eigenschaften einer Verarbeitung durch Betroffene beurteilbar sein müssen. Wenn diese Verpflichtung zur Transparenz, im Zusammenhang mit der Pflicht zur Rechenschaft aus Art. 5 Nr. 2 DSGVO, tiefgründiger interpretiert wird, dann verlangt diese Norm, dass die Aktivitäten der Administration und der Fachapplikationen prüfbar sein müssen und ihre Aktivitäten deshalb zu protokollieren sind. Mit welchen Inhalten und auf welchem Auflösungsniveau protokolliert werden muss, ist dann noch näher zu bestimmen, und zwar wiederum begründet mit weiteren Anforderungen der DSGVO.

Es bedarf einer zumindest groben Vorstellung von der DSGVO, die trotz der ruppigen Darstellung in diesem Kapitel auch für Jurist*innen deshalb von Nutzen sein kann, um einen klaren Blick dafür zu bekommen, was für die wirksame Umsetzung von Datenschutzanforderungen an Verarbeitungen als operativ relevant gilt. Praktiker*innen sollten die wesentlichen Inhalte der DSGVO zumindest schlagwortartig kennen. Das Kapitel soll außerdem zeigen, wie fest und verlässlich das SDM in der DSGVO verankert ist.

Gewährleistungsziele

Im Kapitel über die *Gewährleistungsziele* werden im Wesentlichen geltende „Grundsätze" aus Art. 5 der DSGVO in erreichbare „Ziele" umformuliert. Art. 5 bildet das normative Gravitationszentrum der DSGVO; die Gewährleistungsziele bilden entsprechend symmetrisch das normative Gravitationsszentrum des SDM. Jedes dieser Ziele hinterlegt das SDM mit einem Katalog an generischen Standard-TOM. Diese technisch-organisatorischen Maßnahmen dienen dazu, die Risiken der Verarbeitung für betroffene Personen zu verringern.

Wenn in der DSGVO bspw. die „Zwecke" angesprochen werden, dann findet man im Maßnahmenkatalog unter dem Gewährleistungsziel „Nichtverkettung" jede Menge an Hinweisen zur Umsetzung bspw. von Mandantentrennung, Anonymisierung und Pseudonymisierung. Das SDM orientiert sich an insgesamt sieben Gewährleistungszielen und unterstellt, dass sich damit alle normativen Anforderungen des operativen Datenschutzes ausdrücken lassen. Das hat für die Praxis den Vorteil einer enormen Komplexitätsreduktion auf Wesentliches. Es müssen dafür ein paar Vokabeln und Konzepte, wie was zusammenhängt, gelernt werden. Der Lohn ist enorm: Die kompakt formulierten „Gewährleistungsziele" des SDM bilden insgesamt eine Heuristik, oder sogar ein Kalkül, mit der bzw. mit dem man trotz begrenzten Wissens jede personenbezogene Verarbeitung effektiv – d. h. schnell, gründlich und zudem vollständig – analysieren und über die TOM ebenso effektiv in Handlungsanleitungen wandeln kann. Das heißt nicht, dass man am Ende wirklich jedes Detail kennt, aber zumindest alles Relevante, nach Maßgabe der DSGVO, betrachtet hat und dadurch die Lücken ausweisen kann, zu denen trotz allseitigen Bemühens kein Wissen besteht. Dieser Befund „mangelhaftes Wissen" wäre dann als das Risiko mangelnder Transparenz aufzufassen.

Jurist*innen können von den ihnen bekannten rechtlichen Anforderungen der DSGVO über deren Transformation in die Gewährleistungsziele des SDM konkrete Schutzmaßnahmen ableiten, ohne Techniker*innen sein zu müssen. Und es ist Jurist*innen mit einem Minimum an organisatorischer und technischer Vorstellungskraft auch umgekehrt möglich, zu den konkreten technischen und organisatorischen Maßnahmen, wie sie in den generischen Maßnahmen, sowie detaillierter insbesondere in den Maßnahmenbausteinen, zum SDM aufgeführt sind, die Verankerung im Gesetz aufzufinden. Techniker*innen können von den technisch-organisatorischen Maßnahmen ausgehen und über die Zuordnung zu den Gewährleistungszielen die Verankerungen rechtlicher Anforderung erkennen. Damit lässt sich auch ohne juristisches Detailwissen die rechtliche Verankerung „hinter" einer konkreten technischen Maßnahme finden.

Dieses Kapitel zeigt auf, dass die Gewährleitungsziele obendrein nicht nur einfach gelten, sondern untereinander in eine Beziehung gestellt werden können, um eine angemessene Abstimmung von Maßnahmen auch untereinander zu finden. Fehlt die Abstimmung von Maßnahmen untereinander, können Maßnahmen im Zusammenspiel einander schwächen. Das kann bspw. dann der Fall sein, wenn zum Nachweis eines wirksamen Löschens in die Protokollierung des Löschvorgangs die gelöschten Stammdaten von Personen zwecks Nachweisführens geschrieben werden und damit die Löschung durch die Protokollierung im Kontext der gesamten Verarbeitung teilweise unwirksam gemacht wird. Anhand der Gewährleistungsziele können solche Interaktionskonflikte bei der Abstimmung auf einer abstrakten, aber gemeinsam zugänglichen Ebene rechtlich und praktisch analysiert werden. Maßnahmen unterschiedlicher Gewährleistungsziele können einander auch stärken: Wenn man bspw. Daten verschlüsselt, dann können diese Daten im verschlüsselten Zustand nicht verändert werden, d. h. für den Zeitraum der Verschlüsselung ist auch die Integrität der Daten gesichert. Diese Eigenschaften des gegenseitigen Verstärkens von Maßnahmen wird vom

SDM genutzt, wenn es darum geht, Eigenschaften von Maßnahmen für hohes Risiko zu bestimmen.

Wenn es an die Planung der praktischen Umsetzung anhand des generischen Maßnahmenkatalogs geht, kann auch weitere Expertise, wie bspw. die organisatorische oder betriebswirtschaftliche, einbezogen werden.

Risiko

Die Analyse einer (geplanten) Verarbeitung im Hinblick auf die Risiken für Personen spielt a) zur Bestimmung der Funktionen der Verarbeitung und b) zur Bestimmung von angemessenen TOM die ausschlaggebende Rolle. Die DSGVO ist an diesem Punkt dankenswert einfach strukturiert, denn sie kennt nur zwei Risikostufen: Ein Risiko – zumeist wird dem noch ein „normal" vorgesetzt – und ein hohes Risiko für betroffene Personen. Kein Risiko kann es für Personen, die von der Verarbeitung personenbezogener Daten betroffen sind, realistisch nicht geben; ein geringes Risiko kann es geben, nur stellt sich dann die Frage, wie damit in Bezug auf zu ergreifende Maßnahmen umzugehen ist. Technisch gesprochen bildet die Risikostufe einer Verarbeitung den Regler zur Skalierung der Wirksamkeit der zu treffenden TOM. Ein von einer Verarbeitung ausgehendes hohes Risiko für betroffene Personen muss rein logisch zur Folge haben, dass die Maßnahmen zur Verringerung der Risiken erhöht wirksam sein müssen. Um die Stufe „Risiko" eindeutig von der Stufe „hohes Risiko" unterscheiden zu können, ist im SDM von „normalem Risiko" die Rede, auch wenn damit im Alltagsverständnis eine leicht abschwächende, mildernde Konnotation im Sinne eines „allgemeinen Lebensrisikos" einhergeht.

Das SDM lässt keine Zweifel am klaren Verständnis von Datenschutzrisiken aufkommen: Das zu mindernde Hauptrisiko besteht darin, dass eine Organisation den Grundrechtseingriff nicht so milde gestaltet, wie es im beidseitigen Verständnis nach „Treu und Glauben" möglich wäre und zweckgemäß ausreichte. Es muss nicht erst noch ein möglicher Schaden ausgemacht oder dessen Eintreffen abgewartet werden, um als ein Risiko beurteilt zu werden und dann erst über TOM nachdenken zu müssen; es bedarf auch nicht erst der Hinzunahme des Risikos einer möglichen kriminellen Energie etwa bei Administrator*innen oder Mitarbeiter*innen; im Kurzpapier Nr. 18 der DSK werden anregende Risikoquellen gelistet (vgl. DSK 2018). *Der bloße Fakt, dass personenbeziehbare Daten verarbeitet werden, verlangt bereits die Umsetzung der Grundsätze aus Art. 5 bzw. der Gewährleistungsziele mit risikenmindernden Maßnahmen.*

Und mehr noch: Das Verfahren muss von vornherein so gestaltet werden, dass der Grundrechtseingriff mit der gesamten Verfahrensgestaltung nur unter engen rechtlichen und technischen Bedingungen möglich ist („Dataprotection-By-Design", Art. 25 DSGVO). Der Schaden für die Betroffenen besteht in einer gewissen Weise allein darin, dass eine Organisation deren Daten verarbeitet und eine ganze Reihe ganz unterschiedlicher Risiken erzeugt, auf die die betroffenen Personen keinen Einfluss haben. Das kann bspw. der Fall sein, wenn Daten einer Person als Beifang in einer „Antiterrordatei" landen oder wenn Kundendaten bspw. im Zuge des Abwickelns einer Insolvenz, verkauft werden könnten.

Um die Risikostufe „normal" oder „hoch" zu bestimmen, muss eine Schwellwertanalyse durchgeführt werden, die mit Hilfe der „Muss-Liste der Datenschutzaufsichtsbehörden" innerhalb weniger Minuten für jede Verarbeitungstätigkeit durchgeführt werden kann. Voraussetzung ist, dass die Verarbeitungstätigkeit, so wie im Kapitel zur Verarbeitung vorgeführt, hinreichend aussagekräftig dokumentiert wurde. Wenn das Ergebnis der Analyse ein „hohes Risiko" ist, dann muss die Verarbeitungstätigkeit einer Datenschutz-Folgenabschätzung (DSFA) gemäß Art. 35 DSGVO unterzogen werden.

Generische technisch-organisatorische Maßnahmen

An diesem Punkt der Darstellung des SDM sind bereits alle wesentlichen Aspekte zur Bestimmung von technisch-organisatorischen Maßnahmen behandelt worden: Ein Verständnis für Eigenschaften einer Verarbeitung, mit Gewährleistungszielen als Designpattern für Verarbeitungen und Risiken, die jede Verarbeitung erzeugt. Das bereitet bestens auf risikenmindernde Maßnahmen vor, die nachfolgend das Thema sind.

Die Gewährleistungsziele erzeugen, abgeleitet aus der DSGVO, ganz bestimmte Typen von zu analysierenden Risiken bei einer Verarbeitung – wie bspw. das Vertraulichkeitsrisiko, Verfälschungsrisiko, Zwecknichtbindungsrisiko, Intransparenzrisiko, Interventionsverhinderungsrisiko. Sie legen insofern die Typen der technisch-organisatorischen Maßnahmen (TOM) fest, mit denen diese Risiken zu bearbeiten sind: Das Vertraulichkeitsrisiko bspw. bei der Übermittlung von Daten wird durch die Maßnahme „Verschlüsselung der Kommunikationsverbindung mit VPN" bearbeitet; das Zweckbindungsrisiko bei der Verarbeitung bspw. von Personaldaten mehrerer Filialen wird für eine Datenbank durch eine „bereits auf dem Betriebssystem durchgesetzten Mandantentrennung" bearbeitet; das Transparenzrisiko wird durch eine „revisionsfeste, also integritätsgesicherte Protokollierung mit zertifiziertem Zeitstempel und eindeutigen Bezeichnern für Event und Entität" umgesetzt.

Die Schwellwertanalyse bestimmt die Risikostufe einer Verarbeitung. Die Risikostufe bestimmt den Grad der Wirksamkeit der TOM. Die konkrete Auswahl und die Qualität des Betriebs der Maßnahmen richtet sich nach dem „Stand der Technik" (Artt. 25, 32 DSGVO). Die Qualität des Beratens, Kontrollierens, Prüfens und Beurteilens einer Verarbeitung und den TOM muss, bei einem hohen Risiko für die Betroffenen, ebenfalls auf einem entsprechend hohen Niveau erfolgen.

Die Unterarbeitsgruppe SDM (UAGSDM) hat für jedes Gewährleistungsziel einen Katalog an Maßnahmen ausgewiesen. Für diejenigen TOM, die ausschließlich vom operativen Datenschutz betreut werden – wie Transparenz, Nichtverkettung und Intervenierbarkeit-, wurden außerdem Bausteine publiziert, in denen hochauflösend Maßnahmen aufgelistet werden.

SDM anwenden

In diesem Kapitel wird der *SDM-Würfel* vorgestellt. Der SDM-Würfel fokussiert die Eigenschaften von Verarbeitungen und gibt insofern Orientierung bei der systematischen Bearbeitung von Datenschutzrisiken. Mit ein wenig Übung hilft der Würfel dabei, dass nichts vergessen wird; sowohl bei der Bestimmung der TOM als auch bei den notwendigen rechtlichen Regelungen.

Sie sollten in der Lage sein, den SDM-Würfel jederzeit aus dem Gedächtnis heraus an eine Tafel zu zeichnen, um gemeinsam mit den anderen anwesenden Expert*innen Strategien einer angemessenen Komplexitätsreduktion festzulegen und die DSGVO-Festigkeit der Verarbeitung anhand von Dokumenten und Prüfungen beurteilen zu können. Dieses Kapitel zeigt den Nutzen des SDM im Rahmen einer *Datenschutzprüfung,* einer *Datenschutz-Folgenabschätzung,* (DSFA) eines *Datenschutzmanagements* (DSM) und schließt mit einigen Hinweisen zu ersten verfügbaren *SDM-Tools.*

Kontext

Das SDM muss sich in die Betriebspraxis von Organisationen, mit deren Frameworks und Managementmethoden, einfügen. Allerdings ist es falsch bzw. inakzeptabel, wenn das SDM als Untermenge zu einem „Informationsmanagement" geführt wird, dessen Zweck darin besteht, die Geschäftsprozesse einer Organisation zu sichern. Das passt nicht, denn Datenschutz sichert Personen vor Organisationen mit deren Aktivitäten; und ist insofern weitaus mehr natürlicher Verbündeter des Verbraucherschutzes, des Arbeitsschutzes oder der Gewerkschaften. Dessen eingedenk sollte man CON.2 des *IT-Grundschutzes* des BSI, in dem zur Umsetzung von Datenschutzanforderungen auf das SDM verwiesen wird, mit nützlichen Hinweisen für die Gefährdungsanalyse kennen. Einen anderen Kontext bilden *ISO-Standards,* die teilweise etablierte Prozessstandards bieten und bei denen sich das SDM im Kontext des Datenschutzmanagements bedient. Das Problem bei ISO-Standards ist, dass diese keine Grundrechtsorientierung aufweisen. Man kann auf der Ebene von Maßnahmen vieles übernehmen, muss aber immer die Zielrichtung beachten, dass sie betroffenen Personen zugute kommen müssen, zum Ausgleich der bestehenden Machtasymmetrie, die, abgesehen von Ein-Person- oder Wenige-Personen-Organisationen, zugunsten von Organisationen ausfallen. Man kann gut begründet den Datenschutz auch als Taktgeber für das Design von Verarbeitungen verstehen. Problemlos lässt sich das SDM bspw. in den Kontext von *ITIL* stellen.

Das SDM ist überaus geeignet, wenn es darum geht, eine Verarbeitung in Bezug auf die Erfüllung der DSGVO *zertifizieren* zu lassen. Und zuletzt werden auch noch ein paar Hinweise zum Kirchen-Datenschutzmodell *(KDM),* das das SDM übernommen hat, gegeben. Im Kontext der beiden großen christlichen Kirchen Deutschland gibt man sich besondere Mühe, durch allgemeinverständliche Hilfestellungen das SDM in die Praxis zu bringen.

SDM-Konformität

Die Frage nach SDM-Konformität zielt darauf ab, inwieweit sich die Erarbeitung von DSGVO-Konformität für eine Verarbeitung an die Reihenfolge der Vorgaben des SDM hält. Die Umsetzung von DSGVO-Anforderungen mit Hilfe des SDM ist inzwischen massenhaft erprobt und hat sich bewährt. Mit geringeren Ansprüchen an Qualität und Effizienz einer Methode kann man es auch anders mit vielleicht ähnlich gutem Ergebnis machen.

Oder anders herum betrachtet: Wenn bspw. eine DSFA anders als hier vorgeschlagen durchgeführt wird – und weder eine hinreichende informationshaltige Beschreibung der Verarbeitungsvorgänge und -Ebenen noch eine an den Gewährleistungszielen orientierte Struktur vorliegen –, dann hapert es zumeist an Qualität und Nutzen der DSFA. Das letzte Kapitel stellt deshalb noch einmal das Ineinandergreifen der einzelnen Komponenten des SDM heraus. Dann zeigt sich, dass das SDM vor allem ein bestimmter Ablauf von Aktivitäten auszeichnet, und es nur sekundär im Sinne einer Zugabe auch noch Standardmaßnahmen des operativen Datenschutzes anliefert.

In jedem der nachfolgenden Großkapitel – Verarbeitung, Recht, Gewährleistungsziele, Datenschutzrisiken, technisch-organisatorische Maßnahmen, Anwendungen und Kontexte des SDM, SDM-Konformität – wird eingangs ein Überblick zu den Inhalten des jeweiligen Kapitels mit den zentralen Aussagen und mit Hinweisen auf maßgebliche Literatur, die in der Regel parallel zum Kapitel gelesen werden sollte, gegeben. Im Text finden sich weitere Angaben mit Fachliteratur zu speziellen Problemstellungen. Jedes Kapitel schließt mit einer Zusammenfassung, in der der Bezug zum Ganzen und die Verbindung zum nächsten Kapitel hergestellt wird. Die DSGVO sollte für die gesamte Bearbeitung dieses Buches zur Hand sein; sie ist das Regelwerk. Zur Hand sein sollte auch das von der DSK verabschiedete aktuelle Handbuch zur Methodik des SDM.

Verarbeitung 3

Der Inhalt dieses Kapitels

Dieses Kapitel zeigt, wie sich eine „Verarbeitung" personenbeziehbarer Daten analytisch so aufbereiten lässt, dass die Verarbeitung mit ihren Eigenschaften für alle relevanten Anforderungen der DSGVO zugänglich wird.

Die DSGVO stellt die *Verarbeitungen* personenbezogener Daten durch Organisationen bzw. von „Niederlassungen" in das Zentrum ihrer Regelungen. Aus der Gestaltung der Verarbeitung heraus entsteht u. a. auch die Anforderung, dass Daten zu schützen sind, und zwar insbesondere vor der Organisation selber, die die Daten verarbeitet. Auf diesen heiklen Punkt werde ich immer wieder zu sprechen kommen.

Der Grund dafür, dass die personenbezogenen Daten nicht nur zu schützen, sondern mehr noch deren Verarbeitungen zu gestalten sind, ist logisch: Organisationen greifen mit ihren *Verarbeitungen* in die „Rechte und Grundfreiheiten" der von den Verarbeitungen unmittelbar betroffenen Personen ein. Es ist die Verarbeitung, die einem personenbeziehbaren Datum einen Zweck mitgibt, ein Datum nützlich oder sensibel werden lässt.

Organisationen greifen, mit Bezug auf Personen, immer in deren Rechte und Grundfreiheiten ein, was in einem bestimmten Maße, genauer: in einem zu bestimmenden Ausmaß, erlaubt sein kann. Zu beurteilen ist, ob das Maß der Eingriffe in die Grundrechte und Grundfreiheiten der Personen durch die Organisationen auf einem Niveau erfolgt, mit dem so gerade eben noch der Zweck der Verarbeitung durch die Organisation erfüllt werden kann. Es besteht das Risiko – und das ist das spezifische Datenschutzrisiko –, dass eine Organisation mit ihrer Datenverarbeitung zu stark in die Grundfreiheiten und Grundrechte eingreift. Deshalb setzt die Risikomodellierung des Datenschutzes an den Verarbeitungen von Organisationen an, nicht nur an der Schwäche von IT-Komponenten, die keinen hin-

M. Rost, *Das Standard-Datenschutzmodell (SDM)*,
https://doi.org/10.1007/978-3-658-44998-8_3

reichenden Schutz personenbezogener Daten vor Hackern bieten oder an möglicherweise kriminellen Motiven von Mitarbeiter*innen.

Man kann den DSGVO-Begriff der „Verarbeitung" mit dem gleichsetzen, was man im Kontext eines Unternehmens unter einem „Geschäftsprozess", im Kontext einer Behörde unter einem „Verfahren" und im Kontext eines Forschungsinstituts unter einem „Forschungs-projekt" versteht. Da die Geltung der DSGVO, für viele deutsche Jurist*innen immer wieder überraschend, nicht auf den öffentlichen („Behörden") oder den privaten („Unternehmen") Bereich beschränkt ist, war es seitens des Gesetzgebers geboten, mit „Verarbeitung" einen organisationstyp-übergreifenden Begriff zu verwenden. In diesem Buch sollen „Verarbei-tung" und „Verarbeitungstätigkeit" das Gleiche bezeichnen, wobei hier überwiegend von „Verarbeitung" die Rede ist. Die DSGVO ist leider nicht eindeutig mit ihrer Verwendung. So wird in Art. 4 Abs. 2 DSGVO „Verarbeitung" und in Art. 30 DSGVO „Verarbeitungstä-tigkeit" als übergreifender Begriff für eine zusammenhängende Vorgangsreihe genutzt. Auf keinen Fall ist es korrekt, ein „Computerprogramm" mit einem „Verfahren" gleichzusetzen, auch wenn große Teile einer Sachbearbeitung von einer einzigen Software abgedeckt sein können.

Die Bestimmung des Zwecks ist der wesentliche Bestandteil, der eine Verarbeitung posi-tiv bestimmt und diese Verarbeitung gegen andere Verarbeitungen abzugrenzen gestattet. Ein Zweck wird gesetzt und ist dann präzise zu definieren, abzugrenzen und an die Mittel zu binden, mit denen der Zweck verfolgt wird.

Um eine Verarbeitung in ihren Bestandteilen zu verstehen – und dann so darzustellen, dass alle beteiligten Fachleute sämtliche Risiken vor Augen gestellt bekommen, damit gemein-sam Strategien zur Risikobearbeitung entwickelt werden können –, sollte eine Verarbeitung zunächst in drei Ebenen zerlegt werden: In die Ebene der „abstrakten Fachlichkeit", in die Ebene der konkreten, praktischen Sachbearbeitung mit Hilfe von spezialisierten Fachpro-grammen und in die Ebene der IT-Infrastruktur, die von der Ebene der Sachbearbeitung und Fachapplikationen typischerweise genutzt wird. Sowohl auf Ebene 2 als auch Ebene 3 kommen Betriebsmittel zum Einsatz, die meistens sowohl fachverfahrensspezifisch als auch organisationsübergreifend eingesetzt werden. Die Einteilung in drei Ebenen bietet eine ana-lytische Sicht auf eine Verarbeitung in der Vertikalen.

Eine Verarbeitung lässt sich auch horizontal strukturieren. In der Horizontalen kann man eine zeitliche Abfolge als „Phasen" oder, in einer strukturellen Abfolge, als „Verarbei-tungsvorgänge" darstellen und analysieren. Hier schlägt das SDM vor, die 14 „elementaren Verarbeitungsvorgänge", die die DSGVO in Art. 4 Abs. 2 auflistet, bei einfachen Verar-beitungen auf eine Anzahl von 4 „Phasen" oder bei aufwändigeren Verarbeitungen von 9 „Vorgangsgruppen" zu reduzieren. Bei hochriskanten Verarbeitungen sollten dagegen alle 14 Vorgangsgruppen, die die DSGVO listet, berücksichtigt werden.

Zum Schluss des Kapitels werden sinnvolle Möglichkeiten der Gruppierung personen-bezogener Daten vorgestellt. Es zeigt sich, dass das alles andere als einfach ist, aber die Einteilung der Schichten dabei hilft, den Überblick über die verschiedenen Typen personen-bezogener Daten zu behalten.

In diesem Kapitel werden zwei Beispielszenarien eingeführt, zu denen ich verschiedene Aufgaben stellen werde. Beim ersten Szenario handelt es sich um das Anfertigen einer „Bildungs- und Entwicklungsdokumentation (BuED)" in Kindergärten. An die Kindergärten eines Bundeslandes wird die Aufgabe herangetragen, den Bildungsgang und die Entwicklung derjenigen Kinder zu dokumentieren, die von den Einrichtungen betreut werden. Eine gesetzliche Regelung verpflichtet die Träger der Kindergärten, dass die Erzieher*innen ihre Beobachtungen der Kinder dokumentieren. Beim zweiten Übungs-Szenario handelt es sich um einen „Fahrtenschreiber", den eine KfZ-Versicherung in die Fahrzeuge der Versicherten installieren möchte, um anhand verschiedener Sensoren die Risikobereitschaft beim Fahren der Kund*innen messen zu können. Der Vorteil der Kund*innen soll darin bestehen, einen günstigeren Versicherungszins zahlen zu müssen; als Rechtsgrundlage dient der Vertrag zwischen der Versicherung und den Kund*innen.

Beizuziehende Literatur
Bitte besorgen Sie sich den Text der DSGVO (z. B. von hier: https://eur-lex.europa.eu/legal-content/DE/TXT/PDF/?uri=CELEX:02016R0679-20160504&from=EN) und den Text zur SDM-Methodik (z. B. von hier   https://www.datenschutz-mv.de/datenschutz/datenschutz modell/). Die offizielle Bezugsquelle der DSGVO ist der Server der Europäischen Union (https://eur-lex.europa.eu). Diese Quelle eignet sich insbesondere dann, wenn man auch die englische Version der DSGVO (engl. GDPR) benötigt. Es gibt viele andere Bezugsquellen der DSGVO im deutschsprachigen Internet, auch für Kommentare zu den einzelnen Artikeln der DSGVO. Als Bezugsquelle speziell für die Publikationen zum SDM gilt der Webserver des Landesbeauftragten für Datenschutz und Informationsfreiheit Mecklenburg-Vorpommern. Als Gesetzessammlung gefällt mir die Broschüre „Info 01" des Bundesbeauftragten für Datenschutz, insbesondere weil dort informationshaltige Kommentare zum Umgang mit den Betroffenenrechten enthalten sind (BfDI 2020), die im SDM nicht unmittelbar modelliert werden. Darüber hinaus sollten Sie die „Opinion 03/2013 on purpose limitation" der Art. 29-Gruppe heranziehen (Art. 29-Gruppe 2013), wenn Sie die beiden für den Datenschutz so zentral stehenden Regulationskonzepte „Zweck" und „Zweckbindung" verstehen wollen. Auf thematisch tiefergehende Fachaufsätze komme ich im laufenden Text zu sprechen.

3.1   Was ist eine Verarbeitung?

Verarbeitungen stehen im Zentrum der DSGVO (s. Abschn. 4.2). An der Verarbeitung setzen sowohl die datenschutzrechtlichen als auch die technisch-organisatorischen Analysen und Gestaltungsaktivitäten zu einer grundrechtskonformen Verarbeitung personenbezogener – oder wie es gemäß Art. 4 Abs. 1 DSGVO genauer heißen muss: „personenbeziehbarer" – Daten an. Deshalb steht am Beginn einer jeden datenschützerischen Befassung – sei es eine Analyse, eine Prüfung oder Beratung – die möglichst informationshaltige Beschreibung der Verarbeitung, mit der man es zu tun hat. Jede Verarbeitung wird von mindestens einer Organisation betrieben, die von mindestens einem Verantwortlichen vertreten wird.

Die personenbezogenen bzw. personenbeziehbaren Daten, die insbesondere Techniker*innen typischerweise als die wesentlichen Objekte im Datenschutz wahrnehmen, sind zunächst der Auslöser dafür, dass die DSGVO zur Gestaltung von Verarbeitungen herangezogen werden muss. Es ist gar nicht allein die Sensibilität der Daten ausschlaggebend als vielmehr der Grundrechtseingriff der Verarbeitung, der über die Risikostufe entscheidet. Dass personenbeziehbare Daten verarbeitet werden, ist der Auslöser dafür, die DSGVO für die Gestaltung der Verarbeitung heranzuziehen. Die DSGVO fordert, dass personenbezogene Verarbeitungen, mit denen Organisationen die Freiheiten und Rechte von Personen berühren, allen Anforderungen der DSGVO genügen müssen. Alle Risikomodellierungen und die daraus abgeleiteten Schutzmaßnahmen im Interesse betroffener Personen sind aus der DSGVO und den erforderlichen funktionalen Eigenschaften der Verarbeitung abzuleiten, und erst zu einem sehr viel späteren Zeitpunkt, wenn die erforderlichen Eigenschaften der Komponenten geklärt wurden, auch aus einer Analyse der Schwächen und Fehler von IT-Komponenten! Die Analyse des operativen Datenschutzes kommt sozusagen von oben – von der Verarbeitung mit ihrer Logik und den Grundrechtsrisiken für Personen –, während die Analyse der IT-Sicherheit von unten kommt – von den IT-Komponenten und den technischen, räumlichen und organisatorischen Risiken für die Organisation.

> **Aufgabe**
> Bitte versuchen Sie, aus dem Stand heraus eine kurze, abstrakte Definition von „Verarbeitung" zu formulieren: Was ist eine Verarbeitung? Erinnern Sie sich bitte, was Sie dazu schon gelesen haben. Gelingt es Ihnen, für eine Verarbeitung eine horizontale Dimension (X-Achse) und eine vertikale Dimension (Y-Achse) aufzuzeichnen? Vielleicht lesen Sie dazu das Kapitel noch einmal und denken dabei an diese Aufgabenstellung.

Bei der Begriffswahl zur Bezeichnung einer *Verarbeitung* ist das SDM ähnlich großzügig wie die DSGVO auch. Die DSGVO spricht anstelle von Verarbeitung an vielen Stellen von „Verarbeitungstätigkeit". Eine Verarbeitung besteht aus vielen Unterprozessen. Beim SDM hat man sich bemüht, diese 14 in der DSGVO aufgelisteten Unterprozesse (s. Abschn. 4.2) durchgängig als „elementare Verarbeitungsvorgänge" zu bezeichnen.

Mit Bezug auf den Lebenszyklus von Daten kann man eine personenbezogene Verarbeitung intuitiv zeitlich grob einteilen und mindestens drei Phasen unterscheiden: Die *Erhebungsphase,* die *Nutzungsphase* und die *Löschungsphase* für Daten. Es ist noch eine weitere Phase zu beachten, ich werde darauf zurückkommen.

3.2 Zweck

Die Bestimmung des Zwecks der Verarbeitung ist wesentlich, um die Funktion einer Verarbeitung bestimmen zu können. Das gilt theoretisch. Faktisch sind die Verarbeitungen identifiziert und „zuerst da" und man fokussiert ihre Funktion im Zweck.

Der Zweck steht im Zentrum insbesondere für die juristische Beurteilung der Legitimität einer Verarbeitung im Hinblick darauf, ob die Verarbeitung im Einklang mit grundrechtlichen Anforderungen steht (s. Abschn. 4.3.3). Die Zweckdefinition regelt im Wesentlichen die Vorstellungen zur Erforderlichkeit des benötigten Datensatzes und des Einsatzes von IT-Komponenten. Hier empfiehlt das SDM, den „Zweck" für eine Verarbeitung dadurch operativ zugänglich zu machen, indem Aktivitäten unterschieden werden wie die Zwecksetzung, die Zweckbestimmung (oder Zweckdefinition), die Zwecktrennung und zum Schluss dann die Zweckbindung an exakt nur die eine Verarbeitung:

Die *Zwecksetzung* einer Verarbeitungstätigkeit kann in beliebiger Form formuliert werden. Diese Darstellung könnte bspw. identisch sein mit der Darstellung, mit der ein junger Startupunternehmer seine gute Idee begeistert seinem Freund aus Abiturzeiten erzählt in der Hoffnung, diesen für die Mitarbeit an seiner neue Geschäftsidee zu gewinnen.

Bei der *Zweckbestimmung oder Zweckdefinition* sollte dann disziplinierter die Umsetzbarkeit und der relevante Kontext, mit den unterschiedlichen Anforderungen auch rechtlicher Art, beachtet werden. Im Annex 3 der Opinion 03/2013 der Article29-Gruppe finden sich eine ganze Reihe mit Beispielen für datenschutzrechtlich geeignete Zweck-Definitionen (vgl. Art.29-Gruppe 2013, S. 51 f.).

Hilfreich zur Konturierung der Grenzen einer Verarbeitung ist die *Zwecktrennung* durch die explizite Abgrenzung des Zwecks der Verarbeitung von anderen, „benachbarten" Zwecken anderer Verarbeitungen. Die Zwecktrennung ist die Voraussetzung für die Anforderung, dass der Zweck gebunden werden kann, indem Daten und Systeme unterschiedlicher Zwecke in getrennten Bereichen in einem EDV-Raum oder in einem Rechenzentrum gespeichert und verarbeitet werden. Der Zweck eines Vorgangsbearbeitungssystems einer Polizei bspw. besteht darin, Anzeigen aufzunehmen und deren Verläufe ggfs. bis zur Abgabe an ein Gericht zu dokumentieren; der Zweck dieses Systems besteht nicht darin, als ein weiteres Informationssystem für Recherchen nach Verdächtigen zu fungieren. Die Luca-App, um ein Negativbeispiel zu nennen, sollte ursprünglich ausschließlich der Erleichterung der Kontaktverfolgung bei Corona als Zweck dienen; man hatte mit oder ohne Vorsatz versäumt, eine zweckdehnende oder zweckbrechende Nutzung der App, wie sie dann später hinzukam, zu anderen Zwecken explizit auszuschließen.

Wenn der Zweck hinreichend stark konturiert formuliert ist, müssen die Maßnahmen zur *Zweckbindung* ergriffen werden. Das gilt insbesondere, wenn die IT, die für das Verfahren genutzt wird, von einem Auftragsverarbeiter betrieben wird, sprich: von einem Rechenzentrum bzw. einem Cloudbetreiber, was das gleiche ist. Die Zweckbindung soll den Missbrauch der Daten durch den Verantwortlichen verhindern. Die Zweckbindung soll ausschließen, dass die jeweilige Funktion über ihren rechtmäßigen Gebrauch hinaus auch für andere – von der

Rechtsgrundlage nicht gedeckte – Zwecke verwendet werden kann. Sie muss sicherstellen, dass technische Möglichkeiten nicht zusätzlich bspw. zu Anwesenheits- und Leistungskontrollen oder zur Erstellung von Nutzungsprofilen verwendet werden können (vgl. Hammer, Pordesch und Roßnagel 1993, S. 75). Die Zweckbindung einer Verarbeitung muss einerseits durch eine geeignete Funktionalität und durch die Auswahl der zu verarbeitenden Daten sichergestellt werden, im Sinne einer horizontalen Gestaltung. Und dann ist andererseits eine Ebenen-übergreifende Gestaltung im Sinne einer „vertikalen Verarbeitungsgestaltung" notwendig. So ist es in der Regel nicht vom Zweck abgedeckt und operativ auch nicht notwendig, dass, von oben nach unten, neben den befugten Sachbearbeiter*innen und deren Vorgesetzten auch noch IT-Administrator*innen, die beispielsweise auf der Ebene einer Datenbank die Zugriffsrechte für diese Sachbearbeitung verwalten, Kenntnis von den Inhalten der Verarbeitungsdaten nehmen können. Und von unten nach oben verbietet es sich, dass Daten von anderen Verarbeitungen genutzt werden, indem die Daten dieser Verarbeitung aus anderen Verarbeitungen heraus „gezogen" („pull") oder in anderen Verarbeitungen hinein „gedrückt" („push") werden.

Mit Bezug auf die „Datenminimierung" und den Zweck einer Verarbeitung spielen drei Aspekte eine Rolle, nämlich die „Angemessenheit", „die Erheblichkeit" und die „Beschränkung auf das notwendige Maß". Die Ermächtigungsgrundlage zur Verarbeitung von Daten endet dort, wo keine Erforderlichkeit mehr für die Verarbeitung besteht. Alles was darüber hinaus geht, ist rechtswidrig. Dazu noch ein paar juristisch geprägte Worte aus dem SDM-Methodik-Handbuch:

„*Angemessen* sind Daten, die einen konkreten inhaltlichen Bezug zum Verarbeitungszweck aufweisen. *Erheblich* sind Daten, deren Verarbeitung einen Beitrag zur Zweckerreichung leisten; dieses Merkmal entspricht der Geeignetheit bei der Verhältnismäßigkeitsprüfung (s. Abschn. 4.3.3). Und *auf das notwendige Maß beschränkt* sind nur die Daten, die zur Erreichung des Zwecks erforderlich sind, ohne deren Verarbeitung der Verarbeitungszweck nicht erreicht werden kann." (DSK 2024, S. 16)

Organisationen haben in der Regel das Interesse, die Zweckbestimmung weit zu formulieren, um Zweckdehnungen einer Verarbeitung unkenntlich zu machen oder Zwecküberschreitungen zu erleichtern bzw. rechtlich relevante Verstöße schwieriger erkennbar zu machen. Im Interesse eines für Betroffene wirksamen Datenschutzes ist der Zweck einer Verarbeitung insofern so eng wie möglich zu fassen. Dabei kann es sich erweisen, dass es angeraten ist, eine „große Verarbeitung" in mehrere weniger komplexe Einzelverarbeitungen zu teilen. So kann es datenschutzrechtlich bspw. gut begründbar sein, die Verarbeitung im Rahmen des Bewerbungsmanagements von der Verarbeitung im Rahmen des Managements des Stammpersonals zu separieren.

3.3   Ebenen einer Verarbeitung

IT-Komponenten sind für sich allein genommen noch keine „Verarbeitungen" im Sinne der DSGVO.

Diese Feststellung überrascht noch immer viele Verantwortliche, viele Datenschutz-Laien und auch erstaunliche viele Datenschutzbeauftragte. Man kann für eine Textverarbeitung oder Datenbank oder einen Videokonferenz-Dienst weder eine Verfahrensbeschreibung nach der DSGVO anfertigen noch eine DSFA durchführen. Es handelt sich bei den beispielhaft genannten Objekten „nur" um IT-Komponenten, die als IT-Komponenten bzw. Betriebsmittel in einer Verarbeitung genutzt werden können. An IT-Komponenten werden bestimmte funktionale Anforderungen gestellt, die aus den Anforderungen der DSGVO an das Verfahren abzuleiten sind. Um diese Eigenschaften spezifizieren zu können, müssen die Dokumentationen zu den IT-Systemen vorliegen oder mit Bezug zu den Anforderungen der DSGVO angefertigt werden.

Eine weitere Konsequenz ist, dass datenschutzrechtliche Zertifizierungen von IT-Komponenten nur in Bezug auf bestimmte Szenarien oder Usecases durchführbar sind; Szenarien und Usecases sind Verarbeitungsstätigkeiten, die man sich zwecks Analyse der Datenschutzanforderungen vorstellen kann oder die sich in Planung befinden. Bei der datenschutzrechtlichen Beurteilung und Gestaltung eines Videokonferenzsystems, das bspw. an einer Hochschule eingesetzt wird, macht es sachlich und rechtlich einen Unterschied, ob das Videokonferenzsystem im Rahmen der Verarbeitung „persönliche Beratungen von Studierenden durch Hochschullehrer*innen" oder im Rahmen der Verarbeitung „Durchführung von Vorlesungen" eingesetzt wird; im ersten Fall liegt vermutlich ein „hohes Risiko" für die Betroffenen vor, im zweiten Fall vermutlich eher ein „geringes oder normales Risiko" (s. Kap. 6).

Die DSGVO tut im übrigen so, als wenn eine Verarbeitung auf der grünen Wiese frisch und ohne Vorgeschichte oder gesetzte Nebenbedingungen entsteht. Diese Situation ist selten der Fall. Es gibt zumeist Vorläufer, auf denen etwas neu Geplantes aufsetzt; in der Regel sind die Verarbeitungen in den Organisationen, mit einem Großteil der IT, seit Jahren in Betrieb. Und nun soll die Umsetzung der Anforderungen der DSGVO, etwa im Zuge der Umstellung eines Fachprogramms oder mit dem Wechsel zu einem anderen Rechenzentrum mit anderen Services, endlich nachgezogen werden. Hier ist der Rat: Auch bei einer bereits laufenden Verarbeitung sollte eine nachträgliche Spezifikation im Lichte der DSGVO-Anforderungen vorgenommen werden, um das funktionale Soll aus der DSGVO für die Verarbeitung abzuleiten. In so einer nachträglich erfolgenden Quasi-Spezifikation darf dann allerdings nichts als „gesetzt" gelten, weil man von Beginn an vor Augen hat, was gemäß der Leitung herauskommen soll, nämlich genau das was bereits läuft. Es darf weder an einem bestimmten Programm, an einem Standard oder an einem Rechenzentrum von Vornherein als „ist einfach gesetzt" festgehalten werden. Die pragmatischen Anforderungen der Praxis sollten erst zu einem späteren Zeitpunkt berücksichtigt werden.

Das SDM unterscheidet drei Ebenen bei der Analyse einer Verarbeitung (vgl. DSK 2024, S. 39): Die *Ebene 1* umfasst die Logik und Regeln einer Verarbeitung. Die *Ebene 2* umfasst die Implementation einer Verarbeitung in Form von Sachbearbeitung und IT-Fachapplikation. Die *Ebene 3* umfasst die IT-Infrastruktur, die für die Fachapplikation auf Ebene 2 eine ganze Reihe an IT-Leistungen erbringen kann, wie bspw. Internetzugang für Mail und Webbrowser, Dateiablagen und Datenbanken, Druckerfunktionalität. Vielfach werden solche funktionalen IT-Leistungen der Ebene 3 von Rechenzentren erbracht, womit rechtlich dann eine Auftragsverarbeitung vorliegt, mit jeder Menge an zusätzlichen Maßnahmen im Bereich der Rechenzentren. Daneben unterscheidet das SDM noch Betriebsmittel, die bei der Modellierung den Ebenen 2 und 3 zuzuschlagen sind.

Ebene 1

Auf der Ebene 1 wird unter einer personenbezogenen Verarbeitung eine *logische Verkettung von Verarbeitungsvorgängen* verstanden, noch ganz unabhängig von den Mitteln zu ihrer Umsetzung, so wie sie von Planer*innen oder im erweiterten Kontext von IT-Architekt*innen konzipiert werden. Hinzu kommen mindestens noch Jurist*innen, Betriebswirt*innen, Datenschutzbeauftragte, IT-Sicherheitsbeauftragte, die sich aus ihren Aufgabenstellungen heraus für bestimmte Eigenschaften einer Verarbeitung interessieren und spezifischen Einfluss auf deren Design nehmen (müssen).

Auf diese Ebene beziehen sich zunächst die datenschutzrechtlichen Analysen und Beurteilungen, ob die Verarbeitung mit ihren Funktionen und dem Zweck datenschutzrechtlich zulässig ist. Die Verarbeitung findet bspw. im Rahmen eines privatrechtlich agierenden Unternehmens oder einer Behörde, die dem öffentlichen Recht unterliegt, statt, für deren Aktivitäten der Verantwortliche verantwortlich ist. Diese Ebene entspricht dem, was als ein „Verfahren", „Fachverfahren" oder „Geschäftsprozess" oder auch als „Projekt" bezeichnet und mehr oder weniger formal modelliert wird. Hiermit ist ein abstrakter funktionaler Zusammenhang gemeint, bei dem noch offengelassen ist, welche Techniken zu deren Umsetzung zum Einsatz kommen. Hier muss offengelegt werden, welche Instruktionen bestehen und von den darunterliegenden beiden Ebenen umzusetzen sind, etwa hart in Technik gegossen oder weicher als Regeln und Verpflichtungen, die für ausführende Mitarbeiter*innen gelten.

Diese Ebene sollte als vollständige Beschreibung der Verarbeitung in Prosatext vorliegen. In einem planerisch professionellen Umfeld sowie bei komplexen und hochriskanten Verarbeitungen sollte sie in einer Prozess-Modellierungsnotation, bspw. als Sequenz der Unified Modelling Language (UML) für Software oder als Business Process Modeling Language (BPML) bzw. als Business Process Model and Notation (BPMN) für Geschäftsprozesse modelliert vorliegen. Diese Notationen bieten den Vorteil, bereits mit viele Automatisierungen bspw. der Erstellung von Prozessabrufen im Kontext von Webservices einherzugehen. Eine Formalisierung der Modellierung der Datenflüsse, zumindest in der Form von swimlanes, sorgt zwangsläufig dafür, dass alle rechtlich relevanten Akteure, mit ihren Aktivitäten, den Zuständigkeiten, Pflichten und Rechten bzgl. der Verarbeitung der Daten benannt werden. Jeder weiterer Akteur bedeutet eine Komplikation der Rechtsverhältnisse, bis hin zu Kettenverträgen, wenn bspw. ein Cloudbetreiber weitere Cloudbetreiber nutzen möchte. Auf dieser Ebene des Verständnisses einer Verarbeitung werden die für eine Verarbeitungstätigkeit erforderlichen personenbezogenen Daten, die Umrisse der IT-Nutzung, die prozessualen Abläufe sowie die gesetzlichen Anforderungen bestimmt. Der Verantwortliche ist gehalten, entsprechende Rollen und Berechtigungen an den personenbezogenen Daten und die für die Verarbeitung zu verwendenden IT-Systeme und Prozesse zu bestimmen. Wesentlich für die datenschutzrechtlich angemessen funktionale Gestaltung dieser Ebene ist die *Bestimmung des Zwecks der Verarbeitungstätigkeit* (s. Abschn. 3.2). Das Zweckbindungsgebot ist der Regler zur Trennung von Datenbeständen, IT-Systemen und Prozessen. Diese drei Komponenten „Daten, IT-Systeme und Prozesse" finden sich als Bestandteile in allen drei Ebenen, auf der Ebene 1 abstrakt, auf den Ebenen 2 und 3 konkretisiert.

Eine wichtige technisch-organisatorische Maßnahme zur Vermittlung der auf Ebene 1 gewonnenen Erkentnisse in Zusammenhänge und Verpflichtungen sind Datenschutz-Schulung. Schulungen zum Datenschutz müssen für unterschiedliche Zielgruppen (DSB, Sachbearbeitung, Verantwortliche) zu verschiedenen Themen wie bspw. Datenschutzrecht, Regeln und Richtlinien bzw. Betriebsvereinbarungen bzgl. der Umsetzung von Datenschutzanforderungen im Kontext der Sachbearbeitung oder der Nutzung von IT-Komponenten belegt werden. Für Datenschutzbeauftragte sind darüber hinaus Schulungen zum vertiefenden Verständnis des Datenschutzrechts und wesentlicher Gerichtsurteile, der IT sowie der Beratungs- und Prüfmethodik obligatorisch (s. Abschn. 8.6).

Übungsbeispiel 1: „Bildungs- und Entwicklungsdokumentation":
An die Kindergärten eines Bundeslandes wird die gesetzlich verankerte Aufgabe herangetragen, den Bildungsgang und die Entwicklung der betreuten Kinder anzufertigen. Es liegt eine gesetzliche Regelung vor, die die Träger der Kindergärten verpflichtet, ein entsprechendes Verfahren zur Beobachtung von Kindern aufzusetzen, das letztlich von den Erzieher*innen durchgeführt werden soll. Der Zweck ist dem Gesetzestext ebenso zu entnehmen wie eine allgemeine Beschreibung der Eigenschaften von Kindern und deren Daten, die erhoben werden sollen. (Wenn diese Daten fehlen, dann sollte der Träger darauf hinwirken, dass zumindest eine Ausführungsverordnung seitens des Ministeriums erstellt wird, andernfalls muss der verantwortliche Träger sich darum bemühen, diese Daten und Beobachtungen selbsttätig zu standardisieren. Realistischerweise würden sich in diesem Fall die verschiedenen Kindergartenträger eines Landes auf einen „informellen Mindeststandard" einigen.) Für die Verarbeitung müssen nun die Verantwortlichkeiten, die Daten, die Zuständigkeiten mit den Rollen der beteiligten Personen – Erzieher*innen, Kinder und Eltern – sowie die Formen der dafür zu stellenden Hilfsmittel, unter Beachtung der DSGVO mit ihren Anforderungen an

das Verfahren, aber auch an die Betroffenenrechte von Art. 12 bis 22, festgelegt werden. Sollte sich bei der praktischen Umsetzung zeigen, dass noch Aspekte rechtlich ungeregelt sind, könnten dem Landesparlament solche Regeln abgefordert werden.

Übungsbeispiel 2: „Fahrtenschreiber":

Eine KfZ-Versicherung möchte einen Fahrtenschreiber in den Fahrzeugen ihrer Versicherungsnehmer installieren, um anhand verschiedener Sensoren die Risikobereitschaft beim Fahren ihrer Kunden messen zu können. Dafür sollen die im Auto während der Fahrt erhobenen Sensordaten an die Versicherung übermittelt werden, ein Risikoscore errechnet und entsprechend mit den Kund*innen abgerechnet werden. Den Kunden wird als Vorteil dieser Vollüberwachung während der Fahrzeit ihres mehr oder weniger riskanten Fahrstils ein verbilligter Versicherungszins zugesagt. Rechtlich soll dafür ein neuer Vertrag, der diese „innovativen" Bestandteile aufweist, abgeschlossen werden. Inwieweit andere Abteilungen – bei einer Holding könnte das bspw. eine Bank oder eine Inkassofirma sein – der Versicherung auf diese Daten zugreifen dürfen, wenn sie den gleichen Kunden führen, ist eine rechtlich zu entscheidende Frage. Datenschutzrechtlich spricht alles gegen die Weitergabe, wenn die Datenerhebung tatsächlich nur der Umsetzung des Zwecks „Ermittlung des Risikos beim Führen eines Kfz" dient.

In den beiden Übungsbeispielen (s. Abschn. 3.2) werden Menschen beobachtet, einmal von Personen und einmal automatisiert, einmal auf gesetzlicher und einmal auf vetraglicher Grundlage. In beiden Fällen haben die übergeordneten Organisationen ein Interesse, dass diese Beobachtungen genau, korrekt und wenn möglich vollständig und insofern wissenschaftlich zutreffend sind. Das Interesse der Organisationen an Daten kann im Grunde grenzenlos sein, die Beobachtungen können gar nicht genau und vollständig genug sein. Je besser die Qualität der Beobachtungen ausfällt, desto präziser kann, so ist die Vorstellung, das Verhalten und Handeln von Menschen – oder in diesen Beispielen: deren Lern- und Berufserfolg oder die Schadenerzeugungswahrscheinlichkeit der Fahrer*innen – bestimmt werden. Warum nicht auch noch die Fitness-Tracker der Kinder und Fahrer*innen auswerten, die per Bluetooth an die Haus- und Auto-IT angeschlossen sind? Aus der Beschreibung der Ebene 1 muss die Legitimität der Verarbeitung, auch deren politische Brisanz, ersichtlich sein. Während im Fahrtenschreiberbeispiel sofort für viele Menschen klar ist, dass hier Datenschutz eine Rolle spielt, kann es im Kindergartenbeispiel ein wenig dauern, bis die Brisanz klar wird: Natürlich freuen sich Eltern, wenn professionelle Kinderbeobachter*innen im Kindergarten für ihr Kind einen kleinen Report zu den Stärken und Schwächen ihres Kindes schreiben. Diese Reports entsprechen psychologisch-medizinischen Gutachen, erstellt in der Form von Verwaltungsakten. Der gleiche Report vielleicht im Anhang mit biometrischen oder medizinischen Daten aus der Zeit im Kindergarten ergänzt, in den Händen professioneller Organisationsplaner*innen mit ordentlich viel KI-Assistenz, kann später unabsehbare Auswirkungen haben. Eine künstliche Intelligenz, die darauf trainiert wurde, solche auch wenig standardisierten, freundlich klingenden Reports auszuwerten, könnte zu Prognosen führen, die vielleicht nicht vollautomatisch bspw. über die Empfehlung des Schultyps entscheiden, die aber bei 50:50-Entscheidungssituationen dann doch Einfluss nehmen können. Im Zuge des Ausbaus von KI ist damit zu rechnen, dass Menschen zukünftig immer präziser von Automaten typisiert und entsprechend behandelt werden.

Aufgabe

Beschreiben Sie wahlweise für Beispiel 1 oder für Beispiel 2 den Zweck einer „Bildungs- und Entwicklungsbeobachtung von Kindern" aus staatlicher Perspektive oder den Zweck eines „KfZ-Fahrtenschreibers" aus der Perspektive eines Unternehmens bzw. einer Versicherung. Und dann beschreiben Sie den Zweck erneut, jetzt aus der Perspektive einer Datenschützerin oder eines Datenschützers. Es kommt dabei nicht darauf an, dass Sie die Details dieser Verarbeitungen präzise treffen – Sie werden in der Regel inhaltlich zu weit von der „Fachlichkeit" entfernt sein, es reicht zum „Ausmalen" beider Szenarien der normale Menschenverstand –, sondern dass Sie sich selbst die unterschiedlichen Interessen vor Augen führen.

Ebene 2

Auf der Ebene 2 ist die praktische Umsetzung der Verarbeitung angesiedelt. Sie umfasst die Rolle mit den Tätigkeitsbeschreibungen der Sachbearbeitung sowie die „Fachapplikation", die heutzutage typischerweise zum Einsatz kommt. In einem etwas weiteren Sinne könnte man auch von „Arbeitsmitteln" sprechen.

Die Aktivitäten der Sachbearbeitung und die IT-Fachapplikation müssen die funktionalen und (datenschutz-)rechtlichen Anforderungen, denen die Verarbeitung unterliegt und die in Bezug auf Ebene 1 abstrakt formuliert vorliegen, vollständig erfüllen. *Die Fachapplikation erbt die rechtlichen und funktionalen Anforderungen der „Fachlichkeit" von Ebene 1 und muss einerseits die Zweckbindung nach oben zur Ebene 1 und zugleich an die Ebene 3 nach unten sicherstellen.* Diese funktionalen Anforderungen an die Gesamtverarbeitung sind über alle drei Ebenen hinweg, entlang der Gewährleistungsziele, sicherzustellen („vertikale Zweckbindung"). Die Konfiguration der Applikation muss die Möglichkeiten zur Verarbeitung zusätzlicher Daten oder zusätzlicher Verarbeitungsformen ausschließen („horizontale Zweckbindung"), selbst wenn dies von der Sachbearbeitung als besonders nützlich oder komfortabel empfunden würde. Mit diesen Einschränkungen soll das Risiko verringert werden, dass die Zweckbindung unterlaufen werden kann oder der Zweck bei der Datenverarbeitung überdehnt wird.

Die Ebene 2 ist die in der Praxis zumeist wesentliche Ebene. Im öffentlichen Bereich liegen die Gesetze und die Funktionsbeschreibungen der Abläufe gemäß Ebene 1 in der Regel seit Jahrzehnten vor; an der Legitimation gibt es in der Regel keinen Zweifel. Auch im privaten Bereich liegen typischerweise Verträge und Einwilligungen seit vielen Jahren vor, die Abläufe, Verantwortlichkeiten und Zuständigkeiten sind mehr oder weniger detailliert geregelt. Und auch auf Ebene 3 sind viele Aktivitäten in Bezug auf IT-Dienstleister fest etabliert. Typischerweise beginnen in der Praxis Prüfungen zur operativen Umsetzung der Anforderungen der DSGVO auf der Ebene 2, um von dort aus nach „oben zur Ebene 1" die Spezifikation und Legitimation mit Bezug auf Ebene 1 und die Verträge mit Ebene 3 sowie die zugesagten Funktionen der IT-Dienstleister der Ebene 3 zu prüfen.

Beispiel 1 (Bildungs- und Entwicklungsdokumentation):
Zur Dokumentation der Bildung und Entwicklung eines Kindes soll als „Fachapplikation" eine Textverarbeitung eingesetzt werden, mit der alle Akteure im Kindergarten umgehen können. Entweder wird exklusiv die Leitung eines Kindergartens die handschriftlichen Beobachtungen der anderen Erzieherinnen als Dossiers zu den betreuten Kindern erfassen oder aber jede Erzieherin bekommt Zugriff auf den Kindergarten-Laptop, um die Einträge für die von den Erzieherinnen jeweils beobachteten Kinder einzutragen. Es könnte jedoch anstatt einer Textverarbeitung, die nur lokale Dateien auf der Festplatte speichert, eine speziellere Software für genau diesen Zweck eingesetzt werden, über die zum Beispiel die Daten z.B. in ein zentrales Repository direkt auf den Server des Zweckverbands – typischerweise könnte als verantwortlicher Betreiber eine Gemeinde („Bürgermeister*in"), ein Wohlfahrtsverband („Geschäftsführer*in") oder auch eine Kirche („Iman, Pastor, Pfarrer, Rabbiner") sein – zugänglich gemacht werden.
Beispiel 2 (Fahrtenschreiber):
Der Fahrtenschreiber soll ins Auto eingebaut werden und neben einer eigenen Sensorik (Schleudersensor, Feuchtigkeitssensor (Nebel, Regen, „schlechte Sicht"…)) auch die Daten aus dem Motor selbst auslesen können, die von Fahrzeugen ab ungefähr dem Baujahr 2005 ohnehin erzeugt werden. Diese Daten werden dann von einer speziellen Software berechnet, die über die kundenzentrierte Fachapplikation der Sachbearbeitung zur Verfügung steht. Die Berechnung des Versicherungszinses, unter Berücksichtigung auch der Sensordaten aus den Fahrtenschreibern, geschieht allerdings vollautomatisiert, in die die Sachbearbeitung eingreifen kann, aber nicht muss.

Im Beispiel 1 zeigt sich, dass die Ausgestaltung der Praxis einer Datenverarbeitung zurückwirken kann auf die Verantwortlichkeit für eine Verarbeitung. Eine „gemeinsame Verantwortung" nach Art. 26 (s. Abschn. 4.2) könnte so gestaltet werden, dass die Leitung des Kindergartens vor Ort für die Datenerhebung, die Datenorganisation, die Bearbeitungen und auch das Löschen am Laptop verantwortlich ist. Für die Bereitstellung der professionell gemanagten Laptops oder einer zentralen, per Internet zugänglichen Dateiablage ist dagegen die Betreiberorganisation des Kindergartens verantwortlich. Letzteres ist typisch der Fall, wenn eine große Organisation viele Kindergärten verwaltet und der Betrieb einer zentralen

Plattform naheliegt. An alle drei Umsetzungsformen der Gutachtenerstellung (händisch-analog, Laptop-digital, zentrale Plattform) bestehen die gleichen rechtlichen Anforderungen aus der Ebene 1, die dann auf dieser Ebene 2 zu beachten sind. So könnte bspw. auch eine lokale IT-Firma mit der Betreuung der Laptops im Kindergarten beauftragt werden, also ein Auftragsverarbeitungsverhältnis für Hardware- und Softwarebetreuung vorliegen. Sofort drängt sich die Frage auf, wie dann die Vertraulichkeit der Daten der Festplatte mit den Dossiers zu den Kindern gegenüber dem IT-Dienstleister gewährleistet werden kann. Aber denken Sie an alle Grundsätze aus Art. 5 DSGVO! Nicht nur die Vertraulichkeit der Daten steht infrage!

Aufgabe

Legen Sie wahlweise für Beispiel 1 oder 2 fest, welche Betriebsmittel – Papier und Bleistift oder PC/Laptop – zum Einsatz kommen sollen. Und dann beschreiben Sie die Verarbeitung, deren Zwecke Sie in der vorigen Aufgabe aus Datenschutzperspektive bereits beschrieben haben, in drei Schritten: Schritt eins: Legen Sie fest, woher die personenbezogenen Daten stammen. Schritt zwei: Beschreiben Sie die Nutzung der Daten, also deren strukturiertes Niederschreiben, deren Auswertung, deren Übermittlung. Und im dritten Schritt beschreiben Sie noch etwas zum Thema Löschen der personenbezogenen Daten.

Ebene 3

Auf der Ebene 3 sind die räumlichen Gegebenheiten und vor allem die *IT-Infrastruktur* einer Verarbeitung angesiedelt.

Die Ebene 3 stellt IT-Funktionen bereit, die die Sachbearbeitung mit ihrer Fachapplikation der Ebene 2 nutzt. Zu dieser Ebene an „technischen Services" zählen Betriebssysteme, virtuelle Systeme, Datenbanken, Authentifizierungs- und Autorisierungssysteme, Router und Firewalls, Speichersysteme wie SAN oder NAS, CPU-Cluster sowie die Kommunikationsinfrastruktur einer Organisation wie das Telefon, das LAN oder der Internetzugang und auch die zentralen oder abteilungsspezialisierten „Serverräume". Auch hier gilt, dass diese Systeme innerhalb einer Verarbeitungstätigkeit jeweils so zu gestalten und zu nutzen sind, dass die Zweckbindung erhalten bleibt. Damit die Zweckbindung bzw. Zwecktrennung auf dieser Ebene durchgesetzt werden kann, müssen typischerweise technische und organisatorische Maßnahmen getroffen werden.

Beispiel 1 (Bildungs- und Entwicklungsdokumentation):
Die mit dem Laptop und einer Textverarbeitung (konkret: Libreoffice) erstellten

Reports sollen auf eine vom Betreiber des Kindergartens gestellte Plattform kopiert werden.

Beispiel 2 (Fahrtenschreiber):

Die im Fahrzeug erfassten Rohdaten sollen per Handy an ein zentrales Rechenzentrum übertragen werden, deren IT-Dienstleistungen die Versicherung ohnehin nutzt, weshalb vertragliche Regelungen zur Auftragsverarbeitung vorliegen und dieser Datenbestand von den Routinen des organisationsweit etablierten Datenschutzmanagements und IT-Sicherheitsmanagements der Versicherung erfasst werden. Die Daten sollen in einer Datenbank gespeichert und für die Sachbearbeitung, in einer das Risiko bereits berechneten Form, zugänglich gemacht werden.

Es geht weniger darum, Ebene 3 jetzt räumlich konkret bspw. als die Ebene eines Rechenzentrums bzw. einer Cloud zu verorten. Vielmehr soll diese Ebene all diejenigen Techniken und physikalischen Gegebenheiten umfassen, die als professionelle Serviceleistungen arbeitsteilig von Expert*innen erbracht werden, damit die Fachanwendungen der Ebene 2 mit ihren Kommunikations- und Berechnungsbedarfen unterstützt werden können. Und dazu gehören bspw. Facilitymanager*innen, die man gemeinhin auch als Hausmeister*innen bezeichnet, IT-Administrator*innen organisationsintern vor Ort oder organisationsextern als Auftragsverarbeiter im Rechenzentrum. Diese Services bzw. Dienstleistungen werden typischerweise nicht nur für eine einzelne Verarbeitung, sondern für Organisationen mit ihrer Vielzahl an unterschiedlichen Verarbeitungen erbracht.

Aufgabe

Beschreiben Sie, wahlweise für Beispiel 1 oder 2, in grober Form, welche Komponenten die IT-Infrastrukturen sinnvollerweise aufweisen könnten.

Oftmals merken viele Organisationen erst bei der Bearbeitung des Art. 30 DSGVO, dass nicht nur personenbezogene Daten zu schützen, sondern „Verarbeitungen" als Ganze zu analysieren und datenschutzrechtlich zu gestalten sind. Art. 30 listet diejenigen Angaben zu Verarbeitungen auf, die in das „Verzeichnis der Verarbeitungstätigkeiten", das vom Verantwortlichen und ggfs. dem Auftragsverarbeiter zu führen ist, aufzunehmen sind (s. Abschn. 4.2).

Art. 30 abzuarbeiten ist allein für sich genommen noch keine Dokumentation einer Verarbeitung, sondern die Anforderung, alle Verarbeitungstätigkeiten der Organisation zu inventarisieren. An den Angaben gemäß Art. 30 allein kann weder die Rechtskonformität einer (geplanten) Verarbeitung beurteilt werden, noch ist es möglich, daraus die dem Risiko und dem Verarbeitungszweck angemessenen Schutzmaßnahmen zu bestimmen. Die Funktion der vollständigen Dokumentation einer Verarbeitung besteht darin, dass alle relevanten Komponenten einer Verarbeitungstätigkeit aufgrund der bestehenden Rechenschaftspflicht in den Blick gestellt und prüfbar sind, um diese einer datenschutzrechtlichen Beurteilung unterziehen zu können.

Die rechtliche Beurteilung einer Verarbeitung, bis hin zur Bestimmung der Maßnahmen durch das SDM, geht nicht schlicht top down in dem Sinne: „Man nehme die Anforderungen der DSGVO, wende sie auf die Verarbeitung an, drehe das Ganze durch das SDM, und es fallen Schutzmaßnahmen heraus. Fertig ist die datenschutzkonforme Verarbeitung." Die DSGVO ist an der Verarbeitung entlang zu interpretieren, das Verfahren kann in einer Planungs- und Gestaltungsphase noch vielen funktionalen Änderungen unterliegen, womit sich wiederum die zu treffenden Schutzmaßnahmen ändern. In einer Projektphase konvergieren die verschiedene Einflüsse und Entwicklungen erst am Ende und müssen erst zum Produktionsstart vollständig stimmen. Prüfbarkeit muss dabei permanent sichergestellt werden. Und das bedeutet, dass die Funktionen aller Komponenten, die bei einer Verarbeitungstätigkeit zum Einsatz kommen, insbesondere die Komponenten auf der Ebene der elektronischen Datenverarbeitung und Kommunikation, einer Soll-Ist-Bilanzierung zugänglich sein müssen. Das SDM soll bei dieser Umsetzung helfen.

Diese Vorgehensweise des Datenschutzes, nämlich von „oben" von den Verarbeitungsprozessen her zu analysieren, ist etwas, was Analytiker*innen, die ihr professionelles Handwerk im Kontext der IT-Sicherheit oder der allgemeinen Risikoanalyse gelernt haben, bei der Beschäftigung mit dem operativen Datenschutz anfangs gar nicht verstehen. Intensivschulungen sind in diesen Fällen ebenso unerlässlich wie langwierige Grundsatzdebatten mit den in der Regel stark auftretenden Expert*innen der IT-Sicherheit oder des Risikomanagements. Die einen wollen vom Grundschutz, an dem sie so viel Nützliches gelernt haben, nicht ablassen; die anderen wollen ihr ISO-Handwerk der Risikomodellierung, so wie es bisher als Standard doch noch immer funktioniert hat, wie bisher schlicht weiter nutzen können. In beiden Fällen stand allerdings auch nie infrage – die Frage wurde nie explizit gestellt, weil die Antwort so selbstverständlich war –, wem der Schutz dieser Aktivitäten zugute kommen soll. Ohne dass das ausgesprochen werden musste, war immer klar: Der Schutz galt der Organisation, dem Unternehmen mit den Geschäftsprozessen, der Verwaltung mit ihren vielen Verfahren, dem Institut mit den vielen Forschungsprojekten! Organisationen haben mit den Aktivitäten der IT-Sicherheit, auch wenn die Schutzmaßnahmen Geld kosten, schon lange keine grundsätzlichen Probleme mehr. Natürlich müssen deren „Assets", zu denen insbesondere personenbezogene Daten zählen, geschützt werden. Das wurde in vielen Organisationen durchaus noch bis 2010 unterschiedlich beurteilt.

Die Methoden der IT-Sicherheit können auch im Kontext Datenschutz Nutzen entfalten. Vorher muss man jedoch die besondere Konfliktsituation des Datenschutzes verstanden haben (vgl. Hansen 2021). In der Praxis wird ganz überwiegend kein Verständnis von Datenschutz und Datenschutzpraxis entwickelt, auch nicht von vielen betrieblichen Datenschutzbeauftragten. Deswegen gibt es immer wieder Bestrebungen, den operativen Datenschutz (dem Management) der IT-Sicherheit bzw. der Informationssicherheit zu unterstellen. Als Begründung fallen oft Anmerkungen wie „Wir müssen ja froh sein, dass da überhaupt etwas passiert." In diesen Konstellationen der Dominanz der IT- oder Informationssicherheit kommt erfahrungsgemäß kein wirksamer Datenschutz heraus. Dazu sind die DSBen in der Regel technisch und methodisch zu schlecht ausgebildet, während die Jurist*innen sich vielfach einfach „querstellen", weil sie die Anforderungen der DSGVO nirgends berücksichtigt sehen und die Technik nicht hinreichend verstehen. Die Folgen: Die Anmerkungen der DSBen und das juristische Urteil werden ignoriert, verkommen noch im besten Fall zu einer Aktennotiz. Und das war es dann mit dem Datenschutz.

3.4   Komponenten einer Verarbeitung

Bei der konkreten Modellierung von Verarbeitungstätigkeiten mit Personenbezug stellt das SDM die Analyse von drei Komponenten heraus:

(a) die personenbezogenen *Daten,*
(b) die beteiligten technischen *Systeme* und *Dienste* (Hardware, Services, Software und Infrastruktur),
(c) die technischen, organisatorischen und personellen *Prozesse.*

Der Ausdruck „Prozess" ist in der DSGVO nicht ausdrücklich enthalten. Jede Verarbeitungstätigkeit kann, wie im vorigen Kapitel ausgeführt, als Abfolge von Prozessen, seien dies Phasen oder Verarbeitungsvorgänge, modelliert werden. Einzelne Verarbeitungstätigkeiten sind bspw. das Erheben, Erfassen, Ordnen oder Speichern, bis zum Löschen oder Vernichten.

Die abstrakte funktionale Gestaltung der Verarbeitung geschieht auf der Ebene 1, auf der für die Verarbeitung insgesamt das Risiko – oder anhand der personenbezogenen Daten der Schutzbedarf für die betroffene Person – durch den/die Zuständige/n festzustellen bzw. durch den Verantwortlichen dann verbindlich festzusetzen ist (s. Kap. 6). Wenn man sich dagegen an IT-Sicherheit des IT-Grundschutzes orientiert, neigt man – anstatt das Risiko der Verarbeitung als Ganze zu beurteilen und einer Risikostufe zuzuweisen (s. Kap. 4 zur Schwellwertanalyse) – dazu, den Schutzbedarf der personenbezogenen Daten aus Sicht der Organisation festzustellen, den dann alle Systeme und Prozesse (also: Verarbeitungsvorgänge) erben, die bei einer Verarbeitung auf den verschiedenen Ebenen zum Einsatz kommen. *Im Datenschutz haben die Personen einen Schutzbedarf vor der Verarbeitung.* In der Regel werden beide Ansätze zum gleichen Ergebnis führen. Jedoch beansprucht die rechtlich motivierte Schwellwertanalyse dogmatisch den Vorrang vor den Überlegungen der IT-Sicherheit, zumindest bei Verarbeitungen außerhalb „kritischer Infrastrukturen" (Stichwort: „Anhang 1" der NIS2-Richtlinie, https://eur-lex.europa.eu/legal-content/DE/TXT/PDF/?uri=CELEX:02022L2555-20221227&qid=1712512132360).

Bei den drei Kernkomponenten – Daten, Systeme und Prozesse, die auf allen drei Ebenen bestimmt werden können – spielen u. a. folgende spezielle Eigenschaften eine zu beachtende Rolle:

Bei Daten sind die Eigenschaften von *Datenformaten* zu beachten, mit denen Daten erhoben und verarbeitet werden. Dateien können bspw. andere Inhalte aufweisen, als es die Datenformate, die typischerweise von Dateiendungen angezeigt werden, nahelegen. So können im angezeigten Datenbestand von Textverarbeitungsdateien vermeintlich gelöschte Daten weiterhin enthalten sein, die im Ausdruck nicht erscheinen; Grafikdateien können Metadaten bspw. bzgl. Kameramodell, Ort und Zeit der Aufnahme enthalten. Es kann aber auch passieren, dass schützenswerte Daten bei Grafik-, Video- und Audiodateien der Kompression zum Opfer fallen.

Bei den beteiligten IT-Systemen unterscheidet das SDM zwei Gruppen an technischen Betriebsmitteln (SDM-V3.1, S. 41; siehe Abb. 3.1): „Zum einen kann ein Betriebsmittel unverzichtbar für die Durchführung einer Verarbeitungstätigkeit sein und diese unmittelbar unterstützen (unmittelbare Betriebsmittel, z. B. IT-gestützter Arbeitsplatz, E-Mail-System). Zum anderen kann ein Betriebsmittel im Rahmen einer technischen Maßnahme der Verarbeitungstätigkeit mittelbar dienen, indem es das Risiko der Verarbeitung vermindert (mittelbare Betriebsmittel, z. B. Backup-System, Anti-Schadsoftware-System)." Wesentlich ist, dass unterschiedliche Abteilungen wie z. B. „Personalverwaltung" oder „ „IT-Betrieb", einen unterschiedlichen Umgang mit den Betriebsmitteln führen und die Betriebsmittel mit unterschiedlichen Zuständigkeiten betreut werden. Deshalb ist darauf zu achten, dass die datenschutzrechtliche Gesamtsicht auf die Betriebsmittel sachgerecht mit den Abteilungen abgestimmt wird. Auf Basis dieses Gesamtverständnisses und des Bezugs spezifisch auf die Verarbeitung sind dann die einschlägigen Nachweise gemäß Art. 5 Abs. 2 DSGVO zu erstellen und mit den TOM wirksam umzusetzen.

Bei den beteiligten IT-Systemen auf Ebene 2 oder Ebene 3 sind außerdem die *Schnittstellen* zu betrachten. Zum einen sind die Schnittstellen zwischen der Fachapplikation

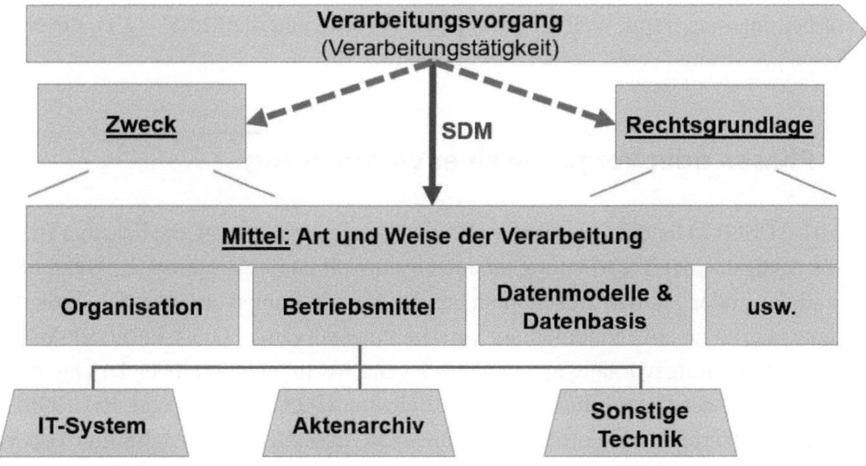

Abb. 3.1 Betriebsmittel (vgl. DSK 2024, S. 40)

und der IT-Systeme der Ebene 3 und zum zweiten die Schnittstellen zu anderen Systemen, die nicht innerhalb der vom Zweck definierten Systemgrenze liegen, zu gestalten. Neben diesen Schnittstellen ins Vertikale sind auch die horizontalen Schnittstellen zu betrachten, mit denen ein Risiko für die Zweckbindung einhergeht, wenn Daten zwischen unterschiedlichen Applikationen unterschiedlicher Verarbeitungen ausgetauscht werden. Der Ausweis der Existenz von Schnittstellen sowie die Dokumentation von deren Eigenschaften sind bedeutsam. Schnittstellen geben Anlass, bereits auf Ebene 1 die rechtlichen Verantwortlichkeiten, die Beherrschbarkeit und die Prüfbarkeit von Datenflüssen zu prüfen. Für eine Dokumentation sollten deshalb die Fließrichtung der Daten, mit den jeweiligen Datenkategorien, sowie Schnittstellenbeschreibungen, die wenn nicht vorhanden vom Hersteller abgefordert werden können, erfasst werden.

Für jede Verarbeitungstätigkeit und deren Komponenten, insbesondere für die manchmal schwierig zu erfassenden Prozesse über verschiedene IT-Systeme hinweg gilt, dass die Verantwortlichkeit für die Verarbeitungstätigkeit geklärt sein muss (s. Abschn. 4.2). Und diese Verarbeitungstätigkeit muss vom „Verzeichnis der Verarbeitungstätigkeiten" (s. Abschn. 4.2) erfasst sein. Aufgaben, die aus der Verantwortlichkeit resultieren, können in Form von individuellen Zuständigkeiten delegiert werden. Diese Zuständigkeiten werden typischerweise als Rollen in einem umfassenden Berechtigungs- und Rollenkonzept formuliert und zugewiesen. Die Zuständigkeit eines sogenannten „Prozesseigentümers" kann sich auf einzelne Verarbeitungsvorgänge im Sinne von Teilprozessen oder auf die gesamte Verarbeitungstätigkeit und über alle Verarbeitungsebenen hinweg im Sinne einer Gesamtzuständigkeit erstrecken.

Wenn die Verarbeitungstätigkeit auch eine Auftragsverarbeitung gemäß Art. 28 DSGVO beinhaltet, dann ist zu gewährleisten, dass der Auftragsverarbeiter seine Aufgaben gemäß den Weisungen des Verantwortlichen datenschutzkonform erfüllt. Die Verantwortung für eine Verarbeitung mit Auftragsverarbeitung liegt letztlich immer beim Verantwortlichen für die Verarbeitung insgesamt, weil dieser über die Zwecke und die Mittel – z. B. die Nutzung eines Rechenzentrums – entscheidet.

3.5 Phasen oder Vorgänge einer Verarbeitung

Art. 4 Abs. 2 DSGVO listet 14 elementare Verarbeitungsvorgänge auf, die bei einer Beschreibung und Analyse einer Verarbeitung zu nutzen sinnvoll ist (s. Abschn. 4.2). Wenn man das „und" und das „oder" in den Bezeichnungen der Verarbeitungsvorgänge des Artikels auflöste, käme man sogar auf 18 elementare Verarbeitungsvorgänge. Diese Form der Auflistung von Einzelverarbeitungsvorgängen war überwiegend wortgleich bereits in der Datenschutzrichtlinie in Art. 2 der Datenschutz-EU-Richtlinie von 1995 zu finden (vgl. EU 1995). Man darf aufgrund der nahtlosen Fortsetzung annehmen, dass sich diese Definition von Verarbeitung bewährt hat.

Diese 14 elementaren Verarbeitungsvorgänge könnte man auch abstrakt als „Subprozesse" oder allgemeinverständlich als „Aktivitäten" bezeichnen. Aneinandergereiht ergibt das einen Lebenszyklus von personenbezogenen Daten. In einer vergröberten Einteilung würde man drei Phasen identifizieren: Eine personenbezogene Verarbeitung beginnt mit der *Erhebungen* der personenbeziehbaren Daten, dann folgen deren *Nutzung* und *Löschung*. Bei dieser trivialen Verkettung drängt sich die Lebenszyklus-Analogie auf: Geburt, Leben, Tod.

Wenn man diese Phaseneinteilung nimmt und schon mal an zu treffende TOM denkt, dann zeigt sich die Nützlichkeit dieser Einteilung einer Verarbeitung in Vorgänge bzw. Phasen. So sind Maßnahmen zur Sicherung der Vertraulichkeit bei der Datenerhebung – denken Sie als Beispiel für eine Erhebung personenbezogener Daten an einen Interviewer mit einem Fragebogen – andere als bei der Nutzung dieser Daten bspw. im Rahmen von Berechnungen mit einem Statistikprogramm. Beim Erheben werden sich der Interviewer und der Befragte in einen Raum zurückziehen, in dem sie ungestört sind und ihnen niemand Drittes zuhört. Beim Verarbeiten der so erhobenen Daten werden der Datenbestand und die Systeme von anderen Datenbeständen und Systemen separiert sein, so dass eben keine Unbefugten irgendetwas mit den Daten Verfälschendes machen können. Und auch beim Löschen muss die Vertraulichkeit sichergestellt werden: Das Vernichten von Papier geschieht typischerweise durch eine befugte Person, die das Papier mit den erhobenen und den berechneten Daten in einen Schredder gibt; beim Löschen von Daten und Dateien ist Vieles zu beachten.

Das war bislang eine sehr vereinfachte Sicht auf die Dinge, die auch in vielen Fällen für das Verständnis und die rechtlichen Regelungen der Verarbeitung ausreichen kann. In einer komplexeren Darstellung entstehen durch die unmittelbaren personenbezogenen Daten, meist als *Stammdaten* (wie Vorname, Nachname, Geburtsort, Geburtstag) bezeichnet, weitere Daten, die als *Metadaten* bezeichnet werden. Protokolldaten, die bei Verarbeitung der Stammdaten erzeugt werden, wären dann z. B. solche Metadaten bzw. „Daten zweiter Ordnung". Während die Stammdaten vernichtet oder gelöscht werden müssen, müssen Metadaten in der Regel über einen längeren Zeitraum gespeichert werden, bspw. damit der Verantwortliche nachweisen kann, dass die Stammdaten gelöscht wurden. Dieses Beispiel deutet an, dass operativer Datenschutz nicht auf Verhindern von Datenverarbeitung hinausläuft, sondern auf ein gesichertes Datenmanagement.

Grundsätzlich gilt, dass jeder der von der DSGVO aufgelisteten 14 Vorgänge im Hinblick auf dessen Konformität mit den DSGVO-Anforderungen beurteilt werden kann. Die Erfahrung zeigt jedoch, dass sich in der Regel einige der von der DSGVO aufgelisteten Vorgänge aufgrund ihrer Ähnlichkeit zu *neun Gruppen von Verarbeitungsvorgängen* zusammenfassen und bearbeiten lassen:

1. Sammeln (Sn) (Erheben, Erfassen, Erhalten, Erzeugen)
2. Aufbereiten (Ab) (Organisieren, Ordnen)
3. Aufbewahren (Aw) (Speichern)
4. Bearbeiten (Ba) (Anpassen, Verändern)
5. Benutzen (Bn) (Auslesen, Abfragen, auch Filtern und Auswerten)

6. Bereitstellen (Bt) (Offenlegung durch Übermitteln, Verbreitung oder andere Formen des Bereitstellens)
7. Zusammenführen (Zf) (Abgleichen)
8. Einschränken (Es) (Sperren)
9. Beseitigen (BS) (Löschen, Vernichten)

Diese Einteilung soll Vorgänge voneinander unterscheidbar machen und Brüche markieren, z. B. weil sich die Informationsverarbeitung ändert und/oder andere Betriebsmittel (Hardware und Software) eingesetzt werden. Außerdem ist es von Vorteil, wenn Vorgänge auf unterschiedliche Eigenschaften beziehbar und dadurch rechtlich spezifisch regelbar sind.

Bei konkreten Planungsaktivitäten helfen derart typisierte Vorgänge, die Struktur der Verarbeitung besser zu überblicken und mehrere Anknüpfungspunkte für die Gestaltung und Prüfung zu bieten. So ist es bspw. sinnvoll, diese Vorgangsgruppen im Rollen- und Rechtekonzept zu verwenden. Die Komplexitätsreduktion auf neun Verarbeitungsgruppen hilft, eine Verarbeitung so hinreichend genau zu verstehen, dass die jeweiligen speziellen Risiken in den Blick kommen, um die darauf angepassten TOM bestimmen zu können. Es kann Fälle geben, in denen innerhalb dieser Gruppen Aktivitäten doch wieder genauer unterschieden und die Vorgänge der DSGVO aufgeblendet werden sollten. Besonders sinnfällig ist bspw. die Unterscheidung von nur „das Datum löschen" oder „das Datum einschließlich des Trägermediums vernichten" …und auch im Protokoll keine Erinnerungsdaten darüber mitzuführen, dass es ein solches Datum jemals gegeben hat.

Betrachtet man diese einzelnen Verarbeitungsvorgänge zusammen mit den Phasen des Lebenszyklus, dann zeigt sich, dass die Einteilung in nur drei Phasen zu grob ist und auch für den einfachsten Fall zumindest vier Verarbeitungsphasen unterschieden werden müssen. Hiernach gilt für eine Phasenanalyse: Auf die Phase der Erhebung (Vorgang 1) folgt die Phase des Bereithaltens (Vorgänge 2 bis 3), dann folgt die Phase der Nutzung (Vorgang 4 bis 8), zu der auch Abruf- und Übermittlungsvorgänge zählen sollen. Die Phase des Löschens (Vorgang 9) bildet den Abschluss des Lebenszyklus eines Datums innerhalb einer Verarbeitung.

Die Verarbeitungsvorgänge bilden insofern eine *prozesshaft-strukturelle* Analysesicht auf eine Verarbeitung, während die Phasen eine an den *Daten haftende, prozesshaft-zeitliche* Analysesicht auf eine Verarbeitung erzeugen. Eine Verarbeitungstätigkeit kann dabei durchaus „in einer Phase steckenbleiben". Das war bspw. der Fall bei einem Datenschutzvorfall: Papierene Patientenakten, die im Zuge von Insolvenzwirren vergessen wurden, waren nicht vernichtet oder kontrolliert eingelagert worden. Man hegte seitens des Rechtsnachfolgers, der die Akten „entdeckt" hatte, Zweifel, ob es sich um eine Verarbeitung handelt, wenn Papierakten ohne weitere „Transformationsabsicht" nur eingelagert werden (vgl. diesen Fall vor dem OVG Hamburg, Beschl. v. 15.10.2020, Az.: 5 Bs 152/20). Der Rechtsnachfolger, der die Patientenakten erbte, wurde vom Gericht angehalten, sämtlichen Anforderungen der DSGVO für die Phase der Vernichtung zu genügen.

Subverarbeitungen von personenbezogenen Daten gem. Art. 4 Nr. 2 DSGVO (und/oder aufgelöst)	Elementare Verarbeitungsvorgänge gemäß Art. 4 Nr. 2 DSGVO	Gruppen von Verarbeitungsvorgängen	Phasen der Daten-Verarbeitung	Kommentar
1 Erheben	1. Erheben	1. Sammeln	1. Kollektion	Rohdaten natürlicher Personen („Betroffener") befinden sich in der Obhut eines Empfängers („Verantwortlicher")
2 Erfassen	2. Erfassen			
3 Organisation	3. Organisation	2. Aufbereiten	2. Bereithaltung	Diese Daten werden geordnet abgespeichert und sind in einem verarbeitungsfähigen Zustand verfügbar. Der Aufbau einer Struktur (simpel oder komplex) ist unerheblich. Auch die Aufbewahrung einer Gewebeprobe kann hierunter fallen.
4 Ordnen	4. Ordnen			
5 Speicherung	5. Speicherung	3. Aufbewahren		
6 Anpassung	6. Anpassung oder Veränderung	4. Bearbeiten	3. Nutzung	Die Daten sind für eine rechtskonforme und sachgemäße Verarbeitung, ggfs. auch für befugte Dritte, zugänglich. Sie können mit anderen Verarbeitungen verknüpft und der Zugang zu ihnen eingeschränkt werden. anpassen/verändern: inhaltliche Umgestaltung. auslesen: vorhandener Datensatz wird genutzt (intern) abfragen: externe Datenbank wird genutzt. verwenden: alle Arten des zweckgerichteten Gebrauchs oder der internen Nutzung. Beispiele Offenlegung (11 bis 13): Datenweitergabe mündlich, schriftlich, elektronisch, Webseite oder Internet-Forum. Weitergabe innerhalb der Stelle ist Verwendung. Abgleich: Überprüfung, ob Daten von Betroffenen in mehreren Dateisystemen konsistent sind; Abgleich auch, wenn zu prüfen ist, ob bestimmte Daten in zwei unterschiedlichen Dateien vorhanden sind (z.B. welche Personen sind an mehreren Sachverhalten beteiligt). Verknüpfung: zusammenführen von Betroffenendaten aus mehreren Dateisystemen oder Verknüpfung von mehreren Betroffenen über ein verbindendes Merkmal. einschränken: Reduzierung auf berechtigten Nutzerkreis; Sperrung.
7 Veränderung				
8 Auslesen	7. Auslesen	5. Benutzen		
9 Abfragen	8. Abfragen			
10 Verwendung	9. Verwendung			
11 Offenlegung durch Übermittlung	10. Offenlegung durch Übermittlung	6. Bereitstellen		
12 Verbreitung	11. Verbreitung oder eine andere Form der Bereitstellung			
13 andere Form der Bereitstellung				
14 Abgleich	12. Abgleich oder Verknüpfung	7. Zusammenführen		
15 Verknüpfung				
16 Einschränkung	13. Einschränkung	8. Einschränken		
17 Löschen	14. Löschen oder Vernichtung	9. Beseitigen	4. Beseitigung	Daten werden irreversibel entfernt oder physikalisch Vernichtet. Vor der Löschung Archivwürdigung abklären.
18 Vernichtung				

Abb. 3.2 Verarbeitungsvorgänge und Phasen (vgl. DSK 2024, S. 38)

Vorgänge und Phasen kann man auf ihren spezifischen *Risikobeitrag* prüfen und beurteilen. Bei der Modellierung einer realen Verarbeitung würde man die Verarbeitungsvorgänge wie Legosteine einzeln nehmen und im Prinzip beliebig zusammensetzen, dadurch kann es für jede Verarbeitung typische Arrangements der einzelnen Vorgänge geben. Auf das Verwenden kann bspw. das Aufbewahren folgen, wenn Daten der unmittelbaren Bearbeitung (sozusagen der „Produktion") entzogen werden, aber es innerhalb einer Frist erforderlich sein kann, auf diese Daten erneut zugreifen zu müssen. So wie Löschen und Vernichten als Aktivitäten zu unterscheiden sind, müssen auch Aufbewahren und Archivieren unterschieden werden, denn beim Archivieren werden Daten derjenigen Verarbeitung endgültig entzogen, für die sie einst erhoben wurden. Behörden unterliegen gesetzlich geregelten Verwahr- und Archivierungspflichten, Verstöße können gemäß §133 Strafgesetzbuch geahndet werden. Es kann weitere berechtigte Verarbeitungszwecke geben, wie bspw. die der historischen Forschung, in denen diese Daten erhoben und genutzt werden dürfen.

Bei einem Abruf von Daten aus einer anderen Verarbeitung heraus in die „eigene" Verarbeitung hinein, wäre für die abrufende Stelle ein Vorgang der „Erhebung", was für die Organisation einem „Bereitstellen" von möglicherweise aufbereiteten, strukturierten Daten gleichkommt. Rechtlich ist hier entscheidend, welche Rechtsgrundlage die „Übermittlung" (rechtliche Sicht) bzw. den „Transport" (technische Sicht) der Daten abdeckt: Die Rechtsgrundlage von der abrufenden oder von der zum Abruf bereitstellenden Organisation.

Wie eingangs dieses Kapitels bereits erwähnt: Für Organisations- und Prozessentwickler*innen gehört das Arbeiten mit Prozessdiagrammen zum methodischen Handwerkszeug, so dass ihnen eine solche Auflistung von Phasen oder Vorgängen in der Regel sofort vertraut ist (vgl. Windrich 2023). So können die jeweiligen Vorgänge in einem Business-Process-Model (BPM) mit korrespondierenden Phasentags markiert werden. Eine andere High-Level-Modellierungssymbolik, ganz nah am Verständnis der Sachbearbeitung, wäre die Picture-Methode (s. Algermissen und Becker 2009). Einige der Phasentypen haben eine unmittelbar technische Bedeutung; und für Jurist*innen sind unterschiedliche normative Aspekte leitend, wie eben bspw. Verantwortungsübergänge bei einer Übermittlung von Daten (s. Abb. 3.2), die auch die Frage nach den Rechtsgrundlagen diesseits und jenseits einer Schnittstelle aufwirft.

3.6 Typen personenbeziehbarer Daten

Vielfach fordert die DSGVO auf, nicht mehr einzelne Datenfelder, sondern aggregierte „Kategorien personenbezogener Daten" (vgl. Art. 30 Abs. 1 lit. c DSGVO) zu dokumentieren. Bislang kenne ich keine überzeugende allgemein-systematische Gruppierung von Daten. Das liegt u. a. daran, dass die Bezeichnung von Daten wesentlich davon abhängt, wie die Vorgänge und Ebenen einer Verarbeitung unterschieden werden. Für jede Verarbeitung müssen schlicht alle Daten zumindest auf der Ebene 2 (setzt Ebene 1 voraus) zunächst aufgelistet und dann gruppiert werden. Die Daten der Ebene 3 sind deshalb eigens zu betrachten, weil bspw. Protokoll- und Löschanforderungen auf verschiedenen Ebene auch verschieden nachzukommen ist. Insofern muss man grundsätzlich alle Daten kennen, die in einem Verfahren personenbeziehbar sind oder sein können.

Einen gewissen Halt zur ersten groben Unterscheidung von personenbezogenen Daten kann die folgende Gruppierung geben:

1. Daten, die mit unmittelbarem Personenbezug Personen identifizierend oder beschreibend als Nutzdaten verarbeitet werden, oftmals als „Stammdaten" bezeichnet („Identifikationsdaten"): Name, Geburtsort oder Wohnort, Geburtsdatum, Personalausweisnummer sowie die Steueridentifikationsnummer („Steuer-ID").
2. Daten mit qualifizierendem Personenbezug: Abstammungsdaten, Leistungsdaten, Qualifikationsdaten, Konto- und Bankdaten, Vertragsdaten, Versicherungsdaten, Mitarbeiterdaten, Positionsdaten, Gesundheitsdaten, Patientendaten, Diagnosedaten, Therapiedaten, Behandlungsdaten, genetische oder biometrische Daten, Daten zum Sexualleben oder zur sexuellen Orientierung, Pseudonyme, Krankheiten und Behinderungen, hohes Alter, rassisch-ethnische Herkunftsdaten; „Meinungsdaten" zu Politik, Religion oder Weltanschauung, Gewerkschaftszugehörigkeit (ein großer Anteil dieser Daten gelten als „sensible Daten" gem. Art. 9 DSGVO.

3. Daten, die als Ergebnisse aus der Verarbeitung bzw. Nutzung von Daten entstehen („Ergebnisdaten"): Entscheidungsdaten, Daten aus Profiling, Scoring, Videoüberwachung.
4. Daten, die für die organisierte Durchführung der Verarbeitung Voraussetzung sind („Verarbeitungsdaten"): Logindaten, Accountdaten, Vertragssdaten, Mitarbeiterdaten, Bild, Video-, Audio-, Sprachdaten.
5. Daten, die durch die Verarbeitung als Reihe von Verarbeitungsvorgängen, sowohl auf der Ebene der Sachbearbeitung mit der Fachapplikation als auch in allen beteiligten IT-Systemen auf der Ebene der Infrastruktur, erzeugt werden („Metadaten"): Statusdaten, Protokolldaten über Nutzende, zur Nutzerhistorie, zu Kommunikationsbeziehungen.
6. Daten, die das Funktionieren von IT-Komponenten anzeigen („Logdaten"): Statusdaten.

Aufgabe
Überlegen Sie sich wahlweise für das Beispiel 1 (Kindergarten) oder 2 (Fahrtenschreiber), welche personenbezogenen Daten oder Datentypen dort erforderlich sind und entsprechend genutzt werden und mit welchen weiteren Metadaten durch die Verarbeitung bei allen beteiligten Systemen zu rechnen ist. Der Zweck der Übung besteht nicht darin, eine vollständige Auflistung der Daten zu erreichen, sondern darin, dass Sie sich entlang der Datentypen Gedanken darüber machen, welche Daten typischerweise zusätzlich zu den unmittelbaren personenbezogenen Daten durch die Verwendung von IT erzeugt werden.

3.7   Zwischenstand: Verarbeitung

Zur Bestimmung und Abgrenzung einer Verarbeitung ist es wesentlich, den Zweck der Verarbeitung genau zu beschreiben. Eine Vorstellung von dem, was „genau beschreiben" heißt, will dieses Kapitel durch die Unterscheidung von drei Ebenen, den Komponenten „Daten, IT-Systeme und Prozesse" sowie den mindestens vier Phasen vermittelt haben. Der Zweck einer Verarbeitung, oder einer Verarbeitungstätigkeit gemäß Art. 30 DSGVO, muss legitim sein und ihr muss eine ausreichende Rechtsgrundlage mitgegeben sein. Die Legitimität und Legalität zu beurteilen, ist vornehmlich eine juristische Aufgabe, die vor dem Einsatz des SDM liegt. Bei der Beschreibung des Zwecks ist es wichtig, die Zwecksetzung, die Zweckbestimmung, die Zwecktrennung und die Zweckbindung jeweils gesondert betrachten.

Eine Verarbeitung sollte in drei Ebenen unterschieden werden: Die fachlich-logische Ebene („Fachlichkeit"), für die der Zweck der Verarbeitung formuliert wurde, noch ganz ohne Gedanken an die Mittel zur Umsetzung. Auf der zweiten Ebene befindet sich die Sachbearbeitung mit den Mitteln zur unmittelbaren Aufgabenerledigung. Das meint bei der

Verarbeitung personenbezogener Daten heutzutage vor allen Dingen den Einsatz von „Fachprogrammen" oder „Fachapplikationen" auf PCs, die oftmals die ganze Kette an einzelnen Verarbeitungsprozessen in einem Programm zusammenhalten. Auf der dritten Ebene folgt die Infrastruktur, die viele Mittel für die Sachbearbeitungsebene bereitstellt und dabei wiederum eigene Daten mit IT-Systemen erzeugt, die zu Prozessketten zusammengebunden sind. Das meint auch Gebäude, aber vor allem meint es die IT-Infrastruktur, mit der Organisationen heute arbeiten. Diese Ebenen-Einteilung wurde als „vertikale Analyseperspektive" auf eine Verarbeitung bezeichnet. Eine Verarbeitung lässt sich außerdem zeitlich in vier Phasen (Erhebung, Bereithaltung, Nutzung, Löschung) oder strukturell in neun Verarbeitungsvorgänge unterteilen, was eine „horizontale Analyseperspektive" auf eine Verarbeitung eröffnet. Die Beschreibung der Verarbeitung sollte auf diese Aspekte eingehen.

Differenziert man nach der beratenden und der prüfenden Perspektive auf eine Verarbeitung, so steht mit den Verarbeitungsvorgängen für eine Beratung ein Mittel bereit, die Anforderung des „Datenschutzes durch Technikgestaltung" gem. Art. 25 DSGVO umzusetzen. Eine Beratung in der Phase der Planung endet meist mit einer Zusammenstellung für die Beschaffung von Technik. Spätestens an diesem Punkt kann der Verantwortliche Datenschutz in die verschiedenen Komponenten „einbauen" lassen. Und für eine Prüfung wird eine nachträglich rekonstruierende Soll-Modellierung zur Risikoanalyse einer Verarbeitung ermöglicht, in der dem Soll ein konkretes Ist entgegengesetzt werden kann und die Verarbeitung auf diese Weise einer rechtlichen Beurteilung zugänglich ist. Diese analytische Unterteilung einer Verarbeitung gestattet es, vorgangsspezifische und phasenspezifische Risiken einer Verarbeitung jeweils funktional zu analysieren, mit Maßnahmen der Risikominderung zu versehen, und diese dann rechtlich zu beurteilen, um seitens des Verantwortlichen zu einer Entscheidung darüber zu gelangen, welche risikenmindernden Maßnahmen, die Budgets sind immer knapp, priorisiert getroffen werden sollen.

Alle nachfolgenden Kapitel zu „Recht", zu „Gewährleistungszielen", zu „Datenschutzrisiken", zu „technisch-organisatorischen Maßnahmen" sowie zur „Anwendung des SDM" docken an der „Verarbeitung" an.

Literatur

Algermissen, Lars und Falk Becker (2009). *Prozessorientierte Verwaltungsmodernisierung – Prozessmanagement im Zeitalter von E-Government und New Public Management*. Berlin: Springer.

Art.29-Gruppe (2013). *Opinion 03/2013 on purpose limitation, Adopted on 2 April 2013*. https://ec.europa.eu/justice/article-29/documentation/opinion-recommendation/files/2013/wp203_en.pdf.

BfDI (2020). *Datenschutz-Grundverordnung – Bundesdatenschutzgesetz – Texte und Erläuterung (Info 1)*. https://www.bfdi.bund.de/SharedDocs/Downloads/DE/Broschueren/INFO1.html.

DSK (2024). *Das Standard-Datenschutzmodell – Eine Methode zur Datenschutzberatung und -prüfung auf der Basis einheitlicher Gewährleistungsziele – Version 3.1*. https://www.datenschutz-mv.de/datenschutz/datenschutzmodell/.

EU (1995). *Richtlinie 95/46/EG zum Schutz natürlicher Personen bei der Verarbeitung personenbezogener Daten und zum freien Datenverkehr.* https://eur-lex.europa.eu/legal-content/DE/TXT/PDF/?uri=CELEX:31995L0046.

Hammer, Volker, Ulrich Pordesch und Alexander Roßnagel (1993). *Betriebliche Telefon- und ISDN-Anlagen rechtsgemäßgestaltet.* Bd. 1. Springer, S. 43–86.

Hansen, Marit (2021). „Informationssicherheit: Aufgabe für die Datenschutzaufsicht?" In: *DuD – Datenschutz und Datensicherheit* 4, S. 234–238.

Windrich, Melanie (2023). *Kategorisierung und Visualisierung von Datenschutzaspekten in Geschäftsprozessmodellen (Dissertation).* https://macau.uni-kiel.de/servlets/MCRFileNodeServlet/macau_derivate_00004921/Dissertation_Melanie_Windrich_public.pdf.

Recht 4

Der Inhalt dieses Kapitels

Dieses Kapitel soll Datenschutz-Praktiker*innen einen groben Überblick zum Datenschutzrecht geben, nur soweit die rechtlichen Anforderungen von unmittelbar praktischer Relevanz bei der Umsetzung sind.

In den vertiefenden Erläuterungen wird die Einbettung der DSGVO in die EU-Grundrechtecharta aufgezeigt, das Verhältnis von Artikeln und Erwägungsgründen angesprochen, der Vorgang einer juristischen Verhältnismäßigkeitsprüfung aufgelistet und zuletzt werden Formen des Entscheidens aufgezeigt in Bezug auf Kontrollieren und Prüfen, Beurteilen und Bewerten sowie Anweisen.

Beizuziehende Literatur

Bitte haben Sie den Text der DSGVO zur Hand. Neben den Artikeln der DSGVO finden Sie in den europäischen Originalpublikationen immer auch Erwägungsgründe (EG); in den Erwägungsgründen werden die Artikel kommentiert aus der Perspektive derjenigen, die die Artikel formuliert haben. Bei Zweifeln am deutschen Wortlaut der DSGVO gilt zudem die Konvention, den englischen Text der DSGVO („GDPR") beizuziehen. Besorgen Sie sich außerdem den Text des Grundgesetzes (https://www.gesetze-im-internet.de/gg/BJNR000010949.html) sowie die EU-Grundrechtecharta („EU-GrCh", https://eur-lex.europa.eu/legal-content/DE/TXT/PDF/?uri=CELEX:12012P/TXT&from=EN).

Sie sollten Zugriff auf einen guten DSGVO-Kommentar haben, insbesondere und gerade dann, wenn Sie über wenig Erfahrung mit der methodischen Auslegung von Rechtstexten haben. Stellt sich die Frage: Was ist ein guter DSGVO-Kommentar? Zu Zeiten des „alten" Bundesdatenschutzgesetzes (BDSG) bis 2016 war die Antwort, zumindest für echte Datenschützer*innen, leicht: Man investierte in „einen Simitis" (s. Simitis 2014). Allein

M. Rost, *Das Standard-Datenschutzmodell (SDM)*,
https://doi.org/10.1007/978-3-658-44998-8_4

die umfangreiche Darstellung der Geschichte zur Entwicklung des Datenschutzes bzw. des Datenschutzrechts der Bundesrepubik Deutschland ist noch immer unübertroffen. Deshalb gilt: Wenn man einen alten Simitis-BDSG-Kommentar günstig bekommen kann, kaufen, bevorzugt die 8. Auflage.

Die heutigen DSGVO-Kommentare werden aufgrund des Aufwands von mehreren Autor*innen geschrieben. Dabei ist unklar, ob die Herausgeber einen „homogenisierenden" Einfluss auf die Autor*innen nehmen. Der „alte Simitis" des BDSG hatte klar die Richtung der Kommentierung ausgewiesen, dass er ein, in Bezug auf die Betroffenen, datenschutzfreundlicher Kommentar sein wollte. Beim neuen DSGVO-Kommentar von Simitis, Spieker und Hornung wird den Autor*innen – so wurde es mir gesagt – mitgeteilt, dass sie eine „wissenschaftlich fundierte und im Rahmen des Zulässigen datenschutzfreundliche Kommentierung" erwarten (s. Simitis et al. 2024). Als zum neuen Simitis ähnlich urteilsstark gilt der „Kühling/Buchner" (s. Kühling und Buchner 2020). Man sollte Zugriff auf zumindest einen dieser beiden Kommentare haben.

Es gibt weitere thematisch verengte Kommentare. Wenn man die Hintergründe des historischen und programmatischen Zustandekommens und die Ziele bzw. die Zwecksetzung der DSGVO besser verstehen möchte, dann sollte man den Albrecht/Jotzo-Kommentar (s. Albrecht und Jotzo 2017) oder, bei einem mehr systematischen Interesse, den Roßnagel-Kommentar (s. Roßnagel 2017) heranziehen. Beide zeitgenössisch geschriebenen Kommentare stellen die Ziele der DSGVO vor Augen. Die betriebliche Praxis, den Beschäftigtendatenschutz und die Aufgaben von Betriebs- und Personalräten behält der Däubler-Kommentar gut im Blick (s. Däubler et al. 2020). Als organisationsfreundlich und damit maximal datenschutzunfreundlich gilt der Kommentar von Gierschmann (s. Gierschmann et al. 2018), der genau deshalb gern zur Vorbereitung auf Gerichtsverhandlungen genutzt wird. Wenn einen speziell die Interpretation der Rechtsgrundlagen und Regelungen der DSGVO zu Datenschutzprüfungen von Datenschutzaufsichtsbehörden interessieren, ist die Lektüre des Artikels von Bruhn et al. nützlich (s. Bruhn et al. 2022). Und eine gründliche Kritik an der DSGVO – „Handwerksfehler, Inkonsistenzen, Wertungswidersprüche, Regelungslücken und Überregulierungen" – liegt ebenfalls seit einiger Zeit vor (s. A. Roßnagel und Geminn 2020).

Sollten Sie in der Interpretation von Gesetzestexten ungeübt sein, dann suchen Sie sich in Ihrer Umgebung eine Juristin oder einen Juristen und sprechen Sie über die Artikel der DSGVO. Es gibt unterschiedliche Methoden der Textauslegung, die klassischen im juristischen Kontext sind:

- Wörtliche Auslegung der Worte als „Sinnträger".
- Systematische Auslegung: Harmonisiert das Resultat mit anderen, benachbarten oder entfernteren Bestimmungen.
- Objektiv-teleologische Auslegung: Fragt nach dem Sinn, dem Zweck, der Zielrichtung einer Regelung; dies ist die Auslegungsform, in denen die Erwägungsgründe der DSGVO herangezogen würden.

- Historische Auslegung: Was hat der Normengeber, auf Grundlage anderer Texte und Aktivitäten beurteilt, wahrscheinlich gewollt?

Die spezielle juristische Expertise besteht vor allem im Abwägen unterschiedlicher Normen, Regeln oder Anforderungen, bei denen Rechtslaien oftmals gar keinen Anlass sehen, dass es da überhaupt etwas abzuwägen gilt. Zudem sind die Gesetzestexte der DSGVO, des BDSG und der LDSGe, wenn man strikt auf einer Textauslegungsebene bleibt, aussagenlogisch widersprüchlich. Ein nur an Aussagenlogik geschulter Mensch kommt bei der Lektüre der DSGVO bspw. über den Artikel 1 Abs. 3 nicht ohne Irritationen hinaus, nachdem er zuvor in Abs. 1 und Abs. 2 das vollständige Gegenteil gelesen hat: „(…) der freie Verkehr personenbezogener Daten in der Union darf aus Gründen des Schutzes natürlicher Personen bei der Verarbeitung personenbezogener Daten weder eingeschränkt noch verboten werden".

Dass aus diesen Texten keine Algorithmen mit eindeutigen, rezeptartigen Handlungsanweiungen im informationstheoretischen Sinne ableitbar sind, ist keine Schwäche des Rechts, sondern dessen Offenheit gegenüber der nicht aussagenlogisch durchkonstruierten Echt-Welt geschuldet. Es muss zudem selbst das noch von Regeln erfasst werden, was allen Beteiligten unbekannt ist. Wobei gilt: „In rules, there are much more rules that we are led to believe" (Cometti 2013, S. 13).

Wenn Sie primär Technikkompetenzen haben, dann genießen Sie den Diskurs mit den Normen-Expert*innen; weil diese am Ende zu gesellschaftlich funktionierenden Entscheidungen kommen. Das Geringste, was man von Jurist*nnen erwarten darf ist, dass sie einem einen Standpunkt anliefern können, der „vertretbar" ist, was in einem merkwürdigen Kontrast zur eigentlich gepflegten binären juristischen Form steht, wonach ein Sachverhalt entweder als rechtskonform oder nicht-rechtskonform zu beurteilen ist (vgl. Siedenburg 2019, S. 144). Jurist*innen räumen typischerweise leichter als andere Professionen ein, dass man es auch anders sehen kann, dass sie sich irren können, und scheuen wenig davor zurück, eine Entscheidung an ein Gericht weiterzureichen. Wenn Sie ungeübt im Umgang mit der Auslegung von Gesetzestexten sind und keine Gelegenheit zu Gesprächen mit Rechtsexpert*innen haben, sollten Sie zumindest eine Schulung zur DSGVO belegen.

Aufgabe

Sollten Sie in der Interpretation der DSGVO nur über wenig Übung verfügen … was denken Sie: Welche Regelung würden Sie als *die* zentrale Regelung der DSGVO bezeichnen, von der aus die DSGVO insgesamt verständlich wird? Wenn Ihnen hier nicht „Artikel 6" eingefallen ist, dann schlagen Sie doch schnell mal in der DSGVO den Artikel 6 nach. Überlegen Sie sich bitte, warum man gut begründet behaupten kann, dass dieser Artikel das *normative Steuerungszentrum* der DSGVO bildet.

Dieses Buch befasst sich mit den normativen Anforderungen ausschließlich der DSGVO, weil sich das SDM vollständig in den Dienst der Umsetzung der DSGVO stellt. Wenn man die Logik der Transformation von normativen Anforderungen in funktionale Anforderungen durch das SDM verstanden hat, eignet sich das SDM selbstverständlich ebenso zur Umsetzung der Justizrichtlinie („JRL" s. JRL 2016, zur Umsetzung der JRL mit dem SDM vgl. Schlehan 2018), des Bundesdatenschutzgesetzes („BDSG", s. BDSG 2018), der Landesdatenschutzgesetze („LDSG", s. LDSG 2018) und des „Gesetzes über den Datenschutz und den Schutz der Privatsphäre in der Telekommunikation und bei Telemedien" („TTDSG", s. TTDSG 2021). Erfahrungen mit den neuen, Datenschutz berührenden, Gesetzen der EU-Ebene – wie dem Artificial Intelligence Act (AI-Act), dem Digital Markets Act (DMA), dem Data-Governance Act (DGA), dem Digital Services Act (DSA) oder der Data Act (DA) – liegen bislang keine vor (Stand: April 2024).

4.1 Anforderungen der DSGVO an die Praxis

Als Datenschutz-Praktiker*in muss man für die Umsetzungspraxis wissen, was die DSGVO wo und wie regelt.

Dieser Hinweis auf die DSGVO ist nicht trivial. Ich beobachte bspw. sicherheitsbewusste Techniker*innen, denen häufig einfach aus der Sachlage heraus klar ist, dass man E-Mails verschlüsselt, zur Absicherung von Kommunikationsverbindungen „SSL" oder „eine VPN-Lösung" nutzt und wenn möglich Netze und Betriebssystem zumindest virtuell separiert. Das zählt heute zum kleinen 1×1 des soliden Administrationshandwerks. Diese Administrator*innen agieren häufig nach der Devise: „Ich mache das, weil das die Sicherheit erhöht und ich das kann." In einem pragmatisch agierenden Umfeld ist diese Devise sympathisch und im Ergebnis korrekt; aber sie zeigt auch ein mangelndes Verständnis für die Rolle des Rechts im operativen Datenschutz und das Fehlen methodischer Orientierung. Ob man Daten bspw. verschlüsseln sollte oder eben sogar muss, hängt davon ab, ob diese Anforderung verbindlich gestellt wird, wobei ja noch jede Menge weiterer normativer Anforderungen gelten, die dem vielleicht sogar entgegenstehen können (auch wenn das sehr unwahrscheinlich ist). Im Kontext Datenschutz gilt: Eine solche Devise wie „Daten und Kommunikationsverbindungen sind zu verschlüsseln!" muss als grundsätzlich verbindlich geltende Regel in einem Artikel der DSGVO (oder einer anderen datenschutzrechtlichen Regelungen) stehen. Anders als in der Informations- oder IT-Sicherheit sind alle Anforderungen, mit denen Datenschutzrisiken vermindert werden sollen, nicht der Analyse von (IT-)Komponenten und möglichen Schäden bspw. durch Hacking zu entnehmen, sondern zuvorderst den Anforderungen der DSGVO, deren Zweck darin besteht, Betroffene vor der Organisation zu schützen. Man muss verschlüsseln, weil bspw. Art. 5 Abs. 1 lit. f der DSGVO die Sicherung der Vertraulichkeit fordert. Allerdings …auch dieser Verweis auf einen Artikel der DSGVO ist kurzschlüssig, denn man könnte in bestimmten Konstellationen vielleicht auch durch andere Maßnahmen ein rechtlich angemessenes Maß an Vertraulichkeit sicherstellen.

> **Aufgabe**
> Wenn Sie ungeübt im Lesen von Gesetzestexten sind, dann vollziehen Sie meinen Verweis auf den Artikel 5 DSGVO bitte im Original des Gesetzeswortlauts nach. Lesen Sie sich anschließend bitte auch noch die Erwägungsgründe 38 und 39 durch, in denen der Artikel 5 erläutert wird.

Am Ende muss man als professionelle(r) DSB die DSGVO zumindest bis in die 40er-Artikel hinein kennen. Alle. Die Artikel der zweiten Hälfte der DSGVO kann man dagegen einzeln kennenlernen, wenn man sich mit bestimmten Fragestellungen beschäftigt. Die Frage ist, in welcher Reihenfolge man sich in bestimmte Artikelgruppen der DSGVO am besten hineingräbt. Die DSGVO beim ersten Mal einfach von Vorn durchzulesen, ist schon mal keine ganz schlechte Idee, nur um ein Gefühl für den Text zu bekommen, mehr als ein Gefühl und ein paar punktuelle Entdeckungen darf man von einem erstmaligen seriellen Durchlesen der DSGVO nicht erwarten. Mein Tipp für absolute DSGVO-Einsteiger: Beginnen Sie die Lektüre mit den Artikel 1 bis 3 und setzen Sie dann mit Kap. 4 fort, dann Artikel 4 und die Kap. 2 und 3.

Die DSGVO enthält 99 Artikel, die in 12 Kapitel unterteilt sind. Ich beschränke mich nachfolgend auf Anmerkungen zu vier für die Praxisgestaltung grundlegende Kapitel: Die „allgemeinen Bestimmungen" (Kap. 1: Art. 1 bis 4), die „Grundsätze" (Kap. 2: Art. 5 bis 11), die „Rechte betroffener Personen" (Kap. 3: Art. 12 bis 23) und Anforderungen an „Verantwortliche und Auftragsverarbeiter" (Kap. 4: Art. 24 bis 43). Selbstverständlich können alle weiteren hier ungenannten Artikel für die Gestaltung der Verarbeitungspraxis eine große Bedeutung haben, wenn man bspw. an das Thema des Datentransfers mit Drittstaaten außerhalb der EU nach dem Urteil von „Schrems II" denkt, weil die eigene Organisation partout meint, bspw. Microsoft-Produkte oder eine Amazon-Cloud nutzen zu müssen.

4.2 Essentials

Ich möchte Ihnen im Schnelldurchgang die für die Praxis wichtigsten Artikel vor Augen stellen. Der Zweck ist, dass Sie den nachvollziehbaren Aufbau der DSGVO erkennen und Zutrauen in die DSGVO bekommen, dass es sich hierbei nicht um einen „überkomplexen Regelungsmoloch" handelt.

Die DSGVO beginnt mit der Festlegung des Gegenstands (Art. 1) und des Anwendungsbereichs, zunächst des sachlichen (Art. 2) dann des räumlichen (Art. 3). Zentrale Begriffe und Konzepte – wie bspw. „personenbezogenes Datum", „Verarbeitung", „Verantwortlicher" – werden definiert (Art. 4), die wesentlichen Grundsätze der DSGVO (Art. 5) werden aufgelistet und die zentrale Regelungsstrategie (Art. 6) ausgewiesen. Ausgewiesen werden auch die besonders schützenswerten Datentypen (Art. 9), deren Verarbeitung erst einmal verboten ist. Die Betroffenenrechte (Art. 12 bis 22), und was da jeweils vom Verantwortlichen zu gewährleisten ist, werden klar verständlich und hinreichend konkret formuliert. Art. 24 bestimmt das Risiko, das von einer personenbezogenen Verarbeitungstätigkeit einer Organisation für betroffene Personen ausgeht. Art. 25 fordert, dass Verarbeitungstätigkeiten von Vornherein besonders datenschutzfreundlich einzurichten sind („Dataprotection-By-Design"). Art. 28 klärt, was im Verhältnis zu Auftragsverarbeitern (Rechenzentren, Cloudbetreibern, generell: IT-Dienstleistern) zu regeln ist. Art. 30 fordert, dass sämtliche Verarbeitungstätigkeiten einer Organisation zu inventarisieren sind („Verzeichnis der Verarbeitungstätigkeiten") und Art. 32 listet Schutzmaßnamen zur Risikominderung auf, die eine Organisation zum Schutz von betroffenen Personen installieren und permanent überwacht betreiben soll. Art. 35 formuliert die Regeln, wann eine Datenschutz-Folgenabschätzung (DSFA) durchzuführen ist und legt die Form der Durchführung fest.

Nachfolgend lesen Sie diese genannten Artikel bitte parallel zu meinen kurzen Anmerkungen hier im Original. Und anschließend nehmen Sie sich den DSGVO-Text vor, idealerweise inkl. einer Schulung zur DSGVO. Ich werde gleich nur ganz knappe Anmerkungen machen, die für das Verständnis aus praktischer Sicht von Bedeutung sind und die die Verankerung des SDM in der DSGVO zeigen sollen. Bei juristischer Lesart wäre jedes einzelne Wort eines jeden Artikels – im Lichte Dutzender anderer Artikel und idealerweise bereits erfolgter Rechtsprechungen durch Gerichte – auf die Goldwaage zu legen. Eine derart ruppige Kommentierung der Artikel der DSGVO so wie die nachfolgende würde sich kein(e) Jurist(in) trauen.

Anmerkungen zu „Allgemeine Bestimmungen" (Art. 1 bis Art. 4)

Artikel 1 Abs. 1 erklärt den Gegenstand und die Ziele der DSGVO, die als „Verordnung" erlassen unmittelbar in allen Mitgliedsstaaten der EU gilt und die nicht durch nationale Datenschutzregelungen ausgehebelt oder abgeschwächt werden darf. Die DSGVO hat zum Ziel „natürliche Personen bei der Verarbeitung personenbezogener Daten" sowie „den freien Verkehr solcher Daten" zu schützen.

Die DSGVO erklärt zum Ziel, „natürliche Personen" zu schützen, und zwar immer dann, wenn „personenbezogene Daten" verarbeitet, also in einem Prozess in irgendeiner Form verwandelt werden.

Es sollen „die Grundrechte und Grundfreiheiten natürlicher Personen" und „insbesondere deren Recht auf Schutz personenbezogener Daten" geschützt werden.

> **Aufgabe**
> Hier wird der Bezug auf die Gewährung von Grundrechten in der EU-Grundrechtecharta genommen. Haben Sie eine konkrete(!) Vorstellung davon, was mit „Grundrechten" gemeint ist? Es geht jetzt nicht darum, in nebulösen Erinnerungen das

eine oder andere Grundrecht aus dem Grundgesetz aufzuzählen, sondern die Funktion der Grundrechte als Ganze zu verstehen. Legen Sie bitte das Buch jetzt zur Seite und versuchen Sie, Grundrechte zu bestimmen. Es lohnt bestimmt, wenn Sie Ihre Gedanken stichwortartig auf Papier notierren. Wenn Sie nach wenigen Minuten feststellen, dass Sie keine befriedigende Vorstellung zur Funktion von „Grundrechten" zu Papier bekommen, dann haben Sie sich gerade selbst ebenfalls klargemacht, dass Sie auch noch kein hinreichend klares Verständnis von Datenschutz haben können. Versuchen Sie bitte im Prozess der Beantwortung dieser Frage, die Grundrechte von Menschenrechten einerseits und von Bürgerrechten andererseits zu unterscheiden.

Artikel 2 Abs. 1 stellt auf den sachlichen Anwendungsbereich der DSGVO ab, der klärt, dass sich die DSGVO nicht nur auf die durch IT automatisierte Verarbeitung personenbezogener Daten erstrecken soll. In Abs. 2 wird außerdem geklärt, in welchen Konstellationen die DSGVO keine Anwendung finden soll, nämlich wenn Daten durch natürliche Personen zur Ausübung ausschließlich persönlicher oder familiärer Tätigkeiten verarbeitet werden. Das wird in der Kommentarliteratur zum Datenschutz als „Familienprivileg" bezeichnet.

Auch Artikel 3, in dem der „räumliche Anwendungsbereich" abgesteckt wird, nimmt Bezug auf Verarbeitung, „(…) soweit diese im Rahmen der Tätigkeiten einer Niederlassung eines Verantwortlichen oder eines Auftragverarbeiters in der Union erfolgt, (…)."

Hier ist zunächst der Begriff der „Niederlassung" zentral. Als Niederlassung werden bspw. Behörden, Unternehmen, Forschungsinstitute, (Hoch-)Schulen, Krankenhäuser, Gefängnisse, freie Vereinigungen bezeichnet, die man soziologisch klarer als „Organisationen" bezeichnen sollte. Es sind diese Organisationen, die mit Hilfe personenbezogener Daten in die Grundrechte und Grundfreiheiten von Personen eingreifen. Verantwortlich für die Intensität dieser Eingriffe ist „der Verantwortliche". Generell sind Verantwortliche gehalten, in die Grundrechte von Personen in einem nur unbedingt erforderlichen Maße einzugreifen. Die DSGVO hilft in der Praxis, das verantwortbare Maß für den Eingriff zu bestimmen. Letzteres bemessen Datenschutz-Anwälte, die die Interessen der Organisationen vertreten, gemeinhin anders als echte Datenschützer*innen, die den Schutz der betroffenen Personen in den Vordergrund stellen.

Nimmt man die ersten drei Artikel der DSGVO gemeinsam in den Blick, stellt man fest, dass vor allem die *Verarbeitung* personenbezogener (genauer: personenbeziehbarer) Daten durch Organisationen betont wird. Das heißt auch, dass Datenverarbeitungen nur unmittelbar zwischen Personen oder nur unmittelbar zwischen Organisationen nicht von den Regelungen der DSGVO erfasst werden sollen. Datenschutz nimmt die strukturelle Machtasymmetrie zwischen Organisationen und Personen in den Blick und fordert zu deren fairen Gestaltung auf. Das Vorhandensein personenbezogener Daten ist der Anlass, dass die DSGVO als Regelwerk heranzuziehen ist.

Der Artikel 4 ist umfangreich, aber einfach und nützlich, denn darin werden 24 „Begriffe" bestimmt, darunter die eingangs genannten zentralen Begriffe „personenbezogene Daten" (Abs. 1), „Verarbeitung" (Abs. 2) sowie „Verantwortlicher" (Abs. 7). Auf diese drei soll kurz eingegangen werden:

Die Bestimmung zu „personenbezogene Daten" ist weit gefasst. Diese bezeichnet

> Informationen, die sich auf eine identifizierte oder identifizierbare natürliche Person (im Folgenden 'betroffene Person') beziehen; als identifizierbar wird eine natürliche Person angesehen, die direkt oder indirekt, insbesondere mittels Zuordnung zu einer Kennung wie einem Namen, zu einer Kennnummer, zu Standortdaten, zu einer Online-Kennung oder zu einem oder mehreren besonderen Merkmalen, die Ausdruck der physischen, physiologischen, genetischen, psychischen, wirtschaftlichen, kulturellen, oder sozialen Identität dieser natürlichen Person sind, identifiziert werden kann; (…) (Art. 4 Abs. 1 DSGVO).

Der Aspekt der „Identifizierbarkeit", also die Beachtung der Möglichkeit zur Identifikation, scheint mir hier besonders bedeutsam zu sein.

Der ebenfalls zentrale Begriff der DSGVO „natürliche Personen" wird in der DSGVO nicht eigens definiert, weil das ein generell gut eingeführter Begriff im Recht ist und „reale/natürliche" Personen meint. An Personen werden bestimmte Rollenerwartungen gestellt, mit denen bestimmte Rechte und Pflichten verbunden sind. Diese Rechte und Pflichten sind abhängig von den Formen der Organisationen, mit denen man als Person zu tun hat: Behörden interagieren mit Bürger*innen, Unternehmen interagieren mit Kund*innen, Arzt- und Anwalt-Praxen kennen Patient*innen und Klient*innen, im wissenschaftlichen Kontext sprechen die Vertreter*innen der Biologie und Medizin von „Menschen", in der Philosophie ist vom „Subjekt", in der Soziologie von der „Person" die Rede. Unterschiedliche Organisationen erzeugen somit unterschiedliche Rollen, für die unterschiedliche Daten erforderlich sein können. Es zeigt mangelndes Staatsverständnis und wenig Respekt, wenn bspw. Bürgermeister*innen die Einwohner*innen (Bürger*innen) als „Kunden" ansprechen. „Staatsbürger*innen" sind mehr als nur „Kund*innen".

Die Bestimmung von „Verarbeitung" ist für das SDM besonders wichtig, weshalb hier der Wortlaut des Artikels – dessen Inhalt übrigens weitgehend wortgleich mit dem Artikel 2 lit. b der EU-Datenschutzrichtlinie von 1995 (vgl. EU-Parlament 1995) übereinstimmt, was mir als Beleg für die zentrale Bedeutung eines notwendig hochauflösenden Verständnisses der einzelnen Ketten einer Verarbeitung dient – wiedergegeben wird:

> Im Sinne dieser Verordnung bezeichnet der Ausdruck Verarbeitung jeden mit oder ohne Hilfe automatisierter Verfahren ausgeführten Vorgang oder jede solche Vorgangsreihe im Zusammenhang mit personenbezogenen Daten wie das Erheben, das Erfassen, die Organisation, das Ordnen, die Speicherung, die Anpassung oder Veränderung, das Auslesen, das Abfragen, die Verwendung, die Offenlegung durch Übermittlung, Verbreitung oder eine andere Form der Bereitstellung, den Abgleich oder die Verknüpfung, die Einschränkung, das Löschen oder die Vernichtung; (…) (Art. 4 Abs. 2 DSGVO).

Aufgelistet werden in dieser Bestimmung, wie nun schon mehrfach erwähnt, 14 Verarbeitungsvorgänge, die insgesamt eine „Vorgangsreihe" bilden und deren Anordnung eine grobe Vorstellung von einem Lebenszyklus von personenbezogenen Daten gibt: Von der „Erhebung" über das „Nutzen" bis zum „Löschen".

Aufgabe
Schreiben Sie die 14 Verarbeitungsvorgänge aus Art. 4 Nr. 2 DSGVO bitte untereinander auf ein Papier. Dann versuchen Sie, aus dem Gedächtnis heraus und ohne im vorigen Kapitel zu blättern, diese Verarbeitungen sinnvoll zu wenigen „Phasen" zusammenzuziehen, die jeder vollständige Datenverarbeitungsprozess durchläuft.

Wenn Sie fertig damit sind, blättern Sie in das vorige Kapitel zur Abb. 3.2 zurück, in der diese 14 Verarbeitungsvorgänge auf Verarbeitungsphasen und Verarbeitungsvorgänge abgebildet sind.

Als „Dateisystem" gilt „jede strukturierte Sammlung personenbezogener Daten, die nach bestimmten Kriterien zugänglich sind (…)." Hier wird, trotz des Begriffs, kein Bezug nur zu einem IT-System oder einer Automatisierung genommen. Eine Sammlung besteht demnach aus mindestens zwei Daten, die mit einer Ordnungsfähigkeit von mindestens zwei Kriterien zugänglich sind.

Der „Verantwortliche" wird in Art. 4 Abs. 7 als der- oder diejenige in einer Organisation bestimmt, der oder die über die „Zwecke und Mittel für die Verarbeitung" entscheidet. In Unternehmen ist das die Geschäftsführung, in einer Kommune ist das die Bürgermeisterin oder der Bürgermeister, im Kreis der Landrat oder die Landrätin, in einem Bundesland sind es die Minister*innen und deren Präsident*innen. Alle anderen Mitarbeiter*innen sind in diesem Sinne nicht verantwortlich, sondern zuständig. Bei einer Verarbeitung, in der Aktivitäten über mehrere Organisationsgrenzen hinweg verkettet sind, – im Bereich der öffentlichen Verwaltung ist das eine häufig anzutreffende Konstellation –, können Verantwortlichkeiten auch verteilt festgelegt werden.

Anmerkungen zu „Grundsätzen" (Art. 5 bis Art. 10)

Artikel 5 bildet mit den „Grundsätzen" das *normative Gravitationszentrum* der DSGVO. Ich möchte zum Einen den *Zweckbindungsgrundsatz* herausheben, wonach für jedes Datum der Verarbeitungszweck konkret festgelegt werden muss, um die Rechtmäßigkeit der Verarbeitung prüfbar zu machen. Zum Zweiten möchte ich auf den aus dem Zivilrecht übernommenen Grundsatz des „Treu und Glauben" aufmerksam machen, den man im Sinne von „fair" interpretieren sollte. Im Unterschied zu den beiden Grundsätzen der Rechtmäßigkeit und Transparenz in Art. 5 Abs. 1 lit. a wurde der Grundsatz von Treu und Glauben nicht in einem Folgeartikel spezifiziert. Das kann man als formale „Lücke" interpretieren, wonach sich der Gesetzgeber vor einer näheren Bestimmung von Fairness gedrückt hat. Man kann aber auch der Auffassung sein, dass der „gesamte Rest" der Bestimmungen der DSGVO vor allem die Funktion hat, ein faires Verhältnis zwischen Organisationen und Personen herzustellen.

Das SDM bezieht sich auf diese Grundsätze und reformuliert sie als *Gewährleistungsziele*. Aufgrund der besonderen Bedeutung des Art. 5 für das SDM, soll hier der volle Gesetzeswortlaut übernommen werden für die Fälle, in denen nur dieses Buch aber keine DSGVO zur Hand ist. Weitergehende Erläuterungen zu den Grundsätzen im Kontext des SDM erfolgen im nachfolgenden Kapitel zu den Gewährleistungszielen (s. Kap. 5).

Artikel 5

Grundsätze für die Verarbeitung personenbezogener Daten

(1) Personenbezogene Daten müssen

a) auf rechtmäßige Weise, nach Treu und Glauben und in einer für die betroffene Person nachvollziehbaren Weise verarbeitet werden („Rechtmäßigkeit, Verarbeitung nach Treu und Glauben, Transparenz");

b) für festgelegte, eindeutige und legitime Zwecke erhoben werden und dürfen nicht in einer mit diesen Zwecken nicht zu vereinbarenden Weise weiterverarbeitet werden; eine Weiterverarbeitung für im öffentlichen Interesse liegende Archivzwecke, für wissenschaftliche oder historische Forschungszwecke oder für statistische Zwecke gilt gemäß Artikel 89 Absatz 1 nicht als unvereinbar mit den ursprünglichen Zwecken („Zweckbindung");

c) dem Zweck angemessen und erheblich sowie auf das für die Zwecke der Verarbeitung notwendige Maß beschränkt sein („Datenminimierung");

d) sachlich richtig und erforderlichenfalls auf dem neuesten Stand sein; es sind alle angemessenen Maßnahmen zu treffen, damit personenbezogene Daten, die im Hinblick auf die Zwecke ihrer Verarbeitung unrichtig sind, unverzüglich gelöscht oder berichtigt werden („Richtigkeit");

e) in einer Form gespeichert werden, die die Identifizierung der betroffenen Personen nur so lange ermöglicht, wie es für die Zwecke, für die sie verarbeitet werden, erforderlich ist; personenbezogene Daten dürfen länger gespeichert werden, soweit die personenbezogenen Daten vorbehaltlich der Durchführung geeigneter technischer und organisatorischer Maßnahmen, die von dieser Verordnung zum Schutz der Rechte und Freiheiten der betroffenen Person gefordert werden, ausschließlich für im öffentlichen Interesse liegende Archivzwecke oder für wissenschaftliche und historische Forschungszwecke oder für statistische Zwecke gemäß Artikel 89 Absatz 1 verarbeitet werden („Speicherbegrenzung");

f) in einer Weise verarbeitet werden, die eine angemessene Sicherheit der personenbezogenen Daten gewährleistet, einschließlich Schutz vor unbefugter oder unrechtmäßiger Verarbeitung und vor unbeabsichtigtem Verlust, unbeabsichtigter Zerstörung oder unbeabsichtigter Schädigung durch geeignete technische und organisatorische Maßnahmen („Integrität und Vertraulichkeit");

(2) Der Verantwortliche ist für die Einhaltung des Absatzes 1 verantwortlich und muss dessen Einhaltung nachweisen können („Rechenschaftspflicht").

Es ist insbesondere die „Rechenschaftspflicht" aus Artikel 5 Abs. 2, die verlangt, dass Verarbeitungsprozesse einer Verarbeitung so hochauflösend zu spezifizieren, zu dokumentieren und zu protokollieren sind, dass eine sachverständige Prüfinstanz, wie bspw. eine Datenschutzaufsichtsbehörde, die Rechtskonformität der gesamten Verarbeitungen hinsichtlich der Intensität des Grundrechtseingriffs und der zu ergreifenden Schutzmaßnahmen beurteilen kann.

Aufgabe

Unterstreichen Sie in dem vollständigen Wortlaut des Art. 5 DSGVO diejenigen Grundsätze, zu deren Umsetzung Ihnen Maßnahmen einfallen. Beispiel: Art. 5 Abs. 1 lit a verlangt „Transparenz". Welche technisch-organisatorischen Maßnahmen zur Umsetzung des Grundsatzes „Verarbeitungstätigkeiten müssen transparent gemacht werden können" fallen Ihnen ein?

Artikel 6 ist angelegt als ein „Verbot mit Regelungsvorbehalt" und bildet den *regelungstechnischen Anker* der DSGVO. Dieses Verbot besagt nämlich, dass Organisationen keine personenbezogenen Daten verarbeiten dürfen.

Basta!

Es sei denn … dass die Organisation bzw. der für sie Verantwortliche eine Erlaubnis in Form einer Rechtsgrundlage zur Verarbeitung vorweisen kann und im Weiteren in der Lage ist, den gesamten Anforderungen der DSGVO nachweislich zu genügen. Das bedeutet konkret: Behörden bedürfen gesetzlicher Regelungen; fehlen diese, muss durch eine Partei bzw. das Parlament eine Gesetzesinitiative auf den Weg gebracht werden. Unternehmen nutzen als Rechtsgrundlage mit den betroffenen Personen vielfach Verträge oder Einwilligungen, um sich ihre Verarbeitung personenbezogener Daten absegnen zu lassen. Forschungsinstitute berufen sich sowohl auf Gesetze als auch auf Einwilligungen und Verträge (bspw. für medizinische Behandlungen). Insbesondere globale Unternehmen behaupten gern, ein „berechtigtes Interesse" (Art. 6 Abs. 1 lit f) beanspruchen zu dürfen. Dann kann es mitunter zehn Jahre und mehr dauern, bis ein Gericht endgültig urteilt, dass die Rechtsgrundlage „berechtigtes Interesse" nicht trägt. Diese Regelungsstrategie des Verbots mit Regelungsvorbehalt – man spricht vielfach auch vom „Verbot mit Erlaubnisvorbehalt" –, nämlich die Datenverarbeitung personenbezogener Daten grundsätzlich zu verbieten, entspricht der Regelungsstrategie einer Firewall, über die Rechner gesichert an das Internet angeschlossen werden. In einer Firewall werden zunächst alle Ports, über die eine Verbindung in oder aus dem Internet aufgebaut wird, geschlossen („deny all"). Anschließend werden die Ports für die verschiedenen Protokolle ausgewählt, die für Dienste wie Mail, Datenbanken, Authentisierungen genutzt werden sollen. Dieses Verbot der Verarbeitung auf normativer und technischer Ebene ist eine Voraussetzung dafür, um diese Prozesse kontrollierbar, prüfbar bzw. steuerbar und insgesamt „beherrschbar" zu machen. Dieses Verbotsprinzip ist allerdings gar nicht so etwas singulär Herausragendes, zu dem es von Datenschutzgegnern gern gemacht wird (vgl. A. Roßnagel 2019).

Im Artikel 7 werden Voraussetzungen zusammengestellt, unter denen eine Organisation, zumeist trifft das nur auf Unternehmen zu, eine „Einwilligung" als Rechtsgrundlage für die Verarbeitung personenbezogener Daten nutzen darf. Diejenigen, die von der Einwilligung als einem Regelungsinstrument überzeugt sind, weil sich darin die Souveränität von Personen ja augenfällig ausdrücke, weisen gern darauf hin, dass in dem Wort Einwilligung der „Wille" zum Ausdruck kommt. Eine Einwilligung ist eine besondere Form eines Vertrags, in der alle wesentlichen Aspekte von einer beteiligten Seite festgelegt sind, und die andere beteiligte Seite nur zustimmen oder ablehnen kann. Einwilligungen werden genutzt, wenn es „schnell" gehen muss und realistisch keine langen wechselseitigen Prüfungsphasen auf Fairness zugestanden werden können. Deshalb sind die operativen Anforderungen an Einwilligungen anspruchsvoll: Der Verantwortliche muss nachweisen, dass eine Einwilligung vorlag; der Erklärtext zum Sachverhalt muss verständlich sein und die Einwilligung muss jederzeit widerrufen werden können, wobei der Widerruf so leicht wie die Erteilung durchführbar sein muss. Das heißt: Eine Einwilligung muss einige Anforderungen erfüllen, um eine rechtliche Wirksamkeit beanspruchen zu können.

> (Der Ausdruck) Einwilligung der betroffenen Person (bezeichnet) jede freiwillig für den bestimmten Fall, in informierter Weise und unmissverständlich abgegebene Willensbekundung in Form einer Erklärung oder einer sonstigen eindeutigen bestätigenden Handlung, mit der die betroffene Person zu verstehen gibt, dass sie mit der Verarbeitung der sie betreffenden personenbezogenen Daten einverstanden ist; (…) (Art. 4 Abs. 11 DSGVO).

Einwilligungen, von denen aus meiner Sicht keine wirksame Grundschutzwirkung für Betroffene ausgeht, weil sie auf eine ganze Reihe von puren Fiktionen angewiesen ist (vgl. Kamp und Rost 2013), werden von Unternehmen gern als eine „billige Form" der Bildung einer Rechtsgrundlage genutzt. Diese Auffassung ist aber falsch, allein weil die Leichtigkeit des Erteilens durch eine ebensolche Leichtigkeit des Zurückziehendürfens dazu führt, dass Einwilligungen operativ aufwändig verwaltet werden müssen. Zum Durchdringen der verschiedenen Facetten des Regelungsinstruments der Einwilligung empfehle ich die Lektüre eines Kommentars der Bayerischen Datenschutzaufsicht zur Einwilligung (vgl. LfD-Bayern 2021).

Am Artikel 9 ist das Untersagen der Verarbeitung besonderer Kategorien von personenbezogenen Daten wesentlich, die man landläufig als Sammlung besonders sensibler Daten bezeichnet. Im 2. Abschnitt folgen lange komplizierte Ausführungen darüber, unter welchen Bedingungen die Verarbeitung dieser Daten ausnahmsweise dann doch erlaubt ist. Im operativen Datenschutz wird Artikel 9 mit den konkret aufgelisteten Datentypen so interpretiert, dass deren Verarbeitung mit einem hohen Risiko für die betroffenen Personen verbunden ist und diese somit die Durchführung einer DSFA nach Art. 35 auslöst. Einen Blick in den Artikel 9 zu werfen, ist demnach eine besonders leicht zu bewältigende Form einer Schwellwertanalyse, um die Risikostufe der Verarbeitungstätigkeit zu bestimmen (s. Kap. 4). Ist ein zu verarbeitendes Datum hier gelistet, ist die Wahrscheinlichkeit hoch, dass das Risiko der Verarbeitung als „hoch" einzustufen ist.

Anmerkungen zu „Rechte der betroffenen Person" (Art. 12 bis Art. 22)
Die Betroffenenrechte in der DSGVO in den Artikeln 12 bis 22 sind wünschenswert konkret formuliert, da braucht es nur wenig zusätzliche Hilfe durch eine Modellierungstransformation. Diese Anforderungen an Verarbeitungen der Organisationen müssen Entwickler von Verarbeitungstätigkeiten schlicht durchlesen und die dort aufgeführten Anweisungen unmittelbar technisch umsetzen.

Bei jeder Verarbeitung, eben auch bei diesen in Bezug auf Erfüllung der Betroffenenrechte, ist darauf zu achten, dass Verarbeitungen den Grundsätzen aus Art. 5 genügen. Das heißt, dass in der Regel diese Prozesse zur Umsetzung der Betroffenenrechte zu spezifizieren, zu dokumentieren und zu protokollieren sind (gem. Art. 5 Nr. 1 lit. a „Transparenz"), um den Nachweis der DSGVO-Konformität insbesondere mit diesen Grundsätzen der Rechtmäßigkeit, der Fairness, der Sicherung der Zweckbindung, der Vertraulichkeit usw. erbringen zu können.

Art. 12 gibt im Wesentlichen einen Überblick über die Artikel 13 bis 22 und zieht insbesondere die Form von Auskünften, die Organisationen erteilen müssen, vor die Klammer. Art. 13 bestimmt die Informationspflichten, wenn Organisationen Daten direkt bei einer Person erheben. Art. 14 macht gleiches, wenn die Daten nicht direkt bei einer Person erhoben werden. Art. 15 listet die Auskunftsrechte auf, die eine Person gegenüber einer Organisation geltend machen kann. Anschließend sind die Rechte einer Person auf Berichtigung (Art. 16), auf Löschung (Art. 17) und auf Einschränkung der Verarbeitung (Art. 18) auf Seiten der Organisation geregelt. Art. 19 regelt die Mitteilungspflicht der Organisation, wenn Daten berichtigt, gelöscht oder eingeschränkt wurden oder die Nachberichtspflicht an Stellen, denen personenbezogene Daten übermittelt wurden. Art. 20 enthält das Recht für Personen auf Datenübertragbarkeit: Eine Organisation muss freiwillig bereitgestellte Daten einer Person in einem maschinenlesbaren Format einer anderen Organisation zur Verfügung stellen können. Art. 21 gibt Personen das Recht und regelt die Bedingungen und Formen, mit denen eine Person einer Verarbeitung widersprechen darf. Schließlich ist noch der Art. 22 zu nennen, der als „Künstliche-Intelligenz-Artikel" automatisierte Entscheidungen im Einzelfall sowie das Ansammeln von Eigenschaften von Personen („Profiling") regelt.

Auf Art. 18 und die Einschränkung der Verarbeitung soll kurz noch eingegangen werden, weil dieser Artikel in der Praxis erfahrungsgemäß, im Unterschied zu den anderen Artikeln, keine Beachtung findet. Die Verarbeitung muss eingeschränkt werden, wenn

(a) die Richtigkeit der personenbezogenen Daten von der betroffenen Person bestritten wird, und zwar für eine Dauer, die es dem Verantwortlichen ermöglicht, die Richtigkeit der personenbezogenen Daten zu überprüfen,

(b) die Verarbeitung unrechtmäßig ist und die betroffene Person die Löschung der personenbezogenen Daten ablehnt und stattdessen die Einschränkung der Nutzung der personenbezogenen Daten verlangt,

(c) der Verantwortliche die personenbezogenen Daten für die Zwecke der Verarbeitung nicht länger benötigt, die betroffene Person sie jedoch zur Geltendmachung, Ausübung oder Verteidigung von Rechtsansprüchen benötigt oder

(d) die betroffene Person Widerspruch gegen die Verarbeitung gemäß Art. 21 Abs. 1 DS-GVO eingelegt hat, solange noch nicht feststeht, ob die berechtigten Gründe des Verantwortlichen gegenüber denen der betroffenen Person überwiegen (Art. 18 DSGVO).

Das SDM nimmt diese direkt umsetzbaren Anforderungen der Betroffenenrechte im Teil B des Methodik-Handbuches auf. Für die Umsetzung in die Praxis hilfreich sind außerdem die Erläuterungen der Broschüre zur DSGVO und zum BDSG „Info 1" des BfDI, in denen bspw. auch die Ausnahmen aufgeführt sind, die Organisationen bzgl. der Umsetzung der Betroffenenrechte machen dürfen (vgl. BfDI 2020).

Aufgabe
Nehmen Sie sich bitte die empfohlene Publikation des BfDI zur DSGVO vor, schlagen Sie darin die Tabelle im Kapitel „4.1.1" auf S. 49 auf und denken Sie darüber nach, ob die Organisation, für die Sie arbeiten, in der Lage ist, diesen Aufkunftspflichten gegenüber ihren Bürger*innen, Kund*innen, Patient*innen in der Praxis mit IT-Unterstützung nachzukommen.

Anmerkungen zu „Verantwortlicher und Auftragsverarbeiter" (Art. 24 bis Art. 35)
Die Artikel mit den „Pflichten der Verarbeiter" bilden das *Gestaltungszentrum* der DSGVO in Bezug auf personenbezogene Verarbeitungen der Organisationen. Hier werden die Anforderungen an eine grundrechtskonforme Ausgestaltung einer Verarbeitung sowie Anforderungen an den Betrieb und das Controlling von TOM formuliert. Diese zwei Aspekte sind bei der Gestaltung einer Verarbeitung auseinanderzuhalten: Die Verarbeitung muss bereits in ihrer funktionalen Ausgestaltung legitim und rechtskonform konzipiert sein; darüber hinaus müssen zusätzlich TOM getroffen werden, deren Funktion es ist, die aus den Grundsätzen abgeleiteten Risiken der Verarbeitung zu minimieren. Es gibt relevante Rechtsauffassungen, die argumentieren, dass Verarbeitungen am Rande der Legitimation dadurch rechtskonform betrieben werden können, wenn es keinen Zweifel an der Vollständigkeit,

der Wirksamkeit und der leistungsfähigen Überwachung sämtlicher von der DSGVO geforderten Schutzmaßnahmen gibt. Dies wird absehbar bei Verarbeitungen mit leistungsfähiger KI-Assistenz eine Rolle spielen.

Der Art. 24 enthält die „Risikoformel" der DSGVO. Auf diese Formel wird Bezug genommen werden, weshalb dieser Artikel im Gesetzeswortlaut wiedergegeben wird.

Artikel 24
Verantwortung des für die Verarbeitung Verantwortlichen

(1) Der Verantwortliche setzt unter Berücksichtigung der Art, des Umfangs, der Umstände und der Zwecke der Verarbeitung sowie der unterschiedlichen Eintrittswahrscheinlichkeit und Schwere der Risiken für die Rechte und Freiheiten natürlicher Personen geeignete technische und organisatorische Maßnahmen um, um sicherzustellen und den Nachweis dafür erbringen zu können, dass die Verarbeitung gemäß dieser Verordnung erfolgt. Diese Maßnahmen werden erforderlichenfalls überprüft und aktualisiert.

(2) Sofern dies in einem angemessenen Verhältnis zu den Verarbeitungstätigkeiten steht, müssen die Maßnahmen gemäß Absatz 1 die Anwendung geeigneter Datenschutzvorkehrungen durch den Verantwortlichen umfassen.

(3) Die Einhaltung der genehmigten Verhaltensregeln gemäß Artikel 40 oder eines genehmigten Zertifizierungsverfahrens gemäß Artikel 42 kann als Gesichtspunkt herangezogen werden, um die Erfüllung der Pflichten des Verantwortlichen nachzuweisen.

Es wird im Gesetzestext klar ersichtlich nicht der Wortlaut der klassischen betriebswirtschaftlichen Risikoformel „Risiko = Eintrittswahrscheinlichkeit x Höhe des Schadens" genutzt. Vielmehr lautet die Formulierung, dass die „Schwere der Risiken für die Rechte und Freiheiten natürlicher Personen" mit einer Wahrscheinlichkeit für dessen Eintreffen in die rechtliche Abwägung einfließen soll. Diese „Schwere der Risiken" ist nicht das Ergebnis des Kalküls, sondern sie muss vorher in Form einer Prüfung der Eingriffsintensität der Verarbeitung festgestellt werden.

Wenn man sich die Definition des Datenschutzes vergegenwärtigt, dann besteht das wesentliche Risiko im Datenschutz darin, dass eine Organisation den Eingriff in die Grundrechte und Grundfreiheiten nicht angemessen milde gestaltet, mit denen sie bei den betroffenen Personen durch ihre Verarbeitungen eingreift. Von der DSGVO wird vielfach gesagt, sie enthalte einen „risikobasierten Ansatz", was einige gewiefte Jurist*innen, die Organisationen in Datenschutzkonflikten vertreten, nutzen, um eher auf (geringe) zivilrechtliche Schäden von Personen abzustellen und den Grundrechtsbezug dadurch aus dem Blick zu nehmen. Auf solche Manöver wie – „Es ist doch gar kein Schaden entstanden!" – können unerfahrene DSBe leicht hereinfallen. Der Schaden besteht darin, dass ein nicht erforderlicher, zu intensiver Grundrechtseingriff vorliegt. Und das Risiko besteht dann darin, dass dieser Schaden nicht entdeckt, nicht thematisiert und dann auch nicht behandelt wird. Das Risikokapitel wird dieses Thema vertiefen (s. Kap. 6).

Der Artikel 25 fordert im Wesentlichen die Beachtung des Grundsatzes des „Datenschutzes durch Design", der bereits Mitte der 1990er Jahre von der Kanadischen Datenschutzbeauftragten Ann Cavoukian unter dem Schlagwort „Privacy by Design" aufgebracht und dann kontinuierlich zu den „sieben Grundprinzipien" ausgebaut wurde (s. Cavoukian 2011); eine besonders gründliche Kommentierung dieses für die operative Umsetzung des Datenschutzes besonders bedeutsamen Artikels findet sich bei Hansen (s. Simitis et al. 2024, „Artikel 25 Datenschutz durch Technikgestaltung und durch datenschutzfreundliche Voreinstellungen"). Den reichhaltigen Diskussionen um PET ab Mitte der 1990er Jahre kommt der wichtige Verdienst zu, das notorisch datenschutzunfreundliche Image von (IT-)Technik ganz allgemein gewandelt zu haben und die Möglichkeiten datenschutzunterstützenden Techniken in den Blick zu rücken (vgl. Borking 2003). Allerdings gilt es zugleich, die Verengung auf Technik wiederum zu lösen und ebenso „Organisation" mit einzubeziehen, wie bereits 2010 die „Privacy by Design Resolution" feststellte (vgl. ICDPPC, Resolution on Privacy by Design, 32nd International Conference of Data Protection and Privacy Commissioners Jerusalem, Israel 27–29 October, 2010.). Marit Hansen geht noch einen Schritt weiter und stellt zutreffend fest:

> Man beachte, dass das Wort „Technik" in den meisten Sprachfassungen der DS-GVO nicht Bestandteil der Überschrift des Artikel 25 DS-GVO ist. Es geht um die Gestaltung der Verarbeitung personenbezogener Daten insgesamt - nicht nur um Technik. Insoweit knüpft die deutsche Fassung zwar an die früheren Diskussionen und Veröffentlichungen unter dem Motto „Datenschutz durch Technik" an, aber es führt in die Irre, wenn man meint, dass „Datenschutz durch Technikgestaltung" nicht auch organisatorische Maßnahmen umfassen soll. Richtiger wäre also eine Überschrift „Datenschutz durch Gestaltung […]" gewesen (s. Simitis et al. 2024, Abschn. 5.3.2).

Die DSGVO verlangt, dass eine Verarbeitung bereits in ihrer Standardkonfiguration datenschutzgerecht eingerichtet bzw. betrieben werden kann. Eine Verarbeitung kann diese Anforderungen nur erfüllen, wenn die dafür verwendeten technischen Komponenten ebenfalls datenschutzgerecht konfigurierbar bzw. konfiguriert sind. Die Anforderungen an die einzelne Verarbeitung strahlen dabei auf die gesamte, von der Organisation betriebene und vom Verantwortlichen zu verantwortende, Technik bzw. Infrastruktur aus. Der Art. 25 verwendet zur Regelung die schon in Art. 24 genutzt Risikoformel und die vier zu beachtenden Aspekte. Zusätzlich soll der „Stand der Technik" und dürfen die „Implementierungskosten" bei der konkreten Umsetzung der Verarbeitungen beachtet werden, unter der Voraussetzung, dass die Rechtskonformität gegeben ist. Hohe Implementierungskosten für Datenschutzmaßnahmen dürfen nicht als K.-o.-Kriterium zu deren Nichtumsetzung herangezogen werden.

Wie ist der „Stand der Technik", der auch im Art. 32 DSGVO als Maßstab herangezogen wird, zu interpretieren? Dazu hat sich das European Data Protection Board (EDPB) mit Verweis auf Rechtsvorschriften im Umweltschutz und der Produktsicherheit geäußert. Hiernach besteht für Verantwortliche die Pflicht, sich bzgl. des technischen Fortschritts auf dem Laufenden zu halten und „den gegenwärtigen technischen Fortschritt auf dem Markt zu berücksichtigen", wobei der Stand der Technik „nicht zu einem bestimmten Zeitpunkt statisch definiert werden kann, sondern kontinuierlich entsprechend dem technischen Fortschritt beurteilt werden sollte". Und: „Das Kriterium 'Stand der Technik' gilt nicht nur für technische Maßnahmen, sondern auch für organisatorische. Das Fehlen geeigneter organisatorischer Maßnahmen kann die Wirksamkeit einer gewählten Technologie mindern oder vollständig unterminieren." (EDPB 2020, S. 9)

Die Verantwortung für eine Verarbeitung kann, das ist im Art. 26 geregelt, auf mehrere Schultern im Sinne einer „gemeinsamen Verantwortung" verteilt werden. Eine typische Aufteilung besteht darin, dass eine übergeordnete Instanz – ein Ministerium, ein Konzernsitz, ein Präsidium einer Hochschule – eine übergreifende IT-Infrastruktur, typisch in Form eines Rechenzentrums, in Verantwortung betreibt, die die nachgeordneten Instanzen – nachrangige Behörden, Filialen, Institute – dann benutzen. Die nachgeordneten Instanzen sind verantwortlich für die Inhalte, also für die Verarbeitung der Daten auf der fachlogischen Ebene. Nicht immer eindeutig geregelt ist in diesen Konstellationen die Administration der verwendeten Fachapplikationen auf der Ebene der Sachbearbeitung. Hier muss geregelt werden, ob die PCs, Drucker und lokalen Netzinfrastrukturen der nachrangigen, lokalen Instanzen vor Ort administriert werden – das ist eine typische Regelung –, oder ob für die gesamte IT-Administration ebenfalls die übergeordnete Instanz zuständig und verantwortlich ist, mit entsprechenden Übernahmen der Administrationsfunktionen. Man kann insofern zwei Varianten unterscheiden: Variante 1 umfasst „echte" gemeinsame Entscheidungen; Variante 2 sieht ergänzende Entscheidungen mehrerer Akteure vor. Für betroffene Personen wesentlich ist, dass beide Beteiligte als Verantwortliche auftreten, an die sich betroffene Personen im Grundsatz beliebig wenden können.

> Legen zwei oder mehr Verantwortliche gemeinsam die Zwecke der und die Mittel zur Verarbeitung fest, so sind sie gemeinsam Verantwortliche. Sie legen in einer Vereinbarung in transparenter Form fest, wer von ihnen welche Verpflichtung gemäß dieser Verordnung erfüllt, insbesondere was die Wahrnehmung der Rechte der betroffenen Person angeht, und wer welchen Informationspflichten gemäß den Artikeln 13 und 14 nachkommt, sofern und soweit die jeweiligen Aufgaben der Verantwortlichen nicht durch Rechtsvorschriften der Union oder der Mitgliedstaaten, denen die Verantwortlichen unterliegen, festgelegt sind. In der Vereinbarung kann eine Anlaufstelle für die betroffenen Personen angegeben werden.
>
> Die Vereinbarung gemäß Absatz 1 muss die jeweiligen tatsächlichen Funktionen und Beziehungen der gemeinsam Verantwortlichen gegenüber betroffenen Personen gebührend widerspiegeln. Das Wesentliche der Vereinbarung wird der betroffenen Person zur Verfügung gestellt.
>
> Ungeachtet der Einzelheiten der Vereinbarung gemäß Absatz 1 kann die betroffene Person ihre Rechte im Rahmen dieser Verordnung bei und gegenüber jedem einzelnen der Verantwortlichen geltend machen (Art. 26 DSGVO).

Der Artikel 30 verlangt von Organisationen, ein „Verzeichnis der Verarbeitungstätigkeiten" anzulegen, also eine Art „Inventurliste der Verarbeitungen" zu führen. Genannt werden dort u. a.:

- Namen und Kontaktdaten des Verantwortlichen, des Vertreters sowie des Datenschutzbeauftragten,
- die Zwecke der Verarbeitung,

- eine Beschreibung der Kategorien betroffener Personen, personenbezogener Daten und Empfänger sowie ggfs. die Übermittlungen von personenbezogenen Daten an ein Drittland oder an eine internationale Organisation,
- die vorgesehenen Fristen für die Löschung,
- eine allgemeine Beschreibung der technischen und organisatorischen Maßnahmen gemäß Art. 32 Abs. 1 DS-GVO.

Die Anforderungen dieses Artikels sind konkret formuliert und überwiegend, wie bspw. die Angabe der „Kontaktdaten des Verantwortlichen" oder der „Kategorien personenbezogener Daten", leicht zu erfüllen. Etwas anspruchsvoller ist dagegen die Anforderung, den „Zweck der Verarbeitung" festzulegen. Der Ausweis des Zwecks ist die Voraussetzung dafür, um Verarbeitungen unterscheiden und dann auch unterschiedlich datenschützerisch sichern zu können. Das Ergebnis der Abarbeitung der Anforderungen des Artikels 30 erzeugt am Ende allein noch keine Dokumentation der Verarbeitung; es handelt sich nur um eine Inventarisierung der personenbezogenen Verarbeitungen. Von einer Dokumentation einer Verarbeitung ist viel mehr zu verlangen, nämlich dass sie eine Prüfbarkeit einer Verarbeitung vor Ort zu einem beliebigen Zeitpunkt – für jede Phase und für jede verwendete IT-Komponente auf einem prinzipiell beliebigen Grad der Detaillierung – erlaubt. Art. 30 ist als guter Anker für die Dokumentationen der Verarbeitungstätigkeiten geeignet. Viele Organisationen handhaben es so, dass sie das Verzeichnis der Verarbeitungstätigkeit im Sinne eines „VerarbeitungsverzeichnisPlus" anlegen, mit zusätzlichen Verweisen auf die Rechtsgrundlagen (Gesetze, Verträge, Einwilligungen, Betriebsvereinbarung), auf die Verarbeitungsdokumentationen, auf die Regelungen mit den Auftragsverarbeitern sowie auf die Schwellwertanalyse zur Bestimmung der Risikostufe.

> **Aufgabe**
> Gehen Sie bitte im Geiste einmal die Verarbeitungen Ihrer Organisation durch. Ziehen Sie zur Unterscheidung der Verarbeitungen, als groben Anhalt, die Abteilungen oder Referate heran und bezeichnen Sie deren Geschäftsprozesse mit einem Schlagwort. Und dann besorgen Sie sich, ggfs. über den DSB Ihrer Organisation, das „Verzeichnis der Verarbeitungstätigkeiten" und vergleichen Sie diese. Sind mit diesem einfachen Abgleich alle Verarbeitungen ihrer Organisation erfasst? Und, wie sehen Sie das: Zählen Datenschutzprüfungen auch zu den im Verzeichnis der Verarbeitungstätigkeiten aufzuführenden Verarbeitungen?

Der Artikel 32 listet Maßnahmen auf, um die „Sicherheit der Verarbeitung" sicherzustellen; im Erwägungsgrund 78 werden einige weitere, etwas konkretere Maßnahmen genannt sowie Hersteller „ermutigt", bei ihren Produkten und Diensten bereits Datenschutzanforderungen zu beachten. Hier wird ein weiteres Mal die Risikoformel aus Art. 24 inkl. der vier zu beachtenden Aspekte verwendet. Dann folgt, in einer etwas beliebig erscheinenden Aufzählung, die Auflistung konkreter Maßnahmen (wie „Pseudonymisierung" und „Verschlüsselung"), vertrauter Schutzziele, wie sie auch in der Informationssicherheit oder IT-Sicherheit als normative Anker verwendet werden (wie „Vertraulichkeit und Integrität"), und mit „Belastbarkeit" ein überraschendes Schutzziel (vgl. Gonscherowski et al. 2018). Mit Hilfe der Maßnahmen soll ein dem „Risiko angemessenes Schutzniveau gewährleistet" werden. Bei einem hohen Risiko für eine Person durch eine Verarbeitung wird von TOM ein ebenfalls hohes Schutzniveau bzw. eine hohe Wirsamkeit verlangt. Der Abschnitt (2) hebt die Risiken durch unbefugte Zugriffe und Verluste noch einmal hervor. Abschnitt (4) fordert vom Verantwortlichen und Auftragsverarbeiter Schritte zu unternehmen, damit natürliche Personen, die in ihrem Weisungsbereich Zugang zu personenbezogene Daten haben, diese Daten nur auf Anweisung des Verantwortlichen verarbeiten.

Auch die Forderung nach einer Methodik wie das SDM findet einen Ankerplatz in diesem Artikel:

Artikel 32
Sicherheit der Verarbeitung
(…); diese Maßnahmen schließen gegebenenfalls unter anderem Folgendes ein:
(…)
d) ein Verfahren zur regelmäßigen Überprüfung, Bewertung und Evaluierung der Wirksamkeit der technischen und organisatorischen Maßnahmen zur Gewährleistung der Sicherheit der Verarbeitung. Art. 32 Abs. 1 lit. d).

Der Artikel 32 DSGVO wird von den meisten Praktiker*innen im Datenschutz als derjenige Artikel begriffen, der auf die Maßnahmen und die Methodik der Informationssicherheit verweist, also bspw. auf den „IT-Grundschutz" des BSI oder die ISO-Standards. Bei einem solchen Verfahren muss es sich, nach „Stand der Technik", letztlich um ein Datenschutzmanagement bzw. Datenschutzmanagementsystem (DSMS) handeln, mit dem methodisch – und das wäre der Ort für die Nutzung des SDM – die Verarbeitungsvorgänge kontrolliert, geprüft, beurteilt und bewertet werden können. Das wäre zugleich auch der Ort der Verankerung eines IT-Sicherheitsmanagementsystems (ISMS) in der DSGVO. Der maßgebliche Unterschied zwischen beiden Managementsystemen besteht nicht in der Verwendung unterschiedlicher Techniken, sondern darin, dass ein DSMS die Sicherheitsinteressen der Betroffenen bedient, während ein ISMS den Sicherheitsinteressen der Organisation dient. Beide Schutzinteressen weisen eine gemeinsame Schnittmenge, aber auch Konflikte auf. Operativer Datenschutz ist selbstverständlich auf gelingende IT-Sicherheit angewiesen, zugleich müssen Schutzmaßnahmen der IT-Sicherheit wiederum DSGVO-konform betrieben werden (siehe die Vertiefung des Thema im Abschn. 9.1).

> **Aufgabe**
> Schreiben Sie bitte die Grundsätze aus Artikel 5 – gruppiert nach den sechs Absätzen
> im Abs. (1) – auf die linke Seite eines Blatt Papiers. Und dann versuchen Sie bitte,
> ob Sie die einzelnen Maßnahmen aus Art. 32 Abs. (1a-d) und (2) diesen Grundsätzen
> zuordnen können. Welchen Gewinn bringt der Art. 32 gegenüber Art. 5 für die Praxis?

Die Artikel 33 und Art. 34 behandeln Fälle, in denen der Schutz personenbezogener Daten
verletzt wurde. Art. 33 regelt die Fristen und Form für die Meldung eines Vorfalls an die
Datenschutzaufsichtsbehörde. Um es mit Konfuzius zu sagen: „Wer einen Fehler gemacht
hat und ihn nicht korrigiert, begeht einen zweiten." Man sollte Art. 33 als einen anlassbe-
zogenen Revisionstrigger („Lernen und Verbessern") auffassen. Der Wert der Erkenntnisse
aus Datenschutzverletzungen ist nicht zu unterschätzen. Man lernt durch die Bearbeitung
die Reichweite und Wirkung von Schutzmaßnahmen einzuschätzen. Und es mag sogar
eine gewisse Übung vermitteln, eine Vorstellung von Eintrittswahrscheinlichkeiten solcher
Schäden zu entwickeln. Diese Verpflichtung zum Melden gehört auch in das Repertoire des
Qualitätsmanagements einer Organisation. Art. 34 regelt die Bedingungen – es muss in der
Regel ein voraussichtlich hohes Risiko für betroffene Personen durch den Vorfall vorliegen
–, die Form und Frist der Meldung des Vorfalls an die davon betroffenen Personen.

Der Artikel 35 stellt die Voraussetzungen und Anforderungen an eine „Datenschutz-
Folgenabschätzung" (DSFA) zusammen. Wenn im Rahmen einer Schwellwertanalyse ein
hohes Grundrechtsrisiko besteht oder ein voraussichtlich hohes Risiko durch eine nachläs-
sig gestaltete Verarbeitung für betroffene Personen entstehen kann, dann muss eine DSFA
durchgeführt werden. Die DSGVO kennt, anders als die IT-Sicherheit, nur zwei Risikostufen: ein normales oder ein hohes Risiko, kein Risiko gibt es im Datenschutz nicht. Eine
DSFA ist durchzuführen bei:

- einem voraussichtlich hohen Risiko für die Rechte und Freiheiten natürlicher Personen;
- Scoring, Profiling, automatisiertem Einzelentscheid, Einsatz neuer (Überwachungs-)
  Techniken, Videoüberwachung des öffentlichen Raumes
- besonders schutzwürdigen Daten.

Die Bestandteile einer DSFA sind:

- Beschreibung der Verarbeitung(stätigkeiten), der Zwecke, der berechtigten Interessen
  sowie eine Bewertung der Notwendigkeit der DV, der Verhältnismäßigkeit und der Risiken für Betroffene;
- Beschreibung der geplanten TOM inkl. Nachweis über deren Wirksamkeit;
- Extern auditierte Verarbeitungen und Audits können als Faktoren Berücksichtigung finden;

- Abs. 10: für Behörden kann eine DSFA im Rahmen des Erlassens von Gesetzen durchgeführt werden;
- Standpunkt der Betroffenen ist einzuholen.

Die Anforderungen an den DSB und den Verantwortlichen sind:

- Der/die Datenschutzbeauftragte ist für die Durchführung der DSFA nicht verantwortlich, es ist auch keine abschließende Beurteilung gefordert.
- Der/die Verantwortliche muss erforderlichenfalls den (geplanten) Betrieb der Verarbeitung gemäß den Ergebnissen der DSFA prüfen und bewerten.

Im Abschn. 8.3 wird dargelegt, inwieweit das SDM bei der Durchführung einer DSFA gemäß Art. 35 DSGVO genutzt werden kann; im Abschn. 6.2 wird die Durchführung einer Schwellwertanalye zur Bestimmung der Risikostufe gezeigt.

Diese grobe Auswahl der in grober Auflösung vorgestellten Artikel der DSGVO bildet die Mindestmenge an rechtlichen Orientierungen für die Prüf- und Beratungspraxis, um das SDM nutzen zu können.

Es bedarf darüber hinaus nicht nur der Lektüre des genauen Wortlauts der oben knapp angerissenen Artikel der DSGVO – sowie aller weiteren Artikel insbesondere der ersten Hälfte der DSGVO –, sondern auch des ständigen Austauschs anhand konkreter Fälle mit den juristisch ausgebildeten Kolleg*innen. Wichtige Themen aus der Praxis, wie bspw. das Melden von Datenschutzverstößen, die Regelungen zur Auftragsverarbeitung nach Artikel 28 DSGVO oder Regelungen zu Datentransfers in Drittstaaten, müssen beachtet und umgesetzt werden. Dass diese Artikel hier nur genannt werden, liegt darin begründet, dass das SDM zwar einen systematischen „Ort" für diese Themen vorsieht, aber keine spezielle Modellierung von TOM vorsehen muss. So hat die Auslagerung von IT auf Dienstleister im Zuge der Auftragsverarbeitung nach Art. 28 aus der operativen Sicht nur zur Folge, dass die TOM beim externen IT-Dienstleister betrieben werden, nicht aber vor Ort. Das Problem verschiebt sich damit von der Kontrolle des Betriebs von IT und TOM zur Kontrolle des Auftragsverarbeiters und dessen Betrieb und Kontrolle von IT und TOM. Auftragsverarbeitung und Übermittlung in Drittstaaten bedürfen zusätzlich rechtlicher Regelungen und verlangen Lösungen für Steuerungs- und Reportinganforderungen, wie sie ohnehin für das Management von Organisationen gefordert sind.

Nachfolgend sind noch einige über die DSGVO hinausgehende Anmerkungen zusammengestellt, die für das Verständnis von Datenschutzrecht und die juristische Datenschutzpraxis wichtig sind.

4.3 Vertiefende Erläuterungen

Nachfolgend wird die Einbettung der DSGVO in die EU-Grundrechtecharta (EU-GrCh) dargestellt, wonach die DSGVO der praktischen Umsetzung von Grundrechten dient. Es ist für eine Datenschützer*in unabdingbar, eine klare Vorstellung von Grundrechten zu haben.

Danach folgt kurz eine Erläuterung der Beziehung der Erwägungsgründe zu den Artikeln der DSGVO. Hiernach gilt, was einem bereits der normale Menschenverstand sagt: Geltung beanspruchen privilegiert die Artikel, nicht deren Erläuterungen in den Erwägungsgründen.

Ein Verständnis der Abfolge einer juristischen Verhältnismäßigkeitsprüfung – Legitimität, Geeignetheit, Erforderlichkeit Angemessenheit – kann Techniker*innen helfen, sich geneigteres Gehör bei Jurist*innen zu verschaffen. Anfang der 1990er Jahre wurden außerdem spezifische Methoden zur Konkretisierung rechtlicher Anforderungen an Techniken entwickelt, hier ist insbesondere „KORA" zu nennen, das hier kurz angesprochen wird (s. Hammer et al. 1993). Sehr viel später entwickelte Philipp Bier KORA in seiner Dissertation zu „EVAL" weiter (s. Bier 2017), in der er außerdem als dritten Methodenansatz das vollständige Set der Gewährleistungsziele mit Maßnahmenzuordnung listete. Unverständlicherweise versäumte der Autor, das bereits seit 2012 publizierte und 2015 von der DSK verabschiedete SDM, als eine methodisch geführte Inanspruchnahme der Gewährleistungsziele, ebenfalls zu referenzieren.

Im letzten Kapitel wird empfohlen, Formen von Entscheidungen zu unterscheiden, nämlich das Kontrollieren und Prüfen, Beurteilen und Bewerten sowie das Anweisen. Denn häufig wird von Datenschutzbeauftragten als „Prüfung" bezeichnet was in diesem Verständnis nur eine „Kontrolle" ist. Oder es wird etwas beurteilt ohne dass zuvor geprüft wurde. Und vielfach wird das juristische „Urteilen", sehr häufig auch von Jurist*innen, dem ökonomischen „Bewerten" gleichgesetzt, einer Aktivität, die im engen Verständnis von Bewerten eher dem Verantwortlichen eines Unternehmens zukommt. Und ein Urteil oder eine Bewertung muss, um praktische Effekte auszulösen, in „Anweisungen" überführt werden, was bis wann in welcher Reihenfolge wie und in welcher Zuständigkeit von wem zu tun ist.

4.3.1 EU-Grundrechtecharta und Grundrechte

Was sind Grundrechte?

Grundrechte sind im EU-Land zunächst einmal Abwehrrechte, die ein Staat Bürger*innen in Verfassungen, dem Grundgesetz oder der EU-Grundrechtecharta gewährt, damit diese sich gegen den Staat wehren können.

Aber es sind nicht nur staatlich gewährte Abwehrrechte gegen den Staat mit seinen vielen Behörden, sondern auch Abwehrrechte gegen solche übermächtigen Organisationen, gegen die man sich als Kund*in oder Patient*in bei unfairen Praktiken nicht wirklich aussichtsreich wehren kann (Stichwort: „Drittwirkung der Grundrechte im Privatrechtsverhältnis"), insbesondere in den Fällen, in denen ein Abhängigkeitsverhältnis der Personen von

Organisationen besteht. Roßnagel et al. haben in ihrem Datenschutzgutachten von 2001 solche Abhängigkeitsverhältnisse bei „Infrastruktur-Leistungen der zivilisatorischen Grundversorgung" wie bspw. Telekommunikation, Internetzugang, Kranken- und Rentenversicherung, Girokonto, Kredikarte und medizinische Versorgung, Versicherungen und Energieversorgungsleistungen benannt (vgl. A. Roßnagel et al. 2001). Das Gutachten führt weiter aus, dass an die existentiellen Abhängigkeiten im Arbeitsverhältnis oder beim Wohnen zur Miete sowie von den Plattformen für soziale Aktivitäten im Internet zu denken sei. Generell gilt: Eine Schutzverpflichtung „ist um so stärker, je weniger der Einzelne die Möglichkeit hat, für einen solchen Schutz selbst zu sorgen." (A. Roßnagel 2019, S. 3)

In einem soziologischen Verständnis bilden Grundrechte den Fels in der Brandung, mit dem sich das Recht – mit den Mitteln des Rechts, vollzogen von den obersten Gerichtsorganisationen – davor wehrt, von anderen gesellschaftlichen Logiken, insbesondere der Ökonomie, „aufgekauft" zu werden (vgl. Luhmann 1986; Buckel 2007). In einer modernen, und das meint: „funktional-differenzierten" Gesellschaft (vgl. Luhmann 1997) kann man sich keine Urteile und keine wissenschaftliche Wahrheit kaufen – und wenn doch, dann gilt das als problematisch; die beteiligten Akteur*innen – bspw. Richter*innen oder Wissenschaftler*innen – gelten, wenn es auffliegt, fortan als diskreditiert, als verbrannt. Und diese Differenzierung ist in modernen Gesellschaften so wirksam, dass personenbeziehbare Daten, selbst in den liberalen Rechtstaaten, nicht unter das ansonsten so dominante Konzept des „Eigentums" gefasst werden können. Probiert wird es trotzdem fortwährend mit immer mehr Nachdruck; teilweise indirekt, indem Nutzer*innen angeboten wird, dass diese sich durch Gebührenzahlen für Plattformnutzung vom Einspielen personalisierter Werbung freikaufen können. Oder ihnen wird zugesichert, dass die durch die Plattformnutzung anfallenden Daten nicht für KI-Trainings genutzt werden.

Solche Problem werden auch zunehmend schuldrechtlich in den Kontext des Verbraucherschutzes geschoben. Dem liegt die EU-Richtlinie 2019/770 („Stärkung des Verbraucherschutzes") zugrunde. Die Umsetzung in Deutschland erfolgte ab 01.01.2022 durch Neuregelungen im BGB. Eine unmittelbare Folge dieser Ergänzungen (siehe §312 Abs. 1a und §§327 ff. BGB) war, dass seitdem das Verbraucherschutzrecht anwendbar ist. Dabei spielt es keine Rolle, ob ein Verbraucher die Daten bewusst und aktiv bereitstellt oder ein Verbraucher die Erhebung der Daten durch den Anbieter nur zulässt. Es muss künftig eine Aufklärung durch den Anbieter der Dienstleistung erfolgen, dass und insbesondere in welchem Umfang personenbezogene Daten als Gegenleistung für die jeweilige Leistung erhoben werden. Auch steht dem Verbraucher ein Widerspruchsrecht zu. Damit endet dann die Nutzung und der Anbieter hat ein Kündigungsrecht (§327 BGB).

Zurück zum Datenschutz und den Grundrechten. Grundrechte umfassen nicht nur Abwehrrechte für Personen gegen Organisationen, sondern auch Leistungs- und Freiheitsrechte durch den Staat (vgl. Voßkuhle und Kaiser 2011).

Das Datenschutzrecht konkretisiert diese Rechte für Personen gegenüber Organisationen und gibt die Kriterien vor, unter denen eine seitens der Organisation rechtlich verantwortbare Verarbeitung personenbezogener Daten erfolgen kann. Die Funktion des Datenschutzes besteht darin, darauf hinzuwirken, dass die Beziehungen zwischen Organisationen, die in der Regel die Gestaltungsmacht der Beziehung zu Personen innehaben, und Personen unter normativen und technisch-organisatorischen Bedingungen stehen. Es sollen keine naturwüchsigen Beziehungen zwischen Organisationen und Personen bestehen, sondern die Beziehung soll „fair" sein, wobei in der deutschen Übersetzung für „fair", sowohl in der EU-GrCh als auch der DSGVO (in Art. 5 Abs. 1 siehe Abschn. 4.3.1) die Wendung „Treu und Glauben" verwendet wird.

Die DSGVO ist verankert in der EU-Grundrechtecharta (vgl. EU 2012). Drei Artikel der Charta sind dabei von unmittelbarer Bedeutung für den Datenschutz, nämlich die Artikel 1, 7 und 8, die nachfolgend kurz eingeblendet werden.

EU-GrCh – Artikel 1: Würde

Artikel 1
Würde des Menschen
Die Würde des Menschen ist unantastbar. Sie ist zu achten und zu schützen.

In der juristischen Kommentarliteratur zur „Würde des Menschen" wird durchgängig die Ansicht vertreten, dass die Würde des Menschen dann angegriffen ist, wenn ein Mensch zum Objekt und Mittel gemacht wird.

Genau das macht jede Organisation im Zuge der Standardisierung, Digitalisierung, Technisierung und Automatisierung aller Betriebsabläufe: Sie modelliert Personen, genauer: Personen-Rollen, mit denen sie interagiert, als Daten-Objekte. Besonders deutlich zeigt sich in diesem Sinne der Objektcharakter bei den Plattformen im Internet, die ihre Nutzer*innen – mit ihren Datenbanken, Business-Intelligences und Automaten mit künstlicher Intelligenz – nicht anders als Objekte behandeln, oftmals getarnt durch eine Simulation zwischenmenschlicher Freundlichkeit, wenn Bots auf Webseiten oder per Kontakt-E-Mails vornehm distanziert fragen, ob und wie sie helfen können. Insofern trifft selbst eine an der Praxis gestählte Präzisierung der Objektformel – nämlich dass Technik nicht über Menschen automatisiert entscheiden darf, ein Aspekt, der mit Art. 22 DSGVO bearbeitet werden soll – den Punkt nicht hinreichend genau.

Das Problem ist, dass viele rein rechtliche Reflexionen über Würde in der Regel an dem Punkt stoppen, an dem man weiter fragen möchte, wo genau die Würde „des" Menschen denn nun „steckt". Ist vielleicht doch nur wenig mehr als „Intelligenz" gemeint? Meint Würde etwas anderes als „Esprit" oder ist sie ein Aspekt von „Vernunft mit Grazie"? Aus einer Variation des kategorischen Imperativs nach Kant – „Handle so, daß du die Menschheit, sowohl in deiner Person, als in der Person eines jeden andern, jederzeit zugleich als Zweck, niemals bloß als Mittel brauchest." (Kant 1785) – wird Würde in negativer Abgrenzung bestimmbar: „Was einen Preis hat, an dessen Stelle kann auch etwas anderes, als Äquivalent, gesetzt werden; was dagegen über allen Preis erhaben ist, mithin kein Äquivalent verstattet, das hat eine Würde." Entweder wird vielfach gar keine Vorstellung von Würde ausgebildet, die über das hinausgeht, was an der englischen Queen beobachtbar war. Oder sie wird als „bloß philosophisch" (also: letztlich nutzlos, bloße Meinung, Wortgeklingel, dunkel, magisch-axiomatische Fundierung) zurückgewiesen. Die Würde steckt halt irgendwie im Menschen, und ja, sie ist unbezahlbar (wirklich?). Ein solches Irgendwieverständnis von Würde reicht im Alltag. Aber selbst für rein an der Gesetzesausführung orientierte Jurist*innen, insbesondere im Kontext des Datenschutzes, reicht diese grobe Irgendwie-Alltagsvorstellung zur Würde nicht ganz. Man kann durchaus Qualifizierteres allgemeinverständlich und mit empirischem Anspruch dazu sagen.

Die in professionellen Umgebungen geboten anspruchsvollere Interpretation von Würde fragt zumindest nach der *Konstitution menschlicher Würde.* An dieser Stelle ließe sich nun auf jede Menge psycho- und sozialwissenschaftlicher Literatur verweisen (besonders einflussreich z. B. Piaget 1958). Ich möchte es bei nur einem Verweis auf die grauenhafte Situation der Waisenkinder belassen, die in einem rumänischen Heim untergebracht noch nicht einmal hinreichend ernährt waren, und mit denen niemand seit ihrer Geburt gesprochen oder sich sonst mit ihnen beschäftigt hatte (vgl. Brinck 2012; Bruderer 2018). Deren Würde wurde nicht nur angetastet oder zerstört, sie hatten keine Chance, überhaupt nur eine schwache Variante davon auszubilden.

In der modernen Kommentarliteratur zur Konstitution von Würde des Menschen gilt für „Würde" das Gleiche wie für „Vernunft", eine Nähe zwischen beiden Konzepten besteht: Der Mensch wird vorsichtig als zumindest vernunft- und würdebegabt ausgewiesen. Dann bedarf es eines Kontextes, der diese beiden Begabungen entfaltet. Das BVerfG spricht im Kontext dieser Themen von der „Gemeinschaftsbezogenheit des Menschen" (vgl. Becker 1996).

Sozialpsychologisch aufgeklärt konstituiert sich „Würde" unter sich wechselseitig wahrnehmenden Menschen, die miteinander nicht nur agieren, sondern kommunizieren. Die Vorstellung, dass Menschen einen gemeinsamen Raum teilen, während Kommunikation stattfindet, mag sich dabei als erste aufdrängen, und für Kleinkinder gilt sie auch. Doch unter den Bedingungen einer modernen Gesellschaft findet sehr viel mehr, und für Menschen besonders relevante, Kommunikation technisch vermittelt statt. Die Konstitution von Würde ist gerade bei technisch vermittelten Kommunikationen darauf angewiesen, dass die technisch-vermittelten Kommunikationsbeziehungen, in denen Menschen stehen, fair oder zumindest neutral sind.

Fairness – in der DSGVO immerhin in Art. 5 Abs. 1 benannt – unter Kommunikationspartnern betrifft drei Aspekte: a) Das soziale Verhältnis von Kommunikationsteilnehmern zueinander; so gibt es jede Menge an hierarchischen Sozialbeziehungen, die objektiv nicht auf faire Teilhabe aller Beteiligten ausgelegt sind. b) Die Kommunikationsinhalte, wenn dabei nicht alles, was die Beteiligten bewegt, gesagt werden darf, und primär instrumentell-funktionale, nützliche Inhalte dominieren (vgl. Habermas 1985). c) Und sie betrifft die verwendete Kommunikationstechnik bzw. Kommunikationsinfrastruktur, die die miteinander kommunizierenden Personen nutzen, die weltweit von überwiegend an Kapitalverzinsung interessierten Privatunternehmen betrieben werden. Und genau an diesem hier viel zu schnell zugespitzten Punkt kommt der Datenschutz ins Spiel.

Der operativ wirksame Datenschutz macht die Gestaltung der Beziehungen von Organisationen und Personen zum Thema, das einen Konflikt beinhaltet und damit regelungsbedürftig ist. Die Organisationen sind – in Bezug auf die Gestaltung der Sozialbeziehungen, der Inhalte und der verwendeten Techniken – immer „stärker" als die beteiligten Personen. Insbesondere wenn Organisationen wesentliche Dienste des Internets bereitstellen und damit vollständig die Strukturierungsmacht der Kommunikationsinfrastruktur mit Lock-In-Effekten innehaben, dann sind diese Kommunikations-Diensteerbringer unmittelbar an der kommunikativen Würdekonstitution und Individualisierung der Menschen beteiligt (vgl. auch Hammer et al. 1993, S. 43 f.). Gerade im Kontext der Arbeit und der Vermittlung von Kommunikationen müssen Organisationen datenschutzgerecht agieren, damit die Würde des Menschen tatsächlich von allen Personen und Organisationen, die am Zustandekommen der Kommunikation beteiligt sind, geachtet wird.

EU-GrCh – Artikel 7: Privatleben

Artikel 7
Achtung des Privat- und Familienlebens
Jede Person hat das Recht auf Achtung ihres Privat- und Familienlebens, ihrer Wohnung sowie ihrer Kommunikation.

Der Artikel 7 verlangt die Achtung des Privatlebens und der Kommunikationen durch Organisationen gegenüber Personen. Vielfach wird Art. 7 als die wesentliche Verankerung der DSGVO in der EU-GrCh betrachtet, weil ein Bezug auf Privatheit hergestellt wird, während die Achtung der Kommunikation seltener kommentiert wird. Privatheit, Privatleben, Autonomie kann entstehen, wenn Organisationen fair agieren und kommunizieren. Organisationen, die Menschen drangsalieren – man denke als Beispiele nicht nur an Gefängnisse, sondern auch an Armeen, Schulen oder Alten- und Pflegeeinrichtungen –, laufen Gefahr, Menschen die Würde zu nehmen. Dort lässt sich anhand von Verletzungen der Würde beobachten, was im gelingenden Falle mit Würde gemeint sein könnte.

EU-GrCh – Artikel 8: Personenbezogener Datenschutz, Verbot mit Regelungsvorbehalt, Datenschutzkontrolle

Artikel 8
Schutz personenbezogener Daten
(1) Jede Person hat das Recht auf Schutz der sie betreffenden personenbezogenen Daten.
(2) Diese Daten dürfen nur nach Treu und Glauben für festgelegte Zwecke und mit Einwilligung der betroffenen Person oder auf einer sonstigen gesetzlich geregelten legitimen Grundlage verarbeitet werden. Jede Person hat das Recht, Auskunft über die sie betreffenden erhobenen Daten zu erhalten und die Berichtigung der Daten zu erwirken.
(3) Die Einhaltung dieser Vorschriften wird von einer unabhängigen Stelle überwacht.

Artikel 8 ist ersichtlich die zentrale Verankerung des Datenschutzrechts bzw. der DSGVO in der EU-GrCh, der über den Schutz von Privatheit des Art. 7 hinausgeht. „Der Art. 8 GrCh schützt speziell die Entscheidungsbefugnis des Betroffenen über seine personenbezogenen Daten (…) Da der Datenschutz allerdings weitergeht als die Achtung des Privatlebens, wurde dafür ein eigenes Grundrecht begründet." (A. Roßnagel 2019, S. 2)

Anders als in Deutschland, wo der Datenschutz nicht unmittelbar im Grundgesetz aufgenommen ist und insbesondere durch das Volkszählungsurteil des Bundesverfassungsgericht von 1983 grundrechtlich abgesichert werden musste, ist der Datenschutz im EU-Land durch die EU-GrCh gleich mit drei Komponenten unmittelbar verankert: im *Wortlaut* (1), mit den Verpflichtungen auf *Fairness,* auf *festgelegte Zwecke* sowie auf den *Regelungsvorbehalt,* auf *Transparenz* und der Möglichkeit zu *Berichtigungen* (2). Und zur Überwachung der Einhaltung dieser Vorschriften müssen die Staaten *Datenschutz-Aufsichtsbehörden* betreiben, deren Unabhängigkeit insbesondere gegenüber anderen staatlichen Stellen sicherzustellen ist (3). Es gibt immer wieder Versuche, insbesondere den Regelungsvorbehalt aus dem Datenschutzrecht zu streichen; insbesondere geschah das im Vorfeld der sich frisch abzeichnenden DSGVO; stattdessen sollten Regelungen für besonders heikle Bereiche aufgenommen werden. Besonders lesenswert ist die Verteidigung dieses Verbots – das als „Verbot mit Erlaubnisvorbehalt" eine im Datenschutz etablierte Formulierung ist – durch Alexander Dix (vgl. Dix 2013). Alexander Roßnagel stellt später fest, dass die Vorstellung eines „Verbots mit Erlaubnisvorbehalts" problematisch sei und es „kein spezifisches datenschutzrechtliches Verbotsprinzip" (s. A. Roßnagel 2019, S. 2) gäbe: „Weder nach der GrCh noch nach dem GG ist die Datenverarbeitung per se verboten. Vielmehr fordern beide vom Gesetzgeber, gesellschaftlich erwünschte und nicht erwünschte Datenverarbeitungen voneinander abzugrenzen. Dies ist durch die Erlaubnistatbestände in der DS-GVO und im BDSG erfolgt, die bestimmte Formen und Zwecke der Datenverarbeitng zulassen oder verhindern." (s. A. Roßnagel 2019, S. 2).

Wegweisend instruktiv sind Erläuterungen zu den Artikel 7 und 8 der EU-GrCh, die der „European Data Protection Supervisor" den EU-Institutionen auf den Weg gegeben hat, wenn EU-Organisationen Maßnahmen oder Gesetze, die Personenbezug aufweisen, formulieren (vgl. EDPS 2017). Mit Bezug zum Art. 52 der EU-GrCh muss hiernach jede Einschränkung der Grundrechte durch EU-Gesetzgebung den folgenden Kriterien entsprechen:

- Sie muss gesetzlich vorgesehen sein;
- sie muss den Wesensgehalt des Rechts achten;
- sie muss tatsächlich den von der Union anerkannten dem Gemeinwohl dienenden Zielsetzungen oder den Erfordernissen des Schutzes der Rechte und Freiheiten anderer entsprechen;
- sie muss erforderlich sein (…), und
- sie muss verhältnismäßig sein (EDPS 2017, S. 4).

In diesem Text wird nicht nur das Verhältnis von Verhältnismäßigkeit und Erforderlichkeit erläutert (s. EDPS 2017, S. 5), sondern auch die Rechtsprechung des EUGH dazu berücksichtigt. In Bezug auf die Beurteilung des Ausmaßes einer Einschränkung durch ein EU-Gesetz befand der Gerichtshof, dass es für die Feststellung einer Einschränkung „nicht darauf ankommt, ob die übermittelten Informationen als sensibel anzusehen sind oder ob die Betroffenen durch den Vorgang irgendwelche Nachteile erlitten haben" (EUGH 2014, Rn. 33).

Zum Abschluss möchte ich darauf hinweisen, dass sich in einer genaueren soziologischen Analyse die Grundsätze des Datenschutzes aus Art. 5 bzw. die Gewährleistungsziele des SDM als komplettierende Ergänzung der Sinnebene und den „Geltungsanforderungen an eine verünftige Rede" verstehen lassen, so wie sie in der Universalpragmatik von Jürgen Habermas herausgearbeitet wurden (vgl. Habermas 1985). Die Grundsätze des Datenschutzes, aktuell zugespitzt auf die Gewährleistungsziele des SDM, wirken als universale Bedingungen fairer Verständigung auf die Objekte der instrumentellen Vernunft, also auf die von Organisationen betriebenen Techniken und Infrastrukturen ein (vgl. Rost 2013). Diese bereits 2013 von mir erstmals formulierte These könnte im Denken bspw. von Spiros Simitis und Jürgen Habermas präsent gewesen sein. Der Datenschutzrechtpionier Spiros Simitis und der „deutsche Staatsphilosoph" Jürgen Habermas waren, seit ihrer gemeinsamen Zeit an der Universität Marburg, und später mit ihren Familien, eng befreundet.

4.3.2 Artikel und Erwägungsgründe

Wie sind die Erwägungsgründe (EG) zu interpretieren?
Der Europäische Gerichtshof (EuGh) vertritt in ständiger Rechtsprechung, dass

> (…) die Begründungserwägungen eines Gemeinschaftsrechtsakts rechtlich nicht verbindlich sind und weder herangezogen werden können, um von den Bestimmungen des betreffenden Rechtsakts abzuweichen, noch, um diese Bestimmungen in einem Sinne auszulegen, der ihrem Wortlaut offensichtlich widerspricht (EuGH 2014).

Als ein Beispiel für einen Auslegungskonflikt zwischen dem Wortlaut eines Artikels und eines Erwägungsgrunds ließe sich auf den EG 91 verweisen, in dem empfohlen wird, den Wortlaut des Artikels 24 DSGVO nicht Ernst zu nehmen. Konkret: Art. 9 verbietet die Verarbeitung medizinischer Daten; wenn diese doch verarbeitet werden, dann verursacht das zwangsläufig ein hohes Risiko für Betroffene. Art. 25 verlangt bei einer Risikobetrachtung die Beachtung u. a. des Umfangs einer Datenverarbeitung. Wenn viele unterschiedliche Daten in eine Beziehung zu setzen sind, dann würde auch das in der Regel dazu führen, ein hohes Risiko für die Betroffenen anzunehmen. Art. 35 bestimmt darüberhinaus, dass bei einem hohen Risiko für Betroffene eine Datenschutzfolgenabschätzung durchzuführen ist. Trotzdem heißt es im EG 91:

> Die Verarbeitung personenbezogener Daten sollte nicht als umfangreich gelten, wenn die Verarbeitung personenbezogene Daten von Patienten oder von Mandanten betrifft und durch einen einzelnen Arzt, sonstigen Angehörigen eines Gesundheitsberufes oder Rechtsanwalt erfolgt. In diesen Fällen sollte eine Datenschutz-Folgenabschätzung nicht zwingend vorgeschrieben sein (EG 91 DSGVO).

Dieser EG ist ein Beispiel für einen empfehlend abschwächenden Charakter („sollte nicht gelten", „sollte nicht zwingend vorgeschrieben sein"), dessen Beweggrund aus Sicht der im Text aufgeführten akademischen Berufe natürlich einleuchtet. Aus der Sicht der Betroffenen ist diese Abschwächung durch den EG sachlich nicht gerechtfertigt. Gerade wegen der Komplexität der Datenverarbeitungen und wegen der hohen grundrechtlichen Anforderungen an diese beiden Berufsgruppen mit einem grundsätzlich hohen Kommunikationsbedarf mit Patient*innen und Mandant*innen, muss die Datenverarbeitung auf einem hohem Niveau der IT-Sicherheit und des Grundrechteschutzes betrieben werden. Immer. Erfahrungsgemäß bewegt sich der IT-Betrieb bei Wenige-Personen-Organisationen dabei auf einem vergleichsweise ganz besonders niedrigen Niveau, mit oftmals „handgestrickten Lösungen". Insofern läge es materiell ungleich näher zu fordern, dass gerade in kleinen Arzt- und Rechtsanwaltspraxen Datenschutzfolgenabschätzungen nach Art. 35 durchgeführt werden müssen.

Wenn man der Ansicht ist, dass kleine Praxen mit einem aktiven Datenschutzmanagement überfordert sind – und dann nicht den unbequemen politischen Schluss daraus ziehen möchte, dass eine organisatorische Mindestgröße für Praxen zu fordern ist –, dann sind die Berufsverbände gefordert, anstatt gegen den Datenschutz zu lobbyieren für Ihre Mitglieder Serviceleistungen wie eine DSFA für einen rechtlich und operativ gesicherten Praxisbetrieb zu erbringen. Es lässt sich vieles durch eine Standesorganisation vor die Klammer ziehen, um die Praxen zu entlasten.

4.3.3 Verhältnismäßigkeitsprüfung

Die Aufgabe der Jurist*innen besteht darin, eine geplante Verarbeitungtätigkeit im Hinblick auf deren Legitimität und Legalität zu prüfen. Manchmal muss, in Absprache mit den anderen Expert*innen, eine Rechtsgrundlage neu entwickelt werden. Wenn eine Prüfung ergibt, dass die vorhandene Rechtsgrundlage nicht reicht, dann müssen im Kontext von Behörden und Ministerien Gesetzesvorhaben auf den Weg gebracht werden und im Kontext von Unternehmen Verträge, Erklärungen und Einwilligungen entworfen werden. Im Kontext von Forschungsinstitutionen kämen noch Selbstbindungsregeln oder Ethikleitlinien hinzu.

Mit Hilfe der Schwellwertanalyse wird dann die Risikostufe einer Verarbeitung bestimmt. In vielen Fällen wird eine DSFA durchzuführen sein, mit der zusammen auch die Anforderungen an das, was alles in welcher Tiefe zu regeln ist, steigen. Gegen Grundrechte darf niemand verstoßen, sie sind der Verhandlungsmasse entzogen. Organisationen können Grundrechterisiken nicht abwälzen und bspw. verkaufen. Riskante Grundrechtseingriffe müssen grundsätzlich bearbeitet und auf ein verantwortbar geringes Niveau reduziert werden. Das

Urteil darüber, ob das Risikoniveau einer Verarbeitungstätigkeit hinreichend niedrig ist und die Anforderungen der DSGVO erfüllt, fällt am Ende eine Juristin oder ein Jurist.

Bei einer Prüfung der Rechtmäßigkeit einer Verarbeitung stellen sich die Jurist*innen die folgenden Fragen in folgender Reihenfolge:

1. Ist der Zweck der Verarbeitung oder Maßnahme *legitim?*
2. Ist die Verarbeitung oder Maßnahme zum Erreichen des Zwecks *geeignet?*
3. Ist die Verarbeitung oder Maßnahme in dieser Form *erforderlich* oder steht eine mildere Alternative gleicher Eignung zur Verfügung?
4. Ist die Verarbeitung oder Maßnahme *angemessen?* In welchem Verhältnis stehen die Nachteile der Verarbeitung oder Maßnahme zu den Vorteilen, die bewirkt werden?

Es ist problematisch, die Definitionshoheit über „Legitimität" Jurist*innen vollständig zu überlassen, da sie vielfach nicht geneigt sind, Legitimität und Legalität zu unterscheiden. Bei der Bestimmung von Legitimität wechseln sie zu leicht zur Legalität, weil sie sich da mit Expertise auskennen. Die Entscheidung über Legitimität liegt vor der Entscheidung zur Legalität, also zur Möglichkeit eines rechtskonformen Betriebs. Legitimität ist insofern eher noch ein politischer denn ein juristischer Begriff; er befindet sich in einem Graubereich analog etwa zum Begriff der „Semantik", der auch nicht dem Alleinzugriff der Informatiker*innen überlassen bleiben darf. Legitimität bezeichnet so etwas wie die Anerkennungsbereitschaft für Personen und Organisationen. Für Luhmann ergibt sich die Bereitschaft, staatliche oder Verwaltungsentscheidungen hinzunehmen, dabei nicht aus rechtlich normativen oder moralischen Vorstellungen über deren Legitimation, sondern durch den Glauben an die Geltung von Verfahren hinsichtlich inhaltlich noch unbestimmter Entscheidungen sowie durch die Möglichkeit zur Beteiligung an diesen Verfahren (vgl. Luhmann 1972, S. 259 ff.).

Eine aus meiner Sicht zu nah an Legalität orientierte Vorstellung zu Legitimität findet sich in der folgenden Ausführung der Art. 29-Gruppe im Kontext der Zweckbindung, die jedoch typisch und relevant für die Auslegung von Legitimation im Kontext der Datenschutzaufsichtsbehörden ist:

> Das Erfordernis der Legitimität bedeutet, dass die Zwecke 'im Einklang mit dem Gesetz' im weitesten Sinne stehen müssen. Dies schließt alle Formen des geschriebenen Rechts und des Gewohnheitsrechts, des primären und sekundären Rechts, der Gemeindeverordnungen, der gerichtlichen Präzedenzfälle, der Verfassungsgrundsätze, der Grundrechte, anderer Rechtsgrundsätze sowie der Rechtsprechung ein, da dieses 'Recht' von den zuständigen Gerichten ausgelegt und berücksichtigt würde. (…) Innerhalb der Grenzen des Gesetzes können auch andere Elemente wie Bräuche, Verhaltenskodizes, Ethikkodizes, vertragliche Vereinbarungen sowie der allgemeine Kontext und Sachverhalt des Falles bei der Bestimmung der Rechtmäßigkeit eines bestimmten Zwecks berücksichtigt werden. Dazu gehört auch die Art der zugrunde liegenden Beziehung zwischen dem für die Verarbeitung Verantwortlichen und den betroffenen Personen, unabhängig davon, ob sie kommerzieller oder anderer Art ist. (…) Die Legitimität eines bestimmten Zwecks kann sich auch im Laufe der Zeit ändern, je nach

wissenschaftlicher und technologischer Entwicklung und Veränderungen in der Gesellschaft und den kulturellen Einstellungen (Art.29-Gruppe 2013, S. 20).

Die Prüfung auf Geeignetheit einer Verarbeitung ist in der Regel unproblematisch zu beantworten und erzeugt typischerweise keinen datenschutzrechtlichen Einwand, wenn fachlich ausgebildete Expertinn*en gegenüber Jurist*innen behaupten nachgewiesen zu haben, dass die Verarbeitung und die verwendeten Mittel geeignet sind.

Bei der Prüfung der Erforderlichkeit gibt es zwei zusätzliche Regeln zu beachten, nämlich das „Übermaßverbot" und das „Untermaßverbot", die eine Beurteilung auch der Angemessenheit insbesondere der verwendeten Mittel beinhalten: Das Übermaßverbot verlangt, dass der Eingriff durch die Verarbeitung und der Nutzen der Verarbeitung oder Maßnahme in einem angemessenen Verhältnis zueinander stehen und der Nutzen die Nachteile überwiegt. Stehen verschiedene Verarbeitungen zur Wahl, muss sich eine Organisation für die grundrechtsschonendste Verarbeitung entscheiden. Das Untermaßverbot fordert, dass lebensbedrohende Lagen abgewendet und zumindest der Staat ausreichenden Lebensschutz gegen Angriffe gewährleistet, die einen ausnahmsweise starken Grundrechtseingriff erfordern (vgl. FUB 2015).

4.3.4 Die Methode „KORA"

KORA („Konkretisierung rechtlicher Anforderungen zu technischen Gestaltungsvorschlägen" (s. Hammer et al. 1993, S. 43 ff.)) ist eine erstmals 1992 publizierte Methode zur Konkretisierung allgemein bestehender rechtlicher Anforderungen an Technik (siehe Abb. 4.1). Die Pionierentwickler*innen des SDM kannten KORA nicht, gleichwohl folgte die Entwicklung des SDM diesem Ansatz und lässt sich insofern zwanglos in diese Tradition der Operationalisierung von Recht durch Technik (und Organisation) stellen.

Entwickelt wurde KORA Anfang der 1990er Jahre in Deutschland, in Auseinandersetzung mit der Gestaltung von betrieblichen Telefon- und ISDN-Anlagen. Gedacht war und genutzt wird sie auch weiterhin als ein umfassender Ansatz der spezifisch rechtlichen Technikregulierung im Kontext von Technikfolgenabschätzungen („TFA"). Einerseits weist KORA über das SDM als spezifisch rechtliche Methodik hinaus, denn KORA stellt nicht speziell auf die Operationalisierung des Datenschutzrechts ab. Das hat zur Folge, das KORA Datenschutz (nur) als einen bedeutsamen Anforderungskomplex neben anderen rechtlichen Anforderungskomplexen an Technik ausweist. Andererseits weist das SDM wiederum über KORA hinaus insofern, als dass nicht die rechtlich-normierte Formung unmittelbar von Technik, sondern zunächst die Formung der Verarbeitungsprozesse von personenbeziehbaren Daten im Vordergrund steht, von der ausgehend die grundrechtlichen und funktionalen Anforderungen an die verwendeten Technikkomponenten gestellt werden. KORA lässt sich insofern sinnvoll als eine konkretisierende Zwischenschicht zwischen den rein juristischen

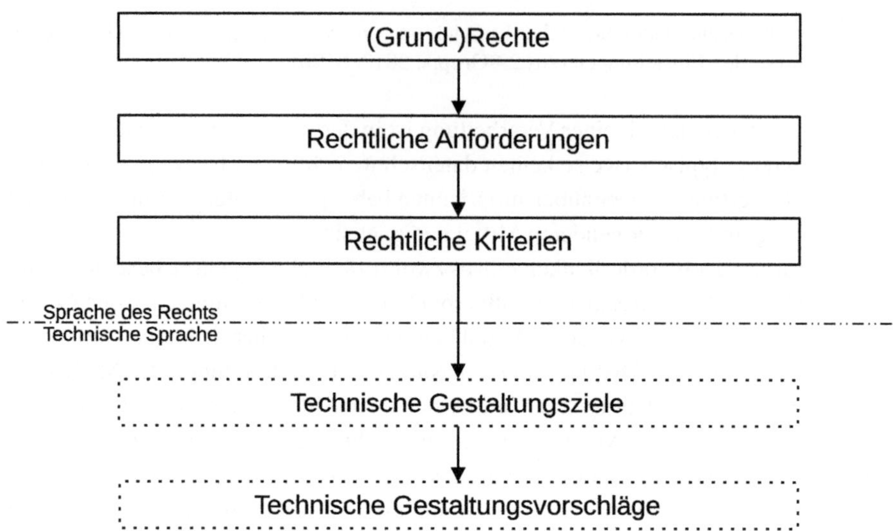

Abb. 4.1 „Konkretisierung rechtlicher Anforderungen zu technischen Gestaltungsvorschlägen",
s. Hammer et al. (1993, S. 43 ff.)

Überlegungen und Kalkülen sowie der Anwendung des SDM zunächst im Medium der
Gewährleistungsziele nutzen.

KORA erlaubt, neben den datenschutzrechtlichen weitere rechtliche Anforderungen –
genannt werden, mit Bezug auf die Gestaltung der ISDN-Telefonie in Organisationen, das
Fernmeldegeheimnis, die Entfaltungsfreiheit, die Freiheit der Berufausübung oder Eigentum
und autonome Arbeitsgestaltung – zu konkretisieren. Dafür werden neun Kriterien ausgewiesen, die bei der Auswahl, der Gestaltung, beim Betrieb und bei der Kontrolle einer Technik
rechtlich relevant sind. In Beziehung zum SDM gesetzt können diese Kriterien dazu führen,
dass neben den Maßnahmen des SDM quantitativ weitere Schutzmaßnahmen zu ergreifen
sind oder dass bei den datenschutzrechtlichen Abwägungen zwischen den Gewährleistungszielen qualitativ weitere Aspekte in die Waagschale zu legen sind, um zu einer umfassenden
juristischen Beurteilung zu gelangen.

Die folgenden neun Kriterien spielen bei KORA eine Rolle, die generell die Konkretion
normativer Anforderungen an technisch-organisatorische Abläufe erlauben (vgl. Hammer
et al. 1993, S. 71 ff.):

- Transparenz
- Entscheidungsfreiheit
- Erforderlichkeit
- Zweckbindung
- Werkzeugeignung
- Arbeitserleichterung
- Anpassungsfähigkeit
- Kontrolleignung
- Techniksicherung

Wenn man KORA auf die Interpretation der DSGVO anwendet, dann ergibt sich eine, die Funktionsweise des SDM erhellende, Struktur der Beziehungen zwischen allgemeinen und konkreten rechtlichen Anforderungen sowie allgemeinen und konkreten technischen Anforderungen (siehe Abb. 4.2).

4.3.5   Formen des Entscheidens

Eine wesentliche Anforderung im Datenschutz ist Transparenz darüber zu erreichen, wie eine Verarbeitung funktioniert, um die Schwere des Grundrechtseingriffs durch die

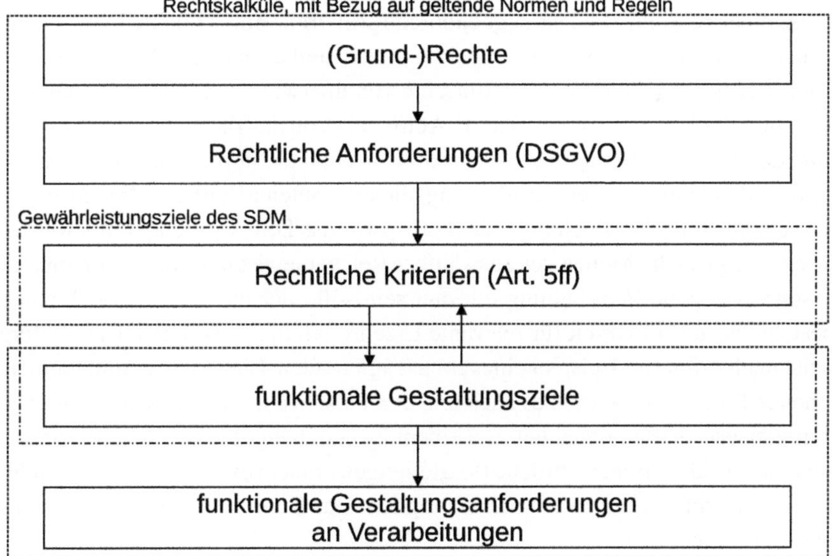

Abb. 4.2 KORA, angepasst auf DSGVO/SDM

Verarbeitung zu beurteilen, um ggfs. funktionale Korrekturen vorzunehmen und Risiken für Betroffene verringern zu können. Der Grundsatz „Transparenz" spricht somit den Aspekt des „Controllings im Hinblick auf Grundrechtsrisiken" an. Wenn das Controlling mit Entscheidungen zu Korrektur- und Risikominderungsaktivitäten verbunden wird, die ihrerseits beurteilt werden, dann handelt es sich um Datenschutz-Management.

In der Alltagsprache wird allgemein vom „Prüfen" als ein Konzept für „wert- oder regelbasierte Entscheidungen" gesprochen. Mit Bedarf an Präzision hat es sich jedoch bewährt, Entscheidungen auf der Grundlage von Sachkompetenz, Methodenkompetenz, Regelkompetenz und Durchsetzungskompetenz zu unterscheiden und diese unterschiedlichen Entscheidungsgrundlagen mit unterschiedlichen Begriffen zu bezeichnen.

Mangelnde Präzision kann dazu führen, dass unterschiedliche Entscheidungsgrundlagen und -aktivitäten gleichgesetzt werden, nur weil es sich um Entscheidungen handelt, die sich auf das gleiche Objekt beziehen. Wenn bspw. zwischen den Aktivitäten der IT-Sicherheit und dem operativen Datenschutz nicht hinreichend unterschieden wird, dann kann es leicht passieren, dass Prüfungen im Kontext des IT-Grundschutzes gleichgesetzt werden mit Prüfungen des operativen Datenschutzes. Das ist aber, wie ich ja immer wieder in diesem Buch betone, falsch, weil unterschiedliche Objekte zu schützen sind. Bevor eine Prüfung beginnt, müssen das Prüfobjekt und dessen Prüfkontext mit den spezifischen Prüfperspektiven als geklärt gelten.

Man kann für das Datenschutz-Controlling, bspw. im Rahmen des Datenschutzmanagements, eine sinnvolle Abfolge von Controlling-Aktivitäten der folgenden Art unterscheiden:

Eine *Kontrolle* agiert, in Bezug auf eine Auswahl, entlang der Unterscheidung „ist-relevant/ist-nicht-relevant" und erzeugt dadurch (prüf-)relevante Objekte bzw. Aspekte. Im Unterschied zur Prüfung fällt die Entscheidung unmittelbar nach der Erhebung: Die Kontrolle am Eingang zum Club trennt erwünschte von unerwünschten Gästen; eine Kontrolle des Ladestands der Energieanzeige eines E-Autos zeigt, ob das Ziel noch sicher erreicht werden kann oder nicht. Mit Bezug zum Datenschutz bedeutet Kontrolle, dass bspw. am Beginn der Planung oder Analyse einer Verarbeitung alle relevanten Mitarbeiter*innen zusammenkommen, um für eine Verarbeitung, für die bspw. eine DSFA durchgeführt werden soll, abzuklären, wie groß die Menge des auswählbar Relevanten ist und was davon materiell für eine personenbezogene Verarbeitung relevant sein soll oder nicht. Der Zweck einer Kontrolle besteht darin, Prüfbarkeit für relevante Eigenschaften zu erzeugen. Das Prüfergebnis ist zumeist noch offen (im Beispiel eines robust agierenden Türstehers entfällt zumeist eine tiefergehende Prüfungen, so dass es auch mal den Falschen trifft, was wiederum für keinen der Beteiligten ernsthafte Folgen hat. Bei einem E-Auto hängt die Reichweite von weiteren zu prüfenden Umständen ab, rechtliche Beurteilungen braucht es in beiden Fällen nicht), eine Beurteilung der Prüfergebnisse ist noch unmöglich. Das Kontrollierenkönnen setzt insofern *Sachkompetenz* voraus.

Eine *Prüfung* agiert entlang der Unterscheidung „Soll/Ist" und erzeugt dadurch Prüfergebnisse. In einer Prüfung werden somit Soll-Werte und Ist-Werte zu relevanten Aspekten als Differenzen bilanziert. Dabei sind die Soll-Werte abhängig vom Prüfinteresse: Das datenschutzrechtliche Soll ist der DSGVO zu entnehmen, während sich das datenschutzoperative Soll auf funktionale Eigenschaften der Verarbeitung und der organisatorischen und technischen Maßnahmen bezieht, die sich vielfach sogar messen lassen. Ein betriebswirtschaftliches Soll wird aus der angestrebten Kapitalverzinsung hergeleitet und in Beziehung zu den Kosten gesetzt, die datenschutzrechtlich begründete TO-Maßnahmen erzeugen. Es bedarf eines Prüfverfahrens bzw. einer Prüfmethodik, um zu den relevanten Objekten und deren Eigenschaften jeweils passende Soll-Werte auszuweisen und passende Ist-Werte in der realen Praxis zu ermitteln. Prüfergebnisse bereiten die datenschutzrechtliche Beurteilbarkeit vor, weil allein eine Differenz im Soll-Ist-Vergleich rechtlich nicht relevant sein muss. Aus dem Prüfen und dem Feststellen von Fehlern oder Mängeln allein ergibt sich in Organisationen noch keinen Aktivitätsdruck, diese auch zu beheben; diese unterliegen der Bewertung am Ende des Verantwortlichen. Das Prüfenkönnen setzt *Methodikkompetenz* voraus.

Eine *Beurteilung* agiert entlang der Unterscheidung „ist-rechtskonform/ist-nicht-rechtskonform" und erzeugt als Ergebnis ein Urteil. Eine *Bewertung* ist dagegen das Ergebnis einer wirtschaftlichen Tätigkeit, ob ein ermittelter Wert innerhalb oder außerhalb des gewünschten Ergebnisses liegt. In der Praxis werden die beiden Aktivitäten Beurteilen und Bewerten häufig gleichgesetzt, wenn anstelle des datenschutzrechtlichen Beurteilens von Sachverhalten von deren Bewertung gesprochen wird. Damit schiebt sich aus meiner Sicht ein wirtschaftliches Kalkül in die rechtliche Beurteilung hinein. Das passiert typisch im Kontext von „Risikobewertungen", in denen unter der Hand im Datenschutz die rechtlich begründeten Grundrechtsrisiken der Betroffenen mit den betriebswirtschaftlichen Haftungsrisiken der Organisation bei Datenschutzverletzungen „verwechselt" werden. In Bezug auf Datenschutz soll das rechtliche Urteil den Verantwortlichen in die Lage versetzen, rechtlich informierte Anweisungen bzgl. der relevanten Eigenschaften einer Verarbeitung zu treffen. Das Beurteilenkönnen setzt, auf der Grundlage von Regel- und Normenkenntnissen, *Regelungskompetenz* voraus.

Eine *Anweisung* agiert entlang der Differenz „ist-entschieden" oder „ist-(noch)nicht-entschieden" und erzeugt (Korrektur-)Aktivitäten. Eine Anweisung basiert auf der Bearbeitung von Urteilen und Bewertungen zu den unterschiedlichen Aspekten einer Organisation. Anweisungen zu erteilen, ist die Aufgabe vom Verantwortlichen. Der Verantwortliche kann zwar die Aktivität des sachgerechten Entscheidens und Anweisens delegieren, datenschutzrechtlich bleibt der Verantwortliche trotzdem für alles verantwortlich. Vor der Anweisung werden Prioritäten des Ressourceneinsatzes gesetzt und die Reihenfolge der sachbezogenen Umsetzungen bestimmt. Das Anweisenkönnen setzt, mit Bezug auf die Organisation, *Durchsetzungskompetenz* voraus.

1. *Kontrollieren (relevant/nicht-relevant)* erzeugt zu prüfende Objekte/Aspekte und verlangt Sachkompetenz;
2. *Prüfen (Soll-/Ist)* erzeugt Prüfergebnisse und verlangt Methodenkompetenz;
3. *Beurteilen (rechtskonform/nicht-rechtskonform)* erzeugt Urteile und verlangt, auf Basis von Normen- und Regelkenntnissen, Regelungskompetenz;
4. *Anweisen (entschieden/nicht-entschieden)* erzeugt Anweisungen und verlangt Durchsetzungskompetenz.

Alle vier Aktivitäten sind die Bestandteile einer umfassenden Aktivität im Sinne eines Datenschutz-Controllings, das deshalb nicht schlicht mit Datenschutzkontrolle im engen Sinne des Relevanzabgleichs gleichgesetzt werden sollte. Das Datenschutz-Controlling ist ein wichtiger Bestandteil des Datenschutzmanagements (s. Abschn. 8.4).

4.4   Zwischenstand: Recht

Die Artikel 1 bis 3 der DSGVO regeln, dass die *Verarbeitungen* personenbezogener Daten durch Organisationen zu gestalten sind, um natürliche Personen bei diesen Verarbeitungen zu schützen. Art. 4 enthält einen Großteil wichtiger *Definitionen.* Art. 5 enthält ein Konzentrat an *Gestaltungsgrundsätzen* für Verarbeitungstätigkeiten; Art. 6 enthält mit dem „Verbot mit Regelungsvorbehalt" die zentrale *Regelungsstrategie,* wonach Organisationen grundsätzlich keine personenbezogenen Daten verarbeiten dürfen, es sei denn die Verarbeitung findet rechtlich und operativ beherrschbar statt. Art. 9 liefert wiederum eine *Liste mit Typen personenbezogener Daten,* deren Verarbeitung grundsätzlich verboten ist. Dann folgen vor allem die *Betroffenenrechte,* deren Anforderungen, dank klarer konkreter Formulierungen, keine schwierigen Herausforderungen bei der Umsetzung erzeugen. Art. 24 und 25 enthalten die *Risikoformel* und Kriterien zu deren Feststellung, Art. 28 regelt den Umgang mit *IT-Dienstleistern,* Art. 30 listet Anforderungen an die *Inventarisierung von Verarbeitungen* auf, Art. 32 enthält Anforderungen an die *Sicherheit* der Datenverarbeitung, Art. 35 listet Anlass, Anforderungen und Form zur Durchführung einer *DSFA.* Drei wesentliche Regelungsinhalte der DSGVO – der Schutz personenbezogener Daten, das Verbot mit Regelungsvorbehalt, unabhängige Datenschutzaufsichtsbehörden – sind im *Art. 8 der EU-GrCh* verankert. Dass die „Würde des Menschen" nicht angetastet werden darf, ist nicht als eine bloße Beschwörung zu verstehen, bei der man sich nichts Konkretes denken muss, sondern sie kann, mit sozialpsychologischen Kenntnissen zur *Konstitution von Würde,* als konkretisierbare Anweisung zur Gestaltung von Kommunikationsformen gelten. Genau das macht Datenschutz: Er gestaltet die latent unfairen Machtbeziehungen zwischen Organsationen und Personen. Für die tägliche Arbeit im Kontext des Datenschutzes ist es wichtig, insbesondere die Prüfaktivitäten des Kontrollierens von denen des Prüfens und Beurteilens zu unterscheiden, um die methodisch angemessene Form von aufeinander aufbauenden Entscheidungsfindungen – erst Nutzung der Sachkompetenz, dann der Methoden- und Regelkompetenz – zu organisieren, mit denen Datenschutz, nach Entscheidungen durch den Verantwortlichen über die Zwecke und Mittel, in der Organisation durchgesetzt werden.

Literatur

Albrecht, Jan-Philip und Florian Jotzo (2017). *Das neue Datenschutzrecht der EU – Grundlagen, Gesetzgebungsverfahren, Synopse.* 1. Aufl. Baden-Baden: Nomos.

Art.29-Gruppe (2013). *Opinion 03/2013 on purpose limitation, Adopted on 2 April 2013.* https://ec.europa.eu/justice/article-29/documentation/opinion-recommendation/files/2013/wp203_en.pdf.

BDSG (2018). *Bundesdatenschutzgesetz.* http://www.gesetze-im-internet.de/bdsg_2018/BDSG.pdf.

Becker, Ulrich (1996). *Das Menschenbild des Grundgesetzes in der Rechtsprechung des Bundesverfassungsgerichts.* Berlin: Duncker & Humblot.

BfDI (2020). *Info 01 – DSGVO, BDSG.* https://www.bfdi.bund.de/SharedDocs/Downloads/DE/Broschueren/INFO1.pdf.

Bier, Philipp Christoph Sebastian (2017). *Umsetzung des datenschutzrechtlichen Auskunftsanspruchs auf Grundlage von Usage-Control und Data-Provenance-Technologien.* Bd. 48. KIT Karlsruhe (Dissertation).

Borking, John (2003). „The Status of Privacy Enhancing Technologies – (PET) online and offline". In: *Certification and Security in E-Services – From E-Government to E-Business.* Hrsg. von Enrico Nardelli, Sabina Posadziejewski und Maurizio Talamo. Bd. 1. Serie IFIP Advances in Information and Communication Technology. Springer, S. 211–246.

Brinck, Christine (2012). „Die Folgen der Isolation". In: *Die ZEIT* 13.12.2012, Nr. 51, S. 41. https://www.zeit.de/2012/51/Isolation-Kinder-Waisenhaus-Rumaenien.

Bruderer, Urs (2018). *Rumäniens Heimkinder heute – Zwischen Leben und Tod.* https://www.srf.ch/news/international/rumaeniens-heimkinder-heute-zwischen-leben-und-tod.

Bruhn, Jens u. a. (2022). „Datenschutzprüfungen im IT-Labor von Aufsichtsbehörden". In: *Datenschutz und Datensicherheit (DuD)* 11, S. 685–689.

Buckel, Sonja (2007). *Subjektivierung und Kohäsion – Zur Rekonstruktion einer materialistischen Theorie des Rechts.* Bd. 2. Vieweg.

Cavoukian, Ann (2011). *Privacy by Design – The 7 Foundational Principles, Implementation and Mapping of Fair Information Practices.* Englisch. https://privacy.ucsc.edu/resources/privacy-by-design---foundational-principles.pdf.

Cometti, Jean-Pierre (2013). „On Standard and Taste – Wittgenstein and aesthetic judgment". In: *Aisthesis* 6.1, S. 13. https://oajournals.fupress.net/index.php/aisthesis/article/download/645/643/.

Däubler, Wolfgang u. a. (2020). *EU-DSGVO und BDSG – Kompaktkommentar.* 2. Bund-Verlag.

Dix, Alexander (2013). „Referat des Datenschutzbeauftragten von Berlin Dr. Alexander Dix". In: *Verhandlungen des 69. Deutschen Juristentages – München 2012 Band II/1: Sitzungsberichte – Referate und Beschlüsse.* C.H. Beck, S. 9–34. https://beckassets.blob.core.windows.net/product/toc/10145267/deutscher-juristentag-djt-sitzungsberichte-referate-beschluesse-9783406630774.pdf.

EDPB (2020). *Leitlinien 4/2019 zu Artikel 25 – Datenschutz durch Technikgestaltung und durch datenschutzfreundliche Voreinstellungen, Version 2.0 (angenommen am 20. Oktober 2020).* https://edpb.europa.eu/system/files/2021-04/edpb_guidelines_201904_dataprotection_by_design_and_by_default_v2.0_de.pdf.

EDPS (Nov. 2017). *Beurteilung der Erforderlichkeit von Maßnahmen, die das Grundrecht auf Schutz personenbezogener Daten einschränken: Ein Toolkit.* deutsch. https://www.edps.europa.eu/sites/default/files/publication/17-06-01_necessity_toolkit_final_de.pdf.

EU (2012). *Charta der Grundrechte der europäischen Union (2012/C 326/02), 26.10.2012.* https://eur-lex.europa.eu/legal-content/DE/TXT/PDF/?uri=CELEX:12012P/TXT&from=EN.

EUGH (2014). *Sammlung der Rechtsprechung, Randnotiz 33.* deutsch. https://eur-lex.europa.eu/legal-content/DE/TXT/PDF/?uri=CELEX:62012CJ0293.

EuGH (2014). *EuGH Urteil vom 19.6.2014 – C-345, Rn 31.* https://eur-lex.europa.eu/legal-content/DE/TXT/PDF/?uri=CELEX:62013CJ0345&from=DE.

FUB (2015). *Gliederung: Die Verhältnismäßigkeitsprüfung in der Fallbearbeitung.* https://www.jura.fu-berlin.de/studium/lehrplan/projekte/hauptstadtfaelle/tipps/Uebersicht_-Die-Verhaeltnismaessigkeitspruefung-in-der-Fallbearbeitung/index.html.

Gierschmann, Sibylle u. a. (2018). *Kommentar Datenschutz-Grundverordnung.* 1. Bundesanzeiger-Verlag Köln.

Gonscherowski, Susan, Marit Hansen und Martin Rost (2018). „Resilienz – eine neue Anforderung aus der Datenschutz-Grundverordnung". In: *DuD – Datenschutz und Datensicherheit* 7 (42), S. 442–446. https://maroki.de/pub/privacy/2018-07_DuD-Resilienz.pdf.

Habermas, Jürgen (1985). *Theorie des kommunikativen Handelns.* 1. Aufl. Bd. 1. Frankfurt am Main: Suhrkamp.

Hammer, Volker, Ulrich Pordesch und Alexander Roßnagel (1993). *Betriebliche Telefon- und ISDN-Anlagen rechtsgemäßgestaltet.* Bd. 1. Springer, S. 43–86.

JRL (2016). *RICHTLINIE (EU) 2016/680 DES EUROPÄISCHEN PARLAMENTS UND DES RATES vom 27. April 2016 Zum Schutz natürlicher Personen bei der Verarbeitung personenbezogener Daten durch die zuständigen Behörden zum Zwecke der Verhütung, Ermittlung, Aufdeckung oder Verfolgung von Straftaten oder der Strafvollstreckung sowie zum freien Datenverkehr und zur Aufhebung des Rahmenbeschlusses 2008/977/JI des Rates.* https://eur-lex.europa.eu/LexUriServ/LexUriServ.do?uri=CELEX:32016L0680:DE:HTML.

Kamp, Meike und Martin Rost (2013). „Kritik an der Einwilligung". In: *DuD – Datenschutz und Datensicherheit* 37.2, S. 80–84. http://www.maroki.de/pub/privacy/2013-02_DuD-KritikDerEinw.html.

Kant, Immanuel (1785). *Grundlegung zur Metaphysik der Sitten.*

Kühling und Buchner (2020). *Datenschutz-Grundverordnung, Bundesdatenschutzgesetz: DS-GVO/BDSG.* Bd. 3. C. H. Beck.

LDSG (2018). *Gesetz zur Anpassung des Datenschutzrechts an die Verordnung (EU) 2016/679 und zur Umsetzung der Richtlinie (EU) 2016/680.* https://www.schleswig-holstein.de/DE/Landesregierung/IV/Service/GVOBl/GVOBl/2018/gvobl_8_2018.pdf?__blob=publicationFile&v=2.

LfD-Bayern (2021). *Die Einwilligung nach der Datenschutz-Grundverordnung, Orientierungshilfe V1.0.* https://www.datenschutz-bayern.de/datenschutzreform2018/einwilligung.pdf.

Luhmann, Niklas (1972). *Rechtssoziologie.*

Luhmann, Niklas (1986). *Grundrechte als Institution.* 3. Aufl. Schriften zum öffentlichen Recht 24. Unveränderter Nachdruck der 1965 erschienenen ersten Auflage. Berlin: Duncker & Humblot.

Luhmann, Niklas (1997). *Die Gesellschaft der Gesellschaft.* Bd. 1. Frankfurt am Main: Suhrkamp.

EU-Parlament (1995). *Data Proctection Directive.* https://www.edps.europa.eu/sites/default/files/publication/dir_1995_46_de.pdf.

Piaget, Jean (1958). *Das Wachsen des logischen Denkens von der Kindheit bis zur Pubertät.*

Roßnagel, Hrsg. (2017). *Europäische Datenschutz-Grundverordnung – Vorrang des Unionsrechts – Anwendbarkeit des nationalen Rechts.* 1. Aufl. Baden-Baden: Nomos.

Roßnagel, Alexander (2019). „Kein „Verbotsprinzip" und kein „Verbot mit Erlaubnisvorbehalt" im Datenschutzrecht". In: *Neue Juristische Wochenschrift (NJW)* 72, S. 1–5.

Roßnagel, Alexander und Christian Geminn (2020). *Datenschutz-Grundverordnung verbessern.* 1. Aufl. Baden-Baden: Nomos.

Roßnagel, Alexander, Andreas Pfitzmann und Hansjürgen Garstka (2001). *Modernisierung des Datenschutzrechts*. Techn. Ber. Bundesministerium des Innern.

Rost, Martin (2013). „Zur Soziologie des Datenschutzes". In: *DuD – Datenschutz und Datensicherheit* 37.2, S. 85–91. http://www.maroki.de/pub/privacy/2013-02_DuD-SozDesDS.html.

Schlehan, Eva (2018). „Die Methodik des Standard-Datenschutzmodells im Bereich der öffentlichen Sicherheit und Justiz". In: *DuD – Datenschutz und Datensicherheit* 01, S. 32–36.

Siedenburg, Philipp (2019). „Sprachliche Präsentation und institutionelle Struktur juristischer Entscheidungen. Zur Angemessenheit binärer Begründungen im Recht". In: *Archiv für Rechts- und Sozialphilosophie* 105, S. 143–170.

Simitis, Spiros, Hrsg. (2014). *Bundesdatenschutzgesetz*. 8. Nomos.

Simitis, Spiros, Gerrit Hornung und Indra Spieker (2024). *Datenschutzrecht – DSGVO mit BDSG*. Bd. 2. Nomos. https://beckassets.blob.core.windows.net/product/toc/21964419/ 21964419_9783848735907_lese01.pdf.

TTDSG (2021). *Telekommunikation-Telemedien-Datenschutz-Gesetz*. https://www.bgbl.de/xaver/ bgbl/start.xav?startbk=Bundesanzeiger_BGBl&jumpTo=bgbl121s1982.pdf.

Voßkuhle, Andreas und Bettina: Kaiser (2011). „Grundwissen Öffentliches Recht: Funktionen der Grundrechte". In: *JuS – Juristische Schulung*, S. 411–413.

Gewährleistungsziele 5

Der Inhalt dieses Kapitels

In diesem Kapitel werden die Gewährleistungsziele mit ihrer Beziehung zur DSGVO, insbesondere zu den Grundsätzen aus Art. 5, einerseits sowie zu den technisch-organisatorischen Maßnahmen (TOM) andererseits vorgestellt.

Die Funktion der Gewährleistungsziele besteht darin es, die immer gleichen Anforderungen der DSGVO – u. a. an Transparenz, an Schutz der Integrität und Zweckbindung usw., die zudem über die gesamte DSGVO verstreut sind – an den unterschiedlichen Teilen einer Verarbeitung – den Phasen und Komponenten der Ebenen – zu konzentrieren.

Jurist*innen analysieren und urteilen auf der Grundlage der DSGVO und bewegen sich von dort, etwa von den Grundsätzen des Artikel 5 DSGVO, auf die Praxis in Form der Gewährleistungsziele des SDM, mit dessen Standardmaßnahmen zur Reduktion der Risiken für Betroffene, zu.

Praktiker*innen analysieren und prüfen, von den Funktionen der Verarbeitung und den technisch-organisatorischen Maßnahmen ausgehend anhand der Gewährleistungsziele und bewegen sich so von diesen auf die Grundsätze des Artikel 5 – unter Hinzunahme weiterer, diese Grundsätze spezifischer ausfüllenden Regelungen bspw. aus Art. 32 –, auf die DSGVO zu.

Mit der Orientierung am Artikel 5 und den Gewährleistungszielen des SDM bewegen sich die Vertreter*innen der beiden Disziplinen „Recht und Technik" im sicheren Fahrwasser.

Im Kapitel mit den „vertiefenden Erläuterungen" sind viele Überlegungen zu den Gewährleistungszielen versammelt, die bereits als Fachaufsätze veröffentlicht wurden, aber keine offiziellen von der DSK bestätigten Bestandteile der SDM-Methodik sind. In diesem Kapitel werden vor allem die Beziehungen der Gewährleistungsziele untereinander diskutiert, mit Überlegungen zu einer übergreifenden „Ordnung der Schutzziele", die am

© Der/die Herausgeber bzw. der/die Autor(en), exklusiv lizenziert an Springer Fachmedien Wiesbaden GmbH, ein Teil von Springer Nature 2025 93
M. Rost, *Das Standard-Datenschutzmodell (SDM)*,
https://doi.org/10.1007/978-3-658-44998-8_5

Beginn der Entwicklung der Gewährleistungsziele für das SDM eine große Rolle spielten. Zum Schluss folgen einige Hinweise zur Geschichte der Schutzziele, die Vorläufer zu den Gewährleistungszielen des SDM waren.

Beizuziehende Literatur
Bitte haben Sie den Text der DSGVO und zur SDM-Methodik zur Hand. Für Publikationen zum SDM stellt der Landesbeauftragte für Datenschutz und Informationsfreiheit Mecklenburg-Vorpommern den zentralen Server bereit (s. https://www.datenschutz-mv.de/ datenschutz/datenschutzmodell/). Dort finden Sie alle aktuellen Publikationen zum SDM, einschließlich einer Englischübersetzung sowie der Bausteine zu den TOM. Auf thematisch tiefergehende Fachaufsätze komme ich im laufenden Text zu sprechen.

5.1 Normative Gravitationsszentren: Art. 5 und Gewährleistungsziele

Die „Gewährleistungsziele" bilden das normative Gravitationszentrum des SDM in Analogie zu den „Grundsätzen" des Artikels 5 der DSGVO, als deren normatives Gravitationsszentrum.

Die Umschreibung von *Grundsätzen* aus Art. 5 DSGVO in *Ziele,* die durch Aktivitäten erreichbar sind, lenkt die normativen Anforderungen der DSGVO („Du sollst oder darfst"/„Du sollst nicht oder darfst nicht") auf funktionale Anforderungen („das funktioniert so,"/„das funktioniert so nicht") um, die sich auf Verarbeitungen und die zu treffenden TOM beziehen. Die Gewährleistungsziele fokussieren die datenschutzrechtlich zu lösenden Anforderungen so, dass man technische und organisatorische Lösungen finden kann. Oder etwas anders formuliert: Die Form „Ziel" erlaubt es, dass die Datenschutzbeauftragten, die Jurist*innen, Informatiker*innen, Techniker*innen und Betriebswirt*innen gemeinsam die datenschutzkritischen Gestaltungsanforderungen an einer Verarbeitung praktisch bearbeiten können. Denn Ziele versteht jede(r), wenn auch in jedem Fachbereich ein wenig anders. Rechtstheoretisch lassen sich Gewährleistungsziele als „Optimierungsgebote" auffassen (vgl. Robrahn und Bock 2018). Die Bedeutsamkeit solcher zentralen „Grundsätze", „Prinzipien" oder, in der praxisnäheren Formulierung, „Gewährleistungsziele" hatte bereits Spiros Simitis 2009 betont, als er auf die Frage, wie in Nachfolge des BDSG ein ganz neues Datenschutzrecht aussehen sollte, antwortete:

> „Ich würde das BDSG abschaffen und an seine Stelle sozusagen ein Gesetz machen, in dem die generellen Prinzipien festgehalten werden, nach denen verfahren werden muss bei der Datenverarbeitung. Und ich würde dann anschließend versuchen, die bereichsspezifischen Regelungen damit zu verbinden, zu integrieren und dann vor dem Hintergrund dieser Prinzipien zu präzisieren." (s. Simitis 2009, Position: 01h03m44s)

Das SDM ordnet den Gewährleistungszielen auf der einen Seite den Grundsätzen von Artikel 5 DSGVO zu; das SDM ordnet den Gewährleistungszielen auf der anderen Seite konkrete TOM zum Erreichen der Ziele zu. Die Gewährleistungsziele bilden insofern die Verbindung zwischen den normativen Anforderungen der DSGVO und den technisch-organisatorischen Maßnahmen, mit denen die Risiken der Verarbeitung verringert werden können.

Das sei an einem Beispiel erläutert: Die DSGVO fordert für Verarbeitungstätigkeiten in Art. 5 Abs. 1 bspw. „Transparenz", und, mit einer rechtlich noch etwas spezifischeren Bedeutung für den Verantwortlichen, in Abs. 2 „Rechenschaftspflicht". Das SDM reformuliert diese normativen Anforderungen der DSGVO als gleichlautendes Gewährleistungsziel „Transparenz" und ordnet diesem anzustrebenden Ziel dann – im Kapitel „D" mit den „generischen Maßnahmen" unter der Überschrift „Transparenz" – (unter anderem) drei Maßnahmen zu, nämlich „Spezifikation" (Transparenz gesichert für die Zukunft), „Dokumentation" (Transparenz gesichert für die Gegenwart) und „Protokollierung" (Transparenz gesichert für die Vergangenheit). Der Zweck von Transparenz besteht darin, „Prüfbarkeit" herzustellen. Prüfbarkeit erlaubt ein Controlling von bestimmten Aspekten einer Verarbeitung unter der Fragestellung, ob diese den Anforderungen der DSGVO genügen, um Mängel korrigieren oder Fehler beheben zu können. Prüfungen als Soll-Ist-Abgleiche setzen das Vorhandensein von Spezifikationen, Dokumentationen und Protokolldaten im Betrieb einer Verarbeitung voraus. Diese im Kapitel D versammelten Maßnahmen befinden sich auf dem „Stand der Technik" und/oder es handelt sich um „good practices". Für einige der dort gelisteten generischen Maßnahmen werden zusätzlich *Bausteine* bereitgestellt, die die konkrete technisch-organisatorische Umsetzung der TOM mit praxisnahen Details unterstützen.

Die aktuelle Version des SDM nutzt die sieben Gewährleistungsziele des Datenschutzes, von denen sechs erstmals 2009 in einem Zusammenhang formuliert wurden (vgl. Rost und Pfitzmann 2009):

- Datenminimierung
- Verfügbarkeit
- Integrität
- Vertraulichkeit
- Nichtverkettung
- Transparenz
- Intervenierbarkeit

Das SDM betrachtet die Gewährleistungsziele in ihrer Gesamtheit. Damit erfüllt das SDM auch die Funktion, die bekannten Schutzziele der IT-Sicherheit bzw. Informationssicherheit und die datenschutzrechtlichen Anforderungen für die Verarbeitung personenbezogener Daten in Form der Gewährleistungsziele zusammenzuführen. Auf den dabei so wichtigen Unterschied bzgl. des *Schutzobjekts* – Informationssicherheit schützt Organisation und deren Verarbeitungstätigkeiten, Datenschutz schützt Personen mit ihren Grundrechten vor genau diesen Verarbeitungstätigkeiten – ist dabei immer wieder hinzuweisen.

Anders als bei der Informationssicherheit darf keines der Ziele als weniger relevant beachtet werden. Die DSGVO sieht nicht vor, dass ein Teil der Grundsätze des Art. 5 unbeachtlich sein können, vernachlässigt oder bevorzugt werden dürfen. In der IT-Sicherheit bestehen diesbezüglich mehr Freiheitsgrade. Wobei jedoch gilt: Die DSGVO übergreift die Beurteilung der Maßnahmen der IT-Sicherheit, dazu gleich mehr. Nachfolgend werden die Gewährleistungsziele im Einzelnen vorgestellt.

Datenminimierung (Dv)

> Das Gewährleistungsziel Datenminimierung erfasst die grundlegende datenschutzrechtliche Anforderung, die Verarbeitung personenbezogener Daten auf das dem Zweck angemessene, erhebliche und notwendige Maß zu beschränken." (DSK 2024, S. 25)

Die Datenminimierung konkretisiert und operationalisiert diese Anforderung dadurch, dass nicht mehr personenbezogene Daten verarbeitet werden, als für das Erreichen des Verarbeitungszwecks benötigt wird. Im Datenschutz gilt das Prinzip des „need to know", nicht aber das für Organisationen vielfach verführerische „nice to have".

Datenminimierung ist ein Gebot, das bereits bei der Frage beginnt, ob eine geplante Datenverarbeitung als solche überhaupt erforderlich ist. Die beste Datenminimierung findet statt, wenn eine Verarbeitung nicht stattfindet. Wenn eine Datenverarbeitung erforderlich und in diesem Sinne gerechtfertigt werden kann, erstreckt sich die Datenminimierung wiederum nicht nur auf den quantitativen Aspekt der Menge der dabei zu verarbeitenden Daten, sondern auch auf den Umfang ihrer Verarbeitung, also wie weit sie mit kleinen, impliziten „Nebenzwecken" ausgreift, ihre Speicherfrist und ihre Zugänglichkeit.

Personenbezogene Daten sollen nur so lange in einer die Person identifizierenden Form gespeichert werden, wie es gemäß des Zwecks der Verarbeitung erforderlich ist. Die Konzentration auf ausschließlich erforderliche Daten spart Ressourcen, da nicht erforderliche Daten die Sicht auf die zugelassenen Daten behindert und Entscheidungen beeinflusst, was zu Fehlern führen kann, die dann in der Folge Korrekturen erfordern. Datenminimierung ist insofern „echter" Bürokratieabbau. All diese Fragen stellen sich bereits beim Design der Verarbeitungstätigkeit. Die Beachtung dieses Gewährleistungsziels erstreckt sich bspw. auch auf die Entwicklung von Programmen durch die Hersteller. Bei einer Prüfung kann das Ergebnis sein, dass eine Verarbeitung gar nicht stattfinden darf, weil sie in der Praxis, aus der Definition des Zwecks heraus abgeleitet, unnötig viele Daten erzeugt.

Im Kontext der Entwickler*innen des SDM wird vielfach die Ansicht vertreten, dass Datenminimierung nicht als ein eigenes Schutzziel herausgehoben werden muss, weil es ausreiche, die Datenminimierung als eine Untermenge des Gewährleistungsziels „Nichtverkettung" zu berücksichtigen (s. Abschn. 5.2.3.1). Dem stimme ich zu. Diese Unterordnung der Datenminimierung unter die Nichtverkettung nähme der Datenminimierung nichts von ihrer großen praktischen Bedeutung für den operativen Datenschutz, würde aber der Systematik der Beziehungen der Gewährleistungsziele besser folgen. Wenn in der Erhebungsphase von Daten nur die unbedingt erforderlichen Daten erhoben werden und die Datenminimierung bei der Gestaltung aller weiterer Vorgänge konsequent eingehalten wird, dann unterstützt die Datenminimierung auch die Umsetzung jedes anderen Gewährleistungsziels. Im Kontext des Trainings von Automaten der „Künstlichen Intelligenz" zeigt sich, dass ein unaustariert-unbedingter Grundsatz der Datenminimierung sogar falsch sein kann. Bei KI sind im Gegenteil möglichst viele und möglichst umsichtig kuratierte Daten erforderlich, um die Grundrechte Betroffener dadurch in einem geringeren Maße zu gefährden, indem die Automaten weniger Fehleinordnungen oder Fehlentscheidungen aus rein technischen Gründen treffen.

Verfügbarkeit (Vf)

> Das Gewährleistungsziel Verfügbarkeit bezeichnet die Anforderung, dass der Zugriff auf personenbezogene Daten und ihre Verarbeitung unverzüglich möglich ist und sie ordnungsgemäß im vorgesehenen Prozess verwendet werden können (DSK 2024, S. 25).

Die Verfügbarkeit einer Verarbeitung mit ihren Daten umfasst die konkrete Auffindbarkeit von Daten, z. B. durch Datenmanagement-Systeme, strukturierte Datenbanken und Suchfunktionen und die Fähigkeit der verwendeten technischen Systeme, Daten auch für Menschen angemessen verständlich darzustellen.

Eine angemessene Maßnahme zur Umsetzung von Verfügbarkeit ist die Sicherstellung von technischer und organisatorischer Redundanz für Daten, IT-Systeme, Dienste und Prozesse.

> Das Gewährleistungsziel Integrität bezeichnet einerseits die Anforderung, dass informationstechnische Prozesse und Systeme die Spezifikationen kontinuierlich einhalten, die zur Ausübung ihrer zweckbestimmten Funktionen festgelegt wurden. Integrität bezeichnet andererseits die Eigenschaft, dass die zu verarbeitenden Daten unversehrt, vollständig, richtig und aktuell bleiben (DSK 2024, S. 26).

Integrität (Ig)

Abweichungen von Anforderungen müssen bereits bei der Gestaltung von Verarbeitungen ausgeschlossen und im Betrieb zumindest erkannt werden, damit die Abweichungen fortgesetzt berücksichtigt und korrigiert werden können.

Bei automatisierten Entscheidungsprozessen muss die Anforderung der Integrität auch den Aspekt der Diskriminierungsfreiheit aufnehmen, der zwar nicht unmittelbar der DSGVO, wohl aber aus dem Grundgesetz bzw. der EU-GrCh entnehmbar ist. Diese Anforderungen müssen deshalb in die rechtliche Beurteilung der Verarbeitung einfließen und dann in der Spezifikation beachtet und im Betrieb umgesetzt und überwacht werden (vgl. Bieker 2022). Diese Anforderung ist bspw. an Maßnahmen zur Bereinigung von Trainingsdaten und zur Validierung von Ergebnissen bei der Anwendung von KI zu stellen.

Ein angemessenes Maßnahmenbündel zur Umsetzung von Integritätsanforderungen ist die Beteiligung aller wesentlichen Expert*innen, die den Zweck der Verarbeitung und dessen geplante Umsetzung in ihren Phasen und den Komponenten der Verarbeitung verstehen; inhaltlich Wesentliches darf nicht übersehen werden und muss in die Spezifikation der Verarbeitung einfließen. Zur Sicherstellung der Integrität müssen Tests zur Feststellung der Spezifikationstreue durchgeführt werden. Zur Feststellung von unbeabsichtigten Abweichungen sind dann auf der konkreten Ebene der Datenverarbeitung vielfach Prüfsummen („Hashes") zu vergleichen.

Vertraulichkeit (Vt)

> Das Gewährleistungsziel Vertraulichkeit bezeichnet die Anforderung, dass keine unbefugte Person personenbezogene Daten zur Kenntnis nehmen oder nutzen kann (DSK 2024, S. 26).

Diese Definition ist auf Daten enggeführt, es ist aber, wie schon beim Gewährleistungsziel „Integrität", sinnvoll, sie explizit auf die Verarbeitung als Ganze auszudehnen. Wenn man bspw. an Postfächer in Postzimmern von einzelnen Abteilungen denkt, dann wäre ein Ersetzen von gänzlich ungeschützt offenen Regalen durch 3/4-Türen eine Maßnahme, mit denen für ein Fach eine Art „Einwurf" entsteht. Vor diesen Türen hängen Schlösser und deren Öffnung/Schließung ist im Rollen- und Rechtekonzept geregelt. Abstrakter und mit IT-Bezug formuliert: Unbefugte Dritte von außerhalb der verantwortlichen Organisation sollen weder auf die Daten noch auf die Prozesse oder verwendeten IT-Komponenten zugreifen können. Technische Dienstleister, die die IT-Komponenten einer Verarbeitung betreuen, zählen ebenfalls zu den unbefugten Dritten, wenn diese zur Erbringung ihrer Dienstleistung keinen Zugriff auf die personenbezogenen Daten benötigen. Als unbefugte Dritte gelten ebenso Personen in Abteilungen oder Referaten, die keinen inhaltlichen Bezug zur Verarbeitungstätigkeit in anderen Organisationseinheiten haben.

Eine angemessene Maßnahme zur Durchsetzung der Vertraulichkeit in Bezug auf externe unbefugte Dritte ist bspw. die Verschlüsselung von Datenbeständen, Datenträgern und Datentransfers.

Nichtverkettung (Nv)

> Das Gewährleistungsziel Nichtverkettung bezeichnet die Anforderung, dass personenbezogene Daten nicht zusammengeführt, also verkettet, werden. Sie ist insbesondere dann faktisch umzusetzen, wenn die zusammenzuführenden Daten für unterschiedliche Zwecke erhoben wurden (DSK 2024, S. 27).

Auch diese Definition ist historisch bedingt unnötig auf Daten verengt und sollte auf die Verarbeitung bezogen werden. Nicht nur Daten, die zu unterschiedlichen Zwecken verarbeitet werden, können miteinander verschnitten werden, sondern auch Verarbeitungen insgesamt. Mit diesem Gewährleistungsziel soll wesentlich das Gebot der „Zweckbindung" der zu erhebenden Daten und der zur Umsetzung verwendeten Betriebsmittel sichergestellt werden. Die Herausforderungen, die mit der Nichtverkettung adressiert werden, bestehen zum einen in den Begehrlichkeiten anderer Organisationen oder anderer Organisationseinheiten an vorhandenen Daten, denen unter bestimmten Bedingungen rechtlich nachgekommen werden kann. Zum Zweiten entstehen Risiken durch die Nutzung gemeinsamer IT-Infrastrukturen (vernetzt zugänglichen Fachapplikationen, Datenbanken, Routern, …) für unterschiedliche Verarbeitungstätigkeiten, die ökonomisch begründet sind. Datenbestände, IT-Systeme und Prozesse einer Verarbeitungstätigkeit sollen von den Datenbeständen, IT-Systemen und Prozessen anderer Verarbeitungstätigkeit getrennt gehalten werden, so dass nur rechtlich geregelt, eingeschränkt und unter praktisch kontrollierbaren, beherrschbaren Bedingungen Daten übermittelt oder System gekoppelt werden. *Die Nichtverkettung als ein Unter-Bedingungen-Stellen einer Datenverarbeitung ist die wesentliche regulative Idee des Datenschutzes.*

Eine angemessene Maßnahme zur Umsetzung der Nichtverkettung besteht in der Konstitution bzw. der Durchsetzung von Trennungen bzw. der Aufrechterhaltung und Kontrolle von Grenzen wie bspw. bei der Durchsetzung von Gewaltenteilung bei der Nutzung von IT-Infrastrukturen. Wobei das Prinzip der „Gewaltenteilung" nicht nur eng auf Legislative, Judikative, Exekutive oder Bund, Länder und Gemeinden bezogen gelten muss, sondern darüber hinaus auch die Separierung von Unternehmen als Voraussetzung für Marktgeschehen und Separierung von Forschungsinstitutionen als Voraussetzung für unabhängig-eigenständige Forschungsaktivitäten und Diskurse umfassen kann. Deutlich wird, dass die datenschutzrechtliche Analyse der Erforderlichkeit auf abstrakte Personenrollen wie Bürger*innen,

Kund*innen, Personen im Allgemeinen zurechnet, und die Durchsetzung von Datenschutzanforderungen die Reproduktion von „Unterschieden", also Diversität, im Kontext sozialer Systeme sichert.

Transparenz (Tp)

> Das Gewährleistungsziel Transparenz bezeichnet die Anforderung, dass in einem unterschiedlichen Maße sowohl Betroffene, als auch die Betreiber von Systemen sowie zuständige Kontrollinstanzen erkennen können, welche Daten wann und für welchen Zweck bei einer Verarbeitungstätigkeit erhoben und verarbeitet werden, welche Systeme und Prozesse dafür genutzt werden, wohin die Daten zu welchem Zweck fließen und wer die rechtliche Verantwortung für die Daten und Systeme in den verschiedenen Phasen einer Datenverarbeitung besitzt (DSK 2024, S. 27).

Transparenz ist für die Beobachtung und Steuerung von Datenflüssen sowie von Prozessen und Systemen erforderlich. Transparenz ist außerdem eine Voraussetzung dafür, dass betroffene Personen in eine Datenverarbeitung informiert einwilligen können. Transparenz der gesamten Datenverarbeitung und der beteiligten Instanzen kann dazu beitragen, dass insbesondere Kontrollinstanzen Mängelfreiheit attestieren oder Fehler und Mängel erkennen und entsprechende Änderungen der Verarbeitung einfordern können. Transparenz wird erzeugt durch die Spezifikation, Dokumentation und Protokollierung der Aktivitäten einer Verarbeitungstätigkeit und hat u. a. die Kontrollierbarkeit, Prüfbarkeit und Beurteilbarkeit der Umsetzung der anderen Gewährleistungsziele zum Zweck (s. Abschn. 4.3.5).

> Das Gewährleistungsziel Intervenierbarkeit bezeichnet die Anforderung, dass den betroffenen Personen die ihnen zustehenden Rechte auf Benachrichtigung, Auskunft, Berichtigung, Löschung, Einschränkung, Datenübertragbarkeit, Widerspruch und Erwirkung des Eingriffs in automatisierte Einzelentscheidungen bei Bestehen der gesetzlichen Voraussetzungen unverzüglich und wirksam gewährt werden und die verarbeitende Stelle verpflichtet ist, die entsprechenden Maßnahmen umzusetzen (DSK 2024, S. 27).

Intervenierbarkeit (Iv)
Die Intervenierbarkeit zielt auf die Organisation in dem Sinne, dass eine Organisation über Prozesse verfügen muss, mit denen sie auf Störungen, Probleme und Änderungsbedarfe

an ihren Daten, IT-Systemen und Prozessen reagieren kann (Stichwort „Changemanagement"). Sie muss sich auf veränderte Bedingungen, die bspw. durch eine Änderung des Datenschutzrechts oder von Techniken entstehen, einstellen können.

Intervenierbarkeit zielt ebenso darauf, dass betroffene Personen ihre Rechte gegenüber der verantwortlichen Organisation durchsetzen können. Darauf legt die DSGVO ersichtlich großen Wert angesichts der umfassenden Regelungen der Betroffenenrechte von Art. 12 bis 22 DSGVO. Alle diese Regelungen aus der DSGVO sollten mit Standardprozessen hinterlegt sein, so dass bspw. eine Beauskunftung darüber, welche Daten eine Organisation über eine bestimmte Person hat, auf Knopfdruck möglich wird, was grundsätzlich, bei einem hohen Grad der Automation einer Datenverarbeitung, kein großes Problem mehr sein sollte.

Resilienz

Alle in der DSGVO aufgeführten Grundsätze bzw. die genannten Ziele des SDM müssen auch dann erreicht werden, wenn Verarbeitungen mit ihren Systemen und Diensten einer unerwartet hohen Last unterliegen (vgl. Art. 32 zu „Belastbarkeit"). Die Sicherung der Belastbarkeit bezieht sich nicht nur auf eine noch einmal gesteigerte Sicherung der Verfügbarkeit einer Verarbeitung und deren Daten, sondern auf alle Grundsätze aus Art. 5 DSGVO bzw. Gewährleistungsziele.

5.2 Vertiefende Erläuterungen

Das SDM ist vollständig in der DSGVO verankert. Es findet keine Rechtsschöpfung durch die Methode statt, denn die Gewährleistungsziele sind weitgehend deckungsgleich mit den Grundsätzen des Artikels 5. Dabei steht außer Zweifel, dass ein Modell immer eine Komplexitätreduktion des Objektbereichs bzw. des Regelwerks ist, von dem es ein Modell ist. Insofern kann es immer nur eine hinreichende und keine perfekte Deckung zwischen Modell und Regelwerk geben. Hinreichend ist die Deckung in der Praxis, wenn die Expert*innen ihre Anliegen in dem Modell wiederfinden und Wesentliches ausdrücken können. In Bezug auf das Datenschutzrecht folgt daraus, dass die DSGVO dem SDM vorausgeht; eine Beschäftigung mit dem SDM erspart einem somit nicht, hin und wieder in die DSGVO zu sehen oder ein/e Spezialist*in um Rat bei der Interpretation zu bitten.

Im Kap. C2 des SDM-Methodikhandbuchs „Systematisierung der rechtlichen Anforderungen mit Hilfe der Gewährleistungsziele" werden 23 Anforderungen der DSGVO, die über die Beachtung des Art. 5 hinausgehen, ebenfalls auf die Gewährleistungsziele abgebildet. Das verschafft dem SDM die gesuchte Verankerung in der DSGVO bei gleichzeitiger drastischer Komplexitätsreduktion. In der ersten Version des SDM ist eine Tabelle enthalten, die neben den Artikeln auch die Erwägungsgründe der DSGVO auf den Gewährleistungszielen des SDM abbildet (s. SDM-V1 DSK 2016; zum Verhältnis von Artikeln und Erwägungsgründen s. Abschn. 4.3.2 und Abb. 5.1).

Datenmini-mierung	Verfüg-barkeit	Integrität	Vertrau-lichkeit	Nichtver-kettung	Transparenz	Intervenier-barkeit
28, 29, 30, 39, 78, 156	49, 78, 83	39, 49, 78, 83	39, 49, 78, 83	31, 32, 33, 39, 50, 53, 71, 78	32, 39, 42, 58, 60, 61, 63, 74, 78, 84, 85, 86, 87, 90, 91, 100	39, 59, 65, 66, 67, 68, 69, 70, 78

Abb. 5.1 Zuordnung von *Erwägungsgründen* der DSGVO auf Gewährleistungsziele. (Aus: DSK 2016, Abb. 4 auf S. 29)

Aufgabe:

Beschreiben Sie bitte wahlweise für das Beispiel 1 („Kindergarten") oder das Beispiel 2 („Fahrtenschreiber"), welche Anforderungen die Gewährleistungsziele an diese Verarbeitungen stellen. Was bedeuten diese Ziele für die praktische Gestaltung einer Verarbeitung, wenn Sie beim Beispiel Kindergarten an die Ebene 2 der Sachbearbeitung mit Laptop und Textverarbeitungsprogramm oder beim Beispiel Fahrtenschreiber an die Ebene 3 der Infrastruktur denken, über die die aus dem KfZ stammenden Daten die Versicherung erreichen. Wie sichert man „Verfügbarkeit", „Vertraulichkeit" usw. jeweils ab? Wieder kommt es nicht darauf an, dass Sie jedes Detail erfassen, sondern dass Sie den Einstieg verstehen, wie sich datenschutzrechtliche Anforderungen an eine konkrete Verarbeitung mit dem SDM in eine bearbeitbare Form bringen lassen.

Eine gesamtheitliche Betrachtung der Gewährleistungsziele erlaubt es, die Beziehungen der Ziele untereinander zu analysieren. Die Erfahrung zeigt, dass sich Maßnahmen zur Umsetzung der Gewährleistungsziele gegenseitig beeinflussen können, sowohl verstärkend als auch schwächend. Überlegungen zu dieser Eigenschaft standen am Beginn der Entwicklung einer „Systematik der Schutzziele", die bislang in den offiziellen Publikationen des SDM nicht enthalten sind (Stand: Frühjahr 2024).

Im nachfolgenden Kapitel wird zunächst die Entstehungsgeschichte der Gewährleistungsziele, so wie sie heute im SDM verwendet werden, nachgezeichnet. Das Kapitel zeigt, wie die Gewährleistungsziele, in den Anfängen noch als „Schutzziele" bezeichnet, methodisch entlang von drei Achsen herausgearbeitet wurden. Im letzten Kapitel werden weitere systematisch sinnvolle Anordnungen der Beziehungen der Gewährleistungsziele untereinander diskutiert.

5.2.1   Eine kurze Geschichte des SDM

Die Geschichte des SDM beginnt mit der Entwicklung der *Gewährleistungsziele.* So wie sie heute im Datenschutz und speziell im SDM verwendet werden, lassen sie sich zu einem großen Anteil auf das Wirken von Andreas Pfitzmann zurückführen.

Andreas Pfitzmann arbeitete von 1993 bis zu seinem frühen Tod 2010 als Informatik-Professor für Datenschutz und Datensicherheit an der TU Dresden und forschte u. a. über Schutzziele in der kritischen Tradition der IT-Sicherheit, die er wiederum bei Rüdiger Dierstein starten sah (vgl. Podlech 1976). Im Jahr 2000 hatte Andreas Pfitzmann zwei Artikel zu Schutzzielen veröffentlicht, die die Grundlage für die später einsetzende Entwicklung der Gewährleistungsziele bilden: Zusammen mit seinem damaligen Assistenten Hannes Federrath publizierte er zur „Systematisierung von Schutzzielen in der IT-Sicherheit" (vgl. Federrath und Pfitzmann 2000), zusammen mit Gritta Wolf über „Charakteristika von Schutzzielen" (vgl. Wolf 2000). Andreas Pfitzmann beriet später, aufgrund wohl auch dieser Publikationen, das Bundesverfassungsgericht (BVerfG) im Vorfeld des Integritäts- und Vertraulichkeitsurteils, das im Februar 2008 verkündet wurde (vgl. BVerfG 2008). In der Zusammenarbeit mit dem damaligen Präsidenten des BVerfG Prof. Hans-Jürgen Papier entwickelte Andreas Pfitzmann zwischen 2007 und 2008 Einsichten, die er quick & dirty 2009 an Marit Hansen mailte, die damals im Unabhängigen Landeszentrum für Datenschutz Schleswig-Holstein (ULD) die Technik- und Projektabteilung leitete und mit der er eng zusammenarbeitete.

Marit Hansen, die heutige Leiterin des ULD (Stand: Sommer 2024), und Andreas Pfitzmann hatten sich mit ihren gemeinsamen Arbeiten, erst zur Anonymität und später umfassender zum Identitätenmanagement, in der akademischen Szene bereits einen Namen gemacht (vgl. Pfitzmann und Hansen 2010). Marit Hansen leitete das Arbeitspapier an mich als ihren Projektmitarbeiter weiter.

In den neun Jahren zwischen diesen Publikationen – 2000 die beiden offiziellen Artikel, 2009 das interne Arbeitspapier für seine Assistent*innen – lässt sich eine Entwicklung der Systematisierung erkennen. Im Jahr 2000 stellten Andreas Pfitzmann und seine Kolleg*innen zunächst darauf ab, die klassische Trias der Schutzziele der IT-Sicherheit – Sicherung der Verfügbarkeit, Integrität und Vertraulichkeit – weiterzuentwickeln. Damit standen sie in der akademischen Tradition ihres Faches, die sich darum bemühte, Implikationen und Beziehungen zwischen Schutzzielen zu klären und für besonders relevante Teilaspekte spezifische Schutzziele (wie Verdecktheit, Findbarkeit, Zurechenbarkeit, Erreichbarkeit, Verbindlichkeit …) auszurufen (vgl. Samonas und Cross 2014, S. 29, „Table 2", s. Abschn. 5.2.2.)

2009 dann zeigte sich ein „back to the roots". Die Vielzahl an Schutzzielen wurde seitens der Forschung wieder auf eine höhere Abstraktionsebene gehoben, wodurch ihre Anzahl verringert werden konnte, einerseits. Andererseits wurden einige der bis dahin neu formulierten Schutzinhalte mit einem neuen Schutzziel ausgedrückt, das wesentliche Anforderungen spezifisch des Datenschutzes erfassen konnte. Er nannte dieses neue Schutzziel in seinen ersten

Entwürfen „Intrigität". Mir ist bis heute nicht klar, ob im Ernst, im Spaß oder aus pädagogischer Absicht, um uns durch überraschende Ironie vor der Falle eines lethargischen Vorverständnisses zu bewahren. Die Funktion des Schutzziels Intrigität sollte darin liegen, dem bis dahin „heiligsten" aller Schutzziele, nämlich der als absolut gültig verstandenen „Integrität" etwas entgegenzusetzen. Eine unerhörte Provokation, wenn man in den konventionellen Bahnen nicht nur der IT-Sicherheit sondern der Technik im Allgemeinen dachte. Aus der Untersuchung mit Wolf waren die drei Beziehungsmodi zwischen Schutzzielen – Schutzziel „x" verstärkt oder schwächt oder impliziert Schutzziel „y" – hervorgegangen und diskutiert worden (vgl. Wolf 2000, S. 179, Abb. 2). Intrigität schwächt Integrität aber nicht nur monoton quantitativ, sondern sie „läuft" dieser qualitativ entgegen, ohne zugleich die Geltung der Integrität als solche infragezustellen. Sie kann nur nicht mehr eine absolut unumstößliche Geltung auf allen Ebenen in jedem Falle beanspruchen, als Voraussetzung dafür, eine auch juristisch motivierte Modellierung einer Datenverarbeitung im Sinne eines „es kommt darauf an" möglich zu machen. Um dieses Verhältnis ausdrücken zu können galt es, ein neues Schutzziel zu setzen. An dieser Stelle liegt der neuralgische Umschlagpunkt der Transformation normativer und technisch-funktionaler Anforderungen.

Hintergrund war, dass Andreas Pfitzmann der Gedanke bewegte, dass eine schwangere Frau das Recht habe, in einem Bewerbungsgespräch über ihren körperlichen Status zu lügen. Eine Kommunikationstechnik müsse so konstruiert werden bzw. funktionieren, dass diese eine lügende Person nicht zwangsläufig überführe! Die Souveränität, die Selbstbestimmung und Freiheit von Menschen technisch zu unterstützen war generell seine leitende Heuristik im Kontext des Paradigmas der „multilateralen Sicherheit". Dieses von ihm neu kondensierte Schutzziel sollte die spezifischen Anforderungen des Datenschutzes, die sich nicht bescheiden mit dem besonderen Schutz von personenbezogenen Daten im Sinne der IT-Sicherheit deckten, aufnehmen und operativ zugänglich machen. Formal gab es schon vorher Bestrebungen, im operativen Datenschutz auf Schutzziele abzustellen; allein deshalb, weil diese techniknah relativ gut im Kontext der IT-Sicherheit verstanden waren; es musste nur(?) gelingen, sie in den operativen Datenschutz zu integrieren und juristisch zugänglich zu machen.

Dieser Vorschlag, „Intrigität" als Gegenpol zum etablierten Schutzziel „Integrität" aufzufassen, erweiterte das Standardset der Schutzziele der IT-Sicherheit um ein viertes Schutzziel. Dies war die gesicherte Ausgangskonstellation dann für die Entwicklung des Sets der heutigen Gewährleistungsziele im Datenschutz. (Die weitere Entwicklung des Sets der Schutzziele habe ich im Kontext der systematischen Darstellung der Herausbildung der Abwägungsachsen der Schutzziele dargestellt (s. Abschn. 5.2.3).)

Marit Hansen und mir war der Nutzen dieses Ansatzes, die traditionellen Schutzziele der IT-Sicherheit und die des Datenschutzes untereinander abwägend in eine Gesamtordnung zu bringen, für die Praxis einer Datenschutzaufsichtsbehörde sofort klar. Andreas Pfitzmanns Assistent*innen in Dresden waren auf diese Überlegungen nicht angesprungen. Aber wir Mitarbeiter*innen einer Datenschutzaufsichtsbehörde begriffen, dass ein Skalieren und sogar Abwägen zwischen Schutzzielen genau das ist, was wir transdisziplinär in einer

Aufsichtsbehörde, arbeitsteilig insbesondere zwischen den Rechts- und den Technikspezialist*innen, täglich machen. Es dauerte ein gutes halbes Jahr, bis Andreas Pfitzmann, Marit Hansen und ich das heute gültige Set an Schutzzielen in eine erste überzeugende Konstellation zueinander gebracht hatten. Die Zusammenarbeit zwischen Andreas Pfitzmann und mir intensivierte sich. 2009 erschien unser gemeinsamer Aufsatz mit einer nochmaligen Reflexion über Schutzziele (vgl. Rost und Pfitzmann 2009). Es sollte leider Andreas Pfitzmanns letzter größerer Aufsatz bleiben. Die Überlegungen in diesem Aufsatz von 2009 und meine Orientierung an der Grundschutzmethode des BSI bildeten dann die Grundlage für das etwa zwei Jahre später entwickelte SDM.

Es gab weitere, davon unabhängige Aktivitäten zur Verankerung von Schutzzielen im Datenschutz. Denn Schutzziele der IT-Sicherheit waren um 2008/2009 herum im Datenschutzrecht selbstverständlich ein bekanntes Konzept; so waren in den Landesdatenschutzgesetzen der sechs „neuen Bundesländer" seit den 1990er Jahren die drei Schutzziele der IT-Sicherheit verankert.

Eine Arbeitsgruppe des AK-Technik hatte 2001 den Auftrag erhalten, für die Umsetzung der seit 1995 geltenden EU-Datenschutzrichtlinie in nationales Recht Formulierungsvorschläge für den technischen Teil zu erarbeiten. Es ging unter anderem darum, die Kontrollziele der 1970er Jahre durch technikunabhängige Schutzziele zu ersetzen. Dass das funktioniert, wussten die Techniker*innen der neuen Bundesländer bereits. Bund und Länder waren dabei, die Datenschutzgesetze an die Richtlinie anzupassen, aber zeitlich bereits sehr im Verzug, die Anpassungsfrist von drei Jahren war lange schon abgelaufen. Der Textvorschlag der Arbeitsgruppe war vom AK-Technik einstimmig verabschiedet worden. Die Techniker*innen nahmen sich vor, den Jurist*innen in den Innenministerien der Länder derart detaillierte Formulierungsvorschläge vorzulegen, dass sie diese, auch schon aufgrund des hohen Zeitdrucks, möglichst ohne Änderungen übernehmen würden. Diese Taktik ist in einigen Ländern wie bspw. Mecklenburg-Vorpommern aufgegangen. So wanderte 2002 der Textvorschlag ohne Änderungen in das neue „Datenschutzgesetz Mecklenburg-Vorpommern" (DSG M-V). Der Katalog der Schutzziele war gegenüber der ersten Generation auf sechs Schutzziele erweitert worden; nun standen die Schutzziele *Vertraulichkeit, Verfügbarkeit, Integrität, Authentizität, Revisionsfähigkeit und Transparenz* im Gesetz. Zudem wurde die Pflicht zur Erstellung von Sicherheitskonzepten in das Gesetz aufgenommen. Das war für die Datenschutzaufsichtsbehörde ein wesentlicher Hebel, um Landesbehörden zum Handeln zu zwingen. Jede Kontrolle der technisch-organisatorischen Maßnahmen begann mit der Forderung nach Vorlage eines Sicherheitskonzeptes, auf die die Prüfung der Umsetzung der Schutzziele durch konkrete Maßnahmen folgte. Kurze Zeit später wurden diese sechs Schutzziele von Mecklenburg-Vorpommern auch in die Landesdatenschutzgesetze von Berlin, Hamburg, Nordrhein-Westfalen, Rheinland-Pfalz und Sachsen aufgenommen (s. Abb. 5.2).

2009 hielt ich einen Vortrag zu Schutzzielen im AK-Technik der DSK und stellte den Kolleg*innen die Systematik der *sechs neuen Schutzziele* vor. Das „alte" Schutzziel Authentizität hatte ich als Teilmenge der Integrität zugeschlagen und das Schutzziel

§ 9
Maßnahmen zur Gewährleistung des Datenschutzes

(1) [1]Öffentliche Stellen, die personenbezogene Daten verarbeiten, haben alle angemessenen personellen, technischen und organisatorischen Maßnahmen zu treffen, die erforderlich sind, um eine den Vorschriften dieses Gesetzes entsprechende Datenverarbeitung zu gewährleisten. [2]Die Grundsätze der Datenvermeidung und Datensparsamkeit sind zu beachten.

(2) Werden personenbezogene Daten verarbeitet, sind nach dem jeweiligen Stand der Technik Maßnahmen zu treffen, die geeignet sind zu gewährleisten, dass

1. nur Befugte personenbezogene Daten zur Kenntnis nehmen können (Vertraulichkeit),
2. personenbezogene Daten während der Verarbeitung unversehrt, vollständig und aktuell bleiben (Integrität),
3. personenbezogene Daten zeitgerecht zur Verfügung stehen und ordnungsgemäß verarbeitet werden können (Verfügbarkeit),
4. jederzeit personenbezogene Daten ihrem Ursprung zugeordnet werden können (Authentizität),
5. festgestellt werden kann, wer wann welche personenbezogenen Daten in welcher Weise verarbeitet hat (Revisionsfähigkeit),
6. die Verfahrensweisen bei der Verarbeitung personenbezogener Daten vollständig, aktuell und in einer Weise dokumentiert sind, dass sie in zumutbarer Zeit nachvollzogen werden können (Transparenz).

Abb. 5.2 Schutzziele im §9 des LDSG Sachsen von 2003

Revisionsfähigkeit als integritätsgesicherte Transparenz ausgewiesen. Mit dieser Zuordnung stand ich, dessen ich mir nicht bewusst war, in einer Tradition, ergänzende Schutzziele „geringerer Reichweite" den elementaren Schutzzielen unterzuordnen (vgl. Samonas und Cross 2014, S. 30). Damit war schon mal die Richtung der Systematisierung angezeigt und schlicht Platz geschaffen. „Platz in einem Gesetzestext" ist inhaltlich-regulatorisch selbstverständlich ein vollkommen bedeutungsloses Argument, das durchsetzungspragmatisch aber funktionierte. Das neue Schutzziel „Nichtverkettbarkeit" nahm im Wesentlichen die normative Anforderung der Zweckbindung einer Datenverarbeitung auf; das Schutzziel „Intervenierbarkeit" stand für die Bereitstellung von Möglichkeiten, dass Änderungen an Verarbeitungen und Daten herbeigeführt werden können, ob durch die Organisation oder durch betroffene Personen mit ihren Betroffenrechten. Dass formal durch diese Ersetzungen nicht mehr Text entstand, stärkte die Hoffnung, dass die Jurist*innen in den Innenministerien die anstehende Änderung in den Landesdatenschutzgesetzen durchwinken würden. Das hatte auch funktioniert, wobei die Übernahme noch eine Weile auf sich warten ließ.

Ein großer strategischer Erfolg für den Arbeitskreis SDM des AK-Technik war es, als dann die DSK 2010 in dem Papier „Ein modernes Datenschutzrecht für das 21. Jahrhundert" die sechs neuen Schutzziele vollständig aufzählte und diese auch als diejenigen Kriterien auswies, mit denen die Risiken der informationellen Selbstbestimmung in Verfahren festzustellen seien (DSK 2010, S. 19). 2012 wurden die „neuen Schutzziele" erstmals vollständig im §5 des Landesdatenschutzgesetzes von Schleswig-Holstein (LDSG-SH) übernommen. Das LDSG-SH galt dann bis zur Ablösung durch die DSGVO 2018 und das neue LDSG-SH 2018 (s. Abb. 5.3).

---

§ 5 - Allgemeine Maßnahmen zur Datensicherheit

Sie sind hier: » Landesdatenschutzgesetz (LDSG) bis 24.05.2018 » § 5 - Allgemeine Maßnahmen zur Datensicherheit

(1) Die Ausführung der Vorschriften dieses Gesetzes sowie anderer Vorschriften über den Datenschutz im Sinne von § 3 Abs. 3 ist durch technische und organisatorische Maßnahmen sicherzustellen, die nach dem Stand der Technik und der Schutzbedürftigkeit der Daten erforderlich und angemessen sind. Sie müssen gewährleisten, dass

> 1. Verfahren und Daten zeitgerecht zur Verfügung stehen und ordnungsgemäß angewendet werden können (Verfügbarkeit),

> 2. Daten unversehrt, vollständig, zurechenbar und aktuell bleiben (Integrität),

> 3. nur befugt auf Verfahren und Daten zugegriffen werden kann (Vertraulichkeit),

> 4. die Verarbeitung von personenbezogenen Daten mit zumutbarem Aufwand nachvollzogen, überprüft und bewertet werden kann (Transparenz),

> 5. personenbezogene Daten nicht oder nur mit unverhältnismäßig hohem Aufwand für einen anderen als den ausgewiesenen Zweck erhoben, verarbeitet und genutzt werden können (Nicht-Verkettbarkeit) und

> 6. Verfahren so gestaltet werden, dass sie den Betroffenen die Ausübung der ihnen zustehenden Rechte nach den §§ 26 bis 30 wirksam ermöglichen (Intervenierbarkeit).

(2) Automatisierte Verfahren sind vor ihrem erstmaligen Einsatz und nach wesentlichen Änderungen hinsichtlich einer wirksamen Umsetzung der getroffenen Maßnahmen nach Absatz 1 zu testen und durch die Leiterin oder den Leiter der datenverarbeitenden Stelle oder eine befugte Person freizugeben.

(3) Die Landesregierung regelt durch Verordnung die Anforderungen an das Sicherheitskonzept sowie die Freigabe automatisierter Verfahren und weitere Einzelheiten einer ordnungsgemäßen Datenverarbeitung der öffentlichen Stellen. Das Unabhängige Landeszentrum für Datenschutz ist anzuhören.

Abb. 5.3 Das vollständige Set der Schutzziele im §5 des LDSG-Schleswig-Holstein von 2012, das Einfluss auf Formulierungen des Art. 5 DSGVO hatte. (s. Fußnote 5 auf S. 50Albrecht und Jotzo 2017)

Und die Schutzziele fanden schließlich Eingang in den Art. 5 der DSGVO. Nachdem Jan-Philipp Albrecht Berichterstatter für das Europäische Parlament geworden war, hatte ich das novellierte LDSG-SH an Ralf Bendrath, ein Mitarbeiter von Jan-Philipp Albrecht, geschickt. Ralf Bendrath schrieb mir einige Jahre später in einer Mail zum Zustandekommen des Artikels 5 DSGVO:

> Im Kommissionsentwurf im Januar 2012 war ja Art. 5 schon weitgehend so drin, wie er heute aussieht. Du hast mir dann (…) mal den Hinweis auf die Novelle des SH-LDS mit den Schlüsselwörtern geschickt, und ich habe daraufhin die Schlüsselwörter in unseren Berichtsentwurf eingebaut. Das fanden alle irgendwie gut, es war politisch jedenfalls nicht umstritten. Die praktische Frage war dann eher, wie man es genau benennt – „Nichtverkettbarkeit" war z.B. damals den anderen Fraktionen noch ein böhmisches Dorf. Im Trilog mit dem Rat haben die Luxemburger das so übernommen und nicht weiter in Frage gestellt. Der Streitpunkt war ja zu diesem Zeitpunkt mehr die Privilegierung der Weiterverarbeitung für Forschungszwecke, die sich dann in 5 (1) (b) und (e) niederschlug.

Insofern darf man behaupten, dass die systematischen Überlegungen von Andreas Pfitzmann, Marit Hansen und mir zum vollständigen Set der Schutzziele begrifflich zugespitzt in die DSGVO einflossen und heute der DSGVO als solche auch wieder entnommen werden dürfen.

Mit den Schutzzielen stand somit eine leistungsfähige Heuristik zur Analyse der Verfahren in Behörden bzw. der Geschäftsprozesse in Unternehmen zur Verfügung. Sie ermöglichte eine systematische Abwägung zwischen den Schutzzielen und konnte zur deutschlandweiten Vereinheitlichung der Prüf- und Beratungspraxis – über das damals geltende Bundesdatenschutzgesetz sowie drei verschiedene Ausprägungen von Landesdatenschutzgesetzen hinweg – herangezogen werden. Für die Bewältigung praktischer Datenschutzanforderungen in den Organisationen war das aber immer noch zu wenig. Es musste noch mehr „Butter bei die Fische", und das meinte, dass es im operativen Datenschutz eines Kalküls bedarf, das vom Rechtstexten und abstrakten Zielen bis hinunter zu den konkreten Maßnahmen reicht, am besten nach dem Methodik-Vorbild des IT-Grundschutzes des BSI.

Der IT-Grundschutz des Bundesamts für Sicherheit in der Informationstechnik („BSI") bot damals vielen Datenschutzaufsichtsbehörden methodischen Halt, um zumindest die Ordnungsmäßigkeit der IT insbesondere in Behörden zu beurteilen. Denn das BSI bot bzw. bietet standardisierte Kataloge mit TOM zur Bearbeitung von IT-Sicherheitsrisiken. Das ist methodisch genau das, was auch die Datenschutzpraxis braucht, einen Katalog mit standardisierten TOM. Ich musste 2010 insofern nicht mehr viel hinzutun, um eine Verbindung zwischen den Schutzzielen, als operativ zugängliche normative Anforderungen, und den Maßnahmen, als praktische Umsetzungen dieser Anforderungen, herzustellen. Im Nachhinein ist das keine große Sache; als der Gedanke erstmals aufstieg, über alle sechs Schutzziele des Datenschutzes hinweg einen Maßnahmenkatalog zu erstellen, war dies ein beglückender Heureka-Moment. Ich kritzelte einen ersten Entwurf der Verbindung zwischen Schutzzielen, TOM, Schutzbedarf – Risiko kam erst mit der DSGVO – und IT-Komponenten auf ein Papier und stürzte zu Kirsten Bock, Juristin und ebenfalls Mitarbeiterin des ULD, ins Büro, und malte übersprudelnd ihr Whiteboard voll. Und Kirsten Bock, die damals ein Datenschutz-Zertifizierungsverfahren für Geschäftsprozesse unter Bezeichnung „Europrise" entwickelte, verstand auf Anhieb; sie fing sofort an, ihre Datenschutzfälle mit diesen Zielen zu analysieren und bei Europrise als Zertifizierungskriterien zu implementieren.

Durch Kirsten Bock und Meike Kamp, die anfänglich beide als Jurist*innen an den Arbeiten der Unterarbeitsgruppe zum SDM beteiligt waren, wurden die normativen Anforderungen der deutschen Datenschutzgesetze auf die sechs Schutzziele abgebildet. Durch den Bezug der unterschiedlichen rechtlichen Regelungen auf das Set der Schutzziele gelang für den Datenschutzvollzug eine enorme Komplexitätsreduktion auf das Wesentliche, bis hin zu Vorstellungen über die Vollständigkeit von Prüfverfahren. 2012 erschienen mehrere Artikel zum SDM, in denen die bis heute gültigen Umrisse des Standard-Datenschutzmodells erstmals skizziert waren. Kirsten Bock und Sebastian Meisner verankerten die Schutzziele im Recht (vgl. Bock und Meissner 2012). Dr. Thomas Probst, ebenfalls Mitarbeiter des ULD und außerdem zertifizierter BSI-Auditor, präsentierte einen Maßnahmenkatalog, in dem allen Gewährleistungszielen TOM zugeordnet waren (vgl. Probst 2012). Ich stellte in meinem Artikel die Integration von Recht und Technik und die Logik des SDM vor (vgl. Rost 2012). Die Version 1 des SDM stand.

Damit das SDM in die Praxis kam, musste es natürlich von allen Datenschutz-Aufsichtsbehörden unterstützt werden. Das hieß: Das SDM bedurfte zunächst der Aufmerksamkeit des Arbeitskreises Technik (AK-Technik) und danach des Segens der unabhängigen Datenschutzaufsichtsbehörden des Bundes und der Länder (DSK). Ich stellte die erste Version des SDM dem AK-Technik vor. Wenige Jahre zuvor hatte es bereits erste abgeschlossene Diskussionen im AK-Technik zu den Schutzzielen gegeben (s. Abschn. 5.2.1). Gabriel Schulz, Leiter des AK-Technik, wusste um das systematisierende Potential der Schutzziele und hatte die Logik des neuen Ansatzes des SDM bereits durch die publizierten Fachartikel erkannt. In Vorgesprächen hatte er der Notwendigkeit einer gegenüber dem IT-Grundschutz eigenen Methodik zugestimmt. Eine durchaus nennenswert große Zahl an Kollegen war jedoch indifferent und einige wenige äußerten Zweifel. Bereits 2015 gab es in Hannover einen Workshop zum SDM, bei dem 75 Kolleg*innen aus den Datenschutzaufsichtsbehörden Deutschlands zusammenkamen. Hier wurde die Anwendbarkeit des SDM für Prüfungen im öffentlichen und privaten Bereich an Usecases demonstriert (vgl. AK-Technik 2015). Einige Jurist*innen zeigten sich während der Diskussionen zum SDM allerdings enttäuscht, wonach das SDM nicht auch ihre Arbeit unterstütze. Das Statement verschlug mir damals den Atem, weil diese Jurist*innen offenbar der Auffassung waren, dass die Datenschutzpraxis in die normative Analyse hineinzunehmen, ihrem Verständnis nach nicht zu ihren Aufgaben zählte.

Gabriel Schulz richtete unbeirrt die Unterarbeitsgruppe Standard-Datenschutzmodell (UAGSDM) des AK-Technik ein, leitete die Sitzungen der ersten Jahre durch häufig schwierige Gewässer, und setzte das Thema SDM regelmäßig auf die Agenda der damals noch halbjährlich tagenden DSK. 2016 fand das SDM noch nicht die ungeteilte Zustimmung der Konferenz der „unabhängigen Datenschutzbehörden des Bundes und der Länder"; man verabschiedete zwar das SDM, bestand aber darauf, das SDM-V1.0 nur als „Erprobungsfassung" auszuweisen.

Wichtig auf dem Weg der Etablierung des SDM waren sicher die guten Kontakte von einigen Mitgliedern der UAGSDM zum BSI. Im AK-Technik sprangen einige Kollegen auf die These von der Notwendigkeit einer gegenüber dem IT-Grundschutz eigenständigen Methode an. Es war genau dieser Ansatz – Emanzipation vom IT-Grundschutz durch Einführung weiterer Schutzziele mit Ausweisen des nahezu entgegengesetzten Schutzgutes und Übernahme der Methode zur Verschränkung von Normen und Maßnahmen des IT-Grundschutzes – der die Zustimmung auch von Isabel Münch fand, die damals das IT-Grundschutz-Referat beim BSI leitete. Frau Münch unterstützte sofort das SDM, weil das SDM versprach, dem primär operativ orientierten IT-Grundschutz den manchmal schwerfällig machenden Ballast der datenschutzrechtlichen Abwägungen abzunehmen. Während viele BSI-Auditoren damals ein ganz schlichtes Verständnis vom operativen Datenschutz hatten (und viele sicher auch immer noch haben), wonach operativer Datenschutz sich im Wesentlichen darin erschöpfe, personenbezogene Daten besonders sicher vor unbefugtem Zugriff zu schützen, war Münch der grundrechtliche Ansatz eines operativen Datenschutzes bzw. des SDM klar. Anstatt sich bei nur mäßiger Expertise allzusehr selbst von datenschutzrechtlichen Erwägungen in der IT-Sicherheit ausbremsen zu lassen, sollten nun die Datenschützer mit dem SDM selbständig diesen Job der Betreuung des operativen Datenschutzes übernehmen. Sie sorgte dafür, dass der operative Datenschutz mit dem SDM im IT-Grundschutz unter „CON.2" angemessen verankert wurde (s. Abschn. 9.1).

Viele der Kolleg*innen und der Datenschutzbeauftragten der Länder und des Bundes interessierten sich bis 2023 erstaunlicherweise wenig für Fragen einer standardisierten Methodik, mit der die normativen Anforderungen tatsächlich in die Praxis gebracht werden; obwohl genau das ja *DIE* zentrale Aufgabe einer jeden Datenschutzaufsichtsbehörde ist. In mehreren Schritten – so musste bspw. 2016 der Wechsel von BDSG/LDSG auf die DSGVO vom SDM bewältigt werden – wurde das SDM dann endgültig im April 2020 von allen deutschen Datenschutzaufsichtsbehörden zur Prüfung und Beratung empfohlen. Einen wesentlichen Beitrag für die Entscheidung der DSK steuerte Dr. Silke Jandt (LfD NI) bei, indem sie die UAGSDM darin unterstützte, 23 praxisrelevante Regelungen der DSGVO auf die Gewährleistungsziele abzubilden.

Heute (Frühjahr 2024) wird das SDM insbesondere vom Kernteam der „Unterarbeitsgruppe SDM" (UAGSDM) des Arbeitskreises Technik (AK-Technik) der Datenschutzbeauftragten des Bundes und der Länder (DSK) betreut und als Standard weiter entwickelt (s. Abschn. A.1).

Erwähnenswert ist auch, dass im Oktober 2023 der Verein „Usergroup SDM e. V." (UGSDM) gegründet wurde. In dem Verein haben sich betriebliche DSB, Datenschutz-Jurist*innen, Datenschutzberater*innen, SDM-Tool-Hersteller, Informationssicherheitsexperten zusammengetan, die ihre Aufgabe darin sehen, das SDM stärker in die Breite zu bringen durch die Entwicklung weiterer SDM-Bausteine (auch ohne den „Segen" der DSK) und insbesondere SDM-Schulungen, SDM-Zertifizierungen und SDM-Tools zu entwickeln (https://www.ugsdm.de). Diese Gruppe entstand, weil die Datenschutzaufsichtsbehörden lange Zeit keine, über die Entwicklung des Modells hinausgehenden, Aktivitäten zur Verbreitung und Qualitätssicherung der Anwendungspraxis des SDM entfaltet hatten, sich die Vorteile einer Methodik wie die des SDM in der Praxis aber bereits gezeigt hatten. Die Nutzung des SDM war in der betrieblichen Praxis insofern vielfach weiter verbreitet als die Nutzung des SDM bei den Datenschutzaufsichtsbehörden.

5.2.2 Zur Geschichte der Schutzziele

Die Geschichte der „Neuen Schutzziele" des operativen Datenschutzes kann man berechtigt mit der Bezeichnung als „Gewährleistungsziele" beginnen lassen. Selbstverständlich gibt es aber eine Vorgeschichte der Gewährleistungsziele, weil diese Ziele konzeptionell auf den, in der IT-Sicherheit seit Beginn der 1970er Jahre etablierten, Schutzzielen „Confidentiality, Integrity und Aviability" (CIA) aufsetzen. Die Geschichte der Schutzziele weist mehrere Entwicklungslinien auf, die hier nur knapp angedeutet werden können. Ebenso muss die

Frage offenbleiben, in welchem Maße diese separaten Entwicklungslinien einander beeinflussten.

Den Beginn der Verwendung der drei Schutzziele CIA lässt sich offenbar eindeutig im Bereich der Absicherung staatlich-militärisch eingesetzter Computer ausmachen (vgl. Anderson 1972). Hier spielte vornehmlich der Zugriffsschutz auf Computer als konkrete (sehr teure) Gegenstände die herausragende Rolle. Im Bereich der akademischen Forschung wandte man sich etwas später mit der Erforschung der Trias bei der Sicherung von Daten auf den Computern zu (vgl. Saltzer und Schroeder 1974). Im Bereich der Absicherung des Finanzsektors wurde 1989 das „Brewer-Nash-Model" entwickelt. Bei dieser Modellierung bestand das zu lösende Problem darin, Betriebsinformationen vertraulich zu halten, wenn zwei konkurrierende Organisationen den gleichen IT-Berater haben und beide auch noch bei der gleichen Bank sind (vgl. Kersten 2018). Mit anderen Worten: Organisationsübergreifend agierende Beobachter sollten nicht Zugriff auf Informationen von mehreren Unternehmen nehmen können, die zueinander in Konkurrenz stehen. Dieses Konzept löste insofern ein für die moderne Gesellschaft ganz zentrales Problem, nämlich „Trennung" als Voraussetzungen für einen funktionierenden Markt, für Gewaltenteilung und für Diskurse, die sich sowohl journalistisch als auch wissenschaftlich motiviert, unterschiedlicher Erkenntnisquellen bedienen können müssen, durchzusetzen. Also genau das, was im „Überwachungskapitalismus" (vgl. Zuboff 2018) bzw. von den Unternehmen der „Plattformökonomie" (Staab 2019) vorsätzlich und massiv unterlaufen wird. Seit der Mitte der 1990er Jahre kommen im Kontext der Schutzzieleforschung Publikationen hinzu, die den Bezugspunkt der Triade generalisierten, indem der enge Fokus von der IT gelöst und auf „soziotechnische Systeme" bzw. Organisationen geweitet wurde (vgl. Samonas und Cross 2014, S. 25 f.). Als Vorläufer bzw. Ausgangspunkt für die heute geläufigen ISO-Standards im Kontext des Organisierens von Steuerbarkeit auch von IT ist insbesondere der British Standard „BS7799" zu nennen.

In diesen typisch informatiknahen Darstellungen zur Geschichte der CIA-Schutzziele wird eine weitere wichtige Entwicklung zugespitzter Orientierungsfixpunkte nicht thematisiert, nämlich die juristisch kodifizierten „Prinzipien", die mit Bezug zu den Menschenrechten der UNO 1948 und später dann der EU-Grundrechtecharta entwickelt wurden. Dabei wurden diese „Prinzipien" (vgl. Alexy 1994) bzw. „Grundsätze", wie sie in der DSGVO bezeichnet werden, sogar syntaktisch identisch zu den Schutzzielen der Sicherheits- und Angreifermodellen der IT-Sicherheit formuliert. So hatte der Council of Europe 1974 die folgenden Prinzipien für IT-Systeme festgesetzt: „Lawfulness, Fairness, Transparency, Purpose Limitation, Data Minimization, Accuracy, Storage Limitation und Confidentiality" (vgl. Europe 1974). Die OECD veröffentlichte 1980 die Grundsätze „Collection Limitation & Openess, Purpose Specification & Use Limitation, Data Quality, Security Safegards, Individual Participytion und Accountability" (vgl. OECD 1980). Die EU verabschiedete 1995 die Prinzipien „Lawfulness & Fairness, Purpose Limitation, Data Minimization, Accuracy, Storage Limitation, Security of Processing, Right of access & right to object, Accountability" (vgl. EU 1995). Und 2016 erfolgte dann die vorerst letzte Zuspitzung als „Grundsätze" im Art. 5 der DSGVO. Diese Prinzipien und Grundsätze mögen explizit auf die Schutzziele der IT-Sicherheit Bezug nehmen, sie sind aber eingebettet in Rechtstexte und die eigensinnige Inanspruchnahme durch Gerichte sowie der Evolution von Regeln und Bezugnahmen und der Art der Konstruktion von Relevanz von Wirklichkeit.

Die Gewährleistungsziele des SDM, mit der Referenzierung von Art. 5 DSGVO, führen diese beiden Entwicklungslinien – die Standardisierungen normativer Fixpunkte im Kontext der IT- bzw. Informationssicherheit einerseits und die Kodifizierung normativer Fixpunkte in hochrangigen Rechtstexten andererseits – im klaren Bewusstsein zusammen.

5.2.3 Systematik der Gewährleistungsziele

Die ersten Diskussionen zu Gewährleistungszielen hatten vor dem Entstehen des SDM – und der Entscheidung, im Kontext des Datenschutzes anstatt von „Schutzzielen" von „Gewährleistungszielen" zu sprechen – stattgefunden.

Begrifflich muss man in der rauhen Umsetzungspraxis nicht zwischen Gewährleistungszielen und Schutzzielen unterscheiden, es ist das Gleiche gemeint. Aus funktionaler Perspektive handelt es sich um normative Direktiven zum Zweck der (interdisziplinären) Operationalisierbarkeit. Die IT-Sicherheit ist auf solche normativ bindenden Direktiven in denjenigen Fällen angewiesen, in denen es keine gesetzliche Verpflichtung zu einem sicheren IT-Betrieb gibt. Der Mangel an normativer Verankerung des IT-Grundschutzes ist der Grund dafür, dass als erstes die Leitungen aufgefordert sind, sich zur IT-Sicherheit zu bekennen und dieses Bekenntnis auch breit vernehmlich zu kommunizieren; mit der NIS2-Richtlinie (The Network and Information Security (NIS) Directive) finden sich aktuell europaweit geltende Bestrebungen, die IT-Sicherheit bzw. „Cybersicherheit" in Organisationen sehr viel breiter als bislang auch gesetzlich zu verankern. Bei gesetzlicher Verankerung verlieren die Bekenntnisse der Leitungen von Organisationen zur IT-Sicherheit von ihrer konstitutiv-normativen Bedeutung.

In den ersten Jahren des SDM war noch konventionell von „Schutzzielen" die Rede. Die Umbenennung in „Gewährleistungsziele" rührte daher, dass für die Landesdatenschutzgesetze (LDSG) der „neuen Bundesländer" die Chance auf Modernisierung der LDSGe genutzt und Schutzziele aufgenommen waren. Man wollte beim SDM den Eindruck vermeiden, dass sich das SDM dem Verdacht aussetze, dass durch das Hinzufügen weiterer Schutzziele eine Rechtsschöpfung entstünde, indem unter dem gleichen Begriff „Schutzziel" mehr oder anderes angesprochen sein könnte, als das was den damaligen LDSGen in Deutschland an Schutzzielen bereits zu entnehmen war.

5.2.3.1 Dualachsen

Dass sich die Schutzziele nicht in ein triviales Verhältnis zueinander setzen lassen – etwa mit der Behauptung, sie bildeten Dimensionen –, war bereits eine Beobachtung von Gritta Wolf und Andreas Pfitzmann (vgl. Wolf 2000). Würde man die unterschiedlichen Schutzziele als „Dimensionen" bezeichnen, würde das im mathematisch enggeführten Sinne verlangen, dass die Schutzziele unabhängig voneinander sein müssen. Vielleicht lässt sich sogar behaupten, dass die Schutzziele für sich genommen unabhängig voneinander definierbar sind; auf der Ebene der Maßnahmen zu deren Umsetzung sind sie es nicht. Denn TOM können einander erfahrungsgemäß stärken, schwächen oder implizieren, als Umsetzungen von Schutzzielen.

Wieder aufgegriffen wurden diese Überlegungen der wechselseitigen Beziehungen der Schutzziele von Wolf/Pfitzmann im Kontext dann des Privacy Engineerings (vgl. Hansen et al. 2015). Wenn man bspw. die Vertraulichkeit von Daten sichert, dann hat das in der Regel in der Praxis auch positive Effekte für einige Aspekte der Sicherung der Integrität sowie der Nichtverkettung dieser Daten. Das ist ein erster Hinweis darauf, dass insbesondere das Verfolgen von einander entgegenstehenden Ziele abzuwägen ist, um zu einer differenzierten Beurteilung der geforderten Intensität der Wirksamkeit aller TOM zu gelangen.

Umgekehrt gilt: Einseitig überzogen realisierte Schutzziele können das Gesamt-Schutzniveau schwächen, wenn man bspw. an hohe Transparenzanforderungen für eine Verarbeitung mit hohem Risiko denkt. In einer solcher Konstellation kann von der Protokollierung bspw. von Löschvorgängen gefordert werden, dass das Löschen, zur Sicherstellung der Prüfbarkeit der Integrität des Löschvorgangs, die Namen von Personen enthalten muss, deren Daten gelöscht wurden. Die Protokollierung dieses Personendatum könnte dann gegen die Anforderung der Nichtverkettung verstoßen. Wenn, anstatt nur zu löschen, das Datum sogar vernichtet werden muss, und nichts mehr auch nur an die ehemalige Existenz dieses Datums erinnern soll, dann stellt sich die Frage, welche Form ein Protokolleintrag haben sollte, um dem Nachweis des Vernichtens zu genügen. Es wäre bspw. eine Lösung denkbar, dass nur der Umstand, dass etwas vernichtet wurde, protokolliert wird, und der Nachweis über das Vernichten genau dieses bestimmten Datums nur quittiert würde. Die Quittung wird dem Verantwortlichen zeitnah zur Kenntnis gebracht, und dieser notiert in der Prozessakte (früher: „Verfahrensakte"), dass ordnungsgemäß vernichtet wurde. Anschließend vernichtet er diese Quittung sorgfältig. Das Datenschutzmanagement würde kontrollieren, ob ein solches Quittierungsverfahren tatsächlich angewandt wird.

Aufgrund dieser Überlegungen sind Schutz- und Gewährleistungsziele für Analysen und zur Festlegung von Umsetzungsstrategien immer in ihrer Gesamtheit heranzuziehen.

Ich stelle nachfolgend das Herausarbeiten der drei Abwägungsachsen zwischen den sechs Schutzzielen so dar, wie der historische Erkenntnisweg von Andreas Pfitzmann, Marit Hansen und mir in den Jahren 2008/2009 verlief.

Andreas Pfitzmann hatte während seiner Beratungen des BVerfG betont, dass die Beziehung zwischen den beiden Schutzzielen „Verfügbarkeit" und „Vertraulichkeit" in einem logischen Widerspruch zueinander stehen, der, wenn man ihn auf der Ebene von TOM reformuliert, in der Praxis sofort ersichtlich einen Konflikt aufweist: *Man kann nicht beide Schutzziele je für sich allein anstreben, ohne dadurch das andere Gewährleistungsziel zu berühren.* Wenn man ein Datum perfekt verfügbar machen möchte, dann würde man dieses Datum vermutlich zunächst auf einer statischen Webseite einstellen und das Datum oder den

Link in unzähligen Kopien über sämtliche Socialmedia-Kanäle verbreiten. Und obendrein noch einige Anzeigen in der internationalen Presse schalten. Ein solches Datum lässt sich nie wieder vertraulich machen. Umgekehrt riskiert eine einseitig perfektionierte Verschlüsselung von Daten deren Verfügbarkeit. Ein ins Absurde getriebenes Beispiel ließe sich für ein sicheres Verschlüsselungsverfahren formulieren: Man könnte auf drei unterschiedlichen Computerarchitekturen, die stand-alone in einem nach Tempest-Standard abhörgesicherten Raum stehen, mit drei unterschiedlichen Betriebssystemen und drei verschiedenen Algorithmen auf dem neuesten Erkennnisstand, mit drei unterschiedlichen Programmiersprachen realisierte Verschlüsselungsprogramme nacheinander nutzen und die verschiedenen Dateien dann mit einer 3000 Zeichen langen Passphrases versehen, die man wiederum nur einmal handschriftlich notiert in einen Safe (ziviler Widerstandsgrad Klasse 6 nach EN 1143-1) ablegt. Zum Schluss müssen die Programmierer*innen und der Passphrase-Inhaber*innen dann natürlich, „tut uns leid, aber muss leider sein …also …wie damals die Konstrukteure und leitenden Baumeister der Pyramiden …tut uns ja auch Leid, aber Sie müssen jetzt st …(undenkbare Konsequenz) …das sehen Sie doch sicher ein." Ein einziger Fehler in dieser absurd-komplexen Konstellation und das Datum ist nicht mehr rekonstruierbar. Andreas Pfitzmann nannte ein solches wechselseitiges Zuordnungsverhältnis einer korrigierenden Negation der Schutzziele untereinander in den Diskussionen von 2008/2009 ein „Dual". Diesen Begriff hatte er bereits in seinem Artikel zur Untersuchung der Schutzziele von 2000 genutzt (Federrath und Pfitzmann 2000, S. 709). Dieses Beispiel war der Ausgangspunkt für eine Heuristik, mit der sich die anderen Schutzziele zueinander positionieren ließen.

Die gesetzten Schutzziele waren „Verfügbarkeit" und „Vertraulichkeit" sowie „Integrität", seit Anfang der 1970er Jahre waren sie in der Praxis eingeführt und akademisch betreut. Unsere systematische Frage lautete: Lässt sich sinnvoll ein Dual auch zur Integrität formulieren?

Rein formal war damit eine Suche im Kontext irgendwie von „Nicht-Integrität" ausgewiesen. Das Ziel sollte für eine Systemeigenschaft stehen, die eine gesicherte „Unsicherheit" bezeichnet. Es sollte ganz allgemein Aspekte der „Diversität" und „Kontingenz" aufnehmen. Andreas Pfitzmann hatte in einem ersten Entwurf dazu vorgeschlagen, dieses Dual-Schutzziel „Intrigität" zu nennen (s. Abschn. 5.2.1).

Den Begriff „Intrigität" in die Fachöffentlichkeit zu bringen, wäre allerdings zu provokant gewesen. Außerdem hat der Begriff eine durchweg negative oder zumindest unangebracht ironische Konnotation. Längere Zeit galt „Kontingenz" als aussichtsreicher Ersatzkandidat zur Bezeichnung dieses neu geschöpften Schutzziels. Kontingenz ist ein philosophisch und soziologisch gebräuchlicher Begriff für Ereignisse, die weder notwendig noch unmöglich sind, aber strukturell gesichert auftreten. Als Ziel reformuliert wäre die Definition etwa die folgende: Kontingenz soll bedeuten, dass Ereignis möglich bleiben und passieren können, ohne dass dies genau in der Form, in der sie dann passieren, notwendig ist. Damit bleibt Raum für stabile Korrelationen und erwartbare Statistik; Kausalität zwischen den Ereignissen anzunehmen, wäre jedoch überzogen.

Kontingenz lässt sich gut an sozialen Ereignissen beispielhaft veranschaulichen: Wenn auf einem Markt, im Sinne eines Systems, gehandelt wird, dann werden Waren gegen Geld getauscht. Aber, ob ein Tausch, der jederzeit möglich wäre, dann tatsächlich zustande-kommt, und welche Ware dabei zu welchem Preis die Seite wechselt, bleibt bis zum Eintritt des Ereignisses unbestimmt. Der Markt ist ein System kontingenter – nicht: beliebiger! – Ereignisse. Ein Markt entsteht, wenn diese kontingenten Ereignisse tatsächlich passieren. Damit waren gut konturierte Vorstellungen zu einem Dual zur Integrität versammelt. Dieses Konzept und diese Bezeichnung fanden jedoch keine Zustimmung unter den Kollegen des Arbeitskreis Technik der DSK. Naheliegende schlechte lautmalerische Wortspiele zu „Kon-tingenz" …seitens der Kollegen zeigten, dass diese Bezeichnung für das Schutzziel allein sprachpolitisch ungeeignet war. Stattdessen gewann die Zieldefinition der „Intervenierbar-keit" als Gegengewicht zur Integrität an Plausibilität und Zustimmung.

Intervenierbarkeit als Ziel enthält verallgemeinert die Anweisung: Konstruiere ein Sys-tem so, dass alle Komponenten des Systems änderbar sind! Intervenierbarkeit in diesem Sinne enthält zumindest wesentliche Aspekte von Unberechenbarkeit als Kontingenz. Die-ser so wesentliche Aspekt der Unbestimmtheit, der interaktionsnah mit „Intrigität" und dann theoretisch abstrahiert und begrifflich-konzeptionell gut kontrolliert mit „Kontingenz" als einer systemischen Eigenschaft ausgedrückt war, wurde somit verschoben in eine Willkür bzw. Unkalkulierbarkeit, wie sie mit „Interventionen" einhergeht. Ein System, ein Prozess, eine Verarbeitung muss sich auf Interventionen einstellen, sie aufnehmen, sie selber auslö-sen, um den Fortbestand des Systems, also den Fortbestand am Ende von Systemgrenzen, sicherstellen zu können. Es geht nicht immer so weiter wie bisher. Intervenierbarkeit ist auch deshalb eine gute Bezeichnung als Schutzziel, weil insbesondere die Betroffenenrechte der DSGVO und auch das Changemanagement verständlich bezeichnet werden. Trotzdem denke ich, dass „Kontingenz" als Konzept das gegenüber „Intervenierbarkeit" geeignetere Dual zu Integrität ist, um einen positiv formulierbaren Schutzpol für die Diversität der Moderne ausweisen zu können; gesicherte Intervenierbarkeit wäre impliziert.

Nun wieder zurück zur Integrität und zu den allgemeinen, auf „Systeme" und „Verarbei-tungen" bezogene Überlegungen: Ein integres System ist ein perfektes System, das exakt das und nur das macht, was es seitens der Konstrukteure machen soll. Es gibt jedoch keine per-fekten Systeme; allein wenn man bspw. an physikalische Systeme und deren Wirkungsgrad denkt: Abwärme, Impulse, Gravitation sind in der Regel unerwünschter Beifang. Es gibt auch keine Pharmazeutika ohne Nebenwirkungen. Es gibt keine Spezifikation, bei der ein Transfer von Weltproblemen, die in einer Spezifikation mit ihren Symbolen und Handlungs-anweisen abgebildet ist, vollständig gelingt und dabei alles Relevante (?) des Weltproblems auf der einen Seite und den Möglichkeiten der Systembildung oder einer Verarbeitungstätig-keit auf der anderen Seite berücksichtigt ist. Relevant ist, was das System daraus macht, und ein bischen mehr. Auch die Vorstellung, dass innerhalb einer Spezifikation alle Anforde-rungen innerhalb der Spezifikation konsistent dargestellt und integer eingelöst werden kön-nen, ist ambitioniert und erfahrungsgemäß kaum einlösbar. Die Intervenierbarkeit ergänzt deshalb die Integrität um einen primär operativen Aspekt: Weil es keine perfekten, also tatsächlich integre Verarbeitungstätigkeiten gibt, und weil es in den Umwelten von Organisationen zudem notorisch unruhig ist, muss man Verarbeitungen so konzipieren, dass sie permanent, im Hinblick auf den Erhalt der angestrebten Integrität, repariert werden können. Genau aus diesem Grunde gibt es Gerichte. Alle Komponenten müssen prinzipiell deshalb an innere und äußere Erforderlichkeiten anpassbar sein. Zugleich dürfen nicht alle Eigenschaften zugleich sich ändern oder geändert werden, bestimmte Teile müssen sich stabil reproduzieren, und zwar so, dass die funktionale Spezifik der Verarbeitung, ihr Zweck und deren Funktionen zur Umsetzung integer erhalten bleiben. Intervenierbarkeit nimmt sowohl den Aspekt der Verantwortlichkeit auf – verantwortlich ist, wer über Ziele/Zwecke und Mittel bestimmt und entsprechend intervenieren kann, was durchaus auch den Aspekt der „Willkür" und der Kontingenz enthält-, und zielt, im Kontext einer Organisation, auf die Ausbildung von Prozessen eines kontrollierten Changemanagements ab. Außerdem wird der Aspekt aufgegriffen. dass natürliche Personen, in Form der Anforderungen der Betroffenenrechte von Art. 12 bis Art. 22 DSGVO, auf die sie unmittelbar betreffenden Aspekte einer Verarbeitung Einfluss nehmen können sollen. Und auch die Frage, welche Aspekte einer Verarbeitung gesetzlich geregelt werden sollten und welche nicht – sodass Interventionen im Einzelfall erschwert, bei strukturellen Defiziten aber durch Gerichtsentscheide auch besonders wirkungsvoll und von sehr viel größerer Reichweite sein können –, lassen sich im Rahmen dieses Duals systematisch erörtern.

Mit diesen vier Schutzzielen, gefasst von zwei Abwägungsachsen, war zur Analyse im Kontext von Beratungen und Prüfungen von Datenverarbeitungen konzeptuell schon viel erreicht. Wesentliche Anforderungen des Datenschutzes ließen sich auf diese Schutzziele fokussieren.

Klar war uns aber auch: Das Set der Schutzziele war nicht vollständig, denn es fehlte noch „Transparenz". So wie Integrität aus dem Kontext der IT-Sicherheit als zweifellos gesetzt galt, so galt das Schutzziel „Transparenz" wiederum seitens des Datenschutzes als zweifellos gesetzt, um die Rechtskonformität einer Verarbeitung prüfen zu können. Transparenz muss berücksichtigt werden und wird von keinem der anderen Schutzziele adressiert. Man kann vielleicht sagen, dass das einzige, was Datenschützer*innen zu diesem Zeitpunkt methodisch eigenständig in eine Ehe mit den guten Methoden der IT-Sicherheit an TOM mitbrachten, waren Konzepte zur Herstellung von Anonymität, Pseudonymität und zu Transparenz. Das 5. Schutzziel war mit „Transparenz" insofern gesetzt im Sinne von: „Systeme sind so zu bauen, dass alle Prozesse und Komponenten prüfbar sind!" Und diese Vorstellung war verbunden mit Erfahrungen zur Operationalisierung durch „Dokumentation" und „Protokollierung", als den traditionellen Standardanforderungen aus dem Arsenal des operativen Datenschutzes.

Und wieder wurde die Dual-Heuristik wie in den beiden Fällen zuvor benutzt: Lässt sich ein Dualpartner zu Transparenz finden, der sich in einer gewissen Weise im weiten Bedeutungshof von „Intransparenz" verstehen lässt?

Transparenz lässt sich in einem weiten Sinne als Beobachtbarkeit begreifen. Etwas(?) wird erkennbar durch Beobachten. Beobachten als eine Aktivität, mit der alles mit allem in Beziehung gesetzt werden kann. Beim Beobachten muss man sich nicht für beliebige hinzugefügte Assoziationen rechtfertigen; eine Beobachtung kann von Kriterien gesteuert und ganz gezielt erfolgen. Aber es kann sich auch eine Beobachtung ungewollt aufdrängen, die keine Differenz zu machen gestattet, nicht auf den Begriff zu bringen ist und in diesem Sinne keine Information erzeugt. Bedrückend lange wurde die Frage diskutiert, welche Behörde man mit der Aufsicht über die Informationsfreiheit betreuen könne. Wenn das die Datenschutzaufsichtsbehörden – die heute dafür zuständig sind, die Umsetzung des Informationszugangsgesetzes (IZG) zu kontrollieren – machten, wäre das nicht ein Widerspruch? Diese Diskussionen litten unter der sehr schlichten Vorstellung bei einigen datenschutzfernen Diskussionsteilnehmer*innen, Datenschutz habe irgendwie und vor allem mit Intransparenz und dem Schutz von Geheimnissen zu tun. Damit war der Dualpartner zur Transparenz gefunden: nämlich der „Zweck" und die „Zweckbindung", besser „Zweckkonditionierung", die bestimmte Eigenschaften einblenden und andere Eigenschaften ausblenden soll.

Die Suchrichtung war zunächst insofern am Konzept der „Zweckbindung" ausgerichtet. Es musste ein modellierungsermutigender Begriff gefunden werden, der eine Nähe zur technischen Umsetzbarkeit mitbrachte, aber nicht schlicht eine Norm oder einen Grundsatz des Datenschutzrechts wiederholte. Jurist*innen hätte auch die „Zweckbindung" als Bezeichnung für das Schutzziel gereicht, Techniker*innen, die darunter konkret funktionierende Maßnahmen verstehen können müssen, ist mit einer bloßen Wiederholung eines normativen Begriffs allerdings nicht geholfen.

In den Arbeiten zum Identitätenmanagement im Team von Andreas Pfitzmann konzentrierten sich die Diskussionen auf ein Konzept des „user-controlled identitymanagement" (vgl. Hansen und Rost 2003; Borcea-Pfitzmann et al. 2006). Dort spielte der Aspekt der „Verkettbarkeit", im Original sprach man von „linkability", und die Kontrolle über die Verkettbarkeiten von Namen, Aktivitäten, Systemen usw. die zentrale Rolle. „Verkettbarkeit" lag damit als Begriff in der Luft. Es ging dann um Regeln aber vor allem um Maßnahmen zur „Verkettungskonditionierung". Der Kontext war umrissen, die Bezeichnung für das Schutzziel war ebenfalls gefunden. Und auch die zentrale Maßnahme zur Umsetzung dieses Schutzziels stand mit „Trennen", „Abgrenzen", „Isolierung" als bedingtes Zusammenfügen klar vor Augen. Die Herstellung und konstruktive Aufrechterhaltung von Trennungen ist die Voraussetzung dafür, um Verkettungen von personenbezogenen Daten in den Vorgängen einer Verarbeitung, oder auch den Transfer von Daten als Prozess zwischen getrennten Systemen oder unterschiedlichen Organisationen, unter normative und funktionale Bedingungen stellen zu können.

So wie sich die Intervenierbarkeit sowohl auf Maßnahmen a) zur Umsetzung von Betroffenenrechten für Personen als auch b) auf das Changemanagement von Organisationen und c) generalisiert in Bezug auf Systeme auf die Aufrechterhaltung einer permanenten Anpassungsfähigkeit an sich ändernde Umweltbedingungen beziehen lässt, genau so lässt sich die Nichtverkettung auf Anforderungen an unterschiedliche Aspekte beziehen:

a) Zum einen lässt sich die „Verkettungskonditionierung" durch *Anonymisierung, Pseudonymisierung* und *Rollen- und Berechtigungskonzepte* personennah und mit unmittelbarem Bezug zur DSGVO umsetzen. Geboten ist, dass personenbezogene Daten nur unter beherrschbaren Bedingungen, bevorzugt selbsttätig durch die Personen, in eine Beziehung zueinander gesetzt werden können. Das Mindeste ist, dass eine Rechtsgrundlage diese Beziehungen im Lichte der Grundrechte fair normiert und regelt.

b) Auf der Ebene der Organisationen aus dem öffentlichen Bereich nimmt Nichtverkettung die Anforderung der praktischen Durchsetzung der *Gewaltenteilung* auf. Wenn in einem Rechenzentrum eines Landes die Organisationen der drei horizontalen Gewalten – Legislative, Judikative, Exekutive – oder der vertikalen Gewalten – Bund, Länder und Gemeinden – rechnen lassen wollen, dann hebt das Rechenzentrum auf der operativen Ebene die Trennung dieser Gewalten auf. Die Durchsetzung und permanente Kontrolle von Trennungen zwischen den Gewalten auf der Ebene der IT ist somit die real zu treffende Maßnahme. Dass jede Gewalt ihr eigenes Rechenzentrum betreiben muss, ist bei Parlamenten und Gerichten, Ministerien, der Polizei, den Gemeinden; dem Militär auch intuitiv einsichtig geboten. Gewaltenteilung soll die Bürger*innen und Bürger, aber auch die Organisationen eines Staates, vor der latenten Willkür des Staates schützen. Das für den Rechtsstaat und ebenso für die Demokratie zentrale Konzept der Gewaltenteilung und deren Integrität hängt im Falle eines großen Rechenzentrums somit letztlich an dem seidenen Faden der persönlichen Integrität der Geschäftsleitung eines Rechenzentrums. Diese Leitung muss darauf bestehen, dass, trotz der erhöhten Kosten, die gebotenen Trennungen in der gebotenen Qualität durchgesetzt werden. Das setzt bspw. der „Virtualisierung" von Räumen, Netzen, Racks, Servern und Datenbanken in einem Rechenzentrum Grenzen. Diese Grenze wird von den Betriebswirt*innen und Techniker*innen mit ihren speziellen Logiken, die zur Bevorzugung zentraler Lösungen führen, immer wieder infrage gestellt und versuchsweise ausgedehnt.

Trennung durchzusetzen ist ebenso im privatrechtlichen Kontext geboten. Sie ist die Maßnahme zur Verhinderung von Monopolen, wenn nämlich Märkte möglich sein sollen, die nicht von wenigen oder nur einer einzigen zentralen Instanz technisch kontrolliert werden. Die Marktteilnehmer, die bspw. auf der Amazon-Plattform Waren anbieten, nehmen teil nur noch an der Simulation eines Marktes, weil Amazon alle Kommunikation und die Aktivitäten der Marktteilnehmer vollständig überwachen kann: Warenflüsse, vielfach vermutlich auch Materialflüsse, und vor allem Geldflüsse. Eine solche zentrale Überwachung und Steuerbarkeit ist das Gegenteil von Markt als Ort kuratierter Kontingenz. Weitgehend freigestellt von jeder staatlichen Einhegung, bzw. von irgendeiner Form mit Gemeinwohlorientierung, wird Einfluss auf alles technisch Erreichbare genommen und damit die Kontingenz eines „Marktes" nicht nur gefährdet, sondern zerstört (vgl. Staab 2019). Es gibt keine Grenze, die bspw. Amazon aufhält. Clouddienste, die Daten von beliebigen Organisationen speichern, erzeugen das Risiko operativer Kurzschlüsse zwischen Funktionssystemen. Das Ernstnehmen von Standesordnungen führt allerdings dazu, dass Apothekenrechenzentren und Medizinrechenzentren professionell betrieben werden, was aus Datenschutzsicht eher begrüßt werden kann als beargwöhnt werden muss.

c) Und auf der gesellschaftlichen Ebene nimmt das Schutzziel „Nichtverkettung" Aspekte zur Sicherung von Kontingenz und des Erhalts gesellschaftlicher Diversität auf, was Soziolog*innen früher als funktionale Vorteile der „Arbeitsteilung" und heute als „Aufrechterhaltung der funktionalen Differenzierung" bezeichnen würden. Der Jurist und Soziologe Niklas Luhmann hat das Konzept der „funktionalen Differenzierung" als Kennzeichen der modernen Weltgesellschaft ausgearbeitet (vgl. Luhmann 1997). Ich habe versucht zu zeigen, wie Datenschutz und funktionale Differenzierung als soziale Strukturen aufeinander bezogen sind (vgl. Rost 2008, 2013). So wie die Aufrechterhaltung von Diversität in der Natur das zentrale Anliegen des Umweltschutzes und des Umweltschutzrechts ist, so ist die Aufrechterhaltung der sozialen und personalen Diversität das zentrale Anliegen des Datenschutzes und des Datenschutzrechts. Es liegt der Gedanke nahe, dass die Durchsetzung des Umweltschutzes auf eine moderne Gesellschaft angewiesen ist, und das heißt eine Gesellschaft, in der Datenschutz als wirksame Aktivität etabliert ist.

Das Set der Schutzziele war, aufgrund der Konstruktion in Duale-Achsen, mit dem Finden des sechsten Schutzziels der Nichtverkettung vollständig. Alle grundsätzlichen Anforderungen des Datenschutzrechts waren und sind seitdem als Schutzziele ausdrückbar. Detailregelungen wie bspw. das Setzen von Löschfristen oder zum Umfang von Auskunfts- oder Protokolldaten können derart natürlich nicht erfasst werden. Aber schon den Gedanken, dass das Löschen von Daten in Form von Fristen festzulegen ist, wenn sich dafür keine Regelung dem Gesetz oder Vertrag entnehmen lassen sollte, legen die Gewährleistungsziele der Datenminimierung, der Intervenierbarkeit oder auch der Nichtverkettung nahe.

In der aktuellen Version des SDM ist mit „Datenminimierung" noch ein weiteres, ein siebentes Schutzziel ausgewiesen. Ich denke jedoch, dass dieses Schutzziel nicht für sich stehen kann, sondern zumindest eines gegengewichtigen Duals bedarf. In Bezug auf das Trainieren von KI-Automaten wäre dieses Gewährleistungsziel zu beachten bspw. schlicht falsch, weil es aus Sicht des Datenschutzes so vieler kuratierter Daten wie nur irgend möglich bedarf, um nicht nebenläufig Personen zu diskriminieren (vgl. Rost 2018b). Datenminimierung ist kein eigenes Gewährleistungsziel, sondern nur ein zu beachtender Aspekt im Kontext der Erforderlichkeit bzw. der Nichtverkettung. Die Jurist*innen, mit denen ich seit Jahren diskutiere, sehen es ebenso. Einige einflussreiche Kollegen des AK-Technik sahen dies zum Zeitpunkt der Verabschiedung des SDM-V1 jedoch anders. Die Aufnahme des siebten Gewährleistungsziels Datenminimierung war ein unumgänglicher politischer Kompromiss, um Zustimmung für das SDM in den Gremien der Datenschutzaufsichtsbehörden zu erreichen. Alles, was zur Datenminimierung ausgeführt wird, könnte vollständig den Ausführungen zur Nichtverkettung hinzugefügt werden.

Praktiker*innen im Datenschutz – gleichgültig ob Systemdesigner, Techniker*innen, Jurist*innen, Informatiker*innen, Betriebswirt*innen – sollten das drei Achsen umfassende „Ziele-Spinnennetz" vor Augen haben (s. Abb. 5.4). Das Ziele-Spinnennetz hilft, die normativen Anforderungen an eine Verarbeitungstätigkeit vollständig durchzudeklinieren, entweder abstrakt auf der Ebene der Gewährleistungsziele oder in Bezug auf die Funktionen der Verarbeitung und hinterlegt mit den Standard-TOM des SDM.

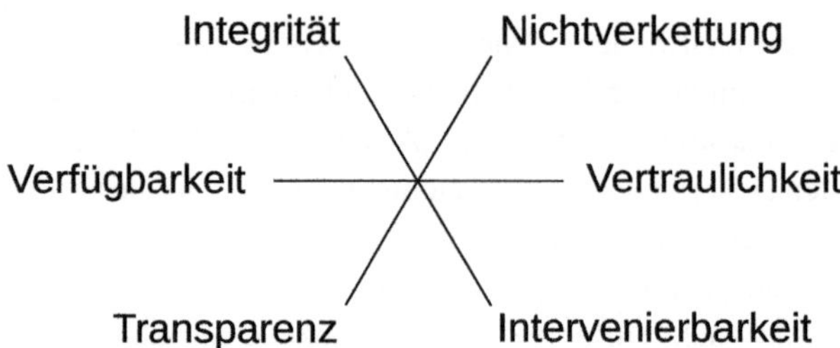

Abb. 5.4 Die drei Dualachsen der elementaren Gewährleistungsziele („Ziele-Spinnennetz"). Die drei Achsen setzen jeweils zwei Gewährleistungsziele in eine spezifische Beziehung als Dual: Die Ziele können einander schwächen, sie können einander auch stärken

5.2.3.2 Selbstbezüglichkeit und Hierarchie

Wenn sich die drei Dualachsen mit jeweils 2 Gewährleistungszielen in ein zueinander überzeugend definierbares Verhältnis setzen lassen, dann drängt sich die Frage auf: Und in welchem Verhältnis stehen die Dualachsen zueinander? Lässt sich von dieser Konstellation aussichtsreich behaupten, dass es sich um drei voneinander unabhängige Dimensionen handelt? Diese Achsen ergänzen einander, eben als ein Komplettset des operativen Datenschutzes, sie schwächen einander in bestimmten Konstellationen aber auch. Neben dieser Anordnung in drei Dualachsen drängen sich außerdem andere, vielleicht sogar naheliegendere Konstellationen für Schutzziele auf: Selbstbezüglichkeit und Hierarchie (vgl. Rost 2018a).

Selbstbezüglichkeit

Gibt es einen analytisch-heuristischen Nutzen, wenn man Gewährleistungsziele selbstbezüglich zueinander anordnet? Ist es sinnvoll, bspw. von einer „integren Transparenz" oder einer „transparenten Intervenierbarkeit" zu sprechen?

Ja, das macht im Kontext nicht nur des Datenschutzes sogar sehr viel Sinn: Integre Transparenz bedeutet, im Medium von TOM zur Umsetzung von Anforderungen reformuliert, ja nichts anderes als die Forderung nach einer „revisionsfesten Dokumentation" oder „revisionsfesten Protokollierung"; eine solche Anforderung ist an hochriskante Verarbeitungstätigkeiten zu stellen. Und eine transparente Intervenierbarkeit zielt bspw. darauf ab, dass Lösch- oder Anonymisierungsprozesse transparent, also per Dokumentation und Protokollierung prüfbar, implementiert und betrieben werden müssen, insbesondere wenn es sich um eine Verarbeitung mit hohem Risiko für die betroffenen Personen handelt.

Wenn man sechs Gewährleistungsziele selbstbezüglich aufeinander bezieht, lassen sich formal 36 gut gegeneinander abgrenzbare Konstellationen analysieren. Ja, auch eine „transparente Transparenz" ist keine unsinnige Vorstellung: Transparenz, wie Datenschutz sie fordert, meint keine Irgendwiebeobachtbarkeit, sondern eine Beobachtbarkeit in Bezug auf ganz bestimmte Eigenschaften von Systemen bzw. Verarbeitungen, nämlich vor allem zur Umsetzung der Grundsätze bzw. Gewährleistungsziele. Transparenz ist nicht einfach gegeben, sondern sie muss hergestellt werden und ist ebenfalls abhängig von organisatorischen und technischen Funktionen. Diese Aspekte werden in den anschließenden Kapiteln zu „Risiko" (s. Kap. 6) und „TOM" (s. Kap. 7) erneut aufgegriffen und vertieft.

Hierarchie

Eine eindimensionale Anordnung der Schutzziele zu erreichen, war die ursprüngliche Absicht von Andreas Pfitzmann. Er versuchte dafür bspw. die spezifische Gegenläufigkeit der Schutzziele als Duale mit einem Minus- und einem Plus-Vektor darzustellen, was formal zu einem 0-Punkt führte. Welche Bedeutung hätte einem solchen 0-Punkt beigemessen werden können? Dieser Versuch einer sinnvollen Anordnung wurde nach wenig fruchtbaren Diskussionen nicht weiter verfolgt, sondern die Ziele in Form von drei Dual-Achsen angeordnet; ohne sich die daran anschließende Frage zu stellen, in welchem Verhältnis wiederum die Achsen zueinander stehen. In der symmetrischen Anordnung einer Zeichnung stehen die Achsen in einem 60-Grad-Verhältnis zueinander, was vielleicht, in Bezug auf Abhängigkeiten voeneinander, keine schlechte Vermutung ist.

Nachfolgend soll es um eine hierarchische Anordung der Ziele gehen. Dabei werden plausible Überlegungen für die These arrangiert, dass grundsätzlich die Sicherung der Integrität das führende Gewährleistungsziel für eine jede Verarbeitung sein könnte. Die Integrität „enthält" nicht den Zweck einer Verarbeitung, der wird systemextern festgelegt. Aber die Norm „Sicherung der Integrität" enthält als Aktivität zumindest implizit die Anweisung, dass es einen Konvergenzpunkt gibt und relevante Abweichungen der zu messenden Ist-Werte von den relevanten Soll-Werten während der Funktion eines Systems nicht nur bemerkt werden, sondern auch zumindest mit „Aufklärungs- und Reparaturaktivitäten" zum Zweck der Wiederherstellung der Integrität verbunden sind. Wegen letzterem steht die Intervenierbarkeit zur Integrität in einem privilegierten, aber nachrangigen Verhältnis. Es sollte eine inhaltliche Integrität von einer funktionalen Integrität unterschieden werden.

Eine *technisch-funktionale Integrität* für eine Verarbeitung ist dann gegeben, wenn sie der funktionalen Spezifikation entspricht oder ihr hinreichend nahe kommt, und die funktional gewünschten Eigenschaften aufweist. Je genauer die Spezifikation, desto kontrollierbarer die Integrität. Der Wirkungsgrad, die Nebenwirkungen und Seiteneffekte sind dabei zu bedenken und unter Kontrolle zu halten. Ziel: Immer gleiche Inputs sollen zu immer gleichen Outputs führen, Kausalität ist das Kontrollideal.

Eine *inhaltliche Integrität* ist dagegen auf den Zweck eines Systems in Bezug auf dessen Umwelt bezogen. Die inhaltliche Integrität einer Verarbeitung ist gewahrt, wenn eine Verarbeitung ihren Zweck sozusagen „in der Welt" erfüllt; und zwar, diese Ergänzung ist aus Datenschutzsicht notwendig, wenn sie ausschließlich den Zweck erfüllt und bspw. Daten nur im Rahmen des need-to-know-Prinzips bearbeitet. Eine Verarbeitung verstößt gegen die inhaltliche Integrität, wenn sie den Zweck nicht erfüllt. Dabei kann es durchaus zielführend sein, dass gleiche Inputs zu anderen Outputs führt, etwa im Rahmen einer verbesserten Anpassungsleistung an die Umweltbedingungen.

Die inhaltliche Integrität von Verarbeitungen lässt sich herleiten aus den unterschiedlichen Interessen, die von unterschiedlichen Organisationen letztlich verfolgt werden. Da lassen sich zumindest drei Organisationstypen unterscheiden: *Unternehmen* orientieren sich mit ihren Verarbeitungen an der Optimierung ihrer Kapitalverzinsungen, und müssen entsprechend ihre Produkte bereitstellen. *Behörden* orientieren ihre Verarbeitungen an der Erfüllung exekutiver Aufgaben nach Recht und Gesetz und damit der Aufrechterhaltung einer öffentlichen Ordnung. *Forschungsinstitute* orientieren sich am Generieren von Beobachtungen und Thesen. Es gibt dann Misch-Organisationen, wie bspw. im Kontext der Medizin, die jedoch letztlich eine der rechtlichen Formen entweder eines Unternehmens oder einer Verwaltungseinheit oder eines Forschungsbereichs aufweisen müssen. Diese Interessen leiten die Selbstorganisationen der Organisationen in einer modernen Gesellschaft. Und das wirkt sich auch auf die Formulierung der die Verarbeitungen leitenden Zwecke aus. Zur Erinnerung: Die Aufgabe bestand darin, die Gewährleistungsziele sinnvoll in einer Hierarchie anzuordnen. Und die These lautet, dass Organisationen bei ihren Kalkülen zum Datenschutz eine solche Hierarchisierung der Gewährleistungsziele implizit durchführen, weil die Organisationen bestimmten Logiken folgen und die Materialien dafür aus ihren anspruchsvollen Umwelten aufgedrängt werden.

Und es bedarf dann bei der Sicherung der Integrität des komplettierenden Duals der Intervenierbarkeit, mit den entsprechenden Steuerungsmaßnahmen eines etablierten Changemanagements, um diese inhaltliche Integrität durch Eingriffe aufrechtzuerhalten. Dieses Dual Integrität/Intervenierbarkeit verfolgt als Gesamtfunktion die des Systemerhalts.

Erst an der dritten Position folgt ein Ziel, das auf die spezifischen, also unterschiedlichen Ausrichtungen und Interessen der Organisationstypen reagiert. Dieses Ziel unterstützt die inhaltliche Integrität und reagiert empfindlich auf Abweichungen von den spezifischen Interessen. Hier lautet die Vermutung, dass bei Unternehmen die Herstellung/Sicherung der Verfügbarkeit, bei Behörden die Herstellung/Sicherung der Nichtverkettung und bei Forschungsinstituten die Herstellung/Sicherung von Transparenz die Kalküle allgemein und in Bezug auf die Beachtung rechtlicher Anforderungen, nicht nur die des Datenschutzrechts, dominiert. An der 4. Position lägen dann jeweils Gewährleistungsziele, die das 3. Gewährleistungsziel tendenziell noch am ehesten unterstützen, während am Ende der Hierarchie dasjenige Gewährleistungsziel liegt, das den jeweiligen Interessen, die an der 3. Position am klarsten verfolgt werden, am ehesten entgegenläuft (s. Tab. 5.1). Der operative Datenschutz sollte mit solchen impliziten Hierarchisierungen rechnen, weil diese Einfluss auf die Motivlage zum Ergreifen oder eben Unterlassen der Umsetzung von Maßnahmen haben. Und warum das Ganze? Ist das nicht eine nutzlose Spekulation? Aus zwei Gründen ist eine solche Vorstellung von einer hierarchischen Anordnung der relevanten, also nicht abweisbaren Ziele mit Bezug zu den unterschiedlichen Organisationstypen für die Arbeit von Datenschützer*innen nützlich:

Tab. 5.1 Vermutete implizite Hierarchie der Gewährleistungziele bei drei Typen von Organisationen

Reihenfolge der Relevanz	Behörde	Unternehmen	Wissenschaftsinstitut
1.	Integrität	Integrität	Integrität
2.	Intervenierbarkeit	Intervenierbarkeit	Intervenierbarkeit
3.	Nichtverkettung	Verfügbarkeit	Transparenz
4.	Vertraulichkeit	Transparenz	Verfügbarkeit
5.	Transparenz	Vertraulichkeit	Vertraulichkeit
6.	Verfügbarkeit	Nichtverkettung	Nichtverkettung

1) Man bekommt als Datenschutz-Prüfer*in eine Heuristik zu Stärken und Schwächen von Organisationstypen an die Hand. Auch Versicherungen könnten ihre Datenschutz- und IT-Sicherheits-Policen feiner auf die unterschiedlichen Risiken unterschiedlicher Organisationstypen abstimmen.

In Bezug auf Integrität und Intervenierbarkeit lassen sich eher keine Unterschiede zwischen den Organisationstypen ausweisen, weil dieses Zielepaar für den evolutionären Mechanismus des dynamischen Erhalts der Systeme steht in dem Sinne: Zunächst einmal müssen Organisationen sicherstellen, dass sie fortbestehen, indem sie intelligent ihre Prozesse integer fortsetzen und damit zwangsläufig die Umwelt unter Druck setzen bzw. umgekehrt, indem sie intelligent auf Druck aus der Umwelt reagieren und sich angemessen ändern bzw. anpassen.

Es gilt zudem die triviale Vermutung, dass Organisationen Schutzmaßnahmen eher dort sorgfältig implementieren, wo sie den unmittelbaren Organisationsinteressen am nächsten sind.

Man darf in diesem Sinne damit rechnen, dass Behörden inhaltlich Wert auf die Durchsetzung der Nichtverkettung legen, allein weil sie gesetzlich gebunden sind (und auch wenn es organisationsintern mit der Trennung oftmals dann doch nicht so streng genommen wird nach dem Motto „Wir sind ja alle zur Verschwiegenheit verpflichtet."): Deshalb agieren sie im Vergleich etwas formalistischer, nach Zuständigkeiten getrennt, spezielle Aufgaben werden von speziellen Abteilungen erledigt, ohne zugewiesene Zuständigkeit keine Aktivität. Man trifft, zumindest formal auf dem Papier, eher eine Überregulierung als eine Unterregulierung von Aktivitäten an. Das Instrument des Rollen- und Rechtekonzepts ist dort bekannt, durchgesetzt und wird genutzt, die Trennungen von Datenbeständen und Verfahren sind ganz generell akzeptiert und in der Regel architektonisch berücksichtigt. Das dürfte bis in den IT-Betrieb hinein gelten; Behörden nutzen zumindest nicht irgendwelche Billigclouds. Die Vertraulichkeit unterstützt die Orientierung an Nichtverkettung bzgl. externer Angriffe. Von allen Gewährleistungszielen steht die Sicherung der Verfügbarkeit einer Verarbeitung demnach am Ende, es kann mal dauern, was in Katastrophenfällen, in denen schnell agiert werden muss, verheerend sein kann.

Verfügbarkeit ist wiederum genau dasjenige Gewährleistungsziel, das Unternehmen primär interessiert: Es gilt, Produkte zu haben und verkaufen zu können, agil zu agieren; und dann nimmt man auch schon mal eine Billigcloud in Kauf. Hier ist es relativ wahrscheinlich, dass Maßnahmen zum Schutz der Vertraulichkeit personenbezogener Daten, und insbesondere zur Zweckbindung dieser Daten, die größten Defizite aufweisen, allein weil die Rechtsbindung vielfach nicht aktiv negiert, sondern schlicht ignoriert wird. Und Forschungsinstitute unterstehen der methodischen Anforderung, dass alles was sie machen, transparent zu machen ist, um die externe Prüfbarkeit ihrer Ergebnisse durch die Scientific Community zu ermöglichen. Die Nichtverkettung, die der Transparenz als Dual entgegensteht, behindert eine zweckoffene Beobachtbarkeit am wahrscheinlichsten und ist insofern dasjenige Gewährleistungsziel, das am wenigsten beachtet werden dürfte. Man versucht etwas, im besten Falle als Spiel, dessen Zweck und Ende nicht wirklich absehbar ist.

2) Eine Beachtung dieser latenten Zielehierarchie dieser Organisationstypen könnte genutzt werden, um die TOM, die seitens des Datenschutzrechts zu ergreifen sind, auf die Organisationstypen als vorabgestimmte Standard-Maßnahmenbündel zusammenzustellen. Solche feinabgestimmten Standards sollten bei der Formulierung von Orientierungshilfen bspw. durch die Datenschutz-Aufsichtsbehörden beachtet werden. Auch Interessensverbände könnten für Ihre Mitglieder abgestimmte Hilfestellungen erarbeiten. Es wäre dabei in einem besonderen Maße geboten, gerade auf die angemessene Ausformung der Maßnahmen für die motivational relativ „vernachlässigteren" Gewährleistungsziele zu achten.

5.3   Zwischenstand: Gewährleistungsziele

In diesem Kapitel wurden die Gewährleistungsziele des SDM vorgestellt. Ihre Funktion besteht darin, die normativen Anforderungen der DSGVO, die ihren maximal verdichteten Ausdruck in den „Grundsätzen des Artikels 5" finden, und TOM in ein wechselseitig bestimmbares Verhältnis zwischen Recht und Technik zu setzen.

Für die *Entwicklung der Gewährleistungsziele* spielten von Beginn an Überlegungen zur Systematik der Schutzziele untereinander eine wesentliche Rolle. Diese Überlegungen sind für ein Verständnis des SDM und deren Umsetzung in der Datenschutzpraxis wichtig. Für die später einsetzende *Entwicklung des SDM* spielte die Methodik des In-Beziehungsetzens von Schutzzielen und TOM des IT-Grundschutzes des BSI eine wesentliche Rolle.

Mit dem Set an Schutz- bzw. Gewährleistungszielen ist grundsätzlich festgelegt, wie sich die Risiken einer Verarbeitung modellieren lassen. Die Datenschutzrisiken bestehen in der Praxis darin, dass die Grundsätze aus Art. 5 nicht umgesetzt bzw. die Gewährleistungsziele weder angestrebt noch erreicht werden. Methodisch bestehen diese Risiken darin, dass die Verfügbarkeit, die Integrität, die Vertraulichkeit, die Transparenz, die Nichtverkettung und die Intervenierbarkeit bei einer personenbezogenen Verarbeitung durch die Organisation nicht gewährleistet werden. Von Organisationen wird verlangt, dass sie für die Bearbeitung dieser Risiken TOM ergreifen. Das SDM weist dafür einen Katalog mit Standardschutzmaßnahmen aus.

Was bzgl. der Modellierung jetzt noch fehlt, ist eine Regel, mit der die Intensität der Wirkung der TOM verstärkt werden kann bei solchen Verarbeitungen, die in einem besonders intensiven Maße in die Grundrechte von Personen eingreifen. Dafür sieht die DSGVO die Risikostufen vor, die im nächsten Kapitel vorgestellt werden.

Literatur

Albrecht, Jan-Philip und Florian Jotzo (2017). *Das neue Datenschutzrecht der EU – Grundlagen, Gesetzgebungsverfahren, Synopse*. 1. Aufl. Baden-Baden: Nomos.

Alexy, Robert (1994). *Theorie der Grundrechte*. 2. Aufl. Frankfurt am Main: Suhrkamp-Verlag.

Anderson, James P. (1972). *Computer Security Technology Planning Study*. https://csrc.nist.gov/files/pubs/conference/1998/10/08/proceedings-of-the-21st-nissc-1998/final/docs/early-cs-papers/ande72a.pdf.

Bieker, Felix (2022). *The Right to Data Protection – Individual and Structural Dimensions of Data Protection in EU Law*.

Bock, Kirsten und Sebastian Meissner (2012). „Datenschutz-Schutzziele im Recht – Zum normativen Gehalt der Datenschutz-Schutzziele". In: *DuD – Datenschutz und Datensicherheit* 36.6, S. 425–431. http://www.maroki.de/pub/other/2012-06-DuD-SDMRecht.html.

Borcea-Pfitzmann, Katrin u. a. (2006). „What user-controlled identity management should learn from communities". In: *Information Security Technical Report* 11, S. 119–128. https://doi.org/10.1016/j.istr.2006.03.008.

BVerfG (2008). *Urteil des Ersten Senats vom 27. Februar 2008*. http://www.bverfg.de/e/rs20080227_1bvr037007.html.

DSK (2010). *Ein modernes Datenschutzrecht für das 21. Jahrhundert*. https://www.baden-wuerttemberg.datenschutz.de/wp-content/uploads/2013/03/Ein-modernes-Datenschutzrecht.pdf.

DSK (2016). *Das Standard-Datenschutzmodell – Eine Methode zur Datenschutzberatung und -prüfung auf der Basis einheitlicher Gewährleistungsziele – Version 1.0*. https://www.datenschutzzentrum.de/sdm/vorversionen/.

DSK (2024). *Das Standard-Datenschutzmodell – Eine Methode zur Datenschutzberatung und -prüfung auf der Basis einheitlicher Gewährleistungsziele – Version 3.1*. https://www.datenschutz-mv.de/datenschutz/datenschutzmodell/.

EU (1995). *Richtlinie 95/46/EG zum Schutz natürlicher Personen bei der Verarbeitung personenbezogener Daten und zum freien Datenverkehr*. https://eur-lex.europa.eu/legal-content/DE/TXT/PDF/?uri=CELEX:31995L0046.

Europe, Council of (1974). *Resolution (74) 29: ON THE PROTECTION OF THE PRIVACY OF INDIVIDUALS. VIS-A-VIS ELECTRONIC DATA BANKS IN THE PRIVATE SECTOR*. https://rm.coe.int/16804d1c51.

Federrath, Hannes und Andreas Pfitzmann (2000). „Gliederung and Systematisierung von Schutzzielen in IT-Systemen". In: *DuD – Datenschutz und Datensicherheit* 24.12, S. 704–710. https://svs.informatik.uni-hamburg.de/publications/2000/FePf2000DuDBegriffe/FePf00v5.html.

Hansen, Marit, Meiko Jensen und Martin Rost (2015). „Protection Goals for Privacy Engineering". In: *Proceedings for the International Workshop on Privacy Engineering*. IWPE. https://doi.org/10.1109/SPW.2015.13. http://ieeexplore.ieee.org/stamp/stamp.jsp?tp=&arnumber=7163220.

Hansen, Marit und Martin Rost (Mai 2003). „Nutzerkontrollierte Verkettung – Pseudonyme, Credentials, Protokolle für Identitätsmanagement". In: *DuD – Datenschutz und Datensicherheit* 27, S. 293–296. http://www.maroki.de/pub/privacy/dud5idm.html.

Kersten, H. (2018). *Sicherheit in der Informationstechnik: Einführung in Probleme, Konzepte und Lösungen*. Walter de Gruyter.

Luhmann, Niklas (1997). *Die Gesellschaft der Gesellschaft*. Bd. 1. Frankfurt am Main: Suhrkamp.

OECD (1980). *Recommendation of the Council concerning Guidelines Governing the Protection of Privacy and Transborder Flows of PersonalData*. https://legalinstruments.oecd.org/en/instruments/OECD-LEGAL-0188.

Pfitzmann, Andreas und Marit Hansen (2010). *A terminology for talking about privacy by data minimization: Anonymity, unlinkability, undetectability, unobservability, pseudonymity, and identity management*. Techn. Ber. V0.34. TU-Dresden, ULD-Kiel. https://www.maroki.de/pub/dphistory/2010_Anon_Terminology_v0.34.pdf.

Podlech, Adalbert (1976). „Gesellschaftstheoretische Grundlage des Datenschutzes". In: *Datenschutz und Datensicherung*. Hrsg. von Rüdiger Dierstein, Herbert Fiedler und Arno Schulz. Köln: Bachem-Verlag.

Probst, Thomas (2012). „Generische Schutzmaßnahmen für Datenschutz-Schutzziele". In: *DuD – Datenschutz und Datensicherheit* 36.6, S. 439–444. http://www.maroki.de/pub/other/2012-06-DuD-SDMMassnahmen.html.

Robrahn, Rasmus und Kirsten Bock (2018). „Schutzziele als Optimierungsgebote". In: *DuD – Datenschutz und Datensicherheit* 01, S. 7–12.

Rost, Martin (2008). „Gegen grosse Feuer helfen große Gegenfeuer, Datenschutz als Wächter funktionaler Differenzierung". In: *Vorgänge* 4, S. 15–25. http://www.maroki.de/pub/privacy/Vorgaenge0804_cla.pdf.

Rost, Martin (2012). „Standardisierte Datenschutzmodellierung". In: *DuD – Datenschutz und Datensicherheit* 36.6, S. 433–438. http://www.maroki.de/pub/privacy/2012-06-DuD-SDM.html.

Rost, Martin (2013). „Zur Soziologie des Datenschutzes". In: *DuD – Datenschutz und Datensicherheit* 37.2, S. 85–91. http://www.maroki.de/pub/privacy/2013-02_DuD-SozDesDS.html.

Rost, Martin (2018a). „Die Ordnung der Schutzziele". In: *DuD – Datenschutz und Datensicherheit* 1, S. 13–18. https://maroki.de/pub/privacy/2018-01_DuD-Ordnung-SZ.pdf.

Rost, Martin (2018b). „Künstliche Intelligenz". In: *DuD – Datenschutz und Datensicherheit* 9 (42), S. 558–565. https://maroki.de/pub/privacy/2018-09_DuD-KI.pdf.

Rost, Martin und Andreas Pfitzmann (2009). „Datenschutz-Schutzziele – revisited". In: *DuD – Datenschutz und Datensicherheit* 33.6, S. 353–358. http://www.maroki.de/pub/privacy/DuD0906_Schutzziele.pdf.

Saltzer, Jerome und Michael Schroeder (1974). „The Protection of Information in Computer Systems". In: *Communications of the ACM 17, 7 (July 1974)*. https://www.cs.virginia.edu/~evans/cs551/saltzer/.

Samonas, Spyridon und David Cross (2014). „The CIA Strikes Back: Redefining Confidentiality, Integrity and Availability in Security". In: *Journal of Information Systems Security* 10, S. 21–45. https://www.proso.com/dl/Samonas.pdf.

Simitis, Spiros (2009). *Videointerview*. https://www.maroki.de/pub/video/simitis/start_video_simitis.html.

Staab, Philipp (2019). *Digitaler Kapitalismus – Markt und Herrschaft in der Ökonomie der Unknappheit*. Suhrkamp.

AK-Technik (2015). *Das Standard-Datenschutzmodell – der Weg vom Recht zur Technik Ein Datenschutzwerkzeug für Aufsichtsbehörden und verantwortliche Stellen*. https://www.datenschutz-mv.de/static/DS/Dateien/Datenschutzmodell/Tagungsband.pdf.

Wolf Gritta und Pfitzmann, Andreas (2000). „Charakteristika von Schutzzielen und Konsequenzen für Benutzungsschnittstellen". In: *Informatik Spektrum* 23, S. 173–191.

Zuboff, Shoshana (2018). *Das Zeitalter des Überwachungskapitalismus*. Frankfurt am Main: Campus.

Datenschutzrisiken 6

Der Inhalt dieses Kapitels

Dieses Kapitel befasst sich mit dem Identifizieren, Beurteilen und Bearbeiten von Datenschutzrisiken, die durch personenbezogene Verarbeitungstätigkeiten von Organisationen für betroffene Personen entstehen.

Ein Datenschutzrisiko im engen Sinne bedeutet für eine betroffene Person, dass eine Organisation möglicherweise eingriffsintensiver als erforderlich personenbezogene Daten verarbeitet. In einem geweiteten Verständnis umfasst das Datenschutzrisiko außerdem unvorhergesehene Datenschutzpannen oder IT-Sicherheitsvorfälle. Wenn man bei einer Grundrechtsrisikoanalyse eindeutig das Risiko von Betroffenen im Blick behält und entschieden bleibt – und dieses Risiko nicht unter der Hand mit den Compliance- oder betriebswirtschaftlichen Haftungsrisiko oder mit dem Risiko der IT-Sicherheit verwechselt – und außerdem die Gewährleistungsziele des SDM bzw. die Grundsätze der DSGVO als die wesentlich zu bearbeitenden Kriterien für Verarbeitungsrisiken heranzieht, dann ist Risiko im Datenschutz zwar ein aufwändig zu bearbeitendes aber kein kompliziertes Thema.

Dieses Kapitel fügt dem bislang Gesagten vor allem eine Typologie mit vier gut unterscheidbaren Risiken hinzu, die für die Risikoidentifikation die Grundlage bildet.

Mit Hilfe einer Schwellwertanalyse kann dann die Höhe dieser Risiken für eine personenbezogene Verarbeitung bestimmt werden. Die DSGVO unterscheidet im Wesentlichen nur ein normales und ein hohes Risiko, kein Risiko kann es im Datenschutz nicht geben. Dabei gilt: Je höher die Risikostufe, desto eingriffssensibler müssen die Verarbeitungsvorgänge und desto wirksamer müssen die Schutzmaßnahmen gestaltet werden. Mit der Festlegung der Risikohöhe bzw. Risikostufe können angemessen dimensionierbare, technisch-organisatorische Maßnahmen zur Verringerung bzw. zur Bearbeitung der Risiken bestimmt werden.

M. Rost, *Das Standard-Datenschutzmodell (SDM)*,
https://doi.org/10.1007/978-3-658-44998-8_6

In den vertiefenden Erläuterungen wird ein datenschutzspezifisches Angreifermodell mit einer datenschutzrechtlich begründeten Risikomodellierung formuliert. Hiernach gilt zwar der Verantwortliche als Hauptangreifer, aber er ist nicht der einzige. Auftragsverarbeiter sind typischerweise ebenfalls beteiligt und Sicherheitsbehörden haben bspw. einen uneingeschränkten Zugriff auf Meldedaten (siehe §34 Bundesmeldegesetz) oder können jederzeit vor der Tür stehen, entweder vor der Tür des Verantwortlichen oder der Tür des Auftragsverarbeiters, und die Herausgabe von Daten verlangen. Damit sind die Risiken erzeugenden Standardangreifer auf die Grundrechte von Personen benannt, die bei jeder Risikoanalyse im Datenschutz zu beachten sind.

Beizuziehende Literatur

Bitte haben Sie wie immer den Text der DSGVO und zur SDM-Methodik zur Hand. Von der DSK gibt es außerdem ein Kurzpapier Nr. 18 „Risiko für die Rechte und Freiheiten natürlicher Personen", das leider nur einen kleinen Ausschnitt der zu bearbeitenden Risiken behandelt, wie sie gleich merken werden (vgl. DSK 2018a). Ungleich nützlicher ist die „Liste der Verarbeitungstätigkeiten, für die eine DSFA durchzuführen ist", die sogenannte „Muss-Liste" (vgl. DSK 2018b), die im letzten Absatz neun Kriterien auflistet, anhand derer die Höhe des Risikos einer Verarbeitung bestimmt werden kann. Auf weitere nützliche Publikationen komme ich im laufenden Text zu sprechen.

6.1 Risiken im Datenschutz

Das Konzept „Risiko" wird in der DSGVO nicht, so wie andere zentrale Begriffe und Konzepte der DSGVO, in Art. 4 definiert, sondern in Art. 24 als offenbar nicht weiter erläuterungsbedürftig genutzt, wenn es heißt:

> …
>
> (1) Der Verantwortliche setzt unter Berücksichtigung der Art, des Umfangs, der Umstände und der Zwecke der Verarbeitung sowie der unterschiedlichen Eintrittswahrscheinlichkeit und Schwere der Risiken für die Rechte und Freiheiten natürlicher Personen geeignete technische und organisatorische Maßnahmen um, um sicherzustellen und den Nachweis dafür erbringen zu können, dass die Verarbeitung gemäß dieser Verordnung erfolgt.…

Neben Art. 24 findet sich auch in den Art. 25 und 32 DSGVO diese Risikoformulierung. Wenn man diese Passagen liest, könnte man der häufig geäußerten Ansicht zustimmen, die DSGVO verfolge insgesamt einen „Risiko-basierten Ansatz". Vielfach wird mit dieser Bezeichnung eine Vorstellung nahegelegt, wonach das Datenschutzrecht von einer ehemals rechtlich begründeten Grundrechtsverankerung mit der DSGVO auf eine betriebswirtschaftlich und sicherheitstechnisch dominierte Verankerung des Datenschutzes umgestellt worden. Hiernach würden letztlich alle Entscheidungen in der Praxis von Organisationen auch in Bezug zum Datenschutz auf Risikokalkülen gründen. Doch die DSGVO ist, insbesondere mit dem Blick auf Art. 8 der EU-Grundrechtecharta und den ersten Urteilen des Europäischen Gerichtshofs, nach wie vor grundrechtsorientiert auszulegen. Und damit ist vor der Klärung operativer Risiken zu klären, wer oder was diese hier benannten Risiken erzeugt, wer den Risiken ausgesetzt ist und worin genau die Risiken bestehen und wie dies insbesondere betriebswirtschaftlichen Letztbegründungen entzogen und in rechtsstaatlichen, grundrechtlichen Letztbegründungen verankert ist.

Für das Verständnis von Risiko ist es außerdem hilfreich, Risiken und Gefahren zu unterscheiden. Risiko ist etwas, was spezifisch erzeugt und anhand vorgegebener Kriterien bearbeitbar ist, während Gefahr von Ereignissen ausgeht, deren Beeinträchtigungen weder in der Art noch im Ausmaß hinreichend bestimmbar oder kalkulierbar sind. Ein Risiko ist wie Furcht spezifisch, während Gefahr wie auch Angst unbestimmt sind. Die DSGVO bzw. das SDM weisen, insbesondere mit den Grundsätzen des Art. 5 DSGVO bzw. mit den Gewährleistungszielen, eine vollständige Liste an Kriterien aus, anhand derer das Risiko einer Verarbeitung zu bestimmen, zu beurteilen und zu bearbeiten ist. Besonders klar werden die spezifischen Risiken im einzelnen, wenn man die Gewährleistungsziele negiert und so bspw. vom „Risiko der Intransparenz", der „unzureichenden Zweckbindung, dem fehlenden Schutz vor unbefugtem Zugriff" usw. spricht. Für die Herstellung von Datenschutz und die Bearbeitung von Datenschutzrisiken ist somit nicht das leitend, was im Alltagsverständnis zwar als „Risiko" bezeichnet aber zumeist als „Gefahr" verstanden wird. Aber auch ein professionell vorgeformtes Verständnis von Risiko leitet typischerweise fehl, wenn Datenschutzrisiken schlicht anhand der Risikokalküle der Betriebswirtschaft oder des ISO-Standard 27005 („Leitfaden für das Informationssicherheits-Risikomanagement") oder der IT-Sicherheit – analysiert und bearbeitet werden. Die schiere Flut an Publikationen, in denen die Datenschutzrisiken als Compliance-Risiken für Organisationen umgedeutet werden, flankiert von einer ähnlichen Flut an Artikeln, die die Risiken der IT-Sicherheit behandeln und dabei die operativen Datenschutzrisiken gleich mitumfassen sollen, führt auf bei vielen DSB zu einem Verschmieren von Vorstellungen zu den ganz spezifischen Risiken des Datenschutzes. Um diesen verwirrend vielen Vorstellungen zu begegnen, unterscheidet das SDM eingangs *vier spezifische Typen von Risiken*, die mit dem BSI abgestimmt wurden und deshalb wortgleich auch im IT-Grundschutz verankert sind (vgl. DSK 2024, S. 50f; BSI 2023b, S. 9, s. Abschn. 9.1).

Auch der juristisch geübte Blick auf Datenschutzrisiken schützt nicht verlässlich vor Fehlinterpretationen zum Datenschutzrisiko. Vielfach setzen DSBe, Verantwortliche oder deren Rechtsanwälte ein Datenschutzrisiko in den Kontext „erkennbarer Schaden", nicht aber in den Kontext „Verarbeitung" und „Betroffene". Oftmals wird dann argumentiert, dass ohne einen nachvollziehbaren Schaden – wenn man bspw. die Liste möglicher Schäden dem Erwägungsgrund 75 DSGVO heranzieht, so macht es leider auch das DSK-Kurzpapier Nr. 18 von 2018 – mit einer gewissen relevanten Höhe für betroffene Personen kein Risiko vorgelegen haben kann. Das ist jedoch eine betriebswirtschaftliche, keine grundrechtlich begründete Argumentation.

Wie im vorigen Kapitel zu Art. 24 (s. Abschn. 4.2) bereits kurz ausgeführt, besteht das operative Datenschutzrisiko darin, dass der Eingriff durch die Verarbeitung, von der Umsetzung des objektiv bestimmbaren Zwecks her betrachtet, unnötig intensiv in die Grundrechte und Grundfreiheiten der davon betroffenen Personen geschieht. Es ist bei einem Grundrechtseingriff grundsätzlich geboten, dass dieser Eingriff, der ja immer die Würde des Menschen zumindest berührt, minimal invasiv, also mit der geringsten Intensität und damit mit dem geringsten Risiko einer unnötigen Würdeverletzung für die Betroffenen, geschieht. Der Schaden ist hier die Würdeverletzung durch eine unnötige Einschränkung der Freiheit und Autonomie einer Bürgerin oder eines Bürgers, einer Kundin oder eines Kunden, einer Patientin oder eines Patienten usw.

Bitte rufen Sie sich zur mentalen Einstimmung die Ausführungen zu den Verarbeitungsvorgängen und vor allem zu den *Verarbeitungsebenen* ins Bewusstsein zurück (s. Abschn. 3.3). Die datenschutzrechtlich ausschlaggebende Risikoverortung muss auf der Verarbeitungsebene 1, also auf der Ebene der Logik der Verarbeitung bzw. der „Fachlichkeit", stattfinden. Hier stellt sich bspw. die Frage, wie grundrechtsintensiv es ist, wenn Kindergärtner*innen Kinder psychologisch begutachten oder wenn Versicherungen die Fahrtrouten und die Fahrtzeiten „ihrer" Kund*innen kennen und mit Hilfe technischer Sensoren auf deren psychischen Zustände schließen können. Auf der Ebene 1 geht es zunächst nur um diejenigen Risiken, die aus den Möglichkeiten entstehen, wenn sich eine Organisation einen zu starken, unfairen Zugriff auf ihre Kund*innen mit ihren Daten herausnimmt. Im zweiten Schritt kommen die operativen Risiken der dabei verwendeten Technikkomponenten hinzu mit ihren Daten und Prozessen auf Ebene 2 und Ebene 3, die dann anhand der Grundsätze bzw. Gewährleistungsziele zu analysieren, zu beurteilen und am Ende zu bearbeiten sind. Und deshalb erinnern Sie sich bitte en detail an die Ausführungen zu den *Gewährleistungszielen* (s. Kap. 5): Es sind diese Gewährleistungsziele, die die Risiken im Einzelnen konkret erkennbar machen, die von einer Verarbeitung ausgehen: Eine Verarbeitung wird nicht ausreichend durch eine enge Zweckbestimmung eingegrenzt; Unbefugte können Einsicht in eine Verarbeitung nehmen oder Daten verfälschen; es ist nicht prüfbar, was in der Verarbeitung im Detail passiert…

Jetzt fehlt nur noch eine Methode, mit der auf der Ebene 1 die Risikohöhe bzw. Risikostufe einer personenbezogenen Verarbeitung bestimmbar wird. Diese Methode wird als *Schwellwertanalyse* bezeichnet. Das Ergebnis der Schwellwertanalyse entscheidet darüber, ob das Risiko einer Verarbeitung für betroffene Personen normal oder hoch und entsprechend eine DSFA nach Art. 35 durchzuführen ist. Bei einem hohen Risiko muss die Analyse der Risiken und die Bestimmung der TOM auf den Ebenen 2 und 3 besonders sorgfältig erfolgen. Deswegen sieht die DSGVO eine DSFA vor. Und die Wirksamkeit der Maßnahmen muss, gegenüber einem normalen Risiko, ebenfalls höher sein. Die wesentlichen Typen an Maßnahmen sind bei einem hohen Risiko die gleichen wie beim normalen Risiko – es gelten ja weiterhin die gleichen Grundsätze bzw. Gewährleistungsziele, gelöscht und protokolliert und Zuständigkeiten geklärt werden muss immer usw. –, aber sie müssen bei einem hohen Risiko wirksamer gestaltet sein und einer noch mal intensivierten Kontrolle, Prüfbarkeit und Steuerbarkeit unterliegen. Kann man die Wirksamkeit des „Löschens, Trennens, Protokollierens…" denn steigern? Ja, das kann man, wenn man Schutzmaßnahmen gegenseitig auf sich selbst anwendet. Was damit gemeint ist, wird im nächsten Kapitel der technisch-organisatorischen Maßnahmen ausführlich ausgeführt (s. Abschn. 7.3).

> **Aufgabe:**
> Schreiben Sie bitte alle Gewährleistungsziele auf ein Papier und dann negieren Sie diese formal: „Verfügbarkeit" wird zu „Nicht-Verfügbarkeit" usw. Machen Sie sich klar, dass Sie mit dieser einfachen Aktivität abstrakt eine vollständige (!) Liste der Datenschutzrisiken erstellt haben, die bei personenbezogenen Verarbeitungen aus der DSGVO abgeleitet sind und die in der Regel mit Änderungen an der Verarbeitung sowie konkreten Maßnahmen zur Verringerung dieser Risiken bearbeitet werden müssen.

6.2 Risiken erkennen

Um ein Risiko zu bestimmen, müssen eine „unterschiedliche Eintrittswahrscheinlichkeit" und „Schwere der Risiken" berücksichtigt werden. Als Zweck dieser Berücksichtigung der Risiken wird die Umsetzung von technischen und organisatorischen Maßnahmen zur Bearbeitung der Risiken genannt.

Das SDM unterscheidet zur Identifikation von Risiken vier Typen, für die dann jeweils die Eintrittswahrscheinlichkeit und Schwere zu beurteilen ist (vgl. DSK 2024, S. 50f):

Risikotyp A: Ausgangsrisiko
„Der Grundrechtseingriff bei natürlichen Personen durch die Verarbeitung ist nicht hinreichend milde gestaltet."

Das Ausgangsrisiko des Datenschutzes besteht darin, dass eine Organisation durch eine Verarbeitung in einem erheblichen Ausmaß in die Rechte und Freiheiten von Personen eingreift und die dadurch bestehenden Risiken nicht hinreichend bearbeitet, sondern zu den eigenen Gunsten ausnutzt. Das könnte bspw. dann der Fall sein, wenn der Zweck der Verarbeitung nicht hinreichend ausformuliert wurde, so dass bspw. ein Schutz daraus entstehen könnte, dass etwaige Verstöße gegen die DSGVO allein schon an der Art oder Menge der erhobenen personenbezogenen Daten oder aus dem Kontext erkennbar wären. Die Analyse dieser Risiken auf der Ebene 1 bei Beratungen und Prüfungen geschieht meist im Team von Jurist*innen und Praktiker*innen im Erarbeiten eines Verständnisses von einer Verarbeitung und deren Risiken. Das SDM ist für die systematische Analyse des Ausgangsrisikos nützlich und kann der den Ausschlag gebenden juristischen Beurteilung zuarbeiten.

Risikotyp B: Verarbeitungsrisiko

„Die Maßnahmen zur Verringerung der Eingriffsintensität einer Verarbeitung sind, in Bezug auf die Gewährleistungsziele, nicht vollständig oder werden nicht hinreichend wirksam betrieben oder nicht in einem ausreichenden Maße stetig kontrolliert, geprüft und beurteilt."

Bei der Verarbeitung werden die Grundsätze aus Art. 5 bzw. die Gewährleistungsziele nicht in einem hinreichenden Maße – das Maß ergibt sich aus der Risikostufe – beachtet. Die operativen Risiken in der Verarbeitungspraxis bestehen darin, dass die Maßnahmen zur Verringerung der Datenschutzrisiken der Ebene 1 für die Ebenen 2 und 3 unzureichend bestimmt sind, nicht vollständig sind und in einem nur unzureichenden Ausmaß konfiguriert und kontrolliert betrieben werden (Stichwort: DSMS). Dies geschieht immer dann, wenn der Zusammenhang zur DSGVO nicht methodisch hergestellt wird und keine Vorstellung von der vollständigen Beachtung der Grundsätze bzw. Gewährleistungsziele besteht. Die Analyse dieser Risiken geschieht zumeist durch die Praktiker*innen und Techniker*innen, wenn die Betriebsmittel, die IT-Komponenten und die TOM bei einer Prüfung untersucht werden oder wenn Maßnahmen in einer Spezfikation, bspw. im Rahmen einer DSFA nach Art. 35, festzulegen sind. Nicht nur die Analyse sondern die Bearbeitung dieses Risikotyps liegt im beanspruchten Geltungsbereich und bildet den Schwerpunkt des SDM.

Risikotyp C: IT-Sicherheitsrisiko

„Die Maßnahmen, die nach der Informationssicherheit geboten sind (vgl. z. B. IT-Grundschutz nach BSI), sind nicht vollständig oder werden nicht hinreichend wirksam betrieben oder werden nicht in einem ausreichenden Maße stetig kontrolliert, geprüft und beurteilt."

Die Maßnahmen der IT-Sicherheit für die Gestaltung der Sachbearbeitung und der IT-Komponenten der Ebene 2 und Ebene 3, mit denen die Verarbeitungen im Interesse der Organisation gesichert werden, werden nur unzureichend bestimmt, sind nicht vollständig und werden in einem nur unzureichenden Ausmaß konfiguriert und kontrolliert betrieben (Stichwort: ISMS). Man kann die erwartbare Qualität des Sicherheitsmanagements zum einen daran erkennen, ob es eine Abteilung oder zumindest eine(n) IT-Sicherheitsbeauftragte(n) (ISB) zur Durchsetzung der Maßnahmen gibt und ob ein Standard – typisch IT-Grundschutz oder ein ISO-Standard – bei der Vorgehensweise etabliert ist.

Risikotyp D: IT-Sicherheitsmaßnahmenrisiko

„Die Maßnahme der Informationssicherheit werden nicht ausreichend datenschutzgerecht, im Sinne des Risikotyp A und Risikotyp B, betrieben."

Die Maßnahmen der IT-Sicherheit unterliegen ebenfalls den grundrechtlichen Anforderungen der DSGVO, weil die technischen und organisatorischen Maßnahmen der Informationssicherheit ihrerseits Grundrechtseingriffe verursachen, indem sie personenbezogene Daten verarbeiten. Das versetzt die Leiter*in der IT-Sicherheitsabteilung und ISB in der Regel, und auch noch manche DSB, ins Staunen. Spätestens mit diesem Anspruch an Maßnahmen der IT-Sicherheit wird klargestellt, warum die Analysen und Aktivitäten des operativen Datenschutzes und der Informationssicherheit getrennt durchgeführt werden müssen.

Und was viele Praktiker*innen außerdem überrascht: Das Verwenden von Maßnahmen der Informationssicherheit kann ihrerseits einer Rechtsgrundlage bedürfen, und deren Gestaltung muss in jedem Falle den datenschutzrechtlichen Anforderungen genügen. So müssen u.a. auch hier insbesondere Informationspflichten erfüllt und Betroffenenrechte gewährt werden (vgl. Eckhardt 2023). Die Bearbeitung dieses Risikotyps liegt dann wieder im beanspruchten Geltungsbereich des SDM.

Somit gilt es, jeden dieser vier Risikotypen für eine Verarbeitung systematisch zu identifizieren, jeweils zu analysieren und zu beurteilen und mit Maßnahmen zur Risikobearbeitung zu versehen. Das Risiko vom Risikotyp A („Ausgangsrisiko"), das von einer Verarbeitung ausgeht, lässt sich effizient mit Hilfe der „Schwellwertanalyse" identifizieren. Das Risiko vom Risikotyp B „Verarbeitungsrisiko" lässt sich mit Hilfe einer Datenschutzprüfung bzw. Datenschutzfolgenabschätzung sowie einer Abschätzung des Eintretens von Datenschutzvorfällen bestimmen. Das Risiko vom Risikotyp C „IT-Sicherheitsrisiko" zu bestimmen ist die Aufgabe des IT-Sicherheitsmanagements einer Organisation. Und das Risiko vom Risikotyp D „IT-Sicherheitsmaßnahmenrisiko" zu bestimmen ist im Wesentlichen eine spezielle Untermenge der Bestimmung des Risikotyps B.

Schwellwertanalyse
Mit Hilfe der Schwellwertanalyse kann die Höhe des Risikos, die durch eine Verarbeitung für betroffene Personen entsteht, identifiziert werden.

Man kann die Schwellwertanalyse für eine Verarbeitung in wenigen Minuten erledigen, vorausgesetzt der Zweck und der Ablauf der einzelnen Phasen einer Verarbeitung und die personenbeziehbaren Daten, die dabei verarbeitet werden, liegen hinreichend dokumentiert vor. Eine informationshaltige Beschreibung einer Datenverarbeitung enthält neben der Beschreibung des Zwecks die vollständige Liste der dabei zu verarbeitenden Daten, eine Liste mit den Kategorien der Empfänger – an der man ablesen kann, ob des Risiko durch die Empfänger steigt, wenn diese bspw. Sicherheitsbehörden sind – sowie eine Darstellung der Phasen, eine Aufzählung von Komponenten der Ebenen 2 und 3 sowie die vorgesehene Umsetzung der Anforderungen aus den Gewährleistungszielen enthält (s. Abschn. 8.1).

Zum Einstieg in die Schwellwertanalyse ist der Blick in die Art. 9 und Art. 35 geeignet: Wenn Daten verarbeitet werden, die in Art. 9 aufgelistet sind, oder wenn Menschen gemäß Art. 35 innerhalb einer Verarbeitung bewertet (Scoring) oder Eigenschaften von ihnen gesammelt werden (Profiling), dann ist die Wahrscheinlichkeit hoch, dass von der Verarbeitung dieser Daten ein hohes Risiko für davon betroffene Menschen ausgeht.

Wenn dieser Abgleich zur Bestimmung des Risikos einer Verarbeitung allein noch nicht reicht, sollte man als Nächstes die „Muss-Liste" der Datenschutz-Aufsichtsbehörden heranziehen. Man findet in der Muss-Liste 17 Einträge von Verarbeitungstätigkeiten, mit Beschreibungen der Verarbeitungen. Leider ist es erfahrungsgemäß unwahrscheinlich, dass ein zweifelsfrei passender Eintrag in der Liste enthalten ist. Nicht viel länger dauert es, wenn man die Tabelle heranzieht, die am Ende der Muss-Liste steht. Dort findet sich eine Auflistung

Tab. 6.1 Einträge aus dem WP248 zur Bestimmung der Risikohöhe einer Verarbeitung

1. Bewerten oder Einstufen (Scoring)
   („Evaluation or scoring")

2. Automatisierte Entscheidungsfindung mit Rechtswirkung oder ähnlich bedeutsamer Wirkung
   („Automated-decision making with legal or similar significant effect")

3. Systematische Überwachung
   („Systematic monitoring")

4. Vertrauliche Daten oder höchst persönliche Daten
   („Sensitive data or data of a highly personal nature")

5. Datenverarbeitung in großem Umfang
   („Data processed in a large scale")

6. Abgleichen oder Zusammenführen von Datensätzen
   („Matching or combining datasets")

7. Daten zu schutzbedürftigen Betroffenen
   („Data concerning vulnerable data subjects")

8. Innovative Nutzung oder Anwendung neuer technologischer oder organisatorischer Lösungen
   („Innovative use or applying new technological or organisational solutions")

9. Betroffene werden an der Ausübung ihres Rechts oder der Nutzung einer Dienstleistung bzw.
   Durchführung eines Vertrages gehindert
   („When the processing in itself prevents data subjects from exercising a right or using a service
   or a contract")

mit insgesamt neun Einträgen. Mit dieser Tabelle gelangt man in der Praxis effizient zu einer
Einstufung der Risikohöhe einer Verarbeitung.

Diese Tabelle mit den neun Einträgen entstammt dem Workingpackage 248 („WP248")
der „Art.29-Gruppe" und ist damit ein europaweit gültiger und verwendeter Kriterienkata-
log zur Bestimmung der Risikostufe, die von Verarbeitungen zu diesen Zwecken oder mit
diesen Daten für Betroffene ausgehen (Art.29-Group 2017, S. 10). Vielfach werden in dieser Liste Bestimmungen aus der DSGVO in einer kompakteren Formulierung allerdings nur
wiederholt. Die Risiken, die nach sicherheitstechnischen Analysen hinzukommen können,
wie etwaig auftretende Schäden, die im EG 75 beispielhaft aufgelistet werden, erzeugen keinen weiteren Beitrag zur Festlegung der an der Grundrechtseingriffsintensität orientierten
Risikostufe.

Die derart festgestellte Risikohöhe der Verarbeitung strahlt nun auf die gesamte Verarbeitung mit ihren Phasen und Ebenen aus. Wenn „hoch" zutrifft, dann steht fest, dass alle
Maßnahmen zur Bearbeitung der Risiken auf den Ebenen 2 und 3 besonders wirksam sein
und einem besonders sorgfältigen Management unterliegen müssen.

Es zeigt sich, dass zur Einordnung der Risikohöhe einer Verarbeitung auf der Ebene 1
das domänenspezifische Fachwissen, das fachliche Know-How etwa einer Kindergärtnerin,
ungleich höher einzuschätzen ist als bspw. das Know-How eine/s/r IT-Spezialist*in auf den

Ebenen 2 und 3. IT-Know-how ist erst in einer späteren Phase der Spezifikation, wenn es an die risikoadäquate Implementation der Verarbeitung geht, gefragt.

Die Schwellwertanalyse muss für jede einzelne Verarbeitung personenbeziehbarer Daten innerhalb einer Organisation durchgeführt werden, nicht nur für Verarbeitungen mit einem voraussichtlich hohen Risiko für die Betroffenen. Dies ist deshalb notwendig, damit der Verantwortliche auf Nachfrage einer Aufsichtsbehörde ein Unterlassen der Durchführung einer DSFA begründen kann, wenn nach seiner Ansicht nur ein „normales Risiko" für eine Verarbeitung vorliegt („Rechenschaftspflicht" nach Art. 5 Abs. 2).

Datenschutz prüfen und Datenschutzvorfall identifizieren

Das Datenschutzrisiko, das von einer Verarbeitung personenbeziehbarer Daten konkret ausgeht und als solches zu identifizieren ist, besteht darin, dass die Grundsätze nach Art. 5 DSGVO sowie weitere Bestimmung der DSGVO, insbesondere in Bezug zu den Betroffenenrechten, bei der Verarbeitung nicht ausreichend beachtet werden. Man muss die Eintrittswahrscheinlichkeit der Eingriffsintensität einer Verarbeitung mit Hilfe einer Datenschutzprüfung dabei gar nicht abschätzen, denn man kann sie empirisch messen. Ein gewisses „Restrisiko" besteht dann nur in Bezug auf das rechtliche Urteil, ob es mehr im Sinne der Organisation oder mehr im Sinne der Betroffenen ausfällt. Anders ist der Fall in Bezug auf die Identifikation eines Datenenschutzvorfalls. Hier stellt sich die Frage, woran man einen Datenschutzvorfall erkennen könnte.

Die Durchführung einer Datenschutzprüfung, die die konkrete Implementation einer Verabeitung auf Ebene 2 und Ebene 3 umfasst, wird im Abschn. 8.2 dieses Buches dargestellt; die Durchführung einer Datenschutz-Folgenabschätzung findet sich im Abschn. 8.3. Anhand der juristischen Beurteilung der Prüfergebnisse ist dann erkennbar, wie eingriffsintensiv eine Verarbeitung in der Praxis betrieben wird und damit wie hoch das Risiko für betroffene Personen durch die Verarbeitung real besteht.

Bei einer Datenschutz-Kontrolle einer konkreten Verarbeitung lassen sich zu hohe Datenschutzrisiken auf der operativen Ebene dadurch erkennen, dass die typischen Maßnahmen zur Umsetzung der Grundsätze bzw. Gewährleistungsziele fehlen. In jedem Falle müssen TOM ergriffen werden, auch bei normalem Risiko. Wenn also TOM fehlen – wenn bspw. keine Protokollierung, keine Löschstrategien, kein Rechte & Rollenkonzept usw. usw. vorliegen – dann werden die von diesen Maßnahmen reduzierten Risiken einer Verarbeitung offensichtlich nicht bearbeitet.

Um eine Vorstellung von möglichen Datenschutzvorfällen entwickeln zu können, können die Leitlinien vom EDPB mit Beispielen für „33er-Meldungen" herangezogen werden (vgl. EDPB 2021). Im Blick haben sollte man außerdem die Auflistung der Bussgelder, die von europäischen Datenschutzaufsichtsbehörden verhängt werden, weil sich daraus ebenfalls Vorstellungen von Datenschutzvorfällen formen können (https://www.dsgvo-portal.de/dsgvo-bussgeld-datenbank/), die man dann gegen die Prüfergebnisse einer Datenschutzprüfung laufen lassen kann, um so noch weitere Lücken, die sich in der Praxis anderer Organisationen gezeigt haben, zu erkennen.

Um auch das Risiko von IT-Sicherheitsmaßnahmen für Betroffene identifizieren zu können, empfiehlt sich schlicht die Zusammenarbeit mit dem IT-Sicherheitsmanagement bzw. mit dem/der IT-Sicherheitsbeauftragten, um zu erkennen, wie dort Sicherheitsvorfälle erkannt werden. Wenn ein IT-Sicherheitsvorfall festgestellt wurde, dann sollte grundsätzlich davon ausgegangen werden, dass es sich auch um einen Datenschutzvorfall handelt. Darüberhinaus sind die mit dem Schutz von IT-Sicherheit begründeten Schutzmaßnahmen Teil einer ganz normalen Datenschutzprüfung unter der Fragestellung, in wie weit deren Funktionen den Anforderungen der DSGVO entsprechen.

Die Identifikation von Risiken der IT-Sicherheit ist ein Thema, auf das an dieser Stelle nicht im gebotenen Maße auch nur grob überblicksartig eingegangen werden kann. Wenn man als Datenschützer*in ohne jede Erfahrung einen Eindruck von den Herausforderungen gewinnen möchte, vermittelt das frei zugängliche IT-Grundschutzkompendium eine erste Orientierung (vgl. BSI 2023b). Wenn für die Identifikation der Risiken der IT- oder Informatonssicherheit in einer Organisation nichts vorgesehen ist, dann ist ein DSGVO-konformer Betrieb einer Verarbeitung mit Personenbezug nicht möglich.

6.3   Risiken beurteilen

Für die Beurteilung des Ausgangsrisikos einer Verarbeitung gemäß Risikotyp A haben sich die Datenschutzaufsichtsbehörden europaweit auf eine Konvention verständigt. Hiernach geht von einer Verarbeitung dann ein hohes Risiko für Betroffene aus, wenn aus der 9er-Liste aus dem WP248 zwei Eigenschaften auf eine Verarbeitung zutreffen. Es kann aber auch schon reichen, wenn nur eine Eigenschaft zutrefft, um Risikostufe „hoch" festzustellen.

Nach dieser pragmatisch effizienten Einstufung für „hohes Risiko" einer Verarbeitung anhand dieser Liste – die in wenigen Minuten durchführbar ist, wenn eine gute Dokumentation vorliegt – sollte ein/e Jurist*in in die Bearbeitung des Art. 24 einsteigen und die dort aufgeführten Prüfkriterien zur Art, zum Umfang und Umstand und den Zwecken der Verarbeitung heranziehen und juristisch beurteilen (s. Abschn. 4.2). Diese Befassung und Ausarbeitung auf der juristischen Seite beansprucht Zeit, die sich auf der operativen Seite nutzen lässt, um die Planung der Durchführung einer wahrscheinlich notwendig werdenden DSFA auf den Weg zu bringen (s. Abschn. 8.3).

Die Eintrittswahrscheinlichkeit für das Verarbeitungsrisiko gemäß Risikotyp B (inkl. des IT-Sicherheitsmaßnahmenrisikos gemäß Risikotyp D) zu beurteilen ist entgegen den Erwartungen der meisten Prakter*innen leicht: Sie kann durch eine Prüfung festgestellt werden. Die zu bearbeitenden Risiken bestehen darin, dass die Gewährleistungsziele nicht erfüllt werden, weil keine Maßnahmen zu deren Risikominimierung ergriffen wurden. Und die Schadenshöhe ist, wenn auch abstrakt, festgelegt: Es sind die zu intensiven Eingriffe in die

Grundrechte und Grundfreiheiten von Personen, bei denen es darüber hinaus auch noch zu Rufschädigungen und wirtschaftlichen Schäden kommen können, die im EG75 aufgezählt werden. Den Risikostufen entsprechend Schadensstufen: Bei einem normalen Risiko ist mit einer „normalen" Schadensstufe zu rechnen, entsprechend bei hohem Risiko mit einer hohen Schadensstufe. Es müssen nicht erst zusätzliche sichtbare Schäden bei Betroffenen auftreten, um Datenschutzverstöße feststellen zu können; das Vorkommen von Schäden erleichtert allenfalls das Erkennen. Bei einer Datenschutzprüfung ist dann nur noch zu beurteilen, wie hoch die Eintrittswahrscheinlichkeit ist, dass bei einer Verarbeitung die bekannten Risiken bestehen. Und diese Risiken sind zu groß, wenn keine Maßnahmen getroffen wurden. Im Datenschutz ergibt die klassische Risikoformel deshalb nur zur Schadenshöhe hin umgestellt einen gewissen Sinn: „Schadenshöhe = Bekanntes Risiko / Eintritt". Die Risiken sind bekannt – es wird gegen die Gewährleistungsziele verstoßen, wenn keine Maßnahmen getroffen werden –, und die „Eintrittswahrscheinlichkeit" wird bei einer Prüfung der Ist-Maßnahmen gegen die Soll-Maßnahmen ermittelt. *Wenn keine risikenmindernden Maßnahmen getroffen wurden, dann treten die Risiken nicht erst zukünftig ein, sondern die Risiken sind aktuell bereits realisiert. Und das heißt: Es liegt ein Schaden für die Betroffenen vor.* Je geringer das Niveau der funktionale Umsetzung der Datenschutzanforderungen objektiv ausfällt, desto größer ist das Risiko für die Betroffenen, dass ihre Rechte und Freiheiten in einem zu großen Maße beschränkt werden. Und um so größer ist folglich auch das Risiko eines Datenschutzvorfalls.

Für jede Phase und auf jeder Ebene einer Verarbeitung ist jedes Mal wieder das gesamte Set der Gewährleistungsziele anlegbar. Wenn die analytische Auflösung des Verständnisses einer Verarbeitung mit den dabei zum Einsatz kommenden zahllosen Gerätschaften und Programmen hochgetrieben wird, und wenn man eine wirklich umfassende Perspektive auf Risiken einnimmt (vgl. Rost 2018), dann kann die Menge der zu analysierenden und zu behandelnden Risiken leicht sehr groß werden. Man kennt dieses Messproblem bei hochgetriebener Auflösung aus der Geografie an einer Frage wie bspw.: Wie lang ist eigentlich die Küstenlinie von Dänemark, insbesondere wenn man Grönland dazu zählt? Die Antwort ist abhängig vom Wissensstand zur Meßmethodik: „Das ist abhängig vom Maßstab…willst du es in Kilometern wissen?" oder „Die ist fast unendlich." Letzteres stimmt dann, wenn man den Maßstab der Messungen immer feiner macht und die Oberfläche der Sandkrümel bei mittlerem Wasserstand zum kleinsten Maßstab nimmt, real wäre eine solche Messung nicht mehr durchführbar. In Analogie zu den Sandkörnern könnte man sich im Kontext der IT bspw. für die Risiken von Libraries interessieren, die dadurch entstehen, dass diese auf der Ebene des Betriebssystems per Internet vor einem Compilerlauf hinzugelinkt werden – und genau so etwas ist eine ganz typische Praxis bspw. für ein OpenSource-Betriebssystem wie Linux. Hier muss man sich mit Sicherheitsfiktionen wie „die OpenSource-Community würde anschlagen, wenn der Source kompromittiert wäre" bzw. mit Zusicherungen seitens der Hersteller zufrieden geben. Allerdings ist es bei ClosedSources wie den Betriebssystemen von Microsoft oder Apple aus sozialen Gründen vermutlich unkomplizierter, unfairen Code einzuschleusen.

Am Ende müssen diese sachorientierten Prüfergebnisse juristisch beurteilt werden, wobei diese Urteile vielfach von politischen und betriebswirtschaftlichen Motiven überformt werden. Hinzukommen die widersprüchlichen Interpretationen der DSGVO seitens der zuständigen nationalen und internationalen Aufsichtsbehörden und Gerichte. Dem Verantwortlichen müssen vernünftige Kriterien an die Hand gegeben werden, mit denen eine rational begründbare Stoppregel für das Identifizieren von Risiken und das entsprechende Ergreifen von risikomindernden Maßnahmen gefunden werden kann. *Letztlich sind es die rechtlichen Urteile der Gerichte entlang der DSGVO und der EU-GrCh, die einen Stopp der Risikoanalyse, der Risikobeurteilungen und damit des Maßnahmenergreifens begründen können.* (vgl. Bieker 2022) Es ist grundsätzlich damit zu rechnen, dass eine Aufsichtsbehörde oder ein Gericht die von einer Organisation vorgebrachte, rechtlich begründete Stoppregel für unangemessen hält. Aber dieses Risiko eines falschen Urteils besteht immer zu jeder Zeit für alles, was mit normierten Konfliktbearbeitungen zu tun hat.

Die Abschätzung der Risiken der Informations- oder IT-Sicherheit gemäß Risikotyp C bedient sich in der Regel der klassischen Methode aus dem Risikomanagement und dessen zentraler Formel: „Risiko = Eintrittswahrscheinlichkeit * Schadenshöhe". Um die Risiken grafisch vor Augen zu stellen, wird auf der x-Achse die Eintrittswahrscheinlichkeit und auf der y-Achse die Höhe des möglichen Schadens notiert. Typischerweise wird dann mit mindestens zwei 4x4-Matrixen gearbeitet: Die eine Matrix zeigt den aktuellen Ist- und die zweite Matrix den realistisch erreichbaren Praxis-Soll-Zustand, während das eigentlich zu erreichende Soll in beiden Matrixen durch eine Farbcodierung dargestellt wird (s. Abb. 6.1). Diese Formel bzw. diese Matrix wird in der Betriebswirtschaft und IT-Sicherheit genutzt, um aus Kosten- und Sicherheitsinteressen heraus angemessene TOM für Risiken zu bestimmen. Maßnahmen der IT-Sicherheit zu implementieren ist in der Regel – außerhalb von kritischen Infrastrukturen oder im Kontext der Anforderungen von NIS2 – vor allem eine Kostenfrage. Anforderungen an sowohl kritische Infrastrukturen als auch des operativen Datenschutzes dürfen dagegen nicht unter das absolute Primat der Kosten gestellt werden. Betriebswirtschaftliche Überlegungen sind zwar in Art. 32 DSGVO genannt, aber nur in einer nachrangigen Position. Man muss im operativen Datenschutz permanent aufpassen, dass diese betriebswirtschaftliche Perspektive nicht alle Kalküle und Überlegungen dominiert, weil der Zweck des Datenschutzes und der DSGVO nicht hinreichend im Auge behalten werden.

Das BSI betont den geringen Nutzen dieser betriebswirtschaftlich motivierten Risikoformel für den Bereich der Risikobeurteilung in der Informationssicherheit:

Grundsätzlich können Risiken entweder qualitativ oder quantitativ betrachtet werden. Die quantitative Risikobetrachtung ist sehr aufwändig und setzt umfangreiches statistisches Datenmaterial voraus. Solche umfangreichen Erfahrungswerte fehlen in den meisten Fällen im sehr dynamischen Umfeld der Informationssicherheit. Daher ist es in den meisten Fällen praktikabler, sowohl für die Eintrittshäufigkeit als auch für die potenzielle Schadenshöhe mit qualitativen Kategorien zu arbeiten. Pro Dimension sollten dabei nicht mehr als fünf Kategorien gewählt werden (BSI 2017, S. 26).

Abb. 6.1 Risikomatrix, aus:
Kurzpapier Nr. 18 (2018)
(vgl. DSK 2018a, S. 4)

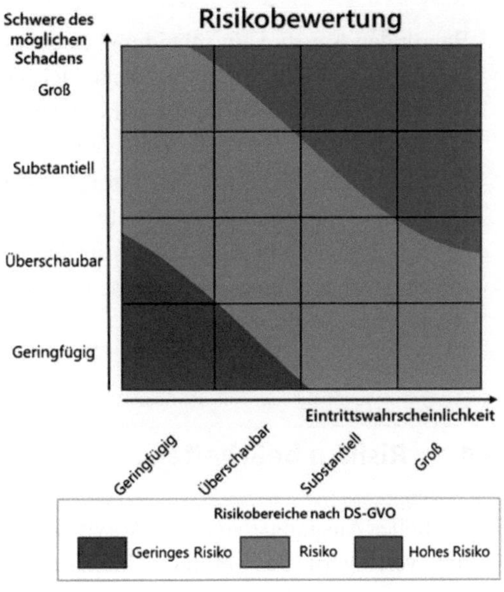

Der analytische Nutzen der eingangs erwähnten klassischen Risikomatrix ist im Datenschutz
somit ebenfalls gering. Trotzdem wird dieses Kalkül zwanghaft, als Symbol einer kompetenten Risikoanalyse, als für die Bestimmung des gesamten Datenschutzrisiko maßgebliche
Vorgehensweise, herangezogen. Je weniger Erfahrungen bspw. ein DSFA-Team hat oder je
stärker es von einer betriebswirtschaftlich oder sicherheitstechnisch ausgebildeten Projektleitung geführt wird, desto wahrscheinlicher wird der Einsatz dieser Matrix schlicht durchgesetzt. Einen gewissen Erkenntniswert erzeugt diese Darstellung der Risiken erfahrungsgemäß in der Argumentation gegenüber Entscheidern, wenn man in der Matrix Szenarien
zum Erreichen der DSGVO-Compliance durch „Quick Wins" durchspielt. Solche Quick
Wins können im Datenschutz typischerweise mit der Konsolidierung der Rechtsgrundlagen, der Verbesserung der Verfahrensbeschreibungen entlang der Phasen, der Umsetzung
der Maßnahmen zur Protokollierung und durch eine verbesserte Zugriffskontrolle mit Hilfe
eines Rollen- und Berechtigungskonzepts mitgenommen werden. Wenn daraufhin in der
Tabelle der Status der Einträge von tief-rot (keine Compliance) auf gelb-grün (Compliance
realistisch erreichbar) umspringt, kann sich das auf die Bereitschaft des Verantwortlichen,
für die Umsetzung von Datenschutzanforderungen Geld auszugeben, positiv auswirken.

> **Aufgabe:**
> Nehmen Sie sich bitte die Liste mit den 9 Einträgen aus der Muss-Liste bzw. dem
> WP248 zur Bestimmung der Risikostufe und begründen Sie die Risikostufe wahl
> weise für das Beispiel 1 („Kindergarten") oder das Beispiel 2 („Fahrtenschreiber").

Begründen Sie Ihre Entscheidung. Angenommen, Sie kommen zum Urteil, dass es sich in beiden Fällen um ein „hohes Risiko" für die von den Verfahren betroffenen Personen handelt: Welche Auswirkungen würde das auf die TOM, die Sie in der vorigen Aufgabe aus den Gewährleistungszielen ableiteten, für diese Maßnahmen haben? Angenommen, Sie haben zur Umsetzung des Gewährleistungsziels „Transparenz" die Maßnahme „Protokollierung" (entweder der Aktivitäten der Kindergärtner*innen oder der beteiligten IT-Organisationen im Fahrtenschreiber-Beispiel) aufgezählt: Überlegen Sie, welche Eigenschaften eine Protokollierung bei einer Verarbeitung mit hohem Risiko dann erfüllen muss.

6.4   Risiken bearbeiten

Ein zu hohes Ausgangsrisiko (Risikotyp A) lässt sich grundsätzlich durch Ändern der Verarbeitung verringern. Das Verändern kann bedeuten, dass auf die Verarbeitung ganz verzichtet werden muss oder dass die Erhebung der Daten auf das tatsächlich unbezweifelbar erforderliche Maß eingeschränkt oder der Zweck der Verarbeitung sehr stark verengt definiert wird.

Das Verarbeitungsrisiko, inkl. des IT-Sicherheitsmaßnahmenrisikos, lässt sich durch die Implementation von Schutzmaßnahmen verringern, klar. Das ist ein ganz wesentlicher Zweck des SDM, dabei methodisch bzw. systematisch zu unterstützen, indem der generische Maßnahmenkatalog bzw. die SDM-Bausteine herangezogen werden.

Bei einem hohen Risiko müssen die TOM gesteigert intensiv wirksam sein. Was das heißt, lässt sich am Beispiel des Löschens und Protokollierens zeigen: Bei einem normalen Risiko kann man Daten löschen und Daten von Ereignissen protokollieren, was systemseitig von den genutzen Betriebssystemen und Anwendungsprogrammen dafür vorgesehen ist. Bei einem hohen Risiko muss man dagegen die Löschtools kennen und prüfen, ob sie durch wirkungsvollere Programme ausgetauscht werden sollten. Bei einem hohen Risiko dürfen Löschtools Dateien nicht nur aus der file allocation table (FAT) austragen, sondern es müssen auch diejenigen Bereiche einer Festplatte mehrfach mit „0" überschrieben werden, in denen die Daten gespeichert wurden. Viele Betriebssysteme bringen ein solches Tool zum intensivierten Löschen mit – im Unix-Bereich wird vielfach das Löschprogramm „wipe" eingesetzt – oder erlauben zumindest ein problemloses Nachinstallieren solcher Tools. Eines dieser Tools einzusetzen, kostet in der Regel keinen Cent mehr. Es ist einzig eine Frage von Know-How und Umsicht, solche Tools wie wipe zu benutzen. Vielfach sind Daten mit den Medien, auf denen die Daten gespeichert sind, zu vernichten; oder eine Datenbank muss nach einer Löschung umgehend reorganisiert werden. Auch das Wipen kann, bei wirklich hohen Ansprüchen an das Löschen, nicht ausreichen. Das Löschen von Daten oder die Vernichtung von Datenträgern muss zusätzlich integer, und das heißt:

revisionsfest, automatisiert protokolliert werden; zum Nachweis für den Verantwortlichen, dass die Anforderungen der DSGVO erfüllt wurden. Alle weiteren Hinweise und Überlegungen zur Steigerung der Wirksamkeit der Maßnahmen finden sich im nachfolgenden Kapitel zu den TOM (s. Kap. 7).

Die Vorstellung, es könne einen vollständigen Katalog mit allen relevanten TOM geben, aus denen man sich für seine Verarbeitung dann sämtliche TOM zusammenklicken kann, ist unrealistisch. Und auch der IT-Grundschutz warnt vor einer solchen Erwartung und erklärt, man müsse immer auch noch selbsttätig analysieren und überlegen. Das kann bspw. bedeuten, dass die drei Ebenen einer Verarbeitung, so wie es der SDM-Würfel nahelegt, nicht ausreichen und eine vierte Ebene eingezogen werden sollte – um bspw. das organisationseigene Rechenzentrum und einen Cloud-Dienstleister differenzierter modellieren zu können und womit zwangsläufig mindestens 28 weitere Risikokonstellationen (4 Phasen x 7 Gewährleistungsziele) und möglicherweise ein ganzer Würfel für das externe Rechenzentrum (s. Grafik in Abb. 8.4) – zu analysieren und zu bearbeiten sind.

Methodisch sieht ein konventionelles Risikomanagement die Möglichkeit des Transfers von Risiken vor. Das SDM führt dazu aus, dass eine Organisation Datenschutzrisiken – also Grundrechtsrisiken für Personen – weder im Sinne der Risikoakzeptanz eingehen noch diese Risiken im Sinne des Risikotransfers verkaufen darf:

> (…) Die aus dem Bereich der Informationssicherheit bekannten Instrumente der Risikoakzeptanz oder des Risikotransfers stehen im datenschutzrechtlichen Kontext dem Verantwortlichen nicht zur Verfügung. Spielraum besteht bei der Auswahl und der Art und Weise der Umsetzung von Anforderungen mit Hilfe von technischen und organisatorischen Maßnahmen, die in einem angemessenen Umfang gefordert werden (…). Hier ist es geboten, bestehende Risiken für die Rechte und Freiheiten natürlicher Personen genauer zu analysieren. Erst wenn ein angemessenes Schutzniveau erreicht wurde und somit die Interessen der Betroffenen angemessen berücksichtigt wurden, können die verbleibenden Restrisiken durch den Verantwortlichen akzeptiert werden (DSK 2024, S. 50).

Gegen Risiken bzw. Schäden aus mangelhafter IT-Sicherheit – in den letzten Jahren wird sie verstärkt als „Cybersecurity" bezeichnet – können sich Organisationen und deren Verantwortliche schon länger versichern. Ein Versuch, die Schäden durch mangelhafte IT-Sicherheit, die in vielen Fällen mit Datenschutzverstößen einhergeht, volkswirtschaftlich zu beziffern, findet sich bspw. in der BSI-Publikation „Die Lage der IT-Sicherheit in Deutschland 2023" (s. BSI 2023a). Das Landgericht Tübingen hat in einem Urteil vom 26.05.2023 (4 0 193/21) ausgeführt, dass Schäden der IT-Sicherheit und des Datenschutzes aufgrund der Nutzung einer unzureichend gesicherten, veralteten IT eine Versicherung nicht davon befreie, für die dadurch entstandenen Schäden aufkommen zu müssen. Und tatsächlich bieten Versicherungen inzwischen die Kostenübernahme für die von Datenschutzaufsichtsbehörden oder Gerichten verhängten Bußgelder an. Die Kataloge, mit denen Versicherungen die Risikobereitschaft einer Organisation in Bezug auf IT-Sicherheit und Datenschutz abzuschätzen versuchen, sind sehr umfangreich und die Policen entsprechend teuer. Eine

Verarbeitung, die nicht grundrechtskonform betrieben wird, darf und kann „eigentlich" nicht in Produktion gehen.

Die DSGVO verweist in Art. 36 DSGVO darauf, dass für den Fall, dass trotz der ergriffenen Maßnahmen das Schutzniveau als zu gering beurteilt wird, die Organisation, bevor sie in Produktion mit dem Verfahren geht, die zuständige Datenschutzaufsichtsbehörde konsultieren und um Rat befragen darf.

6.5   Risikostufe, Schutzbedarf, Schutzniveau

Die DSGVO weist neben „normalem" und „hohen" Risiko leider keine dritte Stufe für „sehr hohes Risiko" aus. Der IT-Grundschutz sieht dagegen sinnvollerweise eine dritte Stufe für solche Fälle vor, bei denen „Leib und Leben" von Menschen unmittelbar bedroht sind. Auf der anderen Seite der Skala kann ein als „gering" eingeschätztes Datenschutzrisiko bei der Verarbeitung personbezogener Daten vorliegen. Eine solche sachgerechte Einstufung einer Verarbeitung kann in der Praxis trotzdem keinen die Maßnahmen sinnvoll abschwächenden Einfluss haben (vgl. DSK 2024, S. 54), weil die Anforderungen aus Artikel 5 umzusetzen sind. Was wäre unter „ein wenig löschen" oder „nur ein wenig ab und zu protokollieren" zu verstehen und entsprechend umzusetzen? Es kann nicht die Lösung sein, bspw. auf das Löschen oder das Protokollieren ganz zu verzichten oder irgendwie ein bißchen davon zu machen. Die Anforderungen an die Wirksamkeit von Maßnahmen für „normales Risiko" sind heuzutage alltägliche Übung und Praxis. Die Grundsätze aus Art. 5 und alle anderen normativen Vorgaben der DSGVO können auch im Falle eines geringen Risikos mit Maßnahmen für normales Risiko umgesetzt werden. Wenn außerdem noch rechtliches Spiel nach unten besteht, kann das immer noch festgestellt werden, dass kaum wirksame Schutzmaßnahmen als ausreichend erachtet werden. Für die Praxis bedeutet das, *nur normales und hohes Risiko* voneinander zu unterscheiden, um eine klare Regel und rechtliche Auslegung für die Dimensionierung, den Betrieb und die Kontrolle von Schutzmaßnamen zu haben.

Wenn ein hohes Risiko festgestellt wurde und folglich eine DSFA durchzuführen ist, argumentieren einige Verantwortliche gern wie folgt: „Aus meiner Sicht brauchen wir deshalb keine Datenschutzfolgenabschätzung nach Art. 35 DSGVO durchzuführen, weil wir bereits Schutzmaßnahmen, wie die Authentisierung der Nutzer*innen und eine Verschlüsselung der Kommunikationsverbindungen per VPN, getroffen haben."

Was ist das Problem an dieser Argumentation? Sie ist offensichtlich erst einmal zumindest lückenhaft. Es werden lediglich drei Schutzmaßnahmen aus dem vertrauten Arsenal der IT-Sicherheit aufgeführt – Sicherstellung der Integrität der Personen durch Authentisierung; Sicherstellung der Vertraulichkeit von Kommunikationsverbindungen durch eine Transportverschlüsselung und vermutlich auch Sicherstellung der Integrität der Kommunikationsverbindung durch eine vermutlich wechselseitige Authentisierung der beteiligten Rechner. Was ist mit den anderen Gewährleistungszielen? Werden diese tatsächlich im Blick gehalten und nur nicht genannt? Aber noch wichtiger: Diese Antwort legt den Gedanken nahe, dass Datenschutzrisiken mit denen der IT-Sicherheit gleichgesetzt werden.

Die genannten Schutzmaßnahmen der IT-Sicherheit müssen umgesetzt werden, das ist vollkommen korrekt. Auf Nachfrage würden ein/e Administrator*in oder ein/e IT-Sicherheitsbeauftragte/r wahrscheinlich weitere gut eingeführte Maßnahmen nennen wie bspw. Backup, Patchmanagement und Protokollierung. Das sind heute, zumindest in einer groben Installation, ohnehin Standardschutzmaßnahmen. Ein VPN zur Anbindung bspw. von Home-Office-Arbeitsplätzen wird heutzutage immer genutzt, auch wenn das Risiko einer Verarbeitung als „normal" eingestuft wurde. Aus Datenschutzsicht sind diese Maßnahmen nicht deshalb zu ergreifen, weil man das nun mal so macht und es leicht und günstig geworden ist, sondern weil die DSGVO das fordert. Die DSGVO verlangt das, weil von der Verarbeitung Risiken für die Betroffenen ausgehen; der IT-Grundschutz verlangt Gleiches, weil mit einer unsicher betriebenen IT Risiken für den Datenbestand der Organisation einhergehen.

Um dieser zirkulären Argumentation zu begegnen – „Wir haben doch schon Schutzmaßnahmen, dann brauchen wir keine DSFA mehr durchzuführen." – empfiehlt das SDM, „Risiko", „Schutzbedarf" und „Schutzniveau" zu unterscheiden (vgl. DSK 2024, S. 54f). In der DSGVO findet man den Begriff „Schutzniveau", den Begriff „Schutzbedarf" findet man dagegen nicht. Das Konzept des „Schutzbedarfs" entstammt dem IT-Grundschutz und stellt dort auf den Schutzbedarf von Geschäftsprozessen, den zu erfüllen im unmittelbaren Interesse des Verantwortlichen liegt, ab. Diesen Schutzbedarf erben die im Geschäftsprozess genutzten IT-Komponenten. Die Höhe des Schutzbedarfs dirigiert – als vom Verantwortlichen gesetzten, normative Vorgabe an die Technik – die Auswahl und die Auslegung der TOM. Im Datenschutz hat nicht eine Verarbeitung sondern eine Person einen Schutzbedarf vor der Verarbeitung, und die IT-Komponenten erben die Risikohöhe, das von der Verarbeitung ausgeht. Im SDM wird Schutzbedarf insofern fast nur aus „pädagogischen Gründen" genutzt, um der häufig anzutreffenden zirkulären Logik der eingangs vorgestellten Argumentation zu begegnen. *Der Schutzbedarf dient im SDM dazu, das Ausgangsrisiko einer Verarbeitung für betroffene Personen gedanklich festzuhalten.*

- Ein *hohes Risiko* der Verarbeitung erzeugt ein hohes Risiko, und damit auch einen hohen Schutzbedarf, für von der Verarbeitung betroffene Personen. Durch die Gestaltung der Verarbeitung kann das Risiko für die Person verringert werden. Der Schutzbedarf der Person entspricht dem Ausgangsrisiko, er bleibt somit hoch.
- Ein *geringes/normales Risiko* der Verarbeitung erzeugt ein normales Risiko bzw. einen normalen Schutzbedarf für von der Verarbeitung betroffene Personen.
- Während das Risiko einer Verarbeitung für davon betroffene Personen – ebenso wie die Eingriffsintensität – durch das Betreiben von TOM verringert werden kann, bleibt der ursprüngliche Schutzbedarf der betroffenen Personen konstant.
- Die Risiken einer Verarbeitung müssen durch a) die Gestaltung der Verarbeitung – bspw. durch den Verzicht der Erhebung von Daten oder durch eine Zweckverengung – und b)

durch den Betrieb von TOM so weit abgesenkt werden, bis ein *Schutzniveau* erreicht wird, das rechtlich den Anforderungen der DSGVO entspricht, dem Betroffenen zugemutet und vom Verantwortlichen getragen werden kann. Das bedeutet, dass die Stoppregel für die Auswahl und den Betrieb von TOM nicht der Technik entnommen werden kann, sondern anhand des juristischen Urteils gefunden werden muss. Die zu betreibenden TOM müssen bei hohem Risiko besonders sorgfältig spezifiziert, implementiert, betrieben und dauerhaft überwacht werden unter der Maßgabe, dass es gemäß des Demingzirkels des Plan-Do-Check-Act (s. Abschn. 8.4) keine perfekten Systeme gibt, somit immer ein Restrisiko verbleibt und die Systeme deshalb permanent repariert oder dem Stand der Technik angepasst werden müssen.

Wie steht es um das Verhältnis von Risiko und Eingriffsintensität? Das im Datenschutz wesentlich zu bearbeitende Risiko besteht darin, dass ein Eingriff unnötig intensiv ist. Die Intensität des Eingriffs kann auch dann hoch bleiben, wenn die Verarbeitung mit den mildesten Mitteln und dem geringsten Datenset umgesetzt wird. Die zusätzlich zu treffenden Maßnahmen aufgrund der Beachtung der Grundsätze können die so verbliebene minimale Eingriffsintensität durch den Verarbeiter selbst nicht noch weiter verringern. Die grundsätzlich zu treffenden Maßnahmen wären aber zweckgemäß erforderlich für den Fall, bei dem die Daten in unbefugte Hände gerieten oder zu anderen Zwecken verarbeitet werden. Insofern lässt sich die These vertreten, dass wirksame Schutzmaßnahmen in der Gesamtbilanz einer Verarbeitung die Grundrechtseingriffsintensität verringern. Dies kann im Extremfall sogar bedeuten, dass eine an-sich heikle grundrechtsintensive Verarbeitung, sagen wir am Rande der Legitimität, dann doch verantwortbar betrieben werden könnte, wenn bspw. der Nutzen der Verarbeitung für die Allgemeinheit sehr hoch ist, dies politisch nach einem gesellschaftlichen Diskurs so auch festgestellt wurde, und die Verarbeitung auf einem zweifelsfrei wirksamen, hohen Niveau des operativen Datenschutzes und der IT-Sicherheit implementiert und fortwährend geprüft und gemanaget betrieben wird. Ein sehr gutes Schutzniveau zu erreichen wird absehbar wohl die Lösung sein müssen, wenn bspw. medizinische Daten für Forschungszwecke unverzichtbar sind, aber eine wirksame Anonymisierung von Patient*innendaten, eigentlich die grundrechtlich geboten beste Lösung, unter den modernen Bedingungen der Datenverarbeitung, inkl. des intelligenten Ratens seitens der KI, praktisch nicht mehr durchführbar ist.

Wie ist mit dem Konflikt umzugehen, wenn der Schutzbedarf einer Verarbeitungstätigkeit, der nach der Methode des IT-Grundschutzes festgestellt wird, und der Schutzbedarf von betroffenen Personen, der gemäß DSGVO bzw. SDM festgestellt wird, nicht übereinstimmen? Dazu führt das SDM aus:

> Kommt es zu unterschiedlichen Ergebnissen, dann sollten entweder die jeweiligen Maßnahmen für den höheren Schutzbedarf umgesetzt werden, oder es sollte im Rahmen einer genaueren Analyse festgestellt werden, was der Grund für die unterschiedlichen Feststellungsergebnisse ist und wie in diesem Fall ein angemessenes Schutzniveau erzielt werden

kann. Die datenschutzrechtlichen Anforderungen sind maßgeblich. Diese Analyse- und Entscheidungsprozesse mit ihrer dazugehörigen Beurteilung sind zu dokumentieren. Sowohl bei einer unternehmens- oder organisationsinternen Evaluation bzw. Revision oder während einer datenschutzrechtlichen Prüfung muss nachvollziehbar sein, welche konkreten technischen und organisatorischen Maßnahmen zur Erlangung des erforderlichen Schutzniveaus in Bezug auf die jeweilige Verarbeitungstätigkeit ergriffen wurden (DSK 2024, S. 55).

6.6 Zwischenstand: Datenschutzrisiken

Die Ebenen 2 und 3 mit den IT-Komponenten erben die Risikoeinstufung, die mit Hilfe der Schwellwertanalyse auf der Ebene 1 der Fachlichkeit für die Verarbeitung festgestellt wurde. Die heranzuziehenden Risikokriterien zur Beurteilung der Verarbeitungsrisiken bilden die Gewährleistungsziele. Das SDM ordnet jedem Risiko bzw. jedem Gewährleistungsziel einen Katalog an generischen technisch-organisatorischen Maßnahmen zur Minderung der Grundrechtsrisiken zu.

Wenn die Risikostufe für eine Verarbeitung mit „normal" oder „hoch" festgestellt wurde, lassen sich, für die einzelnen Verarbeitungsvorgänge oder -phasen und orientiert an den Risiken, die TOM für eine Verarbeitung bestimmen. Bei einem hohen Risiko einer Verarbeitung muss die Wirksamkeit der Schutzmaßnahmen höher sein als bei einem normalen Risiko.

Literatur

Art.29-Group (2017). *Leitlinien zur Datenschutz-Folgenabschätzung (DSFA) und Beantwortung der Frage, ob eine Verarbeitung im Sinne der Verordnung 2016/679 „wahrscheinlich ein hohes Risiko mit sich bringt"*. Techn. Ber. Art. 29. Group. https://www.datenschutz-bayern.de/technik/orient/wp248.pdf.

Bieker, Felix (2022). *The Right to Data Protection – Individual and Structural Dimensions of Data Protection in EU Law*.

BSI (2017). *Standard-200-3, Risikoanalyse auf der Basis von IT-Grundschutz*. https://www.bsi.bund.de/SharedDocs/Downloads/DE/BSI/Grundschutz/BSI_Standards/standard_200_3.pdf?__blob=publicationFile&v=2 (besucht am 22. 03. 2022).

BSI (2023a). *Die Lage der IT-Sicherheit in Deutschland 2023*. deutsch. https://www.bsi.bund.de/SharedDocs/Downloads/DE/BSI/Publikationen/Lageberichte/Lagebericht2023.pdf?__blob=publicationFile&v=7.

BSI (2023b). *IT-Grundschutz-Kompendium*. https://www.bsi.bund.de/SharedDocs/Downloads/DE/BSI/Grundschutz/IT-GS-Kompendium/IT_Grundschutz_Kompendium_Edition2023.html.

DSK (2018a). *Kurzpapier Nr. 18 – Risiko für die Rechte und Freiheiten natürlicher Personen*. https://www.datenschutzkonferenz-online.de/media/kp/dsk_kpnr_18.pdf.

DSK (2018b). *Liste der Verarbeitungstätigkeiten, für die eine DSFA durchzuführen ist*. https://www.lda.bayern.de/media/dsfa_muss_liste_dsk_de.pdf.

DSK (2024). *Das Standard-Datenschutzmodell – Eine Methode zur Datenschutzberatung und -prüfung auf der Basis einheitlicher Gewährleistungsziele – Version 3.1*. https://www.datenschutz-mv.de/datenschutz/datenschutzmodell/.

Eckhardt Jens und Hansen, Marit (2023). „Datenschutzrechtliche Verkehrssicherungspflicht – ein Novum?" In: *BvD-NEWS* 2, S. 20–25.

EDPB (2021). *Leitlinien 01/2021 zu Beispielen für die Meldung von Verletzungen des Schutzes personenbezogener Daten.* https://www.edpb.europa.eu/system/files/2022-09/edpb_guidelines_012021_pdbnotification_adopted_de.pdf.

Rost, Martin (2018). „Risiken im Datenschutz". In: *Vorgänge.* Bd. 1/2, S. 79–92. https://maroki.de/pub/privacy/2018-05_Vorgaenge.html.

Technisch-organisatorische Maßnahmen

Der Inhalt dieses Kapitels

Dieses Kapitel stellt technisch-organisatorische Maßnahmen (TOM) zur Umsetzung der Grundsätze des Art. 5 DSGVO bzw. der Gewährleistungsziele des SDM vor.

Die UAGSDM hat Bausteine publiziert, in denen komplexe TOM (wie bspw. Dokumentation, Protokollierung oder Rollen und Berechtigungen) detailliert beschrieben werden.

Die risikomindernden TOM sind im Grundsatz bei Verarbeitungen mit normalem Risiko die gleichen wie bei einem hohen Risiko. Wichtig ist: Bei hohem Risiko müssen die Maßnahmen wirkungsvoller betrieben und kontrolliert werden: Wie lässt sich das erreichen? In der Praxis stellt sich, gerade bei Maßnahmen für hohes Risiko, zudem immer wieder die Frage, ob die Maßnahmen, die im SDM genannt werden, zwingend ergriffen werden *müssen*. Hier lautet die Antwort: Man kann es anders machen, nur dürfen die Maßnahmen nicht weniger passgenau und wirksam sein. Und dass es so ist, gilt es nachzuweisen. Die Standardmaßnahmen nach SDM gelten als „Stand-der-Technik".

Beizuziehende Literatur

Bitte haben Sie die Texte der DSGVO und der SDM-Methodik zur Hand. Laden Sie sich bitte außerdem pauschal alle Bausteine herunter, die Sie im SDM-Repository vorfinden https://www.datenschutz-mv.de/datenschutz/datenschutzmodell/ .

Es werden nur solche Inhalte aus den Baustein-Texten in dieser Einführung wiedergegeben, mit denen sich eine erste konturierte Vorstellung der Maßnahmen einstellt. Die Texte der Bausteine müssen schlicht zu dieser Einführung hinzugenommen und durchgearbeitet werden.

Generell möchte ich Sie außerdem auf eine Zusammenstellung der „Informationsmaterialien der deutschen Datenschutzaufsichtsbehörden" (https://www.datenschutzkonferenz-online.de/media/pub/202104_informationsmaterialien.pdf) aufmerksam machen, in denen

M. Rost, *Das Standard-Datenschutzmodell (SDM)*,
https://doi.org/10.1007/978-3-658-44998-8_7

nicht nur Kommentare zur DSGVO, sondern auch Orientierungshilfen („OH"), Positions-
papiere und Checklisten zu praktischen Problemstellungen aufgelistet sind. Unter diesen
Papieren, die man auch bei Landesdatenschutzaufsichtsbehörden finden kann, sind solche,
die nützlich, aber nicht in jedem Fall unter allen deutschen Datenschutzaufsichtsbehörden
abgestimmt wurden. Das Verhältnis zwischen diesen Papieren und den SDM-Bausteinen
der DSK wurde mehrfach so bestimmt, dass bspw. Orientierungshilfen für ganz spezielle
Fragestellungen (wie Krankenhaus-Informationssysteme, Cloudnutzung in Schulen oder
„Checkliste Videokonferenzsysteme"), die rechtlichen und technischen Anforderungen spezifisch und detailliert aufeinander abstimmen, und im operativen Teil zunehmend auf die
SDM-Maßnahmen verweisen.

Für die Risiken, für die keine SDM-Bausteine vorliegen – das ist insbesondere bei den
Kryptothemen wie Verschlüsselung und Prüfsummen der Fall (Stand: Frühjahr 2024) – sollte
man das „IT-Grundschutz-Kompendium" beiziehen (vgl. BSI 2023).

Auf thematisch tiefergehende Fachartikel komme ich im laufenden Text zu sprechen.

7.1   Generische TO-Maßnahmen und Bausteine

Ich werde zu jedem Gewährleistungsziel auf die wichtigsten TOM aus Kapitel D des Metho-
dikhandbuchs hinweisen. Und ich empfehle Ihnen, diese Hauptschutzmaßnahmen auf die
von Ihnen zu analysierende Verarbeitungstätigkeit zu beziehen und zu bearbeiten und erst
anschließend den Katalog im Methodikhandbuch heranzuziehen unter der Frage, ob sich in
der Auflistung weitere TOM finden lassen.

Die Begriffe „Schutzmaßnahme", „Sicherheitsmaßnahme", „risikomindernde
Maßnahme" und „technisch-organisatorische Maßnahme" oder „TOM" sollen das Gleiche
bezeichnen. Es ist immer wieder daran zu erinnern, dass mit diesen Maßnahmen nicht nur
Daten zu schützen, sondern ungleich mehr die Risiken der Verarbeitungsvorgänge, die diese
für betroffene Personen erzeugen, zu verringern sind, zu denen dann auch unter anderem
der Schutz der personenbeziehbaren Daten zählt.

Zu den Gewährleistungszielen kann man die jeweils wichtigsten Hauptmaßnahmen nennen (s. Tab. 7.1). Dabei gibt nicht immer genau nur eine Maßnahme zum Erreichen genau
eines Gewährleistungsziels; eine Maßnahme kann auch die Risiken mehrerer Ziele gleichzeitig verringern. Als Beispiele seien genannt: Die Verschlüsselung von Daten und Kommunikationsverbindungen verringert vor allem die Risiken in Bezug auf Kenntnisnahme
von Daten und Prozessen durch organisationsexterne unbefugte Dritte („Cybercrime"),
aber ebenso die Risiken durch nur bedingt befugte organisationsinterne Mitarbeiter*innen.
Zugriffsregelungen verringern vor allem die Risiken durch Zugriffe organisationsinterner
Mitarbeiter*innen. Ebenso verringern verschlüsselte Daten die Risiken, dass Daten unbefugt
verändert oder dass sie zu anderen als zu den vorgesehenen Zwecken verarbeitet werden
können. Auf der anderen Seite kann es passieren, dass Risiken mindernde Maßnahmen,
wenn sie bedingungslos verfolgt werden, andere Maßnahmen schwächen können. Diese

Tab. 7.1 Hauptmaßnahmen zum Erreichen der Gewährleistungsziele

Gewährleistungsziele	Maßnahmen
Verfügbarkeit	Redundanz/Backup von Daten, Systemen und Prozessen
Integrität	Zertifikate, Tests gegen Soll-Werte, DSM(S)
Vertraulichkeit	Verschlüsselung von Daten und Kommunikationsverbindungen
Transparenz	Spezifikation, Dokumentation, Protokollierung
Nichtverkettung	Trennung, Zugriffsregelungen, Anonymisierung/Pseudonymisierung
Intervenierbarkeit	Löschen, Aufbewahren, Korrigieren, Einschränken von Daten, Ändern von Verarbeitungen (Changemanagement)
Datenminimierung	Prüfen auf „need-to-know"- anstatt „nice-to-have"-Datenfelder

Abhängigkeiten der Gewährleistungsziele bzw. der damit begründeten Maßnahmen gilt es im Auge zu behalten (s. Abschn. 5.2.3).

Für einige der genannten Maßnahmen – hinter denen sich eigentlich Konzepte oder mehr noch: vollständige Verarbeitungen verbergen können – sind Bausteine formuliert, in denen Details beschrieben werden. Um Details der im generischen Katalog aufgelisteten Maßnahmen, die nicht mit Bausteinen hinterlegt sind, muss man sich selbst kümmern. So gibt es bislang bspw. keinen SDM-Baustein speziell zur Verschlüsselung. Insofern stellt sich die Frage: Wie lässt sich eine Verschlüsselung nach dem Stand der Technik und in einem gegenüber den Betroffenen fairen funktionalen Betrieb realisieren?

Für diese Fälle, in denen keine SDM-Bausteine vorliegen, sollte man den Katalog der Schutzmaßnahmen des ITGS zur „Umsetzung der IT-Sicherheitsziele" heranziehen. So enthält bspw. das „IT-Grundschutz-Kompendium 2023" (vgl. BSI 2023) allein über hundert Einträge zum Stichwort „Verschlüsselung", mit einer großen Fülle an Hinweisen auf Gefährdungen und Abhilfemaßnahmen. Die hier aufgeführten Maßnahmen gilt es auf die eigenen Anforderungen hin zu sichten, auf ihre Geeignetheit und Erforderlichkeit hin zu prüfen und auf ihre Angemessenheit hin zu beurteilen. Das gegenüber der IT-Sicherheit Besondere kommt dadurch hinzu, dass immer auch die Frage beantwortet werden muss, ob eine Maßnahme aus dem Katalog der Schutzmaßnahmen der IT-Sicherheit zumindest auch im Interesse der betroffenen Personen liegt.

Die vorliegenden SDM-Bausteine wurden – angesichts der wenigen Ressourcen, über die die UAGSDM verfügt – erstellt unter der Maßgabe, dass zunächst solche Bausteine geschrieben wurden, die vom ITGS gar nicht oder in einem für die Anforderungen des Datenschutzes nicht ausreichenden Maße abgedeckt werden. Dies traf insbesondere auf Maßnahmen zur Umsetzung von Nichtverkettung und Intervenierbarkeit zu. Bei den Krypto-Maßnahmen der Verschlüsselung und Integritätchecks ist der Katalog des ITGS gut bestückt, für diese Maßnahmen lässt sich das Fehlen eines SDM-Bausteins vergleichsweise leicht verschmerzen.

Übersicht Bausteine

Aktuell (Stand: Frühjahr 2024) sind die folgenden Bausteine publiziert:

- SDM-V2.0_Aufbewahren_V1.0.pdf
- SDM-V2.0_Berichtigen_V1.0.pdf
- SDM-V2.0_Dokumentieren_V1.0a.pdf
- SDM-V2.0_Einschränken_V1.0.pdf
- SDM-V2.0_Löschen_und_Vernichten_V1.0a.pdf
- SDM-V2.0_Protokollieren_V1.0a.pdf
- SDM-V2.0_Trennen_V1.0.pdf
- SDM-V2.0b_Planen_Spezifizieren_V1.0.pdf
- SDM-V2.0b_Zugriffe_regeln_V1.0.pdf

Gliederung der Bausteine

Schlagen Sie bitte irgendeinen der Bausteine auf. Die Texte dieser Bausteine sind kapitel-weise standardisiert gegliedert: In der ersten Zeile steht die Bezeichnung eines Bausteins (Beispiel: „Baustein 43 ‚Protokollieren'"). Die erste Stelle der Nummer eines Bausteins verweist dabei auf das Gewährleistungsziel, für den der Baustein eine TO-Maßnahme bildet, die zweite Stelle der Nummer ist ein Zähler in der Reihenfolge des Entstehens der Bausteine:

- 10 – Verringern der Risiken bzgl. Verfügbarkeit
- 20 – Verringern der Risiken bzgl. Vertraulichkeit
- 30 – Verringern der Risiken bzgl. Integrität
- 40 – Verringern der Risiken bzgl. Transparenz
- 50 – Verringern der Risiken bzgl. Nichtverkettung
- 60 – Verringern der Risiken bzgl. Intervenierbarkeit
- 70 – Verringern der Risiken bzgl. Datenminimierung

Kapitel 1 – Der „Bezug zu den Anforderungen der DSGVO und den Gewährleistungszielen" ist in allen Baustein-Texten gezielt knapp gehalten. Er stellt tabellarisch den Bezug des Bausteins zu den Anforderungen der DSGVO und zu den Gewährleistungszielen her. Der Zweck: Wenn ein Verantwortlicher fragt, warum eine bestimmte Maßnahme, die in der Regel Aufwand und Kosten verursacht, getroffen werden muss, dann genügt zur Begründung ein Blick in diese Tabelle.

Kapitel 2 – Die „Beschreibung" enthält den Ausweis des Zwecks und eine Beschreibung der Maßnahmen, die für die Schutzstufe „normales Risiko" zu treffen sind. Die rechtlichen Bezüge zur DSGVO sollen dabei, so lautet die Empfehlung für die Autor*innen der SDM-Bausteine, nicht über die erste Seite hinausgehen. Die Bausteine sollen in diesem Kapitel mit ihrer funktionalen Wirkung beschrieben werden, um die normativen Anforderungen der DSGVO in funktionale Anforderungen zu transformieren.

Innerhalb der Beschreibungen der Maßnahmen finden sich in Klammern Adressen (wie z. B. „(M43.S01)"). Eine solche Adresse markiert ein Maßnahme. Eine tabellarische Auflistung sämtlicher Maßnahmen eines Bausteins findet sich am Ende eines jeden Bausteintextes. Der Aufbau dieser Adressen für Maßnahmen ist wie folgt:

- „M" steht für „Maßnahme".
- „Zahl." steht für den Baustein (Beispiel: „43. = Protokollierung").
- „Buchstabe" steht als Kürzel für Komponenten wie *Datum*, *System*, *Prozess* (Beispiel: „S" für Maßnahme für Systeme) innerhalb der Ebenen.
- „Zahl" steht für einen Zähler, der hochgezählt wird, um die Maßnahmen eindeutig identifizierbar zu machen. (Beispiel: „01", die führende 0 wäre verzichtbar, ein durchgängig zweistelliges Zahlenformat sieht in Tabellen besser aus.)

Der Sinn dieser Konvention besteht darin, dass der Bezug zwischen den Texten der Bausteine und den Formularen in Tabellenkalkulationsprogrammen, die bei der Umsetzung von TOM zur Dokumentation häufig geführt werden, hergestellt werden kann.

Kapitel 3 – Das Kapitel mit der Überschrift „Differenzierung bei hohem Schutzbedarf" listet solche Maßnahmen, die für die Schutzstufe „hohes Risiko" zusätzlich zu treffen sind.

Kapitel 4 – In den „Referenzen" wird auf andere Standards verwiesen, die für den vorliegenden Text bedeutsam waren oder die ihn bei Bedarf vertiefen.

Kapitel 5 – „Zusammenfassung der Maßnahmen" enthält alle im Text adressierten Maßnahmen in tabellarischer Form.

Es gibt am Ende drei Tabellen: Die erste Tabelle listet alle Maßnahmen mit Bezug zu den Daten, die zweite Tabelle listet alle Maßnahmen für Systeme und die dritte Tabelle alle Maßnahmen für Prozesse auf.

Jede Tabelle hat dabei vier Spalten: Die erste Spalte enthält die Adresse der Maßnahmen (Beispiel: „M43.S01"), die zweite Spalte die Bezeichnung der Maßnahme (Beispiel: „Korrelationen von Protokollen über verschiedene Ebenen der Verarbeitungstätigkeiten prüfen zwecks Sicherstellung der Zweckbindung und 'Abschreckung' vor unbefugtem Missbrauch."). Die dritte Spalte enthält Buchstabenkürzel zur Bezeichnung der Phase des Deminzyklus, in der eine Maßnahme umzusetzen ist: *Plan*, *Do*, *Check*, *Act*. „P, D, C" heißt dann bspw.: Diese Maßnahme muss während der Planung spezifiziert, im laufenden Betrieb eingesetzt und fortwährend kontrolliert und beurteilt werden. Die vierte Spalte enthält die Version.

Kapitel 6 – Im „Bezug zum Datenschutzmanagement" wird die Reichweite eines Bausteins erläutert und die Frage geklärt, ob dieser eher in Bezug zum organisationsweiten Datenschutzmanagement oder in Bezug auf eine einzelne Verarbeitung gesetzt werden sollte.

Kapitel 7 – In der „Anmerkung zur Nutzung dieses Bausteins" werden u. a. Hinweise auf die Lizensierung eines Bausteins gegeben.

7. Anmerkung zur Nutzung dieses Bausteins

Dieser Baustein darf – ohne Rückfrage bei einer Aufsichtsbehörde – kommerziell und nicht kommerziell genutzt, insbesondere vervielfältigt, ausgedruckt, präsentiert, verändert, bearbeitet sowie an Dritte übermittelt oder auch mit eigenen Daten und Daten Anderer zusammengeführt und zu selbständigen neuen Datensätzen verbunden werden, wenn der folgende Quellenvermerk angebracht wird:

,*Konferenz der unabhängigen Datenschutzaufsichtsbehörden des Bundes und der Länder (Datenschutzkonferenz). Veränderungen, Bearbeitungen, neue Gestaltungen oder sonstige Abwandlungen der bereitgestellten Daten sind mit einem Veränderungshinweis im Quellenvermerk zu versehen. Datenlizenz Deutschland – Namensnennung – Baustein xxx* (https://www. govdata.de/dl-de/by-2-0).'

7.2   Gewährleistungsziele erreichen

In den nachfolgenden Kapiteln werden zu jedem Gewährleistungsziel die wichtigsten Maßnahmen („Hauptmaßnahme") genannt und kurz vorgestellt.

Verfügbarkeit umsetzen

Maßnahmen zur Verringerung der Risiken bzgl. der Verfügbarkeit befinden sich eher weniger im Scope operativer Datenschützer*innen. Das liegt nicht daran, dass dieses Gewährleistungsziel gering geschätzt wird, sondern weil von diesem Gewährleistungsziel die geringsten Konflikte mit dem Verantwortlichen oder dem/der ISB ausgehen. Dass es Backups von Datenbeständen, IT-Systemen und Prozessen geben muss, zu denen bspw. auch Vertretungspläne zählen, ist allseits unstrittig.

Zur Umsetzung der Verfügbarkeit müssen Maßnahmen ergriffen werden, die sicherstellen, dass personenbezogene Daten und der Zugang zu ihnen bei einem physischen oder technischen Zwischenfall rasch wiederhergestellt werden können. Es müssen auch Maßnahmen umgesetzt werden, die die Verfügbarkeit der personenbezogenen Daten und der Systeme und Dienste, die diese verarbeiten, garantieren, wenn diese unter einer der Verarbeitung angemessenen zu erwartenden Last stehen, und im Falle unerwartet hoher Last sicherstellen, dass der Schutz der personenbezogenen Daten nicht gefährdet ist. Sollte in Ausnahmefällen der Schutz personenbezogener Daten bezüglich der Verfügbarkeit dennoch verletzt werden, so ist sicherzustellen, dass Maßnahmen zur Behebung und Abmilderung der Verletzung getroffen werden.

Als generische Maßnahmen nennt der generische Katalog neben Redundanz von Hardware, Software und Infrastrukturen (als Ensemble vernetzter Hardware und Software) auch die Dokumentation der Syntax von Daten, Reparaturstrategien, Vertretungsregelungen sowie Notfallkonzepte.

Das „IT-Grundschutz-Kompendium 2023" weist unter „CON.3 Datensicherungskonzept" Maßnahmen zur Sicherung der Verfügbarkeit aus (vgl. BSI 2023, S. 149). Aus Sicht des Datenschutzes ist es wichtig, immer auch gegenläufige Schutzmaßnahmen zu beachten.

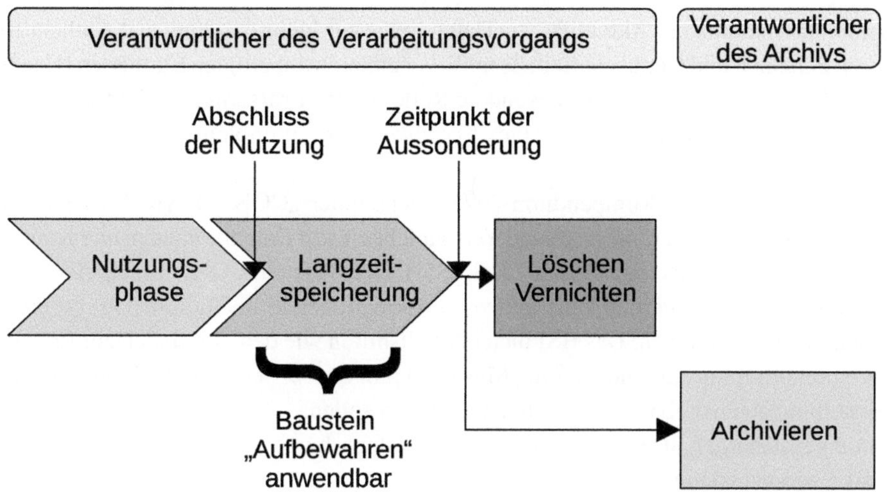

Abb. 7.1 Aufbewahren als Langzeitspeicherung innerhalb einer Verarbeitung (aus: SDM-Baustein „Aufbewahren", S. 2.)

Maßnahmen der „Datensicherungen" sollten insofern immer zusammen mit Maßnahmen des „Löschens" bestimmt werden. Ein Löschen bei hohem Risiko betrifft auch die Daten in den Backups, deren Verfügbarkeit besonders gesichert werden muss.

Das SDM weist einen Verfügbarkeits-Baustein zum Thema „Aufbewahren" auf. Dieser Baustein stellt fest, dass aufzubewahrende Daten zum Produktivdatenbestand zählen, und zwar auch in dem Fall, dass diese Daten für den operativen Betrieb nicht mehr erforderlich sind oder dass ihre Verarbeitung gem. Art. 18 Abs. 1 DSGVO eingeschränkt wurde (s. Abb. 7.1). Die Daten sollen weiterhin im erforderlichen Umfang verarbeitet werden können, auch über einen langen Zeitraum. Dabei ist dann sicherzustellen, dass die Daten verfügbar und integer bleiben, auch wenn zwischenzeitlich Hardware und Software oder Geschäftsprozesse verändert werden.

Integrität umsetzen

Der Schutz vor unbefugten Veränderungen von Daten, IT-Systemen und Prozessen sowie die Sicherung der Authentizität der an einer Verarbeitung beteiligten Entitäten (Personen, Computer, Programme, Services, Organisationen, Domänen) dürfte die größte gemeinsame Schnittmenge zwischen den Maßnahmen der IT-Sicherheit und denen des operativen Datenschutzes aufweisen. Das ist einer der Gründe, warum die Autoren des SDM hier weitgehend ohne besondere Bedenken auf den Maßnahmenkatalog des IT-Grundschutzes verweisen können.

Der generische Maßnahmenkatalog führt u. a. die Einschränkung von Schreib- und Änderungsrechten sowie die dokumentierte Zuweisung von Berechtigungen und Rollen auf. IT-Systeme sind zu härten, Systeme und Prozesse sind zu testen. Es sind Prozesse vorzuhalten zur Aufrechterhaltung der Aktualität von Daten sowie zur Identifizierung und Authentifizierung von Personen und Gerätschaften. Es muss vor äußeren unbefugten Einflüssen (Hacking, Sabotage) geschützt werden. Eine besondere Rolle spielen Prüfsummen, elektronische Siegel und Signaturen, die im Rahmen eines *Kryptokonzepts* zu implementieren, zu betreiben und zu kontrollieren sind.

Das „IT-Grundschutz-Kompendium 2023" weist unter „CON.1 Kryptokonzept" Maßnahmen zur Sicherung der Integrität und Vertraulichkeit von Datenbeständen und Kommunkationsverbindungen aus (vgl. BSI 2023, S. 135f). Der Baustein CON.1 beschreibt, wie ein Kryptokonzept erstellt werden kann und wie Informationen in Institutionen kryptografisch abgesichert werden können. Das BSI bietet Arbeitshilfen wie den „Leitfaden zur Erstellung von Kryptokonzepten" an und hat ein „Musterkryptokonzept" erstellt, die Institutionen bei der Erstellung eigener Kryptokonzepte unterstützen sollen.

Ein eigenständiger SDM-Baustein zu einem datenschutzrechtlich spezifischen Integritätsrisiko wurde bislang nicht entwickelt.

Vertraulichkeit umsetzen

Die Verringerung von Vertraulichkeitsrisiken kann insbesondere durch TOM des Verschlüsselns von Datenbeständen und Kommunikationsbeziehungen erzielt werden. Dies gilt für die Fälle, in denen Datenverarbeitung in unsicheren Umwelten durchgeführt und kommuniziert werden soll. In den Fällen, in denen allein die Unzugänglichkeit von Daten, IT-Systemen und Prozessen sichergestellt werden sollen, ist dagegen das Trennen (durch Gebäudemauern, separiert betriebene IT-Komponenten) die geeignete Schutzmaßnahme. Die Herstellung von Vertraulichkeit ist ein Thema, das, wie auch die Sicherung der Integrität, in einem Kryptokonzept gemeinsam behandelt werden sollte.

Der generische Maßnahmenkatalog des SDM führt u. a. die Einschränkung von Schreib- und Änderungsrechten sowie die dokumentierte Zuweisung von Berechtigungen und Rollen auf, wobei auch physikalische Aspekte umfasst sind: „Eingrenzung der zulässigen Personalkräfte auf solche, die nachprüfbar zuständig (örtlich, fachlich), fachlich befähigt, zuverlässig (ggf. sicherheitsüberprüft) und formal zugelassen sind sowie keine Interessenskonflikte bei der Ausübung aufweisen." (DSK 2024, S. 31)

Aus dem alten BDSG, das vor der DSGVO galt, gab es im „Anhang zu §9" u. a. eine nützliche Unterscheidung von Zutritt, Zugang und Zugriff, die man pragmatisch weiterhin verwenden sollte. *Zutritt* bezeichnet das Betreten von abgegrenzten Bereichen wie z. B. Gebäude, Räume oder geschützte Areale. Zutrittsberechtigungen erlauben Personen, bestimmte Umgebungen wie Gelände, Gebäude oder definierte Räume eines Gebäudes zu betreten. *Zugang* bezeichnet die Möglichkeit zur Nutzung von IT-Systemen, System-Komponenten und Netzen; Zugangsberechtigungen erlauben Personen, diese Ressourcen zu nutzen. Und *Zugriff* bezeichnet die Möglichkeit zur Nutzung von Informationen oder Daten. Auch hier wird anhand von Zugriffsberechtigungen geregelt, welche Personen im Rahmen ihrer Funktionen oder welche IT-Anwendungen autorisiert sind, Informationen,

Daten oder auch IT-Anwendungen zu nutzen oder Transaktionen auszuführen. Diese Maßnahmen schützen sowohl die Vertraulichkeit als auch die Nichtverkettung einer Verarbeitung sowohl vor unbefugten externen Dritten als auch im Binnenverhältnis vor unbefugten internen Mitarbeiter*innen einer Organisation.

Ein eigenständiger SDM-Baustein mit Maßnahmen zur Verringerung von Vertraulichkeitsrisiken wurde bislang nicht entwickelt.

Transparenz umsetzen
Die Verringerung von Transparenzrisiken wird dadurch gewährleistet, dass eine Verarbeitung im Hinblick auf Umsetzung der Anforderungen der DSGVO prüfbar gemacht und dann implementiert und betrieben wird. Zu prüfen ist dabei insbesondere, ob die TOM der anderen Gewährleistungsziele entsprechend spezifiziert, dokumentiert und so protokolliert werden können, damit sie in Bezug auf ihre Wirksamkeit bei der Risikominimierung prüfbar sind.

Der generische Maßnahmenkatalog stellt die Anforderungen an Dokumentation zur Erfüllung der Rechenschafts- und Nachweispflichten zusammen. Hiernach sind die Verarbeitungen ebenso wie sämtliche Verträge (Auftragsverarbeiter (AV), Mitarbeiter*innen, Zulieferer, externe Dienstleister usw.) zur Verarbeitung zu inventarisieren. Sämtliche Akteure und IT-Komponenten mit ihren Datenflüssen sind als Netzpläne zu dokumentieren, ebenso wie das Zusammenspiel mit anderen Verarbeitungstätigkeiten und die Faktoren, die für eine Profilierung, zum Scoring oder für teilautomatisierte Entscheidungen genutzt werden. Das Einwilligungsmanagement (Zustimmung, Widerruf, Widersprüche) ist ebenso zu protokollieren wie die Zugriffe und Änderungen an einer Verarbeitung durch die Sachbearbeitung und Administrator*innen. Protokollierung sollte, zumal sie in der Regel organisationsweit spezifiziert wird, in einem *Protokollkonzept* festgelegt werden.

Das SDM weist drei Bausteine zur Umsetzung von „Prüffähigkeit" aus:

- Baustein 41: „Planen und Spezifizieren"
- Baustein 42: „Dokumentieren"
- Baustein 43: „Protokollieren"

Mit diesen Bausteinen wird in zeitlicher Hinsicht eine vollständige Prüfbarkeit erreicht: Eine *Planung* soll die Prüfbarkeit einer Verarbeitung, mit all ihren Komponenten in allen Phasen und Vorgängen, in der Zukunft gewährleisten. Die Dokumentation soll Prüfbarkeit für den aktuellen Moment ermöglichen: Eine *Dokumentation* soll eine/n Prüfer/in in die Lage versetzen, den aktuellen Status einer Verarbeitung festzustellen, weshalb eine gute Dokumentation Anleitungen enthält, mit denen sich für relevante Fragestellungen Ist-Werte ermitteln lassen. Und die *Protokollierung* soll die – um genau zu sein: die Kontrolle, Prüfung und Beurteilung – einer Verarbeitung in der Vergangenheit erlauben, ob diese DSGVO-konform erfolgte. Bei Protokolldaten kann es aus Gründen des Datenschutzes durchaus ein großes Interesse geben, diese möglichst lange zu speichern, um z. B. der Organisation Fehlverhalten nachweisen zu können. Genau so gibt es aus Gründen des Datenschutzes in der Regel ein großes Interesse, Protokolldaten kurz zu speichern, um z. B. die Leistungskontrolle beteiligter Sachbearbeiter*innen oder eine den Verarbeitungszweck überschreitende Überwachung von Kund*innen zu erschweren.

Baustein 41: „Planen und Spezifizieren"

In diesem Baustein wird zum einen die systematische Unterscheidung der Herstellung des *Kontrollierens* (Relevanzentscheidung), *Prüfens* (Soll-Ist-Bilanzierung) und *Beurteilens* (Rechtskonformitätsentscheidung) (s. Abschn. 4.3.5) sowie die Spezifikationstiefe für die *drei Ebenen einer Verarbeitungstätigkeit* (s. Abschn. 3.3) ausgeführt.

Für die Erfasssung aller relevanten Komponenten und Prozesse führt der Baustein folgende Aktivitäten aus:

- Beschreibung der Verarbeitungstätigkeit
- Identifikation aller Organisationen/Akteure und betroffenen Personen
- Ausweis der Rechtsgrundlagen
- Festlegen der Einsatzszenarien und Ausweis des Angreifermodells
- Ausweis des Ergebnisses der Schwellwertanalyse
- Festlegen der Struktur für die Spezifikation (z. B. Pflichten-/Lastenheft), Dokumentation und Protokollierung
- Ausweis der Risikokriterien mit ihrer Übersetzung ins Funktionale
- Ggfs. Erstellung eines Migrationskonzepts
- Erstellung eines Berichts über die vorgenannten Aktivitäten
- Erstellung eines Konzepts zur Umsetzung der Anforderungen und Maßnahmen
- Erstellung eines Testkonzepts bis zur Produktivphase
- Erstellung eines Pilotierungskonzepts
- Bescheibung des Freigabeprozesses

In Bezug auf die drei Ebenen und deren Betrieb sind zu spezifieren bzw. zu modellieren:

- Spezifikation der fachlichen Prozesse
- Spezifikation der Fachapplikation
- Spezifikation der IT-Infrastruktur und der IT-Systeme
- Spezifikation der Schnittstellen
- Spezifikation der Administration von Programmen und Systemen

All die hier aufgelisteten Stichworte werden im Text des Bausteins näher ausgeführt.

Bei einem „hohen Risiko" sollte die Planung und Spezifikation einer Verarbeitung im Rahmen einer DSFA gem. Art. 35 DSGVO umgesetzt werden (s. Abschn. 8.3).

Baustein 42: „Dokumentieren"

Der Zweck einer Dokumentation besteht darin, Soll-Werte und idealerweise Anleitungen zur Erzeugung von Ist-Werten zusammenzustellen, um die Konformität des dokumentierten Gegenstands jederzeit und vor Ort prüfen zu können.

Der Baustein Dokumentieren stellt fest, dass Transparenz keine Eigenschaft einer Verarbeitung ist, sondern inbesondere durch das Dokumentieren hergestellt werden muss.

Eine Dokumentation dient der Sicherung der Transparenz insbesondere

- von Datenbeständen,
- von Transformationen zwischen Daten,
- der benutzten Systemkomponenten, deren Funktionen und Schnittstellen,
- der Prozesse innerhalb von IT-Systemen und Organisationen und über IT-Systemgrenzen und Organisationsgrenzen hinweg und
- der Nachvollziehbarkeit von Entscheidungen und Verarbeitungshandeln.

Dies bezieht sich insbesondere auf die Prüfbarkeit der Wirksamkeit der getroffenen TOM aufgrund der Umsetzung der anderen Gewährleistungsziele.

An die Form einer Dokumentation werden dabei folgende Anforderungen gestellt wie

- modulare Strukturierung der Gesamtdokumentation;
- Festlegung, was elektronisch und was auf Papier vorliegt;
- Festlegung der Inhalte und des angemessenen Umfangs der Beschreibung (zuviel Doku vermeiden);
- Vollständigkeit;
- Revisionsfestigkeit (bspw. durch Versionierung).

Dem folgt im Bausteintext ab S. 3 ein umfangreicher, knapp formulierter Strukturierungsvorschlag für eine modular aufgebaute Gesamtdokumentation sowie ab S. 4 eine Zusammenstellung der Artikel mit Dokumentationspflichten der DSGVO. Bei einem hohen Risiko sollte ein Dokumentationsmanagement aufgebaut werden, das sicherstellt, „dass eine aktuelle, vollständige, zutreffende und revisionsfeste Dokumentation einer Verarbeitung jederzeit ohne Verzug prüffähig zur Verfügung gestellt werden kann".

Baustein 43: „Protokollieren"

Das Protokollieren hat den Zweck, eine Verarbeitungstätigkeit, die in der Vergangenheit stattfand, prüfbar zu machen. Das Protokollieren muss darüber Auskunft geben können, welche Entität oder Instanz (Organisationseinheit, IT-System, Person) welche Aktivität an welchen Zeitpunkten an der Verarbeitungstätigkeit ausgeführt hat.

Damit die Protokollierung diese Funktion integer erfüllen kann, darf es keine Protokollierungslücken geben. Das bedeutet, dass typischerweise folgende Aktivitäten einer Verarbeitung einer Organisation zu protokollieren sind:

1. Die Aktivitäten der Sachbearbeitung (geschieht in der Akte);
2. die Funktionen des Fachprogramms der Sachbearbeitung;
3. die Administration des Fachprogramms;
4. die Funktionen der IT-Infrastruktur (Hardware, Software), auf denen die Fachprogramme aufsetzen (PCs, Server, virtuelle Systeme, Betriebssysteme, Middleware/DB, CPU-Cluster, SAN/NAS) – Sonderfunktionalität: TOM (Hashen, Verschlüsseln, Anonymisieren…);
5. Systemübertritte und Übermittlung von Daten zu anderen Organisationen oder Organisationseinheiten;
6. die Administration der IT-Infrastruktur und
7. das Controlling der Protokolle (menschlicher Aktivitäten) und Logs (systemische Aktivitäten).

Es ist in der Regel unvermeidbar, dass personenbezogene Daten in Protokolldaten enthalten sind, insbesondere Daten über Aktivitäten von Mitarbeiter*innen. Hierbei kann es zum Konflikt zwischen den Interessen des Personal- (PR) oder Betriebsrats (BR) und dem/der DSB kommen (vgl. Wurzberger 2024). Der PR/BR wird versuchen, jegliche Kontrolle von Mitarbeiter*innen zu vermeiden, während der/die DSB die Rechtskonformität auch der Handlungen des Sachbearbeiters oder der Sachbearbeiterin prüfen können muss. Der Kompromiss wird dann typisch darin gefunden, dass ein gewisses Maß an Verhaltenskontrolle festgelegt wird, während eine Leistungskontrolle nicht vom Zweck einer Protokollierung aus Gründen des Datenschutzes umfasst wird (vgl. DGB 2022, §21 „Verhaltens- und Leistungskontrollen" im Entwurf des Beschäftigtendatenschutzgesetzes des DGB). Das verlangt die Kontrolle, Prüfung und Beurteilung sämtlicher Protokolldaten im Hinblick auf den Zweck der Einträge. Es empfiehlt sich, dass der Betriebsrat, der laut einer Entscheidung des Bundesarbeitsgerichts nicht als verantwortliche Stelle gelten kann (BAG 11.5.2023 – 1 ABR 14/22), ein eigenes Datenschutzkonzept erstellt (vgl. Lugowski 2024).

Die Protokollierung ist auch eine wesentliche Maßnahme, um die Zweckbindung prüfen zu können, wenn in einer Verarbeitung komplexe IT-Komponenten und Auftragsverarbeitung genutzt werden. Die Rechtskonformität wird festgestellt für die Ebene der Sachbearbeitung, für jede wesentliche Aktivität eines Sachbearbeiters oder einer Sachbearbeiterin. Zum Einsatz kommt dabei eine Fachapplikation auf einem PC (oder ein Webbrowser als komfortables Terminal, mit einer Fachapplikation auf einem Server), deren Technik in der Regel von einer eigenen IT-Administration betreut wird. Jeder Datensatz, jede eingesetzte IT-Komponente und vor allem die Berechtigung aller Aktivitäten der beteiligten IT-Komponenten, die Nutzung einer Schnittstelle und insbesondere der IT-Administration leiten sich datenschutzrechtlich aus einer Anforderung auf der Ebene der Sachbearbeitung ab. Wenn IT-Systeme und die IT-Administration darüber hinaus Aktivitäten entfalten, dann muss das aus der Sicherung des technischen Betriebs heraus geschehen, um die IT-Serviceleistung weiterhin integer, vertraulichkeitsgesichert, transparent usw. erbringen zu können. Aktivitäten, die darüber hinausgehen, sind begründungsbedürftig. Das gleiche gilt für alle weiteren IT-Komponenten und die damit verbundenen Administrationstätigkeiten (vgl. Abb. 7.2).

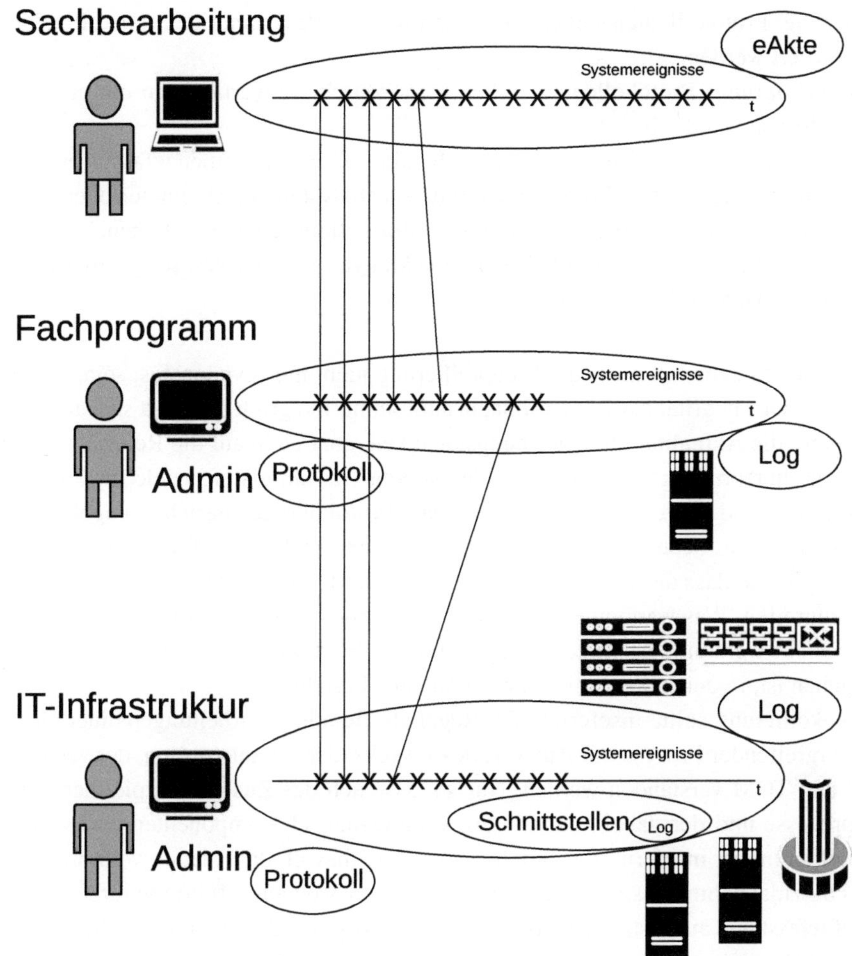

Abb. 7.2 Protokollebenen

Wenn insbesondere die Gewährleistungsziele der Vertraulichkeit, Integrität und Nicht-verkettung nicht in dem eigentlich geforderten Maße erreicht werden können, wird das Gewährleistungsziel Transparenz in einem besonders intensiven Maße verfolgt, um zumindest im Nachhinein Verstöße aufklären zu können. Das gilt ohne Einschränkung auch für Aktivitäten, die im Kontext einer Auftragsverarbeitung passieren.

Protokoll- und Logdaten liegen in der Regel in einem großen Umfang vor. Deshalb werden zur zweckgemäßen Auswertung dieser Daten Protokollauswertungstools eingesetzt, für die folgende Eigenschaften wesentlich sind:

- *Filterung:* Protokolldaten sollten so gefiltert werden, dass unnötige Protokollmeldungen aussortiert werden.
- *Normalisierung:* Protokolldaten sollten bspw. durch Konvertieren in ein einheitliches Datenformat standardisiert werden.
- *Aggregation:* Protokolldaten identischen Inhalts sollten zusammengefasst werden.
- *Kategorisierung:* Protokollmeldungen sollten nach Systemen, Aktivitäten oder nach Risikobereichen kategorisiert werden, um den Informationsgehalt zu erhöhen.
- *Priorisierung:* Die Ausgabe von Protokollmeldungen sollte dynamisch priorisiert werden können, um deren Beurteilung zu vereinfachen.

Bei hohem Schutzbedarf muss die Protokollierung nicht nur revisionsfest sein, damit kein Zweifel an der Integrität der Protokolldaten aufkommt. Integrität erstreckt sich auf die Vollständigkeit, die Aktualität, die Fälschungsfestigkeit, aber auch auf die Relevanz der Daten für Datenschutzprüfungen. Es müssen alle anderen Gewährleistungsziele für Protokolldaten angestrebt und umgesetzt werden. D. h., dass Protokolldaten gesichert angelegt werden müssen. Das kann bedeuten, dass eine Funktion dann nicht ausgeführt wird, wenn nicht sichergestellt ist, dass diese Funktion auch protokolliert wird. Nur Befugte dürfen auf diese Daten zugreifen. Was wann wie protokolliert wird, muss ebenso prüfbar sein. Zuvor muss sichergestellt werden, dass zweckbestimmt protokolliert wird und wie mit solchen Fällen umzugehen ist, in denen Zweifel an Protokolldaten besteht.

Protokollierung sollte insofern in der Regel als ein alle Verarbeitungen einer Organisation übergreifender Prozess mit Ausweis des Zwecks, der Verantwortung, der verwendeten Mittel und TOM verstanden werden. Nur so lässt sich das Zusammenspiel der Verarbeitungsprozesse und der dabei zum Einsatz kommenden IT-Komponenten nachvollziehen. Protokollierung ist insofern offensichtlich so anspruchsvoll, dass sie, obwohl primär „nur" eine Schutzmaßnahme, insgesamt als eine organiationsweit ausgeführte Verarbeitungstätigkeit aufgefasst und ausgestaltet werden sollte. Für sie gelten damit ihrerseits die Grundsätze aus Art. 5 DSGVO, und zwar in der Regel auf der Risikostufe „hoch".

Nichtverkettung umsetzen

Das Gewährleistungsziel mit der sperrigen Bezeichnung „Nichtverkettung" ist dasjenige, dessen risikenmindernde Maßnahmen spezifisch für die Umsetzung von Datenschutz stehen, weil mit ihnen im Wesentlichen die Zweckbindung/Zwecktrennung von Verarbeitungen und deren Datensätzen durchgesetzt werden kann.

Drei Maßnahmenbündel spielen dafür eine herausragende Rolle: Die Durchsetzung der Trennung von Verarbeitungen, mit ihren logisch und physikalisch je eigenen Datenbeständen, IT-Systemen und Prozessen, die entsprechende Vergabe von Rollen und Berechtigungen auf der organisatorischen Ebene sowie die Anonymisierung und Pseudonymisierung von Daten, um eine legitime, von Betroffenen im Grundsatz akzeptierbare Verarbeitung auch bei Zweckänderungen zu ermöglichen. Für die Maßnahmen „Trennen" und „Zugriffe regeln" liegen SDM-Bausteine vor.

Baustein 50: „Trennen"

Unterschiedliche Zwecke von Verarbeitungstätigkeiten bedürfen in der Regel unterschiedlicher Rechtsgrundlagen, die unterschiedliche Befugnisse zur Verarbeitung von Daten erzeugen, die dann eine Trennung zwischen diesen Verarbeitungstätigkeiten erfordern. Eine Trennung ist die Voraussetzung dafür, Verbindungen zwischen verschiedenen Verarbeitungen, oder generalisierter: Zwischen Organisationen und Organisationseinheiten (Arbeitsgruppen, Referaten, Abteilungen, Filialen, Bereichen) mit deren Daten, Systemen und Diensten sowie Prozessen unter rechtliche, organisatorische und technische Bedingungen stellen zu können.

Dieses Trennungsgebot gilt im Kleinen und im Großen. Im Kleinen ließe sich bspw. an eine wenige Mitarbeiter*innen umfassende Organisation denken, die ihre Personalverwaltung und ihr Bewerbungsmanagement als getrennte Verarbeitungen gestalten muss. Und im Großen ist bspw. die Durchsetzung der Gewaltenteilung in einem Landesrechenzentrum von gesellschaftlich enormer Bedeutung, wenn das RZ von allen drei horizontalen – Legislative, Judikative, Exekutive – und vertikalen Gewalten – Behörden der Gemeinden, Länder und des Bundes – die Datenbestände und die IT hostet. Hier hängt die reale Gewaltenteilung von der durchgesetzten Trennung innerhalb des Rechenzentrums ab; ein Landesrechenzentrum bildet einen rechtsstaatlich hochriskanten operativen Kurzschluss oftmals aller Gewalten (vgl. Abschn. 5.2.3.1). Genauso problematisch ist dies in Bezug auf große Internet-Plattformen, die Handelsaktivitäten anderer Unternehmen am Markt vermitteln und dadurch beobachten können (vgl. Abschn. 5.2.3.1). Dass das ein Problem ist, wenn insbesondere Konkurrenten am Markt von wenigen IT-Expert*innen abhängig sind, wurde schon in den 60er Jahren erkannt und erste komplexe Schutzmechanismen dagegen entwickelt (vgl. Abschn. 5.2.2).

Das Problem bei dieser Maßnahme ist, dass „Getrenntsein" nur als eine Struktur mit Abgrenzungen hergestellt werden kann, wenn Verarbeitungen geschlossen gestaltet werden, mit definierten Übergängen an den Grenzen. Das Getrenntsein und Getrennthalten muss dann von einer unabhängigen, „desinteressierten" Position heraus beobachtet werden können, weil es immer betriebswirtschaftlich oder technisch naheliegt, die Grenzkosten bzw. Funktionskomplikationen in Zweifel zu ziehen. Deshalb listet dieser Baustein fünf Prüfschritte und Maßnahmen auf, mit denen sich funktionale Trennungsanforderungen an Daten, Systeme und Dienste sowie Prozesse sowohl innerhalb einer Organisation als auch von miteinander zusammenarbeitenden Organisationen zumindest rechtlich begründen lassen:

- Prüfschritt 1: Rechtliche Grundlagen: Besteht ein verfassungsrechtlich begründetes Trennungsgebot? Besteht ein Trennungsgebot innerhalb von Organisationen? Bestehen unterschiedliche Rechtsgrundlagen? Wenn ja: Separieren der Verarbeitungsvorgänge.
- Prüfschritt 2: Besteht ein Trennungsgebot innerhalb von Organisationen?
- Prüfschritt 3: Sind Verarbeitungsschritte innerhalb eines Mandanten abgeschlossen durchführbar?

- Prüfschritt 4: Sind unterschiedliche Konfigurationen unterschiedlicher Mandanten möglich?
- Prüfschritt 5: Ist die Verwaltung der Datenverarbeitung auf Mandanten beschränkbar?

Außerdem lassen sich bestimmte Formen der Trennung unterscheiden. Der Baustein listet die folgenden Formen der Verarbeitung mit ansteigender Trennungsqualität auf (vgl. Baustein „Trennen", S. 11), wobei die Trennungsqualität, die für hohes Risiko angemessen ist, ab Stufe e) infrage kommen dürfte:

(a) Logische Trennung ohne technische Unterstützung, die allein auf einer Organisationsanweisung beruht, welche der verfügbaren Daten nicht verarbeitet werden dürfen;

(b) logische Trennung durch parallel betriebene Instanzen innerhalb einer Applikation, die mit, von der Sachbearbeitung zugänglichen, Regeln eine Hürde für den Zugriff auf verfügbare Daten einzieht (typisch: Mandantentrennung durch Regeln innerhalb einer Datenbankinstanz);

(c) logische Trennung durch parallel betriebene Instanzen innerhalb einer Applikation, die, mit für die Administration zugänglichen Regeln, eine Hürde für den Zugriff auf verfügbare Daten einzieht (typisch: Mandantentrennung durch Zugriffsregeln innerhalb einer Datenbankinstanz);

(d) logische Trennung von Fachapplikationen, die parallel innerhalb eines Betriebssystems betrieben werden (typisch: mehrere Datenbankinstanzen);

(e) logische Trennung von Fachapplikationen, von der jeweils eine Instanz in einem virtuellen Betriebssystem betrieben wird, wobei die virtuellen Systeme als „Gäste" auf einem gemeinsamen Betriebssystem („Host") aufsetzen;

(f) physikalische Trennung von Fachapplikationen, bei der jede Fachapplikation in einem Betriebssystem auf einer eigenen IT-Hardware in einem gemeinsamen Rack eines Server-Raums über unterschiedliche Netze erreichbar betrieben wird;

(g) physikalische Trennung von Fachapplikationen, bei der jede Fachapplikation in einem Betriebssystem auf einer eigenen IT-Hardware in unterschiedlichen Räumen eines Gebäudes über unterschiedliche Netze erreichbar betrieben wird;

(h) physikalische Trennung von Fachapplikationen, bei der jede Fachapplikation in anderen Rechenzentren, die bspw. spezialisiert für bestimme Verwaltungen („Landesrechenzentrum", „kommunales Rechenzentrum") oder für spezielle Berufsgeheimnisträger („Apotheken-Rechenzentrum"), betrieben wird.

Baustein 51: „Zugriffe auf Daten, Systeme und Prozesse regeln"
Durch die Vergabe von Rollen und die damit einhergehende Erteilung fachlicher Zuständigkeiten sollen die Risiken durch Zugriffe, die unbefugt bzw. nicht vom Zweck der Datenverarbeitung gedeckt sind, unterbunden werden.

Anders als in der gegenwärtig aktuellen Version des SDM definiert dieser Baustein „Verarbeitungstätigkeit" als den mehrere „Verarbeitungen" übergreifenden Begriff. Dies entspricht einem älteren Diskussionsstand. Einige Bausteine sind über längeren Zeitraum entstanden und passen deshalb nicht in jedem Detail zur aktuellen Version der SDM-Methode.

Der Verantwortliche muss Verarbeitungsvorgänge mit den Funktionen und Aufgaben, bspw. geordnet nach Organisationseinheiten (z. B. Abteilungen, Referate), in einem fachlichen Rollen- und Zuständigkeitskonzept für Verarbeitungen (RZK) festlegen und diese in einem technischen Rollen- und Berechtigungskonzept für Systeme und Dienste (RBK) abbilden (vgl. 7.3).

Die Zugriffsmöglichkeit einer fachlichen Rolle („Prozessrolle") richtet sich nach den ihr zugeordneten Zuständigkeiten. Bei den Zuständigkeiten, also bei den Zugriffsmöglichkeiten von Personen auf die Aktivitäten einer Verarbeitung, können nach der RASCI-Methode

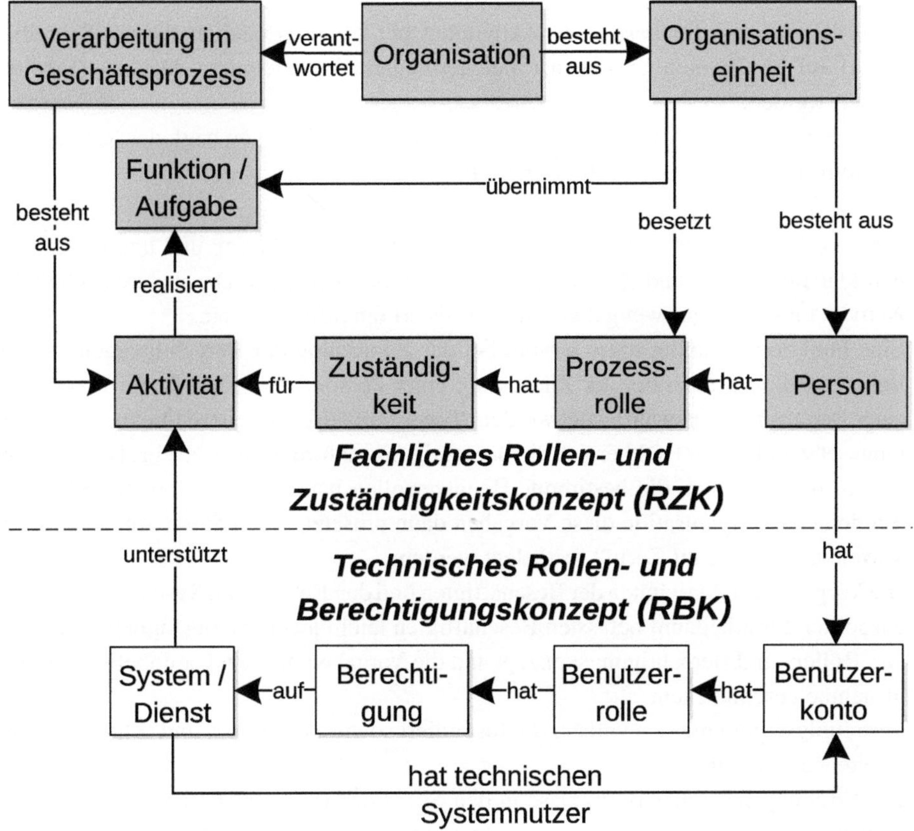

Abb. 7.3 Kontext für die Vergabe der Rollen für fachliche Zuständigkeit (RZK) und technische Berechtigung (RBK) (aus: SDM-Baustein „Zugriffe auf Daten, Systeme und Prozesse regeln", S. 2.)

folgende elementare fachliche Zuständigkeiten festgelegt werden (s. Baustein „Zugriffe regeln", S. 6):

- Durchführungsverantwortung (*R*esponsible): Person ist zuständig für die eigentliche Durchführung der Aktivität.
- Gesamtverantwortung (*A*ccountable): Person ist verantwortlich im Sinne von „genehmigen", „freigeben" oder „unterschreiben".
- Unterstützung (*S*upport): Person hat eine unterstützende Rolle oder stellt Verarbeitungsmittel zur Verfügung.
- Konsultation (*C*onsulted): Person hat relevante Informationen für die Umsetzung der Aktivität und soll/muss deshalb befragt werden.
- Informationsrecht (*I*nformed): Person, die Informationen über den Verlauf bzw. das Ergebnis der Aktivität erhält oder die Berechtigung besitzt, Auskunft zu erhalten.

Diese Rollen können für bestimmte Aktivitäten mit Daten (Erstellen, Lesen, Schreiben, Löschen) auf bestimmten Systemen (Speichermedien, Verzeichnisse, Dateien, Tabellen) autorisiert werden.

Bei hohen Risiken für Betroffene sollten folgende Vorkehrungen bzgl. der Rollendefinitionen getroffen werden (s. Baustein „Zugriffe regeln", S. 15f):

- Die den Prozessrollen zugewiesenen Aktivitäten sollten sehr eng und unmissverständlich klar im Rollen- und Zuständigkeitskonzept definiert sein. Die dadurch möglichen Aktivitäten sollten nur weitgehend standardisiert durchführbar sein.
- Eine Funktionstrennung muss sowohl bei der Zuordnung der Berechtigungen zu einer Benutzerrolle als auch bei der Zuordnung einer Person bzw. eines Benutzerkontos zu einer Benutzerrolle gewährleistet werden. Typischerweise wird diese Funktionstrennung umgesetzt, indem der Fachbereich die Berechtigungsanforderungen an eine Benutzerrolle und an die Personen, die bestimmte Benutzerrollen haben sollen, vorgibt und der IT-Bereich einer Organisation diese Vorgaben dann umsetzt. Auch dieser Ablauf sollte im Vorfeld und nicht „auf Zuruf" festgelegt werden.
- Die Vorgaben für Aktivitäten der Beschäftigten und den Betrieb von Systemen und Diensten sollten für alle damit befassten Beschäftigten leicht jederzeit zugänglich sein.
- Das Rollen- und Berechtigungskonzept und die Vorgaben müssen vor unbefugter Kenntnisnahme geschützt sein.
- Vertretungsregeln müssen vollständig formuliert sowie aktuell sein und sollten bis in die zweite Reihe reichen.
- Die Erteilung spezieller Befugnisse in den Situationen, in denen Hierarchien des Normalbetriebs zeitweise aufgehoben werden, sollte im Vorhinein definiert und geregelt sein und während der Phase ihrer Inanspruchnahme protokolliert werden.

- Die anlassbezogene und kontinuierliche Fortschreibung des Rollen- und Berechtigungskonzepts und der Vorgaben durch Beschäftigte, die für die Fortschreibung ausdrücklich befugt sind, muss sichergestellt werden.
- Änderungen im Rollen- und Berechtigungskonzept müssen revisionsfest dokumentiert und protokolliert werden.
- Änderungen von Organisations- und Arbeitsstrukturen, die zu Änderungen von Rollendefinitionen und Zugriffsrechten – wie die Erteilung, die Änderung bei einzelnen Rechten oder der Entzug – führen, müssen revisionsfest dokumentiert und protokolliert werden.
- Bei Auftragsverarbeitung durch ein Rechenzentrum bzw. durch einen Clouddienst muss dem Auftraggeber ein Rollen- und Berechtigungskonzept mit spezifischem Bezug zur Administration der gehosteten Verarbeitungstätigkeiten auf Anforderung vorgelegt werden.
- Verstöße gegen Regeln des Rollen- und Berechtigungskonzepts müssen erkannt und wirksam bearbeitet werden. Die Bearbeitung sollte nachvollziehbar dokumentiert werden.

Pseudonymisieren und Anonymisieren

Der Zweck des Anonymisierens von Daten besteht darin, deren Personenbeziehbarkeit zu lösen. Es gibt zwei Einsatzgebiete, in denen dieser Zweck verfolgt wird: Zum einem, um die Verarbeitung von Daten aus der ursprünglichen Zweckbindung zu lösen und zu anderen Zwecken verarbeiten zu dürfen. Zum Zweiten, um die Rückverfolgbarkeit einer Kommunikationsverbindung auf eine bestimmte Person zu lösen. Anonymisierung ist in beiden Fällen eine *De-Identifizierungsmaßnahme*. Der Zweck der Pseudonymisierung von Daten besteht darin, den Personenbezug von Daten für eine bestimmte Gruppe von Verarbeitern zu lösen, für eine andere Gruppe an Verarbeitern und für ganz bestimmte Zwecke jedoch zu erhalten. Pseudonymisierung ist insofern eine *Identifizierungskonditionierungsmaßnahme*. Übergreifend sind Anonymisierung, Pseudonymisierung und die Verarbeitung von Identitäten, im Kontext der Konzepte „Unlinkability, Undetectability, Unobservability", Bestandteile eines *Identitätenmanagements* (vgl. ULD und TU-Dresden 2007; Pfitzmann und Hansen 2010; Brugger und ULD 2021). So schützt „Unbeobachtbarkeit" stärker noch als eine „Anonymisierung", weil bei einer Anonymisierung zumindest Daten oder Aktivitäten beobachtbar bleiben.

Anonymisieren von Daten

Im Unterschied zur Pseudonymisierung definiert die DSGVO Anonymisierung nicht. Deshalb nutze ich nachfolgend eine Definition, die vom BfDI im Kontext einer öffentlichen Anhörung zu Anonymisierung veröffentlicht wurde. Hiernach wird unter Anonymisierung das Verändern personenbezogener Daten dergestalt verstanden,

> (…), dass die Einzelangaben über persönliche oder sachliche Verhältnisse nicht mehr oder nur mit einem unverhältnismäßigen Aufwand an Zeit, Kosten und Arbeitskraft einer bestimmten oder bestimmbaren natürlichen Person zugeordnet werden können (s. BfDI 2020, S. 3).

Das operative Problem der Anonymisierung von Daten besteht darin, den Grad des Lösens der Personenbeziehbarkeit angemessen herzustellen bzw. den Grad der Anonymisierung zu bestimmen. Drei Anonymisierungsgrade werden typischerweise in der Literatur unterschieden: Bei einer *formalen Anonymisierung* von Daten werden zwar direkt identifizierende Attribute (bspw. Klarname, Mailadresse) weggelassen, andere Attribute (bspw. Nutzer-ID, Ausweisnummer) bleiben erhalten. Die Folge ist: Der Personenbezug ist mit einem geringen Aufwand wiederherstellbar. Ich würde hier gar nicht von einer Anonymisierung sprechen.

Bei einer *faktischen oder relativen Anonymisierung* ist eine Re-Identifizierung mit einem verhältnismäßig hohen Aufwand nach dem aktuellen Stand der Technik möglich. Unter einem verhältnismäßigen Aufwand soll man, nach EG26 DSGVO, die Berücksichtigung „objektiver Faktoren" zur möglichen Re-Identifizierung verstehen. Unter objektiven Faktoren werden absehbare technische Entwicklungen, Kosten und ein erforderlicher Zeit-/Arbeitsaufwand zusammen mit der Wahrscheinlichkeit, dass ein realistischer Angreifer den entsprechenden Aufwand auf sich nimmt, verstanden.

Eine *absolute Anonymisierung* verlangt eine vollständige Abtrennung vom Personenbezug, wodurch eine Re-Identifizierung auch mit sehr großem Aufwand nicht möglich ist. Ein Beispiel für eine solche absolute Anonymisierung sind die Wahlanalysen im TV, vorausgesetzt, dass die Analytiker sämtliche Rohdaten und Prozessdaten zur Befragung – denken Sie an die neun Verarbeitungsvorgänge und die drei Verarbeitungsebenen, auf denen unbedacht Kopien gespeichert sein können, und die Protokolle der Verarbeitungen – zur Erzeugung der Analysedaten gelöscht haben.

In Bezug auf Kommunikations-Anonymisierung bspw. von Verbindungen im Internet werden eine Reihe von Stellvertreter-Server (Proxies) genutzt, die zwischen der Person, die im Internet surft, und ihrem Ziel-Server, typischerweise eine Webseite, zwischengeschaltet sind. Eine Anonymisierungssoftware (JAP, JONDOS, TOR) sorgt dafür, dass die Proxies immer nur ihren Nachbar-Proxy für den Datentransport kennen, aber keiner der Proxies gleichzeitig sowohl die Quelle (PC der Person) als auch das Ziel (aufgerufene Webseite). Der Ziel-Server der Webseite erkennt immer nur die Internetadresse des letzten Proxies. Tatsächlich sind Analysetools auf Seiten von Ziel-Servern inzwischen in der Lage, von jedem PC und dessen individuellen Aktivitäten einen so eindeutigen elektronischen „Fingerprint" über alle Proxies hinweg zu erstellen, dass auf PCs ein zusätzlicher hoher Aufwand zur Verschleierung betrieben werden muss. Diese Technik wäre grundsätzlich nutzbar, um eine städtische Anonymität der 1950er Jahre (keine automatische Überwachungstechnik) für Aktivitäten von Bürger*innen auch im Internet bereitzustellen. Es scheint kein Bedürfnis danach zu geben. Dabei wäre diese Anon-Technik (ohne Absender-Analysetools) zu nutzen, eine der vielen Voraussetzungen, um geheime Wahlen per Internet zu ermöglichen. Solange es solche Anon-Proxies nicht ganz legal von jeder Organisation betreib- und benutzbar gibt, wird es zu keinen öffentlichen Wahlen von hoher legitimatorischer Bedeutung per Internet kommen.

Zur Durchführung einer Anonymisierung, mit der zumindest die Stufe der relativen Anonymität erreicht werden kann, gibt es eine ganze Reihe von Techniken, die hier nur ganz grob genannt, aber nicht ausgeführt werden können, wie auch formalisierte Anonymitätskriterien (z. B. k-Anonymität, I-Diversität oder Differential Privacy) nicht weiter erklärt werden sollen (vgl. Brugger und ULD 2021).

Mangels eines SDM-Bausteins zur „Anonymisierung" – der seit Jahren vorliegt und darauf abwartet, dass endlich auf EU-Ebene Leitlinien zur Pseudonymisierung und Anonymisierung vorgelegt werden – verweise ich für Details zur praktischen Durchführung einer Anonymisierung von Datenbeständen auf eine Broschüre des Bundesverbands der Deutschen Industrie (BDI), die im operativen Teil einige zielführende Ausführungen enthält (BDI 2020, ab S. 20). Dort sind auch die nachfolgend erwähnten Methoden ausführlicher und mit Beispielen beschrieben. Sobald die Leitlinien zur Pseudonymisierung und Anonymisierung auf EU-Ebene publiziert sind, sollten diese herangezogen werden und der Hinweis auf die BDI-Publikation ist dann obsolet.

Die klassische Methode besteht aus dem *Entfernen der Identifikationsdaten,* wenn ein personenbezogener Datensatz bspw. aus Identifikationsdaten (z. B. „Name"), sensiblen Daten (z. B. „Gesundheitsdatum") und Meinungsdaten (z. B. „Religionszugehörigkeit") besteht (s. Abschn. 3.6). Dadurch kann ein gewisser Grad an De-Identifizierung für die anderen beiden Datengruppen erreicht werden.

Eine andere Methode ist das *Randomisieren* bzw. das Einbauen von Störungen in Datenbestände. Das kann z. B. durch Vertauschen gelingen, indem Merkmale einer Person als Merkmale einer anderen Person zugeordnet werden. Bei einer stochastischen Überlagerung wird Daten ein Zufallsdatum hinzugefügt oder es werden Rohdaten mit per Modellierung erzeugten künstlichen Daten ergänzt oder verändert, wobei die statistisch interessanten Eigenschaften trotzdem erhalten bleiben.

Ein dritter Methodentyp ist die *Generalisierung,* indem bspw. die Genauigkeit von Daten reduziert wird: So wird bspw. „Richter*in, Arzt, Apotheker*in" vergröbernd als „Akademiker" typisiert, aus einer stetigen Zahlenreihe werden Intervalle gebildet.

Es bietet sich an, für eine Anonymisierung alle drei Stufen anzuwenden:

1. Entfernen der Identifier, indem sämtliche direkt bzw. indirekt identifizierenden Attribute gelöscht werden.
2. Durch Randomisierung: die direkte Verbindung zwischen den Daten und den betroffenen Personen lösen.
3. Durch Generalisierung und Aggregierung die Genauigkeit der Daten reduzieren.

Die BDI-Broschüre empfiehlt eine regelmäßige Überprüfung der Anonymisierungsstrategie (S. 29) und gibt darüber hinaus zutreffende Hinweise zur organisatorischen Umsetzung der faktischen Anonymisierung durch Dritte, wenn ein Auftragsverarbeiter im Spiel ist oder wenn eine gemeinsame Verantwortlichkeit vorliegt sowie im Falle eines Unternehmensverbund.

Viele rechtliche Hinweise und Beurteilungen dieser BDI-Broschüre sind dagegen problematisch, sollen hier aber nicht diskutiert oder zurückgewiesen werden.

Wichtig ist noch ein methodischer Aspekt: Der BfDI hat im Sommer 2020 ein Positionspapier zur Anonymisierung publiziert, in dem mit dem Verweis auf Art. 4 Abs. 2 unmissverständlich festgestellt wird:

> Die Anonymisierung stellt eine Verarbeitung dar und bedarf als solche einer Rechtsgrundlage (BfDI 2020, S. 5).

Es folgen dann mehrere Seiten mit Hinweisen auf mögliche Rechtsgrundlagen für eine Anonymisierung.

Wieder liegt ein Beispiel dafür vor, dass eine TO-Maßnahme des operativen Datenschutzes eine solche Komplexität annehmen kann, das sie als ein Verfahren auszugestalten ist, das folgerichtig den Grundsätzen aus Artikel 5 der DSGVO bzw. den Gewährleistungszielen zu folgen hat (vgl. die Ausführungen zur Protokollierung). Man kann insofern Anonymisierung weniger als eine Schutzmaßnahme als vielmehr eine Verarbeitung zur Nutzung personenbezogener Daten ansehen zum Zweck, anonyme Daten herzustellen. Damit handelt es sich um eine Verarbeitung zu einem anderen Zweck, der auszuweisen ist, also um eine zusätzliche Verarbeitung mit zusätzlichen Risiken. Anonymisierung für-sich setzt nicht voraus, dass die Originaldaten gelöscht werden, sie können vorhanden bleiben. Jedoch ist für eine Gesamtbeurteilung zu berücksichtigen, wenn Originaldaten noch da sind.

Der BfDI verweist zum Ende des Papiers darauf, dass mit der Durchführung der Anonymisierung typischerweise ein hohes Risiko für die Betroffenen einhergeht und somit *eine Anonymisierung einer DSFA* zu unterziehen ist (BfDI 2020, S. 11). Die Risiken für Betroffene durch diese Verarbeitung personenbezogener Daten sind enorm, weil sie hoch anspruchsvoll ist und es dem Verantwortlichen leicht misslingen kann, den Grad der erreichten Lösung des Personenbezugs korrekt einzuschätzen; der BfDI spricht hier von einer Herausforderungen „(…), dass nicht vorschnell von einer hinreichenden Anonymisierung ausgegangen werden darf." (BfDI 2020, S. 4).

Es steigen zudem auch weiterhin die Rechenkapazitäten und die Möglichkeiten zur Verkettung und Korrelation von Daten, etwa im Kontext der KI, womit das Risiko der Deanonymisierung mit der Zeit beständig steigt.

Die bequeme Annahme, dass mit einer Anonymisierung die Zweckbindungspflicht durch den Verantwortlichen vollkommen entfällt, ist problematisch. Selbst mit der Anonymisierung eines Datenbestands verbleiben Restpflichten eines Verantwortlichen.

> Letztlich kann die Verarbeitung rein anonymer Daten mit dem Ziel der Beeinflussung der Rechte und Interessen Einzelner oder Gruppen ebenfalls die Persönlichkeitsrechte der Betroffenen berühren und darüber die Grundprinzipien des freiheitlich-demokratischen Gemeinwesens gefährden. Sich ändernde gesellschaftliche, politische, wirtschaftliche und technische Umstände können zudem das hinzunehmende zumutbare Maß an Aufwand zur Anonymisierung beeinflussen. Insoweit gibt es keine statische Anonymität. (…) Der Umgang mit unbestreitbar anonymen Daten befreit somit nicht vollständig von der Beachtung datenschutzrechtlicher Vorgaben (Karg 2015, S. 526).

Pseudonymisieren

Bei der Pseudonymisierung sollen personenbeziehbare Daten einer sensiblen Bearbeitung, unter eng kontrollierten Bedingungen, mit den unmittelbar identifizierenden Daten wieder zusammengefügt werden können. Für diese Verbindung gibt es eine Zuordnungsfunktion. Pseudonymisierung ist in Art. 4 Abs. 5 DSGVO definiert.

Eine für die Gestaltung der pseudonymisierten Verarbeitung wichtige Frage ist, welche Instanz über die Zuordnungsfunktion der Daten verfügt: Die verantwortliche Stelle, die betroffene Person oder ein Datentreuhänder. In komplexen Situationen, wie bspw. einer medizinischen Forschungsdatenbank, in der einerseits Forschungsdaten ohne Personenbezug erzeugt werden sollen, aber bei negativen Befunden für teilnehmende Patient*innen aus medizinethischen Gründen ein Rückkanal eröffnet werden sollte, kann auch eine gestaffelte Datentreuhänderschaft mit mehreren Pseudonymen infragekommen (vgl. ULD 2009, S. 50f). Generell gilt: Ein Pseudonym ist umso stärker…

- je weniger persönliche Daten des Pseudonyminhabers mit dem Pseudonym verknüpft werden können;
- je seltener und je weniger kontextübergreifend Pseudonyme verwendet und damit weniger Daten über den Inhaber verknüpft werden;
- je häufiger unabhängig gewählte, d. h. aus Beobachterperspektive nicht verknüpfbare, Pseudonyme für neue Aktionen verwendet werden (Pfitzmann und Hansen 2010, S. 27).

Damit lassen sich drei Pseudonymtypen unterscheiden:

- Personenpseudonym
- Rollen- oder Beziehungspseudonym
- Transaktionspseudonym

Wenn ein *Pseudonym* wie bspw. „frog82" über Jahre stabil in Social-Media-Kontexten verwendet und dann einmal aufgedeckt wurde –, der Plattforminhaber kann dies ohnehin jederzeit –, dann ist die Zuordnung zur realen Person nicht nur fortan obsolet, sondern es können auch die Aktivitäten der Vergangenheit zugeordnet werden. „Unique users" aus dem Online-Marketing sind solche Personenpseudonyme. Selbst wenn Webseiten-Betreiber (oder Google, Facebook) ihre Nutzer*innen nicht per realem Namen identifizieren können, dann erkennen sie die Personen zumindest als „unique users", solange die Personen an irgendeinem Charakteristikum stabil über die Zeit erkennbar sind (ursprünglich nutzte man dazu IP-Adressen, heute reichen die Fingerprints der Browser). Wenn an irgendeiner Stelle die Zuordnung zu den realen Identifikationsdaten geschieht, können im Nachhinein alle Transaktionen diesen realen Identifikationsdaten zugeordnet werden. Kurz: Die Schutzwirkung von Personenpseudonymen ist als gering einzuschätzen, Personenpseudonyme sind leicht verkettbar.

Ein idealisiertes Beispiel für ein *Rollenpseudonym* wäre der Bezeichner für die Akte während eines Krankenhausaufenthalts. Ein/e Patient*in kommt ins Krankenhaus und wird für die Dauer seines/ihres Aufenthalts bspw. unter der Bezeichnung „P08/15" geführt. Anschließend wird die Akte mit den personenbezogenen Daten an die Hausärztin übersandt und im Krankenhaus gelöscht, das Pseudonym hatte eine Lebensdauer von 10 Tagen und ist im Kontext des Krankenhauses nicht mehr umstandslos einer bestimmten Person zuordenbar. Die Schutzwirkung dieses Pseudonym ist höher einzuschätzen, wenn das Krankenhaus einer derartigen operativen Datenschutz vollzöge.

Ein Transaktionspseudonym besteht aus Zufallszahlen und hält die eindeutige Zuordmnung idealerweiese nur für die Dauer weniger Minuten. Dafür gäbe es viele moderne Verwendungen, in denen nur eine ganz bestimmte Auskunft gegeben werden muss, wie bspw.: „Inhaber*in ist volljährig", „Inhaber*in hat Führerschein". Wenn bspw. jemand in zwei Polizeikontrollen nacheinander geriete und er oder sie zeigte seinen oder ihren Führerschein mit unterschiedlichen Transaktionspseudonymen, dann wären diese beiden Ereignisse entkoppelt und könnten durch einen Beobachter nicht mit der selben Person verkettet werden. Dies verhinderte in diesem Beispiel eine Verfolgbarkeit des genommenen Weges von Bürger*innen. Dieses Beispiel mag etwas künstlich erscheinen, bei automatischen Kontrollen des Verkehrs könnte aber genau eine solche Technik ein unrechtmäßiges Tracking von Autos bzw. Fahrer*innen bspw. nacheinander über verschiedene Mautstellen zu vermeiden helfen. Für Momente ist die Möglichkeit eines Personenbezugs aus welchen Gründen auch immer gerechtfertigt, darüber hinaus ist es nicht mehr möglich. Die Schutzwirkung von Transaktionspseudonymen ist insofern hoch.

Intervenierbarkeit umsetzen

Um die Intensität des Grundrechtseingriffs durch eine Verarbeitung so niedrig wie möglich zu halten – zur Umsetzung der Betroffenenrechte und des Einwilligungsmanagements sowie für aufsichtsbehördliche Anordnungen und zur Behebung und Abmilderung von Datenschutzverletzungen –, muss der für die Verarbeitungsprozesse Verantwortliche jederzeit in der Lage sein, in die Datenverarbeitung – vom Vorgang der Erhebung bis zum Löschen der Daten, in die IT-Systeme – einzugreifen. Das verlangt seitens der Organisation das Betreiben eines *Changemanagementsystems* und die Fähigkeit, Störungen von Problemen und von Änderungsbedarfen zu unterscheiden und entsprechend differenziert handeln zu können. Das Geringste, was auf Seiten der Interaktion mit Betroffenen als Maßnahme zur Umsetzung von Intervenierbarkeit einzurichten ist, ist ein Single-Point-Of-Contact (SPoC), über den betroffene Personen ihre Anliegen einer Organisation vorbringen können.

Für informationstechnische Verarbeitungen, auf die betroffene Personen selbst Zugriff haben (z. B. Anwendungen auf dem Smartphone) und für die unterschiedliche Datenschutzeinstellungen vorgesehen sind, sind durch den Verantwortlichen datenschutzfreundliche Voreinstellungen (Data Protection by Default) festzulegen und weitere Maßnahmen zu treffen.

Drei SDM-Bausteine widmen sich derzeit (Stand: Frühjahr 2024) der Umsetzung der Intervenierbarkeit: „Löschen und Vernichten", „Berichtigen" und „Einschränkung der Verarbeitung".

Baustein 60: „Löschen und Vernichten"
Für das Löschen stehen, neben dem SDM-Baustein „Löschen und Vernichten", eine ganze Reihe an weiteren, detaillierten Anleitungen bereit, die beigezogen werden sollten:

- DSK, Kurzpapier Nr. 11 „Recht auf Löschung/Recht auf Vergessenwerden", https://www.datenschutzkonferenz-online.de/media/kp/dsk_kpnr_11.pdf
- BSI Grundschutzkompendium CON.6: „Löschen und Vernichten", https://www.bsi.bund.de/SharedDocs/Downloads/DE/BSI/Grundschutz/IT-GS-Kompendium_Einzel_PDFs_2023/03_CON_Konzepte_und_Vorgehensweisen/CON_6_Loeschen_und_Vernichten_Edition_2023.html
- DIN 66399, dazu findet man umfangreiche Informationen im Internet.

Der Zweck des Löschens besteht im Unkenntlichmachen gespeicherter personenbezogener Daten. Der Vorgang des Löschens muss bewirken, dass nach dem Löschen keine Daten mehr vorhanden sind, mit denen eine natürliche Person identifiziert werden kann. Der Zweck des Vernichtens besteht darin, über das Löschen eines Datums hinausgehend auch das Medium (Datenträger) zu zerstören. Während beim Löschen eine Restchance der Wiederherstellbarkeit bestehen kann, soll das Vernichten für eine unmittelbar gegebene unwiderrufliche Form des Löschens stehen. Der Baustein stellt fest: „Die Löschung eines Datums ist erst dann vollzogen, wenn auch keine Kopie oder Replikation dieses Datums mehr bei dem Verantwortlichen oder einem möglichen Auftragsverarbeiter gespeichert ist." (Baustein „Löschen und Vernichten" V1.0, S. 1)

Klar ersichtlich ist, dass das Löschen neben der Intervenierbarkeit auch die Gewährleistungsziele der Datenminimierung, der Vertraulichkeit und der Nichtverkettung bedient, weshalb Löschen im Datenschutz eine gern gewählte Maßnahme ist, weil es relativ leicht kontrollierbar, und relativ einfach – zumindest auf den ersten Blick – eine insgesamt gute Wirksamkeit erzielt. Löschmanagement ist deshalb eine gern gewählte Einsteigermaßnahme der operativen Praxis einer Datenschutzadministration bzw. von DSBen. Die französische Datenschutzaufsichtsbehörde CNIL verhängte 2022 eine 120.000 €-Geldstrafe wegen eines unzureichenden Lösch- bzw. Aufbewahrungsmanagements (https://edpb.europa.eu/system/files/2022-02/fr_2021-12_decisionpublic.pdf).

Die Wirksamkeit des Löschens von Daten lässt sich gut skalieren bzw. abstufen. In der nachfolgenden Liste nimmt der Aufwand für eine Rekonstruktion von Daten, nachdem sie gelöscht wurden, mit jeder Stufe zu:

- Austragen aus elektronischen Verzeichnissen bzw. Tabellen und anschließende Reorganisation bspw. durch Datenbank-Löschbefehle mit anschließender Reorganisation der

Datenbank, soweit gesichert ist, dass im Zuge der Reorganisation die zu löschenden Daten überschrieben werden.

- Überschreiben der Informationen einzelner Datenfelder (Daten oder Attribute von Daten), die auf elektronischen Datenträgern gespeichert wurden, mit Hilfe von Löschprogrammen (Wipe-Tools).
- Komplettes Überschreiben ganzer Datenträger mit speziellen Lösch- oder Anwendungsprogrammen, wobei sicherzustellen ist, dass diese für die Verwendung mit den jeweiligen Datenträgern geeignet sind und z. B. Wear-Levelling-Algorithmen von Flashspeichern berücksichtigen.
- Physikalische Zerstörung (Vernichtung) des Datenträgers (bspw. Papier, Festplatten, SSD-Speicher) durch mechanisches Zerkleinern (Schreddern), Einschmelzen oder Verbrennen.

Die Pflicht zum Löschen betrifft selbstverständlich auch Sicherungskopien, Protokolldaten und temporäre Daten. Man erkennt durch diese Aufzählung wieder die so für den Datenschutz typische Situation, dass zwischen dem Aufbewahren von Daten und dem Löschen von Daten anhand des Regelwerks abzuwägen ist, welche Maßnahme wann und in welchem Maße auszuführen geboten ist.

Bei hohem Risiko für Betroffene verweist der SDM-Baustein, ebenso wie der Baustein „CON.6 – Löschen und Vernichten" des BSI-Grundschutz-Kompendiums (BSI 2023) auf die DIN 66399, die jedem Verantwortlichen und jedem Auftragsverarbeiter zunächst einmal empfiehlt, alle im Geschäftsverkehr vorkommenden oder anfallenden Informationen (Daten) bzw. die sie speichernden Datenträger einzugruppieren und hinsichtlich des Schutzbedarfs in drei Schutzklassen zu klassifizieren, mit sieben Sicherheitsstufen für spezielle Anforderungen an deren Nichtreproduzierbarkeit.

Datenträger werden in sechs Gruppen unterteilt, weil die Lösch- und Vernichtungsprozesse von den Eigenschaften der Datenträger abhängen:

- Informationen in Originalgröße (z. B. Papier, Röntgenfilm)
- Optische Datenträger (DVD, Blu-ray)
- Magnetische Datenträger (ID-Karten mit Magnetstreifen)
- Elektronische Datenträger (USB-Sticks, Flash-Speicher)
- Informationen in verkleinerter Form (Film, Folie, Negative)
- Festplatten mit magnetischem Datenträger

Es gibt viele Diskussionen, auf welcher Sicherheitsstufe personenbezogene Daten von Verarbeitungen mit hohem Risiko zu löschen sind (s. Tab. 7.2). Um diesen Diskussionen zu entgehen, wählt man standardisierte Vernichtungsprozesse von Datenträgern gemäß DIN 66399-3 ab Stufe 4. Und ist dann erst einmal eine Routine etabliert, sollten sämtliche Lösch- und Vernichtungsprozesse, auch für die einer niedrigeren Sicherheitstufe, genutzt werden.

Tab. 7.2 Sicherheitsstufen gemäß DIN 66399-3

Sicherheits-stufe	Datentyp	Reproduktion der Daten
1	Allgemeine Daten	mit einfachem Aufwand
2	Interne Daten	mit besonderem Aufwand
3	Sensible Daten	mit erheblichem Aufwand
4	Besonders sensible Daten	mit außergewöhnlichem Aufwand
5	Geheim zu haltende Daten	mit zweifelhaften Methoden
6	Geheime Hochsicherheits-Daten	technisch nicht möglich
7	Top Secret Hochsicherheits-Daten	ausgeschlossen

Ganz generell kann das Löschen bei einer Verarbeitung mit hohem Risiko eine solche Komplexität annehmen, dass es sich empfiehlt, das Löschen als Verarbeitung zu gestalten, insbesondere dann, wenn Löschen zu einer Aktivität wird, die nicht nur eine Verarbeitung, sondern mehrere Verarbeitungen übergreifend betrifft. So muss transparent und vollkontrolliert gelöscht werden, was eine revisionsfeste Protokollierung, eine hohe Interventionsfestigkeit durch Standardisierungen, eine hohe Expertise bei den dafür spezialisiert befugten Mitarbeiter*innen und eine ganz enge zweckbestimmte Steuerung verlangt. Denn wenn das Löschen nicht hinreichend sorgfältig (also: „integer") durchgeführt wird, ist Löschen sowohl für die Organisation als auch für die Betroffenen mit einem hohen Risiko verbunden. Und das bedeutet wieder, dass für das Löschen, wie auch für das Protokollieren und Anonymisieren, eine DSFA nach Art. 35 DSGVO durchzuführen ist.

Baustein 61: „Berichtigen"
Dieser Baustein beschreibt vor allem Pflichten, die die DSGVO dem Verantwortlichen auferlegt, damit gewährleistet ist,

> (…) dass gespeicherte personenbezogene Daten im Hinblick auf die Zwecke ihrer Verarbeitung sachlich richtig und erforderlichenfalls auf dem neusten Stand sind. Betroffene Personen haben das Recht, eine Berichtigung ihrer personenbezogenen Daten vom Verantwortlichen zu verlangen, wenn sie unrichtig sind. (…) Der Berichtigungsanspruch besteht selbst dann, wenn nur eine geringfügige Unrichtigkeit vorliegt (Baustein „Berichtigen" V1.0, S. 1).

Als eine Maßnahme, die Korrekturprozesse erleichtert, wird ein Datenmodell der Verarbeitung genannt, das so strukturiert ist, dass einzelne Datenfelder, Datensätze oder Gruppen von Daten berichtigt werden können. Bei hohem Risiko sollte die Granularität der Datenfeldern so fein wie möglich sein.

Es sollten Antragsformulare bereitgestellt werden, mit denen betroffene Personen die Berichtigung von Daten beantragen können.

Vor der Ausführung von Berichtigungen muss die Berechtigung des Antragstellers oder der Antragstellerin kontrolliert worden sein.

Um die Durchführung und insbesondere Fristen für Berichtigungen von Daten zu überwachen, wird der Einsatz eines Trouble-Ticket-Systems empfohlen.

Berichtigungen müssen auch in Backups und Kopien durchgesetzt sein.

Baustein 62: „Einschränken der Verarbeitung"
Zu Beginn stellt der Baustein „Einschränken der Verarbeitung" fest:

> Einschränkung der Verarbeitung (Art. 4 Nr. 3 DS-GVO) bedeutet das Markieren gespeicherter personenbezogener Daten mit dem Ziel, ihre künftige Verarbeitung – zumindest vorübergehend – einzuschränken. Das Betroffenenrecht auf Einschränkung der Verarbeitung nach Art. 18 DS-GVO stellt eine Ergänzung der Löschung von Daten dar, bei der personenbezogene Daten nicht gelöscht werden sollen, sondern für eine begrenzte Zeit nur unter bestimmten Bedingungen begrenzt weiter verarbeitet werden dürfen. Lediglich eine Art der Verarbeitung, nämlich die Speicherung der Daten, ist ohne weiteres zulässig (Baustein „Einschränken der Verarbeitung" V1.0, S.1).

Man hat es also mit Daten zu tun, die nicht verarbeitet werden dürfen, aber auch (noch) nicht gelöscht werden müssen; im Kapitel über die DSGVO Abschn. 4.2 sind die Gründe aufgelistet, für die eine Verarbeitung gem. Art. 18 DSGVO einzuschränken ist.

Der Verantwortliche sollte Antragsformulare bereitstellen, mit denen betroffene Personen die Einschränkung einer Verarbeitung beantragen können.

Zur Durchsetzung dieser Maßnahme ist die Struktur des Datenmodells relevant. Einzelne Datenfelder, Datensätze oder vorher definierte Gruppen von Daten (z. B. Dateien in Dateisystemen oder Dokumente in Dokumentenmanagementsystemen) sollten markierbar und mit Fristen für die Dauer der Einschränkung versehen werden können. Je höher das Risiko einer Verarbeitung, desto feiner sollten solche Einschränkungen vorgenommen bzw. diese von der Verarbeitung ausgenommen werden können. Es können die Daten zu diesem Zweck auch für diese Zeit verschlüsselt werden. Die Einschränkung muss sich bis in die Kopien und Backups hinein erstrecken. Soll eine Verarbeitung von in Akten gespeicherten Daten eingeschränkt werden, reicht es nicht, die einzelnen Dokumente lediglich zu markieren, bspw. mit einem entsprechenden Aufdruck „für die Verarbeitung eingeschränkt". Stattdessen müssen die betreffenden Dokumente der Akte entnommen und entsprechend markiert separat abgelegt werden. Die Entnahme der Dokumente muss protokolliert werden.

Die Durchsetzung des Einschränkens der Verarbeitung muss durch einen Prozess erfolgen, der die Markierung bzw. Bearbeitung der einzuschränkenden Daten vornimmt, bspw. durch Setzen einer entsprechenden Markierung oder eines Attributes.

Die Systeme müssen so ausgestaltet sein, dass sie vor der automatisierten Verarbeitung die von der Verarbeitung ausgenommenen Daten erkennen. So muss sichergestellt werden, dass bei Suchvorgängen Datenelemente, Datensätze oder Dateien, deren Verarbeitung eingeschränkt wurde, nicht mit den Standardsuchmechanismen gefunden werden. Um Fristen bei Einschränkungen der Verarbeitung automatisiert überwachen zu können, sollten entsprechende Zeiteinträge genutzt werden können.

Im Rollen- und Berechtigungskonzept sollte ein Standardprozess vorgesehen sein, der steuert, welche Personen für die Einschränkung der Verarbeitung, für die daraus resultierenden weiteren Aufgaben und für die ggf. eingeschränkte Verarbeitung, und auch für deren Aufhebung, zuständig sind. Bei einem hohen Risiko ist insbesondere dieser Prozess besonders sorgfältig zu gestalten.

Mit der Einschränkung der Verarbeitung treffen den Verantwortlichen Mitteilungspflichten, die in einem organisatorischen Prozess abgebildet werden müssen.

Datenminimierung umsetzen

Die Durchsetzung der Datenminimierung umfasst erstens die Prüfung, ob eine Datenverarbeitung überhaupt durchgeführt werden darf, und zweitens die Reduktion der zu verarbeitenden Daten auf das zweckbedingt erforderliche Maß nach der Maßgabe des „need-to-know", im Unterschied zur Strategie des „nice-to-have".

Das kann zur Folge haben, dass in einem Datenmodell die von Personen erfassten Attribute ebenso zu reduzieren sind wie die Verarbeitungsoptionen und die Möglichkeiten von Kenntnisnahmen dieser Daten durch Mitarbeiter*innen. Fachprogramme sollten bspw. durch Datenmasken so voreingestellt werden, dass sie nur dieses Minimum an Daten, Verarbeitungen und Kenntnisnahmen erlauben und die Verarbeitung automatisiert erfolgt, mit möglichst wenigen Freiheitsgraden für Entscheidungen. Anonymisierung und Pseudonymisierung sollten genutzt werden.

Die wesentliche Maßnahme zur Durchsetzung der Datenminimierung ist die, für jeden einzelnen der Verarbeitungsvorgänge zu prüfen, ob sämtliche Daten, auch und gerade die, die als Ergebnis-, Prozess- und Metadaten zusätzlich zu den Nutzdaten erzeugt werden, für die Erfüllung des Zwecks zwingend erforderlich sind. Wenn die Erforderlichkeit seitens des Verantwortlichen nicht für jedes einzelne Datum, das im Zuge der Verarbeitung erzeugt wird, plausibel gemacht werden kann, darf dieses Datum gar nicht erst erzeugt werden. Generell lässt sich Datenminimierung als eine Teilmenge der Nichtverkettung verstehen und ist dementsprechend mit den dafür vorgesehen Maßnahmen durchsetzbar.

7.3 Maßnahmen für hohes Risiko

Im Unterschied zur IT-Sicherheit sind die Maßnahmen, die im operativen Datenschutz zu ergreifen sind, im Prinzip immer die gleichen. Das ist allein deshalb der Fall, weil keine neuen Grundsätze, von denen ausgehend die Verarbeitungstätigkeiten im Wesentlichen zu gestalten sind, hinzukommen. Es müssen immer alle Grundsätze aus Art. 5 bzw. das gesamte Set der Gewährleistungsziele beachtet werden, wobei es durchaus sein kann, dass ein

Gewährleistungsziel als dominierend betrachtet, über die Anforderungen der Risikostufe hinaus, besonders intensiv verfolgt wird. Als Regler für die Auslegung der Maßnahmen verbleibt die Einstufung des Risikos, das von einer Verarbeitung ausgeht: Bei hohem Risiko muss zur Bestimmung der Maßnahmen eine DSFA durchgeführt werden.

Zur Bestimmung von TOM ist folgende fünfstufige Strategie geeignet:

- *Standardmaßnahmen* zur Bearbeitung des normalen Risikos sind für jede Verarbeitungstätigkeit personenbezogener Daten obligatorisch. Das sind die Maßnahmen, die im generischen SDM-Maßnahmenkatalog und in den SDM-Bausteinen aufgelistet werden.
- Bei hohem Risiko sollten *weitere generische Maßnahmen* aus dem Maßnahmenkatalog auf ihre Geeignetheit hin geprüft werden.
- Es können zusätzliche, speziell auf die Verarbeitung hinzu zugeschnittene, *individuelle Maßnahmen* notwendig sein.
- Es sollten *Skaliermöglichkeiten von Maßnahmen* genutzt werden, die die Wirksamkeit erhöhen. Als Beispiele ist an den Einsatz eines dedizierten Protokollservers zu denken, so dass keine Protokolldaten mehr relativ leicht zugänglich auf Produktionsservern gespeichert werden. Oder man denke beim Verschlüsseln oder Hashen an die schlichte Verlängerung von Schlüsseln oder Hashwerten.
- Eine Universalstrategie zur Bestimmung der Maßnahmen bei hohem Risiko besteht darin, *TO-Maßnahmen des einen Gewährleistungsziels durch die TO-Maßnahmen der anderen Gewährleistungsziele* zu schützen. Als Beispiel: Die Integrität von Protokolldaten lässt sich dadurch sichern, dass Protokolldaten gehasht und verschlüsselt gespeichert werden, dass Protokolldaten vom Backup erfasst und zuvor auf ihre zweckgemäßen Inhalte geprüft wurden. Insofern kann man sagen, dass zwar die gleichen Maßnahmen wie für normales Risiko getroffen werden, aber die Wirksamkeit der Maßnahmen insgesamt kontrolliert-gesichert gesteigert wird.

Bei den TOM der Protokollierung, der Anonymisierung und des Löschens für die Risikostufe „hoch" hatte sich gezeigt, dass diese ab einer gewissen Komplexität der Verarbeitungen und ihrer Nutzung als Infrastruktur für eine Organisation ihrerseits als Verarbeitungen zu gestalten sind. Die Ausgestaltung der Maßnahmen als Verarbeitung führt also zwangsläufig dazu, dass man es hier mit TOM für TOM zu tun bekommt. Rechtlich bedeutet dies, dass in der Regel für TOM, wie wir bei der Anonymisierung gesehen haben, a) eine eigene Rechtsgrundlage nötig wird, b) eine DSFA durchzuführen ist und c) diese Maßnahme im Verzeichnis der Verarbeitungstätigkeiten nach Art. 30 DSGVO aufzuführen ist. Aus einer grundrechtlichen Perspektive ist diese Konsequenz logisch, denn wenn ganz wesentliche Maßnahmen nicht ordnungsgemäß bestimmt, betrieben und überwacht werden, stellt das einen besonders intensiven Grundrechtseingriff dar. Auch wenn es nicht für jede der hier aufgeführten Maßnahmen und Bausteine explizit ausgeführt wurde, so empfiehlt es sich, zumindest ab Organisationen mittlerer Größe zu prüfen, ob diese Strategie verfolgt werden sollte, wesentliche TOM für personenbezogene Verarbeitungen ihrerseits als Verarbeitungen auszulegen.

7.4   MUSS oder SOLL oder SOLLTE?

In der Praxis stellt sich häufig die Frage, ob die Maßnahmen, die im generischen Maßnahmenkatalog oder in den Bausteinen aufgeführt sind, umgesetzt werden *müssen*. Dazu kann man knapp sagen: Die im SDM aufgeführten risikenmindernden Maßnahmen gelten aus Sicht der DSK als Empfehlungen. Dies wird in „E6 Anhang Referenzmaßnahmen-Katalog" der SDM-Methodik wie folgt dargelegt:

> Die Maßnahmen wurden unter Zugrundelegung typischer Verarbeitungssituationen ausgewählt und thematisch in Bausteinen zusammengefasst. Die Umsetzung der aufgeführten Maßnahmen stellt gute Datenschutzpraxis dar. Sie ist vielfach zweckmäßig und verhältnismäßig (DSK 2024, S. 77).

Die „Darstellung guter Datenschutzpraxis" zeigt offenbar eine enge Verwandtschaft zu „good practice" an und ist zudem im Sinne von „Stand der Technik" zu interpretieren, der auch organisatorische Regelungen und Abläufe umfasst (vgl. Art. 25 DSGVO, s. Abschn. 4.2). So heißt es weiter:

> Die Aufzählung von Maßnahmen in den Bausteinen ist nicht abschließend. Durch die Aufnahme einer Maßnahme in einen Baustein trifft die Konferenz keine verbindliche Aussage zur Verpflichtung, sie umzusetzen. Gleichwohl wird eine solche Verpflichtung unter Berücksichtigung der nach gesetzlicher Vorgabe im Einzelfall zu betrachtenden Faktoren vielfach bestehen. Zu diesen Faktoren gehören, in Abhängigkeit von der jeweils anzuwendenden rechtlichen Norm, der Stand der Technik und die Implementierungskosten, die Art, die Umstände, der Umfang und die Zwecke der Verarbeitung, sowie die Eintrittswahrscheinlichkeit und Schwere der Risiken der Verarbeitungstätigkeit für die Rechte und Freiheiten der betroffenen natürlichen Personen. Die im Text vorgenommene Differenzierung der Verbindlichkeit der Einzelmaßnahmen – ausgedrückt durch die Modalverben MUSS, SOLL und SOLLTE – gibt dagegen lediglich eine Einschätzung wieder, wie kritisch die Vornahme der jeweiligen Maßnahme für die Gewährleistung der Einhaltung der Vorgaben der DS-GVO in einer typischen Verarbeitungssituation ist (DSK 2024, S. 77f).

Die Aufzählung von Maßnahmen in den Bausteinen kann allein deshalb nicht abschließend sein, weil man eine Verarbeitung analytisch in mehr als nur drei Ebenen gliedern und immer hochauflösender, anhand der Gewährleistungsziele, weitere Risiken erzeugen kann. Es ist grundsätzlich auch keiner Hardware zu trauen; welche operativen Risiken ein- oder ausgeblendet werden, ist letztlich das Ergebnis eines rechtliches Urteil.

Das Paradoxe ist, dass im operativen Datenschutz zwar ein gesetzliches Erfordernis für das Ergreifen von risikomindernden Maßnahmen besteht – im Unterschied zur IT-Sicherheit außerhalb von KRITIS oder NIS. 2 –, die Datenschutzaufsichtsbehörden den Verpflichtungsgrad für die zu treffenden Maßnahmen jedoch, so wie hier, eher niedrig ansetzen im Sinne „man kann es so aber auch anders machen". Wenn es um den Schutz von Organisationen geht, setzt das BSI, als Grundlage für Zertifizierungen, hohe Maßstäbe für das Ergreifen ganz bestimmter Maßnahmen, die fachlich dem „Stand der Technik" (Art. 25 DSGVO) entsprechen. Da sind geringere Freiheitsgrade durchgesetzt. Aber eigentlich besteht der normative Maßstab nur aus den Selbstverpflichtungen der Geschäftsleitungen zur IT-Sicherheit, die dann in Schadensfällen vor allem Regressanforderungen befürchten. Wenn es um den Schutz von Personen geht, wiederholen die Aufsichtsbehörden, so wie hier, gern den normativen Gesetzestext, anstatt diesen so auszulegen, dass die Praxis bzw. die Verantwortlichen einen funktionalen Halt für die Praxis bekommen. Ein Problem ist, dass es zu diesen Konflikten bislang nur wenige gerichtliche Urteile gibt, die als Maßgabe für Datenschutzaufsichtsbehörden herhalten können. Aber es gibt vereinzelt Urteile wie das des Verwaltungsgerichts vom 17.12.2020 (Az. 1 K 778/19.MZ, https://landesrecht.rlp.de/bsrp/document/ NJRE001453912). Dies Urteil stellt fest, dass Daten mit hohem Risiko (Artt. 9, 10 DSGVO) Ende-zu-Ende verschlüsselt werden müssen, dass aber Berufsgeheimnisträger wie Rechtsanwälte nicht in jedem Falle für ihre Kommunikation eine stärkere Maßnahme als eine Transportverschlüsselung nutzen müssen.

> Die Verantwortlichen und Auftragsverarbeiter sind verpflichtet, die Besonderheiten ihrer Verarbeitungen zu analysieren, eine Risikobetrachtung durchzuführen und auf diesen Grundlagen zum Zeitpunkt der Festlegung der Mittel für die Verarbeitung sowie zum Zeitpunkt der eigentlichen Verarbeitung geeignete technische und organisatorische Maßnahmen auszuwählen und zu treffen. Es steht ihnen dabei frei, von der Umsetzung von Maßnahmen abzusehen, die unter den konkreten Bedingungen nicht zweckmäßig oder nicht verhältnismäßig sind, und in den Bausteinen aufgeführte Maßnahmen durch andere Maßnahmen gleicher oder ähnlicher Wirkung zu ersetzen. Andererseits kann sich auch die Verpflichtung ergeben, die in den Bausteinen aufgeführten Maßnahmen durch weitere zu ergänzen (DSK 2024, S. 78).

Es können zur Risikominimierung somit andere Maßnahmen als die des generischen Katalogs oder der in den Bausteinen aufgeführten genutzt werden, wenn diese anderen Maßnahmen in ihrer risikomindernden Wirkung funktional äquivalent sind.

> Aufgrund der Natur des Anhangs als Referenzkatalog müssen Anwender des SDM jedoch dokumentieren, ob, inwieweit und warum sie sich entschieden haben, Maßnahmen der Bausteine abweichend von den Empfehlungen des SDM umzusetzen. Sie müssen in diesen Fällen sicherstellen, dass sie mit den abweichenden Maßnahmen ein angemessenes Schutzniveau für die betroffenen Personen gewährleisten (DSK 2024, S. 78).

Es muss die Wahl funktional äquivalenter TOM also begründet und dokumentiert werden. Das erzeugt beabsichtigt zusätzliche Prozesskosten gegenüber dem Ergreifen der Standardmaßnahmen nach dem Stand der Technik.

7.5   Zwischenstand: Technisch-organisatorische Maßnahmen

Es hat sich gezeigt, dass das SDM bei den technisch-organisatorischen Maßnahmen, insbesondere zu Kryptothemen wie Verschlüsselung und Integritätsschutz, nicht auf eigene Bausteine verweisen kann (Stand: Frühjahr 2024). Deshalb erging der pragmatische Ratschlag, sich zum Erreichen dieser Ziele des Maßnahmenkatalogs des IT-Grundschutzes zu bedienen, immer eingedenk der unterschiedlichen Schutzobjekte.

Es hat sich außerdem bei Verarbeitungen mit hohem Risiko gezeigt, dass eine ganz wesentliche Strategie zur Steigerung der Wirkung der risikenmindernden Maßnahmen darin besteht, TO-Maßnahmen auf sich selbst anzuwenden. Dies ergibt sich zwangsläufig dann, wenn Maßnahmen des Datenschutzes ihrerseits so komplex und umfangreich sind – und ihr Gelingen für die Betroffenen so wichtig ist, dass hier mit besonders großer Sorgfalt agiert werden muss –, dass sie ihrerseits als Verarbeitungstätigkeit – mit allen Konsequenzen: Rechtsgrundlage, DSFA, Umsetzen des Art. 30 – auszugestalten sind. Das Positionspapier des BfDI zur Anonymisierung hat dies in wünschenswerter Klarheit vorgeführt (vgl. BfDI 2020), das SDM zeigt darüber hinaus methodisch die Generalisierbarkeit dieser Strategie.

Mit den technisch-organisatorischen Maßnahmen sind nun alle Komponenten des SDM zusammengestellt. Im nachfolgenden Kapitel wird gezeigt, wie das SDM angewandt werden kann: Beim Prüfen, bei der Durchführung einer DSFA und beim Aufbau und Betreiben eines DSMS.

Literatur

BDI (2020). *Anonymisierung personenbezogener Daten – Ein branchenübergreifender Praxisleitfaden für Industrieunternehmen.* https://bdi.eu/publikation/news/anonymisierung-personenbezogener-daten/.

BfDI (2020). *Positionspapier zur Anonymisierung unter der DSGVO unter besonderer Berücksichtigung der TK-Branche.* https://www.bfdi.bund.de/SharedDocs/Downloads/DE/Konsultationsverfahren/1_Anonymisierung/Positionspapier-Anonymisierung.pdf?__blob=publicationFile&v=4.

Brugger, Bud und ULD Kiel (2021). *Towards a Better Understanding of Identification, Pseudonymization, and Anonymization.* Kiel. https://www.datenschutzzentrum.de/uploads/projekte/IdentPseudoAnon-320-v1-0-web.pdf.

BSI (2023). *IT-Grundschutz-Kompendium.* https://www.bsi.bund.de/SharedDocs/Downloads/DE/BSI/Grundschutz/Kompendium/IT_Grundschutz_Kompendium_Edition2023.pdf?__blob=publicationFile&v=3#download=1.

DGB (2022). *Entwurf eines Beschäftigtendatenschutzgesetzes.* Techn. Ber. DGB. https://www.heise.de/downloads/18/3/2/8/6/2/6/7/DGB-Entwurf-eines-Beschaeftigtendatenschutzgesetzes.pdf.

DSK (2024). *Das Standard-Datenschutzmodell – Eine Methode zur Datenschutzberatung und -prüfung auf der Basis einheitlicher Gewährleistungsziele – Version 3.1.* https://www.datenschutz-mv.de/datenschutz/datenschutzmodell/.

Karg, Moritz (2015). „Anonymität, Pseudonyme und Personenbezug revisited. In: *DuD – Datenschutz und Datensicherheit* 8, S. 520–526.

Lugowski, Raphael (2024). "BAG zum Datenschutzkonzept des Betriebsrats". In: *Computer und Arbeit* 2, S. 15–18.

Pfitzmann, Andreas und Marit Hansen (2010). *A terminology for talking about privacy by data minimization: Anonymity, unlinkability, undetectability, unobservability, pseudonymity, and identity management*. Techn. Ber. V0.34. TU-Dresden, ULD-Kiel. https://www.maroki.de/pub/dphistory/2010_Anon_Terminology_v0.34.pdf.

ULD (2009). *Datentreuhänderschaft in der Biobank-Forschung – Methoden, Kriterien und Handlungsempfehlungen für die datenschutzrechtliche Auditierung der Datentreuhänderschaft in der Biobank-Forschung – Schlussbericht v1.1*. https://www.datenschutzzentrum.de/projekte/bdc-audit/.

ULD und TU-Dresden (2007). *BMBF-Studie Verkettung digitaler Identitäten*. Hrsg. von ULD und TU-Dresden. https://www.datenschutzzentrum.de/projekte/verkettung/.

Wurzberger Sebastian und Hohmann, Jane (2024). „Datenschutz – wie gelingt gute Zusammenarbeit". In: *Computer und Arbeit* 2, S. 8–11.

Der Inhalt dieses Kapitels

Bislang wurde das Feld hergerichtet, umgegraben, gesät und vor allem gejätet; dieses Kapitel dient dem Einfahren der Ernte. Nun soll gezeigt werden, welchen Nutzen das SDM in der operativen Datenschutzpraxis, also dem Durchsetzen der Anforderungen der DSGVO, bringt.

Im nachfolgenden Kapitel stelle ich eingangs den *SDM-Würfel* vor, der auf einen Blick alle Komponenten des Modells vereint. Durch die Aufgliederung in drei Dimensionen (9 Vorgänge × 3 Ebenen × 7 Gewährleistungsziele) werden insgesamt 189 kleine Würfel erzeugt, mit denen die behandlungsbedürftigen Risikokonstellationen vollständig vor Augen gestellt werden. In jeden dieser einzelnen kleinen Würfel könnte man nun entweder die Risiken oder die Bezeichnung für die Standardmaßnahme(n), die das SDM zur Bearbeitung der Risiken vorsieht, entsprechend der vorher für die Verarbeitung festgelegten Risikostufe eintragen. Das heisst: *Bevor man den SDM-Würfel nutzen kann, müssen die Rechtsgrundlage und die Risikohöhe einer Verarbeitung geklärt worden sein.*

Im zweiten Kapitel stelle ich einen Prozessablauf zur Durchführung einer Datenschutzprüfung mit dem SDM vor, der gleichzeitig den beanspruchten *Geltungsbereich des SDM* ausweist. Bei einer Datenschutzprüfung liegt vor der Anwendung des SDM die Prüfung der Rechtsgrundlagen; erst wenn diese belastbar vorliegen, kommt das SDM zum Einsatz. Allein die Feststellung, dass beim Datenschutz einer Verarbeitung etwas im Argen liegt, kann bspw. von einer agilen Revision, vom Qualitätsmanagement einer Organisation oder vom Justiziariat oder der IT-Abteilung getroffen werden, diese Feststellung muss nicht allein der oder die Datenschutzbeauftragte treffen. Aber wer geht dann in die Analyse und betreibt das Beheben der Mängel nachhaltig? Überlegen Sie bitte noch bevor Sie dieses Kapitel zum Prüfen lesen, ob Ihnen Kriterien für die Beurteilung einer Datenschutzprüfung

M. Rost, *Das Standard-Datenschutzmodell (SDM)*,
https://doi.org/10.1007/978-3-658-44998-8_8

einfallen: Welchen Qualitätsanforderungen sollte die Durchführung einer Datenschutzprüfung genügen? Ich gebe Ihnen einen Hinweis, der idealerweise nach der Lektüre dieses Buches bis zu diesem Punkt nicht mehr notwendig sein sollte, nämlich: Eine Datenschutzprüfung ist ihrerseits als eine Verarbeitungstätigkeit auffassbar, sie kann mit heiklen personenbezogenen Daten in Berührung kommen, es gilt somit die DSGVO. Und damit sollten die Anforderungen, die eine Datenschutzprüfung erfüllen muss und die Kriterien, mit denen die Qualität einer Datenschutzprüfung beurteilt werden kann bzw. vielmehr sollte, geklärt sein.

Das dritte Kapitel behandelt die Durchführung einer *DSFA,* die in die Plan- bzw. Spezifikationsphase einer Verarbeitung fällt. Wenn die Risikostufe der Verarbeitung mit „hoch" angesetzt ist, muss gem. Art. 35 DSGVO eine DSFA durchgeführt werden. Zur Durchführung einer DSFA geben bereits die Ausführungen des Art. 35 recht viel methodischen Halt. Neben dem relativ konkreten Gesetzestext hat die DSK ein hilfreiches „Kurzpapier Nr. 5" zur Durchführung einer DSFA mit konkreten Projektschritten veröffentlicht. Das SDM bietet die Risikoerzeugungs- und Analysemethodik für eine geplante Verarbeitung und weist konkrete technisch-organisatorische Maßnahmen zur Risikominimierung aus, die Bestandteile eines DSFA-Berichts sein sollten.

In der Praxis stellt sich im Kontext der DSFA sofort die Frage: Und wer führt sie durch? Die DSGVO lässt die Frage leider ungeregelt. Der Verantwortliche ist verantwortlich für die Umsetzung der Anforderungen der DSGVO und der oder die DSB besteht die Zuständigkeit im Wesentlichen darin zu beurteilen, ob die DSFA DSGVO-konform durchgeführt wurde (s. Art. 39 DSGVO). Viele Unternehmen haben externe DSB in dem (falschen) Verständnis eingekauft, der Organisation den operativen Datenschutz, also auch die Durchführung von DSFAen, vom Hals zu halten, und obendrein die Haftungsrisiken aufzubürden (vgl. Kühn 2024). Wenn diese DSBen Fragen nach der Durchführung einer DSFA aufwerfen und die DSGVO ernstnehmend entsprechend anspruchsvoll und kritisch werden, kann man ihnen zudem leichter Hand kündigen. Häufig werden auch Rechtsanwält*innen mit der Durchführung einer DSFA betraut, die allein qua juristischer Analyse eine Verarbeitung nicht sachgerecht analysieren können. Im öffentlichen Bereich wird das Einhalten der Datenschutzanforderungen – inkl. der Durchführung einer DSFA – vielfach den Abteilungs- oder Fachbereichsleitungen aufgebrummt. All diese Lösungen des Abwälzens – entweder auf existentiell abhängige externe DSBe oder dafür nicht ausgebildete Mitarbeiter*innen, die primär ganz andere Aufgaben erledigen müssen oder auf Expert*innen des Datenschutzrechts, die operativen Datenschutz nicht können – sind klar ersichtlich keine Lösungen, von denen man erwarten darf, dass dabei die so überaus anspruchsvolle, konfliktträchtige Erarbeitung eines wirksamen Grundrechteschutzes für Kund*innen, Bürger*innen oder Patient*innen herauskommt.

Datenschutz zu „machen" ist deshalb das Thema des Kapitels zum Datenschutzmanagement (DSM). Das SDM weist einen auf das DSM abgestimmten Demingzyklus für ein Datenschutzmanagementsystem (DSMS) aus.

Inzwischen kann man *Programme* („SDM-Tools") kaufen, deren Hersteller behaupten, dass ihre Tools der SDM-Methodik folgen. Es gibt zwei Tooltypen, die zu Unrecht als SDM-Tools bezeichnet werden und inzwischen relativ stark vertreten sind: Tools, die bereits gut etablierte Tools der IT-Sicherheit lediglich um 3 oder 4 Schutzziele quantitativ erweitern und mit den zugehörigen Maßnahmen des SDM hinterlegt sind; sowie Tools, in denen sämtliche Maßnahmen des SDM schlicht in einer Tabellenkalkulation aufgelistet und mit einer Ampel zur Notation des Dokumentationsstands versehen sind. Solche bloß maßnahmenzentrierten Tools nehmen nicht die rechtlich begründete Gestaltung einer Verarbeitung zum operativen Ausgangspunkt. Aber es gibt einige wenige Tools, die die Zusage der methodischen Unterstützung nach SDM zumindest ansatzweise einlösen. Die Entwicklung dieser Programme steht noch am Anfang (Stand: Frühjahr 2024). In diesem Kapitel gebe ich einige Hinweise, mit denen sich zukünftig tatsächlich geeignete SDM-Tools aus dem Angebot herausfiltern lassen. Abschließend folgen auch noch ein paar Anmerkungen zur aktuellen Situation bei *SDM-Schulungen,* deren Bezug zum SDM methodisch und inhaltlich oftmals ebenfalls fragwürdig ist.

Beizuziehende Literatur
Bitte haben Sie auch für dieses Kapitel den Text der DSGVO und zur SDM-Methodik zur Hand. Besorgen Sie sich bitte zusätzlich die Broschüre vom BfDI „Info 04 – Die Datenschutzbeauftragten in Behörden und Betrieben" (BfDI 2020). Auf Kurzpapiere der DSK, die Sie ohnehin alle zugriffsfest in Ihrem Bestand haben sollten, und thematisch tiefergehende Fachaufsätze komme ich in den Kapiteln zu sprechen.

8.1   Eine Verarbeitung mit dem SDM-Würfel modellieren

Der *SDM-Würfel* (s. Abb. 8.1) zieht die drei Aspekte „Verarbeitungsphasen/Verarbeitungsvorgänge", „Verarbeitungsebenen" und „Gewährleistungsziele" in einer Darstellung zusammen. Durch die Aufgliederungen der drei Dimensionen lassen sich alle von der DSGVO angesprochenen Risikokonstellationen in einen Zusammenhang stellen, die mit TOM zu bearbeiten sind (s. DSK 2024, S. 43 ff.). Voraussetzung zur Bestimmung der konkreten Maßnahme ist die Klärung der Risikostufe, also ob ein normales oder hohes Risiko vorliegt. Sofern die Risikostufe geklärt ist, können die Maßnahmen und deren notwendige Wirksamkeit zur Risikoreduktion bestimmt werden.

Zur Erinnerung: Eine Verarbeitung lässt sich entlang von vier Phasen und/oder anhand von neun Verarbeitungsvorgängen analysieren. Unterschiedliche Verarbeitungsvorgänge erzeugen jeweils unterschiedliche, spezifische Risiken. Personenbeziehbare Daten werden oftmals in einem anderen Kontext erhoben als sie genutzt und am Ende gelöscht werden, mit jeweils unterschiedlichen Techniken.

Eine Verarbeitung lässt sich außerdem über drei Ebenen hinweg analysieren: Auf der obersten Ebene sind die Vorgänge oder Phasen der „Fachlogik" als Beschreibung in Prosa oder als Modellierung in einer spezischen Modellierungssyntax miteinander verbunden. Darunter befindet sich die Ebene der Sachbearbeitung und der verwendeten Fachprogramme, mit denen ein Geschäftsprozess oder ein Verfahren in der Praxis implementiert und real

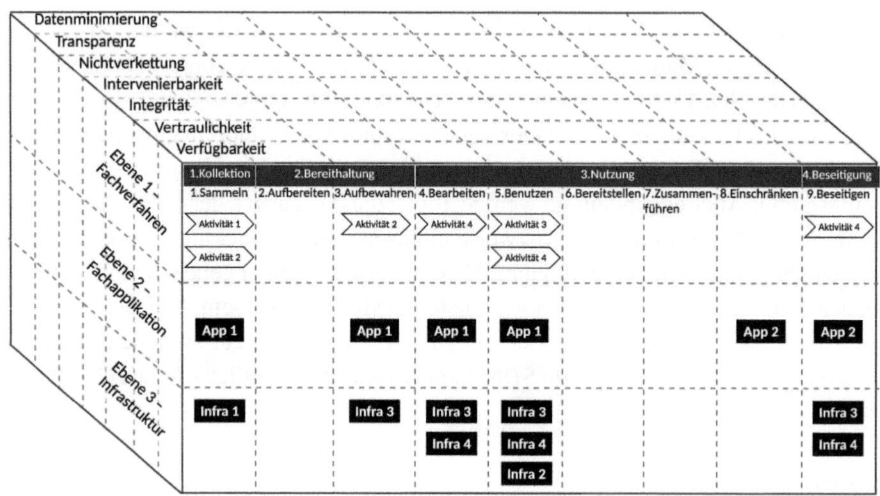

Abb. 8.1 Der SDM-Würfel, mit den vier Phasen oder neun Vorgängen gemäß Art. 4 Nr. 2 DSGVO; den den „Stand der Technik" gemäß Art. 25 DSGVO berücksichtigenden drei Ebenen der Fachlichkeit, der Implementation von Sachbearbeitung und Fachapplikationen und den Diensten der Infrastruktur sowie den Gewährleistungszielen als Stellvertreter für die Grundsätze des Art. 5 DSGVO (s. DSK 2024, S. 47)

durchgeführt wird. Und darunter wiederum liegt die Ebene der IT-Infrastruktur, die oftmals im Modus einer Auftragsverarbeitung durch ein externes Rechenzentrum betrieben und als Dienstleistung bereitgestellt wird, mit all ihren Komponenten.

Formal betrachtet erzeugt der SDM-Würfel somit insgesamt 189 zu analysierende Konstellationen für eine einzelne Verarbeitung (9 Verarbeitungsvorgänge (oder 4 Phasen) $\times$ 3 Ebenen $\times$ 7 Gewährleistungsziele). Der Schwerpunkt der meisten Analysen und Risikobearbeitungen liegt dabei zunächst auf der Bearbeitung der Risiken des Typ B (s. Abschn. 6.2) auf der Ebene 2. Aber es liegt sofort auf der Hand, dass sich auch Fragen bzgl. der anderen Risikotypen aufdrängen und methodisch in dieser Form bearbeiten lassen.

Der Würfel ist erst einmal nur eine Grafik, eine Heuristik, um die Orientierung beim Abarbeiten der Anforderungen der DSGVO durch Aufzeigen aller relevanten Risiken bieten soll. Der Würfel soll keinen tiefsinnig zu interpretierenden Nullpunkt haben und die Dimensionen sollen nicht als „wegstrebende Vektoren" gedeutet werden. Selbstverständlich muss man es üben, den SDM-Würfel in diesem Sinne anzuwenden. Man sollte am Anfang der Analyse und Modellierung der Verarbeitung versuchen, Schichten oder Ebenen des Würfels als nicht-relevant begründet herausnehmen zu können, um die Zahl der Risikokonstellationen zu verringern. Wenn z. B. keine Daten übermittelt oder abgerufen werden, wenn kein externes Rechenzentrum genutzt wird und damit keine Auftragsverarbeitung vorliegt, können diese Bereiche des Würfels ignoriert werden, weil sich die zu behandelnden Risiken reduzieren.

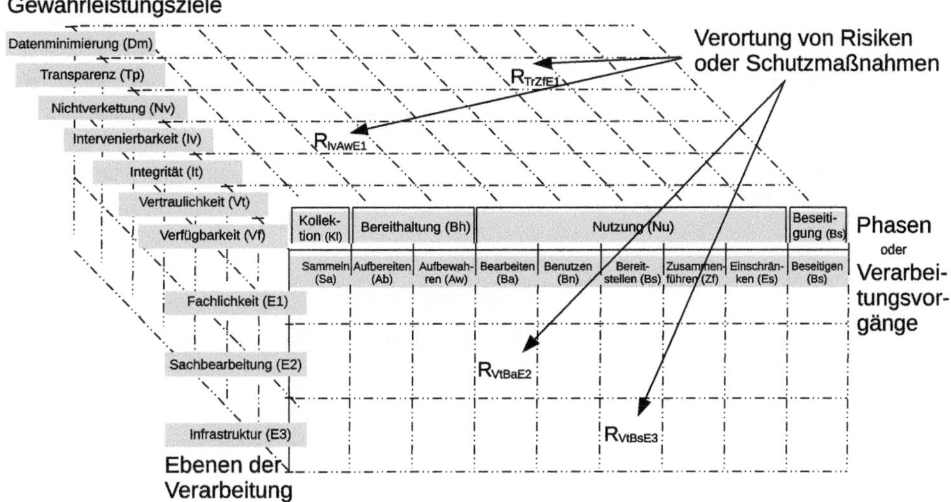

Abb. 8.2 Der SDM-Würfel zur vollständigen Verortung aller Risiken, die eine Verarbeitungstätigkeit erzeugt

Und die Risiken einer Verarbeitung lassen sich mittels der sieben Gewährleistungsziele – Sicherung der Datenminimierung (Dm), Verfügbarkeit (Vf), Integrität (Ig), Vertraulichkeit (Vt), Transparenz (Tr), Nichtverkettung (Nv), Intervenierbarkeit (Iv) – formulieren, wobei jedem dieser Gewährleistungsziele ein Katalog mit generischen, standardisierten Maßnahmen zum Erreichen dieser Ziele zugeordnet ist (s. Abb. 8.2). Zur Verfolgung der Bearbeitung der Risiken bspw. mit Hilfe eines Programms ist es nützlich, die Risiken, die der Würfel für eine Verarbeitung sichtbar macht, vollständig eindeutig identifizierbar zu machen. Wenn man die vorgeschlagenen Kürzel für die Gewährleistungsziele, die Verarbeitungsebenen und die Verarbeitungsvorgänge nutzt, lassen sich die 189 Risikokonstellationen mit folgender Konvention notieren: Risiko$_{Verarbeitungsbene Verarbeitungsvorgang Gewährleistungsziel}$. Zum Beispiel wäre ein Vertraulichkeitsrisiko im Vorgang der Bereitstellung auf der Ebene 3 der IT-Infrastruktur dann wie folgt knapp notierbar: R_{VtBsE3}.

In der Praxis hat man es im Kontext einer Organisation niemals mit nur einer Verarbeitung zu tun, sondern mit mehreren Verfahren bzw. Geschäftsprozessen, die eine gemeinsame, oftmals hauseigene Infrastruktur nutzen (s. Abb. 8.3). Wenn nur von einem der Geschäftsprozesse ein hohes Risiko für Betroffene ausgeht, müssen die Komponenten der gemeinsam genutzten Infrastruktur auf Ebene 3 für diese Verarbeitung entsprechend diesem hohen Risiko betrieben und kontrolliert werden. Betriebswirtschaftlich ist es dann in der Regel geboten, dass auch die Geschäftsprozesse mit normalem Risiko die besondert gesicherten, also in der Regel teurer betriebenen, Komponenten nutzen. Für kleine und mittlere Unternehmen, die zudem keine hochkritischen IT-Systeme betreiben, ist es in der Regel teurer, zwei IT-Strukturen, eine für Verarbeitungen mit normalen Risiko und eine für Verarbeitun-

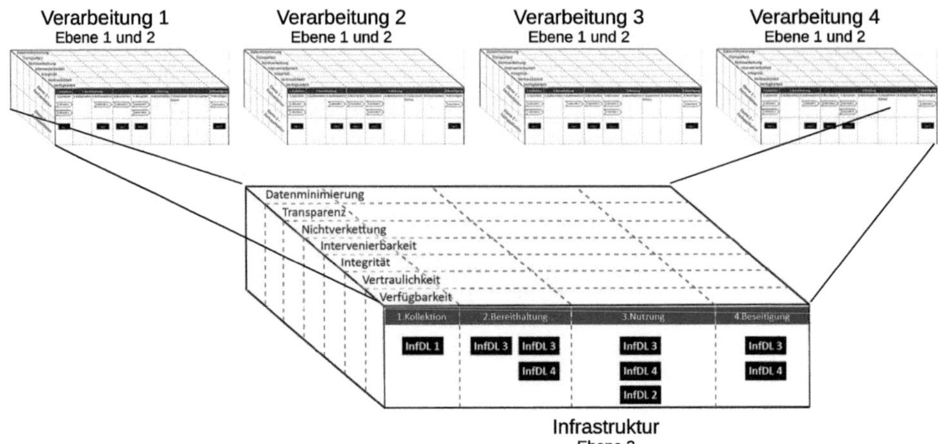

Abb. 8.3 Der SDM-Würfel, aufgefächert nach 4 unterschiedlichen Verarbeitungen unter Nutzung einer gemeinsamen, hauseigenen Infrastruktur

gen mit hohem Risiko, zu betreiben. Würde man tatsächlich alle Verarbeitungtätigkeiten mit Hilfe der Regel „pro Verarbeitung einen SDM-Würfel" modellieren, wäre die gesamte Darstellung typischerweise komplizierter, weil vielfach nicht alle Dienste einer Infrastruktur einer Organisation an externe Dienstleister ausgelagert sind sondern einige gemeinsame Dienste, wie typischerweise die „organisationsnahen" Dienste des LDAP oder des Active Directory, von der hausinternen IT betrieben werden. Neben der hauseigenen Infrastruktur werden typischerweise weitere IT-Dienstleistungen externer Rechenzentren genutzt, so dass es für alle Verarbeitungen einer Organisationen übergreifend geboten ist, noch eine 4. Ebene modellierend einzuziehen (s. Abb. 8.4).

Mit der Unterstützung von SDM-Tools (s. Abschn. 8.5) wäre es zukünftig durchaus denkbar, dass eine Gesamtmodellierung aller Verarbeitungen einer Organisation in Form einzelner Schichten bzw. Scheiben des SDM-Würfels möglich wird, um tatsächlich eine vollständige Abbildung aller DSGVO-relevanten Risikokonstellationen in einem einzigen Verarbeitungsmodell zu erreichen. Das Prinzip der Würfelnutzung zur „Risikoadressierungs-heuristik" sollte klar sein und muss von jeder Organisation auf die eigenen Strukturen ange-passt werden. Insbesondere die Aktivitäten eines auftragnehmenden Rechenzentrums wären selbstverständlich sehr viel komplexer zu modellieren, als es die Grafik in Abb. 8.4 sugge-riert. Aus Sicht einer Verarbeitung durch den verantwortlichen Auftraggeber allerdings sind es diese spezifischen Risiken, die durch eine externe Infrastruktur zusätzlich erzeugt werden und die letztlich vom verantwortlichen Auftraggeber zu steuern sind.

Der SDM-Würfel wird nachfolgend wieder konzentriert auf die Perspektive nur einer Verarbeitung. Nachfolgend wird der Würfel entlang von drei Teilkonstellationen, sozusagen

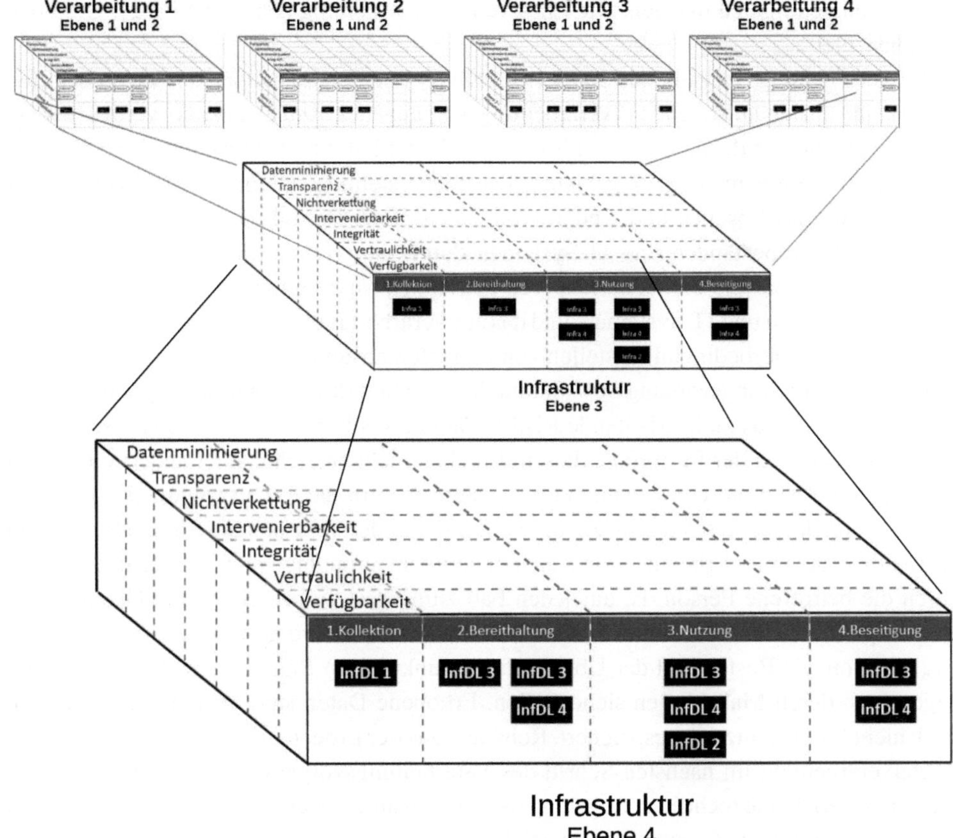

Abb. 8.4 Der SDM-Würfel, aufgefächert nach 4 unterschiedlichen Verarbeitungen unter Nutzung einer gemeinsamen hauseigenen Infrastruktur sowie zusätzlich eines externen Rechenzentrums

dessen „Flächen", vorgestellt. Durch die Sicht auf zunächst nur jeweils zwei herausgegriffene Dimensionen treten bislang weitere, in der Gesamtsicht noch nicht angesprochene, Aspekte hervor.

Verarbeitungsvorgänge und Gewährleistungsziele

Grundsätzlich gilt, dass für jeden Verarbeitungsvorgang immer alle Gewährleistungsziele heranzuziehen sind, um eine Analyse der zu bearbeitenden Risiken zu erzeugen, für die dann Maßnahmen zu treffen sind. Im Folgenden werden zur Veranschaulichung beispielhaft, in den nachfolgenden vier Absätzen (a) bis (d), nur die beiden Gewährleistungsziele der „Intervenierbarkeit" und der „Nichtverkettung" nur für die beiden Verarbeitungsvorgänge des „Sammelns" und der „Aufbewahrung" herangezogen, um die Systematik bei der Analyse der Risiken deutlich zu machen. Die Ebene einer Verarbeitung (Ebenen 1 bis 3) wird noch nicht beachtet.

Im Verarbeitungsvorgang des *Sammelns* erzeugt eine Organisation Rohdaten über eine Person; im später auftretenden Verarbeitungsvorgang des *Aufbewahrens* werden bereits genutzte Daten, mit denen die Organisation gearbeitet hat und wahrscheinlich noch arbeiten wird, weiterhin im Zugriff gehalten. Die Sicherstellung der *Intervenierbarkeit* stellt vor allem auf das Löschen und Ändern von Daten durch Betroffene und das Ändern von Prozessen, Datenbeständen und IT-Systemen durch die Organisationen ab, während die *Nichtverkettung* auf die Sicherstellung von getrennten Verarbeitungen mit ihren Datenbeständen, Prozessen und IT-Systemen, und das am Verarbeitungszweck orientierte, rechtliche und operative Unterbedingungenstellen von Zugriffen abstellt.

(a) Im Verarbeitungsvorgang des „Sammelns" erzeugt das Gewährleistungsziel der „Intervenierbarkeit" das zu bearbeitende Risiko, dass dieses Erheben möglicherweise stattgefunden hat und sich der Betroffene diesem Erheben nicht entziehen oder anders eingreifen konnte, weil er von diesem Vorgang nichts wusste. Sofern die Rechtsgrundlage vorhanden ist und ausreicht, ist dieses Risiko zu diesem Zeitpunkt der Verarbeitung für alle Beteiligten bearbeitbar. Bei einer Erhebung von Daten ohne Rechtsgrundlage oder bei der Intervention durch die betroffene Person, ist auf jeden Fall zumindest zu prüfen, ob die Daten unverzüglich gelöscht oder bei einem hohen Risiko vernichtet werden müssen. Dies muss die Organisation, als Bestandteil der Überwachungsfunktion im Rahmen des Datenschutzmanagements, durch Maßnahmen sicherstellen. Erhobene Daten sind, zumindest analytisch, noch nicht für die Nutzung gespeichert. Rohdaten aus der Erhebungsphase müssen, nach der Weiterverarbeitung im nächsten Schritt des Verarbeitungsvorgangs, in der Regel gelöscht werden, sofern keine rechtliche Regelung das Aufbewahren oder Archivieren von Rohdaten über den eigentlichen Zweck hinaus vorsieht.

(b) Im Verarbeitungsvorgang des „Aufbewahrens" erzeugt das Gewährleistungsziel „Intervenierbarkeit" das zu bearbeitende Risiko, dass eine Änderung oder Löschung von Daten nicht in angemessener Weise möglich ist, weil das Aufbewahren von Daten seitens der Organisation nicht hinreichend verwaltet wird und weder den Betroffenen noch der Organisation eine auch technische Unterstützung zum Eingreifen in die aufbewahrten Daten bereit stehen. Dazu zählt auch das Risiko, dass der Übergang in den nächsten Vorgang zu einer etwaigen Nutzung nicht hinreichend definiert ist, weshalb die aufbewahrten Daten zu löschen oder zu archivieren, d. h. aus der Produktion herauszunehmen oder an ein Archiv zu übermitteln sind.

(c) Im Verarbeitungsvorgang des „Sammelns" erzeugt das Gewährleistungsziel der „Nichtverkettung" das zu bearbeitende Risiko, dass der Prozess des Verarbeitungsvorgangs nicht eindeutig eingerichtet oder festgelegt ist; dass zweckungebundene Rohdaten im System entstehen bzw. vorhanden sind, die entweder beliebig lange gespeichert werden und/oder auf die, ohne eine Begrenzung des Zwecks oder ohne Erfassung durch das operative Datenschutzmanagement, für beliebige Zwecke bei unbeschränkter Nutzung zugegriffen werden kann. Die Anforderung der Nichtverkettung muss in der Erhebungsphase durch eine ganz enge „Filterstellung der Sensorik" umgesetzt werden – man denke z. B. an die zweckgemäß Gestaltung der Fragen eines Fragebogens (Prinzip: „need to know", nicht „nice-to-have") oder an die Beschränkung des Sichtfelds der Videokamera bei einer Videoüberwachung. Als Maßnahme ist zu veranlassen, dass grundsätzlich keine Rohdaten erhoben werden können, wenn deren Zweck nicht zuvor festgelegt wurde. Eine besondere Problemstellung kann dadurch entstehen, dass einer Organisation Daten aufgedrängt werden, bspw. ungefragt zugeschickte E-Mails, die besonders sensible Daten enthalten können. Diese Daten wurden nicht in einem aktiven Akt erhoben, befinden sich aber im Hoheitsbereich der Organisation; dafür muss die Organisation wieder Interventionsmaßnahmen vorgesehen haben, wie sie solche Daten, die jederzeit in beliebiger Komplexität eintreffen können, behandelt: Solche Daten können grundsätzlich gelöscht werden oder es muss eine grobe Sichtung der Daten erfolgen, die anschließend für eine festzulegende Zeit in einem sicheren Quarantänebereich gespeichert werden, solange mit einer Klärung zu rechnen ist, bevor sie dann genutzt oder vernichtet werden.

(d) Im Verarbeitungsvorgang des „Aufbewahrens" erzeugt das Gewährleistungsziel der „Nichtverkettung" das zu bearbeitende Risiko, dass auf diese Daten ohne Zweckbegrenzung durch nicht berechtigte Abteilungen zugegriffen werden kann. Wesentlich für die Phase der Aufbewahrung ist die Fähigkeit einer Organisation, über die Daten einer Person auch in der Zukunft verfügen zu können. Die Motive für übergriffige Zugriffe entstehen, wenn unterschiedliche Verarbeitungszwecke dann doch „zu nah" bei einander sind und sich eine Aufhebung der Zweckbindung zwecks Nutzenmaximierung aufdrängt. Man kann mit dieser Risikoperspektive auch das Problem aufgreifen, dass Daten entweder zu kurz oder zu lang aufbewahrt werden, gemessen an der Erforderlichkeit. Zu kurz kann z. B. ein Problem im Zusammenhang mit Protokolldaten sein, aus denen möglicherweise hervorginge, dass die Verarbeitung durch die Organisation nicht DSGVO-konform erfolgte. Oftmals sind Organisationen gerade bei Protokollen bestrebt, schnell und vollständig zu löschen. Der andere Fall, dass zu lange aufbewahrt wird, gilt für den Datenschutz als besonders typisch, weil keine oder zu lange Fristen für das Löschen bspw. von Stammdaten gesetzt wurden. Hier sind somit die Regeln auch für das nachfolgende Archivieren oder Löschen und/oder das Verändern der aufbewahrten Daten festzulegen. Wer muss diese Zugriffe an den aufbewahrten Daten unter welchen Voraussetzungen auslösen? Sicher sind Mitarbeiter*innen innerhalb der Organisation dazu befugt, aber wie steht es um betroffene Personen?

Zusätzlich zur Analyse der einzelnen Vorgänge muss die Verarbeitungsreihe am Ende als Ganze analysiert werden, da sich besondere Risiken aus der Wechselwirkung einzelner Phasen oder dem Zusammenwirken aller Phasen ergeben können.

Zu beachten ist außerdem, dass bei einem „hohen Risiko" einer Verarbeitungstätigkeit dieses Risiko für jede Phase zu analysieren ist. In einigen Fällen lassen sich in unterschiedlichen Phasen unterschiedlich führende Gewährleistungsziele identifizieren. So ist es bspw. von überragender Bedeutung für die gesamte Verarbeitungstätigkeit, dass im Erhebungszusammenhang insbesondere Maßnahmen zur Sicherung der Integrität der erhobenen Daten getroffen werden. In Bezug auf Transparenz lässt sich feststellen, dass die Auskunftspflichten zwar auf alle Verarbeitungsvorgänge bezogen werden können, dass die DSGVO aber insbesondere auf Auskünfte in Bezug auf die Erhebungsphase abstellt (Artt. 13, 14 DSGVO).

Aus einer solchen Risikoanalyse zunächst auf der fachlich-logischen Ebene der Verarbeitungsvorgänge lassen sich dann die funktionalen Anforderungen an die darunter liegende Ebene der Gestaltung der Sachbearbeitung und des verwendeten Fachprogramms sowie an alle weiteren noch zum Einsatz kommenden Komponenten der IT-Infrastruktur stellen.

Verarbeitungsvorgänge und Ebenen der IT-Nutzung

Eine angemessene Risikomodellierung muss die Möglichkeit berücksichtigen, dass Risiken auf der Verarbeitungsebene mit Risiken auf den Ebenen der verwendeten IT-Komponenten punktuell und strukturell verstärkend zusammenwirken können. Jedem Verarbeitungsvorgang lassen sich spezifisch geplante oder eingesetzte Betriebsmittel zuordnen. Auf diese Weise werden Pfade sichtbar, auf denen vererbbare oder emergierende Risiken sich „fortpflanzen" (propagieren), während andere Risiken durch Blocken verringert oder im Gegenteil durch Teilung vermehrt werden.

Als Beispiel: Die Datenerhebung für eine Corona-Kontaktnachverfolgung wurde sowohl mit Papier und Stift als auch mit einem Smartphone realisiert. Entsprechend unterschiedlich war die Aufbereitung der Daten im Gesundheitsamt, während die Nutzung der unterschiedlich erhobenen Daten oder eine etwaig anstehende Übermittlung an eine andere Organisation in beiden Fällen die gleiche sein kann. Beim Löschen ist darauf zu achten, dass das Medium Papier (Löschen auf Papier entspräche einem Ausradieren oder zumindest „Weißübermalen") durch einen Schredder vernichtet, die erzeugten Dateien oder Datenbankeinträge durch eine automatisierte Routine gelöscht werden müssen sowie ein Prozess auch der Vernichtung des digitmalen Mediums nach einer gewissen Zeit sichergestellt ist. Das Löschen von Dateien zieht eine weitergehende Analyse bzgl. des Betriebssystems oder der Hardware und der IT-Infrastrukturen eines Rechenzentrums nach sich.

Komponenten und Gewährleistungsziele

Verschiedene Komponenten, die im Kontext der Verarbeitungtätigkeit genutzt werden, erzeugen im Durchgang durch die sieben Gewährleistungsziele u. a. IT-Komponenten- bzw. betriebsmittelspezifische Risiken, für die IT-Komponenten-spezifische TOM zu treffen sind.

IT-Sicherheit und operativer Datenschutz können hier zusammenwirken. Die Gewährleistungsziele formulieren Anforderungen an alle eingesetzten, auch sicherheitstechnischen Komponenten, die die Komponenten erfüllen müssen in Bezug auf Sicherstellung der Verfügbarkeit, insbesondere der TOM; in Bezug auf die stetige Prüfbarkeit, ob alle Anforderungen spezifikationsgemäß funktionieren; in Bezug auf die Konfigurierbarkeit im Hinblick auf die Umsetzung aller Anforderungen; in Bezug auf die Sicherung der Vertraulichkeit sowie in Bezug auf die Umsetzung der Zweckbindung durch spezifische Konfigurationen, die anschließend nur mit hohem Aufwand und kontrolliert änderbar sind.

Zu beachten sind insbesondere Risiken für die Transparenz und Intervenierbarkeit auf der Ebene der Betriebsmittel, wenn diese von einem Auftragsverarbeiter in Form externalisierter Dienste (typisch: Cloud) bereitgestellt werden. Längere und weitverzweigte Auftragsverarbeitungsketten können zu längeren Bearbeitungszeiten bei Sicherheitsvorfällen oder der Beantwortung von Informationsanfragen führen.

Regelungsbedarfe erkennen
Der SDM-Würfel gestattet nicht nur die Bestimmung risikenmindernder Maßnahmen, sondern auch die Identifikation rechtlicher Regulierungsbedarfe.

Auf der X-Achse des SDM-Würfels sind die funktional verketteten Phasen bzw. Vorgänge aufgetragen, mit denen die materiellrechtlichen Regelungsbedarfe erkennbar werden (siehe a)). So sind die Rechtsgrundlagen beim Erheben personenbezogener Daten andere als bei der Übermittlung der Daten oder beim Löschen/Aufbewahren von Daten.

Auf der Y-Achse ermöglichen die Ebenen die Identifkation der regelungsbedürftigen Rechte und Pflichten in den Beziehungen des Verantwortlichen zu den Mitarbeiter*innen, zu den Kund*innen und Bürger*innen sowie zu den beteiligten Akteuren wie Herstellern von Fachapplikationen, Dienstleistern/Auftragsverarbeitern, aber auch Aufsichtsbehörden (siehe b)).

Und die in der Z-Achse aufgefächerten Gewährleistungsziele ermöglichen die Identifikation der datenschutzrechtlich regelungsbedürftigen Risiken und Inhalte einer Verarbeitung; die nach Phasen und Ebenen mit den beteiligten Akteuren zu differenzieren sind (siehe c)).

Die Nutzung des SDM-Würfels hilft bei der Orientierung, alle Regelungsbedarfe gemäß DSGVO zu identifizieren. Die konkrete Formulierung passender rechtlicher Regelungen bleibt dabei selbstverständlich weiterhin dem juristischen Sachverstand vorbehalten. Allerdings ist damit zu rechnen, dass im Zuge der Standardisierung von Datenschutzprüfungen durch das SDM auch die rechtlichen Regelungen standardisiert werden, parallel zu den technischen Standardmaßnahmen.

a) Jede der vier Phasen einer Verarbeitung steht für eine andere Form der Bearbeitung von Daten, die entsprechend von der Rechtsgrundlage aufgegriffen werden bzw. gedeckt sein muss. Für die Phase 1 muss geregelt sein, auf welcher Rechtsgrundlage die (Roh-)Daten erhoben werden, etwa mit einem entsprechenden Verweis auf die Regelungen der DSGVO, ob es sich bspw. um eine Direkterhebung bei Betroffenen, eine Erhebung bei Dritten oder um eine Übernahme von Daten aus einer anderen Verarbeitung handelt. Gemäß Phase 2 ist die Organisation und Speicherung der Daten regelungsbedürftig, insbesondere wenn Daten mit einem hohen Risiko für Betroffene bei einem externen Dienstleister gespeichert werden sollen. Für die Phase 3 muss die zweckgemäße Nutzung und ggfs. die Übermittlung von Daten an bzw. der Abruf von Daten durch Dritte rechtlich geregelt werden. Und die Phase 4 verlangt die Umstände des Löschens von Daten zu regeln und die Informations- und Aufbewahrungspflichten zu sondieren. So müssen typischerweise Löschfristen gesetzt werden und es muss geregelt sein, welche Daten bspw. stattdessen zu archivieren oder an eine Statistikstelle bspw. anonymisiert weiterzuleiten zu sind.

b) Auf der Ebene 1 liegt die Modellierung der Verarbeitung dokumentiert vor, in einer einfachen Variante handelt es sich dabei um Prosatext. In einer professionellen Variante sind zusätzlich die Datenflüsse bspw. in der Form von swimlanes und/oder in einer Prozess-Modellierungsnotation, bspw. als Sequenz der Unified Modelling Language (UML) oder mit der Business Process Modeling Language (BPML) dargestellt. Diese Darstellungen sorgen dafür, dass die Phasen und rechtlich vor allem die relevanten Akteure mit ihren zu definierenden Zuständigkeiten, Rechten und Pflichten, Teil-Verantwortlichkeiten und Zuständigkeiten bzgl. der Verarbeitung der Daten aufgeführt sind. Typische Akteure sind IT-Architekt*innen, die funktionalen Aspekte einer Verarbeitung entsprechend der funktionalen Zweckbeschreibung planen. Hinzu kommen mindestens Jurist*innen, Betriebswirt*innen, Datenschutzbeauftragte, IT-Sicherheitsbeauftragte, QM-Beauftragte, die aus ihren Aufgabenstellungen heraus spezifischen Einfluss auf das Design der Abläufe und die Inhalte nehmen (müssen) und zumeist spezifisch festzulegende Regelungsbedarfe anmelden. So würde eine Juristin darauf bestehen, dass aufgrund von Art. 25 DSGVO dataprotection-by-design zu berücksichtigen sei und die Verarbeitung bereits qua IT-Architektur nur datenschutzkonform betreibbar ist.

Datenschutzrechtlich relevant ist bei der Beschreibung der Verarbeitung eine möglichst enge Festlegung des Zwecks und die Minimierung der Daten und Mittel der Verarbeitung, die allesamt einen limitierenden Einfluss auf die Erforderlichkeiten bei der Erhebung der Daten, der Funktionen (und damit der IT-Komponenten) der Verarbeitungen und den Übermittlungen/Abrufen von Daten der Verarbeitung nach dem Prinzip „need-to-know" haben. Eine enge Zweckdefinition erleichtert die rechtliche Feststellung der Legitimität bzw. die Erstellung der Rechtsgrundlagen für die Verarbeitung sowie das Festlegen von Regelungen, um faktische Zweckdehnungen oder Zwecküberschreitungen zu vermeiden.

Die Ebene 2 repräsentiert die konkrete Implementation der Verarbeitung mittels Hardware- und Software-Komponenten („Fachverfahren") und der Sachbearbeitung durch Personen. Diese Ebene muss die rechtlichen Anforderungen an die Verarbeitung der einzelnen Akteure, die auf Ebene 1 formuliert wurden, mittels konkreten Regeln und Sollwerten erfüllen. Hier entscheidet sich, welche Formen von Regelwerk (Gesetze, Vereinbarungen) angemesen ist. Wenn bspw. ein Landesministerium eine landesweite Verarbeitung, die von Kommunen durchgeführt werden soll, aufsetzt, dann muss das Ministerium einerseits die Erstellung der gesetzlichen Grundlagen durch das Parlament ingangsetzen und andererseits für die ausführende Seite der Kommunen möglichst konkrete Vorgaben und Regeln in Verordnungen und Ausführungsbestimmungen oder auch Standardverträgen für das Betreiben der IT-Komponenten durch IT-Dienstleister erarbeiten. Die Anforderungen an die Mitarbeiter*innen, bspw. deren Verpflichtung auf Verschwiegenheit, die oftmals auch über das Arbeitsvertragverhältnis hinaus gelten soll, sollten arbeitsvertraglich geregelt werden; ebenso das Ausmaß der erforderlichen Verhaltenskontrolle von Beschäftigten insbesondere anhand von Protokolldaten (vgl. Schmitt 2021).

Die Ebene 3 steht für all diejenigen Vorgänge einer implementierten Verarbeitung, die von Auftragsverarbeitern, also zumeist IT-Dienstleistern, übernommen wird (vgl. Art. 28

DSGVO, vgl. DSK 2018a). Ein Clouddienstleistler stellt bspw. Speicherplatz (für Phase 2, siehe oben) bereit, während die Berechnungen der Fachlichkeit (Phase 3) auf den Clients in den Räumen des Verantwortlichen durchgeführt werden. Andere IT-Dienstleister stellen gleich die gesamte Funktionalitäten einer Verarbeitung mit den Verarbeitungsvorgängen 1 bis 4 bereit, so dass die Sachbearbeitung nur einen Client-PC mit Webbrowser nutzt. Im Falle der Auftragsverarbeitung wäre zu regeln wesentlich, welche Zugriffsrechte der Verantwortliche beim Dienstleister – vom Betreten der Örtlichkeiten über Eigenschaften der Hardware und Software bis zur Definition der Inhalte von Protokoll- bzw. Logdaten – beanspruchen muss, um seiner Verantwortung mit den Rechenschaftspflichten nach Art. 5 Nr. 2 DSGVO für die Verarbeitung auch beim Dienstleister faktisch/sachlich nachkommen zu können. Zu regeln ist auch, welche Aktivitäten aufgrund von Mängelfeststellungen erfolgen.

Bei einer „gemeinsamen Verarbeitung" (vgl. Art. 26 DSGVO, vgl. DSK 2018b) wären die speziellen Rechte und Pflichten beider Verantwortlicher gegenüber den Betroffenen zu regeln. Im öffentlichen Bereich eines Bundeslandes ist eine typische Regelung, dass das Land die Infrastruktur (Ebene 3) verantwortlich betreibt, während die Kommunen für die Inhalte der Sachbearbeitung (Ebene 2) verantwortlich sind. Die beiden Verantwortlichen können in den verschiedenen Verarbeitungsphasen in unterschiedlichem Maße aktiv sein, so dass die unterschiedlichen Grade der Verantwortlichkeit rechtlich festgelegt werden sollten. Besonderen Wert sollte bei einer derart komplizierten Konstellation auf verständliche Ausführungen zu den Betroffenenrechten (vgl. Art. 12 DSGVO) gelegt werden: An wen der beiden Verantwortlichen sollen sich Betroffene bevorzugt wenden? Grundsätzlich haben die Betroffene die freie Wahl.

c) Die Verfügbarkeit als Risikokriterium stellt auf die Sicherung der zugesagten Leistung einer Verarbeitung ab. Die Integrität von Daten, IT-Systemen und Verarbeitungsvorgängen verlangt, dass diese aktuell gehalten und insgesamt korrekt sind. Eine gesicherte Vertraulichkeit verlangt den Schutz von Daten, IT-Systemen und Verarbeitungsvorgängen vor unbefugtem Zugriff. Die Nichtverkettung und Datenminimierung verlangen Schutz vor einem zweckungebundenen Gebrauch von Daten, IT-Systemen und Verarbeitungsvorgängen. Intervenierbarkeit verlangt wiederum eine im Prinzip jederzeit mögliche Änderbarkeit von Daten, IT-Systemen und Verarbeitungsvorgängen. Und die Transparenz verlangt die Prüfbarkeit von all dem als Voraussetzung für die rechtliche Beurteilbarkeit der Verarbeitungspraxis einer Organisation insgesamt. Dadurch, dass das SDM jedem der genannten Grundsätze bzw. Ziele Standardmaßnahmen zur Risikobearbeitung zuweist, können im Regelwerk konkret Maßnahmen ausgewiesen und vereinbart werden.

Auf Transparenz wird in der DSGVO sehr viel Wert gelegt. Neben der prominenten Stellung in Art. 5 sind im Bereich der Betroffenenrechte vor allem Artt. 13, 14, 15, 19 zu nennen, darüber hinaus die Anforderungen der Art. 25, 30, 32, 33, 40 und 42 an Verantwortliche. Zur Umsetzung dieses Schutzziels sollten im Regelwerk Details zu den Inhalten der Protokolle bzgl. der Inhalte der Verarbeitungen auf Seiten der Verantwortlichen enthalten sein, mit denen die Wirksamkeit der Maßnahmen zur Umsetzung der Anforderungen für die Vergangenheit technisch prüfbar bzw. rechtlich nachweisbar wird. Zu regeln ist in diesem Zusammenhang die Protokollierung der Aktivitäten von Sachbearbeiter*innen und Administrator*innen, zu welchen Zwecken (also: im Rahmen welcher Verarbeitungen) der Zugriff auf diese personenbezogenen Protokolldaten erfolgen muss oder darf und durch wen, bspw. im Rahmen der Fachaufsicht, des Datenschutz-Managements oder bei Datenschutzvorfällen. Weil anhand von Protokolldatenauswertungen etwaige Mängel und Verfehlungen des Infrastruktur-Dienstleisters feststellbar sein können, müssen beim Dienstleister besondere Maßnahmen zur Sicherung des Zugriffs, der Vertraulichkeit, der Integrität und der Zweckbindung der durch ihn erstellten Protokollierungsdaten vereinbart werden. Dies gilt insbesondere dann, wenn die getroffenen technischen Maßnahmen zur Verhinderung von grundsätzlich unbefugten Zugriffen auf Inhalts-, Konfigurations- oder Protokolldaten nicht ausreichen.

Das Gewährleistungsziel der Verfügbarkeit nimmt insbesondere die Anforderungen von Artt. 5, 13, 15, 20 DSGVO auf. Auch wenn die Sicherung der Verfügbarkeit ohnehin im Interesse des Verantwortlichen liegt, sollte darauf geachtet werden, dass die Zusicherung der Verfügbarkeit einer Verarbeitung geregelt ist, insbesondere wenn sie mit nützlichen Serviceleistungen oder Beschwerdemöglichkeiten für Betroffene einhergeht. Hier müssen Regelungen für Backups und Vertretung (Arbeitsvertrag, Geschäftsverteilungsplan) getroffen werden.

Die Sicherung der Integrität einer Verarbeitung, die insbesondere in den Artt. 5, 25, 32 und 33 DSGVO gefordert wird, stellt zum einen darauf ab, dass durch eine Authentisierung/Autorisierung nur gesichert befugte, adressierbare Entitäten – das können Menschen, Computer oder auch andere Verarbeitungen und Organisationen sein – Zugriff auf die Verarbeitung mit ihren Komponenten haben. Im zugehörigen Regelwerk sollte entsprechend eine abschließende Liste dieser Entitäten aufgeführt sein. Ein anderer Aspekt betrifft die Qualität von Daten und IT-Systemen, wonach diese aktuell, korrekt und vollständig zu halten sind, mit entsprechenden Regeln für Prozesse, die das sicherstellen. Eine typische programmtechnisch-risikenmindernde Maßnahme zur Sicherstellung von korrekten Absendern und Adressaten sowie von Dateiinhalten sind die auf Hashwertvergleiche basierenden Zertifikate. Hier wären Details zur Nutzung einer bestimmten Public-Key-Infrastrucure (PKI) sowie zum Umgang mit Schlüsseln und Authentizitätsnachweisen durch Mitarbeiter*innen festzulegen.

Die Sicherung der Vertraulichkeit sind Anforderungen aus den Artt. 5, 25, 28, 29 und 32 DSGVO, die bei einer Verarbeitung typischerweise durch Verschlüsselung, sei es von Datenbeständen oder Kommunikationsverbindungen, umsetzbar ist. Bei einer Ende-zu-Ende-Verschlüsselung wäre zu regeln, welche Entitäten als Enden fungieren sollen, ob bspw. die Organisation insgesamt, ob die Fachabteilung oder die Mitarbeiter*innen der Fachabteilung. Vielfach muss darüberhinaus geregelt werden, dass bestimmte Inhalte nicht per Mail oder Fax oder über einen Kurznachrichtendienst kommuniziert werden dürfen. Typischerweise müssen besondere Vertraulichkeitsvereinbarungen für die Sachbearbeitung oder beim Auftragsverarbeiter geschlossen werden, die sogar das Ausscheiden aus der Organisation überdauern können. So sind, insbesondere bei einem hohen Risiko, Administrator*innen grundsätzlich nicht befugt, auf Inhalte von Dateien, Mails oder Datenbankinhalten Zugriff zu nehmen. Der Zugang der Administratoren zu Fachapplikationen und Servern sollte immer explizit geregelt werden, unabdingbar insbesondere dann, wenn keine technischen Maßnahmen zur lückenlosen Vertraulichkeitssicherung installiert werden können. Wie bei der Sicherung der Integrität sind Details zu PKI und Umgang mit Schlüsseln und Passworten festzulegen; inkl. einer Liste der zu nutzenden Technologien im Regelwerk.

Die Sicherung der Nichtverkettung nimmt Anforderungen der Artt. 5, 17, 22, 25 und 40 DSGVO auf. Die wesentliche Maßnahme zur Durchsetzung ist eine architektonisch durchgesetzte Trennung von Datenbeständen, IT-Komponenten, Prozessen bzw. generell die Trennung unterschiedlicher Verarbeitungen („Dataprotection-By-Design" Art. 25 DSGVO). Hier sind die rechtlichen Voraussetzungen und konkreten Bedingungen festzulegen, unter denen Daten zu anderen Zwecken genutzt bzw. Daten zwischen unterschiedlichen Verarbeitungen abgerufen werden dürfen. Im Rollen- und Berechtigungskonzept sind die Zuständigkeiten und Regeln festzulegen, unter denen befugt auf Daten, IT-Systeme und Verarbeitungen zugegriffen werden darf; diese Regelungen strahlen bis in die Arbeits- und Dienstleistungsverträge sowie Geschäftsverteilungspläne hinein. Auch Regeln für das Pseudonymisieren und Anonymisieren sind festzulegen.

Die Sicherung der Datenminimierung, die in den Artt. 5, 25 und 32 DSGVO angesprochen wird, ist in einem besonderen Maße auf normative Festlegungen und Regeln angewiesen, um Schutz für Betroffene zu erzeugen. Sie verlangt ein verständiges Durchgehen aller in der Verarbeitung bezogenen oder erzeugten Daten sowie von geplanten Datensätzen bzw. Datenbank-Feldern nach der „need-to-know"-Regel. Unter dieses Schutzziel fällt auch die Beurteilung, ob die Inbetriebnahme der Verarbeitung ganz generell gerechtfertigt werden kann.

Die Sicherung der Intervenierbarkeit dient insbesondere der Umsetzung der Betroffenenrechte (Art. 5, 13 bis 22, 25, 32 DSGVO). Beim Durchgang durch die Anforderungen dieser Artikel finden sich eine ganze Reihe von Anlässen für konkrete Regelungen insbesondere mit IT-Dienstleistern. Außerdem müssen Regelungen im Kontext des Changemanagements festgelegt werden, wie mit Störungen, Problemen und Änderungsbedarfen umzugehen ist. Dies können konkret Änderungen von Gesetzen, Marktsituationen, Verfahrensweisen, Techniken sein. Oder es bezieht sich auf Interventionen bspw. von Aufsichts- und Sicherheitsbehörden. So kann die Polizei vor der Tür stehen und die Herausgabe von Daten verlangen: Wer ist zu beteiligen und was ist dann zu tun?

8.2 Eine Verarbeitung prüfen

Der Zweck einer *Datenschutzprüfung* besteht zumeist darin, die Rechtskonformität einer, in der Regel bereits in Betrieb genommenen, Verarbeitung in ihrer Gesamtheit zu beurteilen.

Der Zweck einer *datenschutzrechtlichen Prüfung* einer Verarbeitung kann Unterschiedliches umfassen. Eine Prüfung kann sehr eingeschränkt nur darin bestehen, die

Rechtsgrundlagen für eine Verarbeitung zu beurteilen. Oder eine Prüfung kann darin bestehen, nur die datenschutzrelevanten Eigenschaften einer einzige IT-Komponente etwa auf Ebene 2 im Vorgang der Übermittlung zu analysieren und diese dann im Kontext der gesamten Verarbeitung mit all ihren weiteren Komponenten und Diensten zu beurteilen. Wenn eine solche Komponente nicht DSGVO-konform betrieben und überwacht wird, kann sie die Rechtskonformität der gesamten Verarbeitung „runterreißen". Und selbstverständlich kann eine Prüfung die gesamte Verarbeitung mit allen darin verwendeten Komponenten (Daten, IT-Systeme und Prozesse) sowie die dafür installierten Schutzmaßnahmen umfassen. Ein Verantwortlicher kann, in diesem Licht betrachtet, bspw. von einer Datenschutzaufsichtsbehörde die Auskunft darüber verlangen, worin genau der Schwerpunkt einer angekündigten Datenschutzprüfung liegen wird. Wünschenswert wäre insofern auch eine Standardisierung der Kommunikation bzgl. Prüfgegenständen, sie wäre auf der Grundlage des SDM-Würfels durchaus präzise möglich. Nachfolgend geht es um eine die gesamte Verarbeitung umfassende Datenschutzprüfung.

Oftmals steht ein/e Datenschutzbeauftragte/r vor dem Problem, dass sich die Organisation überraschend etwas Neues ausgedacht hat, und der/die DSB dann eher nebenläufig die „Gelegenheit bekommt", „auf die Schnelle etwas dazu zu sagen", also zu prüfen. Eine solche wohl immer noch anzutreffende Praxis der „Notbeteiligung" verstößt gegen Form und Inhalt der Artikel 38 und 39 DSGVO, in denen die „Stellung" und die „Aufgaben" der/des DSB geregelt sind. Der/die DSB ist in der Regel mit einem Prüfauftrag zu beteiligen – das ist mehr als nur „etwas dazu zu sagen" –, für den seitens des Verantwortlichen Ressourcen – und das heißt konventionell auch beim operativen Datenschutz: Zeit, Know-how, Geld bzw. Personal – bereitgestellt werden müssen. Forderungen des/der DSB sind keine „Wünsche", und dessen Urteile keine „bloße Meinungen".

Die/der DSB kann und sollte gegen eine nachlässige Beteiligung formal – in Form einer Aktennotiz – protestieren. Und er oder sie sollte darüberhinaus in der Lage sein, auf die Schnelle, und deshalb unter Vorbehalt, schon einmal eine materiell gehaltvolle *Erstbeurteilung* nach einem ersten Kontrolldurchlauf abzugeben. Mit einem standardisierten Ablauf ist die Durchführung eines schnellen Kontrolldurchlaufs möglich, wenn man die Kontrollfragen auf oberflächliche Sichtungen mit ja/nein-Entscheidungen beschränkt:

1. *Beschreibung der Verarbeitung* auf der fachlich-logischen Ebene, inkl. Beschreibung des Zwecks: Liegt diese vor? Wenn nicht, liegt ein Verstoß gegen Art. 30 DSGVO vor.
2. *Rechtsgrundlage:* Liegt eine Rechtsgrundlage für die Verarbeitung sowie eine Ermächtigung zur Verarbeitung vor? Wenn nicht, ist das ein Verstoß nach Art. 6 DSGVO.
3. *Dokumentation* der Verarbeitung: Liegt sie in einer prüffähigen Auflösung vor (denken Sie dabei an die Dimensionen des SDM-Würfels)? Wenn nicht, handelt es sich um einen eklatanten Verstoß nach Art. 5 Abs. 1 DSGVO.
4. *Schwellwertanalyse:* Liegt sie vor? Wenn die Risikostufe „hoch" ausgewiesen ist: Liegt der DSFA-Bericht vor? Wenn nicht, ist dies ein Verstoß zumindest gegen Art. 24 und Art. 35 DSGVO.

5. Liegt eine *Stellungnahme des/der ISB* bzgl. der Maßnahmen der IT-Sicherheit vor? Wenn nicht, liegt ein Verstoß gegen Art. 32 DSGVO vor.

6. Liegt eine *funktionale Spezifikation des Fachprogramms* und der zum Einsatz kommenden IT-Infrastruktur vor?

7. Einbindung *externer Arbeitsplätze* (mobil, Home Office): Sind diese vorgesehen und welche Absicherungen stehen zur Verfügung? Dürfen Akten „draußen" verarbeitet werden? Gibt es Einschränkungen, ggfs. sind Absicherungen vorgesehen?

8. Beschreibung von *TOM* zur Erfüllung der Anforderungen insbesondere aus Art. 5 DSGVO (denken Sie an die Gewährleistungsziele) sowie der Betroffenenrechte von Art. 12 bis 22 sowie Art. 32. Folgende Standardfragen lassen sich auf die Schnelle immer stellen: Sind Zugriffsrechte auf die Daten im Berechtigungskonzept vorgesehen? Werden Aktivitäten der TOM protokolliert? Wird das Problem der Mandantentrennung gesehen? Wird das Problem des Vertraulichkeitsschutzes bzgl. Administrator*innen thematisiert? Ist vorgesehen, die Daten zu pseudonymisieren oder zu anonymisieren? Werden die Auskunftsrechte bspw. nach Art. 15 angesprochen? Wird das Problem des Einwilligungsmanagements, wonach Einwilligungen jederzeit zurückgezogen werden können, gesehen?

9. Bei *Auftragsverarbeitung* in einem Rechenzentrum: Ist dokumentiert, welcher Teil der Verarbeitung an den Dienstleister ausgelagert wird und wie die Kommunikationsverbindungen gesichert sind? Liegen die Verträge prüffähig vor? Wird der Auftragsverarbeiter angeleitet? Gibt es Hinweise an den Auftragsverarbeiter, dass er nichts ohne Anweisungen durchführen darf? Wenn hier nichts vorgelegt werden kann, liegt ein Verstoß gegen die Art. 26, 28, 29 vor.

10. Warum geschah die *Beteiligung* des/der DSB zu spät (mit Verweis auf Art. 38 Abs. 1)? Wie wird sichergestellt, dass das zukünftig besser läuft?

Bitte erinnern Sie sich an den Unterschied zwischen Kontrollieren und Prüfen: *Diese Prozessschritte abzuarbeiten, ist noch noch nicht als eine Prüfung zu beurteilen, sondern das ist zunächst nur eine Kontrolle!* Sie können anhand der Antworten (ja/nein) kontrollieren, ob wesentliche Anforderungen der DSGVO seitens des Verantwortlichen gesehen wurden und ob Prüffähigkeit von wesentlichen Eigenschaften der Verarbeitung herstellbar ist, weil die dafür wesentlichen Prüfobjekte vorliegen. Diese dann einsetzende, von Methodenkenntnissen getragene, Prüfung der Rechtsgrundlagen, der Beschreibungen und der Spezifikationen der Verarbeitung (ggfs. mit dem DSFA-Bericht) und am Ende der TOM inkl. des Controlings sowie die Erstellung eines rechtlichen Urteils zur gesamten Verarbeitung inkl. TOM beansprucht Zeit.

Wenn Sie in der Rolle des/der DSB agieren:

- Fordern Sie den Verantwortlichen auf, dass Sie, wann immer Sie als DSB beteiligt werden, die Dokumentationen zu den oben gestellten Fragen in dieser kontrollierbaren Form aufbereitet übermittelt bekommen. Andernfalls verweigern Sie die Bestätigung, dass Sie

überhaupt in einem hinreichenden Maße beteiligt wurden und dokumentieren das dann
auch so; das wäre ein dokumentierter Verstoß gegen Art. 38 Abs. 1 DSGVO. Teilen Sie
dem Verantwortlichen vor allem mit, was Sie von ihm erwarten.

- Wenn Sie mehr Ressourcen (Zeit, Geld, Personal, know-how) einfordern, sollten Sie dem
  Verantwortlichen ein Datenschutzkonzept vorlegen, in dem Sie die von Ihnen beabsich-
  tigten Aktivitäten darstellen. Viele Verantwortliche haben vollkommen falsche Vorstellungen davon, wie anspruchsvoll die Aufgaben eines/einer DSB geworden sind.

- Klären Sie den Verantwortlichen über den Unterschied zwischen einer bloßen *Datenschutzkontrolle* und einer *Datenschutzprüfung* auf. Bei Prüfungen muss häufig externe
  Expertise beigezogen sowie an Schulungen und Beratungen, bspw. zur DSGVO, zu
  Prozess-Frameworks wie ITIL oder CoBIT, zur Methodik wie dem SDM oder zur Durchführung einer DSFA teilgenommen werden. Am Ende muss eine *Datenschutzadministration,* mit der Deckung durch die Leitung, die in der Regel aufwändigen, teuren Maßnahmen durchsetzen. Das Durchsetzen fällt nicht der Rolle des/der DSB zu, die/der DSB
  muss vielmehr am Ende die Durchsetzung der Maßnahmen beurteilen und dies dem
  Verantwortlichen mitteilen.

Sie könnten den obigen Notfallplan nun zu einem Standardkontroll- und Standardprüfpro-
zess im Kontext des Datenschutzmanagements, angepasst auf die konkrete Situation Ihrer
Organisation, ausbauen.

Eine korrekt verlaufende Prüfung einer bereits in Betrieb genommenen Verarbeitung lässt
sich als Abfolge von Prozessschritten gestalten, an denen über zentrale Fragestellungen
entschieden werden muss (s. Abb. 8.5). Eine Prüfung sollte dabei in folgenden Schritten
erfolgen:

1. Zu Beginn einer Prüfung sollte mit dem/der für die Prüfung Verantwortlichen der *Prüfzweck* – z. B. die Feststellung der Rechtskonformität mit dem möglichen Ergebnis einer
   Sanktion oder Beratung – und die *Kontroll- oder Prüftiefe* – Ebene 1 bis 3 sowie der
   Umfang der Verarbeitungsvorgänge oder Phasen – abgeklärt werden. Vielfach bestimmen
   die datenschutzpolitische Bedeutung, der Kontroll- bzw. Prüfzweck und die *Prüfressour-
   cen* darüber, wie gründlich eine Kontrolle oder Prüfung erfolgen. Als DSB sind Sie befugt
   und zuständig, eigenständig Prüfzweck, Prüftiefe und auch die *Prüfmethode* festzulegen. Diese Festlegung des Kontroll- bzw. Prüfzwecks ist deshalb notwendig, um daraus
   eine Stoppregel zu formulieren, mit der eine Prüfung berechtigt beendet werden kann.
   Prüfungen können sich, aus ganz unterschiedlichen Gründen, sehr lange ziehen.

2. Werden *personenbeziehbare Daten* verarbeitet? Handelt es sich um eine natürliche
   Person? Handelt es sich um eine Organisation-Person-Konstellation mit struktureller
   Machtasymmetrie? Befindet sich der Verantwortliche im *Geltungsbereich der DSGVO?*
   Wenn ja, muss die DGVO angewandt werden.

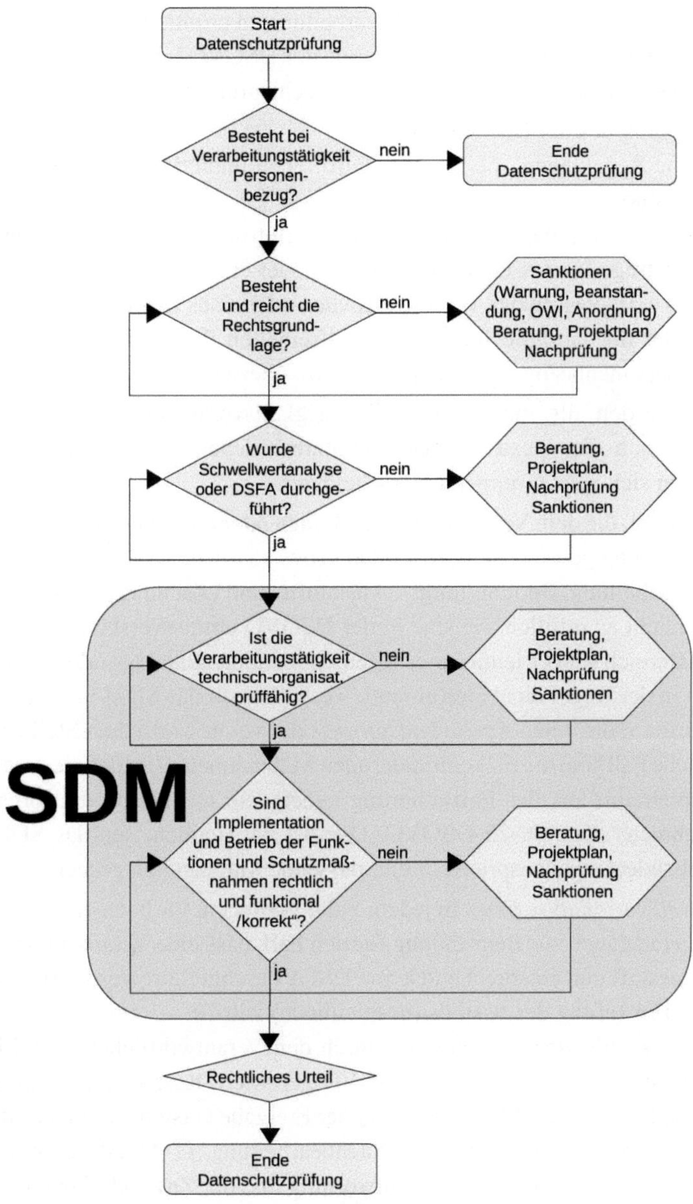

Abb. 8.5 Ein Prüf-(und Beratungs)ablauf mit Geltungsbereich des SDM

3. Dann ist die *Rechtsgrundlage* für die Verarbeitung zu ermitteln. Ohne die Klärung dieser Frage können die Rechtsfolgen, die sich aus der DSGVO und aus bereichsspezifischem Recht ergeben, nicht bestimmt werden. Als Rechtsgrundlagen kommen u. a. in Betracht:
   - Einwilligung des/der Betroffenen,
   - rechtliche Regelungen, die für den Betroffenen und/oder den Verantwortlichen verbindlich sind,
   - vertragliche Vereinbarungen zwischen dem Betroffenen und dem Verantwortlichen,
   - lebenswichtige Interessen des Betroffenen oder eines Dritten,
   - berechtigte Interessen des Verantwortlichen oder eines Dritten, sofern nicht die Interessen oder die Grundrechte und Grundfreiheiten der betroffenen Person, die den Schutz personenbezogener Daten erfordern, überwiegen.

4. Zusätzlich zu den allgemeingültigen Zulässigkeitsvoraussetzungen sind vom Verantwortlichen auch die speziellen datenschutzrechtlichen Anforderungen zu beachten. Dabei lassen sich zwei Gruppen unterscheiden:
   - Vorschriften, die dem Verantwortlichen *keinen oder nur einen geringen Spielraum* bei ihrer Erfüllung gewähren. Dazu zählen bspw. schriftliche Verträge bei der Auftragsdatenverarbeitung, Berichtigungs-, Auskunfts- und Löschungsverpflichtungen. Diese sind schlicht zu erfüllen, sie sind in der DSGVO unmissverständlich formuliert. Für diesen Bereich sind Orientierungshilfen, Maßnahmenkataloge oder sonstige Empfehlungen in der Regel nicht zielführend, weshalb auch das SDM hier nichts vorsieht.
   - Vorschriften, die einen *Abwägungsprozess* der verantwortlichen Stelle zulassen. Der klassische Fall sind die risikenmindernden Maßnahmen. Hier definiert sich der Gestaltungsspielraum aus der Formulierung „geeignete technische und organisatorische Maßnahmen" des Art. 25 DSGVO. Dies ist der Bereich, den das SDM weitestgehend abzudecken beansprucht, wenn passende Maßnahmen gesucht werden.

5. Eine *Schwellwertanalyse* muss in jedem Falle vorliegen, für hoch-riskante Verarbeitungen aber gerade auch zur Begründung für den Fall, dass eine Verarbeitung auf normales Risiko eingestuft und entsprechend keine DSFA durchgeführt wurde. Hierbei ist zu prüfen, ob die Einstufung des Risikos (normal/hoch) zutrifft.

6. Liegt eine *Freigabe der Verarbeitung* durch den Verantwortlichen vor? Eine Freigabe ist zwar im Wortlaut nicht von der DSGVO gefordert, lässt sich aber mit der Rechenschaftspflicht begründen. Mit diesem Akt der Freigabe entsteht erstmals auf allen Seiten (Verantwortlicher, Abteilungsleitung, Sachbearbeitung, IT-Abteilung) ein Bewusstsein für die eindeutige Verortung der Verantwortung und der Zuständigkeiten.

7. Anhand der vorgelegten Dokumente (inkl. Spezifikation, Protokolle/Logs) ist zu kontrollieren, ob grundsätzlich eine vollständige Prüfbarkeit der Datenbestände, IT-Systeme und Prozesse in der vorgesehenen Kontroll- oder Prüftiefe gegeben ist. Typischerweise ist die beigebrachte Dokumentation nicht vollständig und muss nachgefordert werden, auch weil die handelnden Personen die Prüftiefe und den Prüfumfang nicht im Vorhinein wissen können. Aus dem Prüfprozess heraus entstehen außerdem typischerweise weitere Fragen. Wenn Dokumentation nicht beigebracht werden kann, verstößt das gegen

das Transparenzgebot nach Art. 5 Abs. 1 und Rechenschaftspflicht nach Abs. 2. Bei der Erzeugung von Prüfbarkeit durch Dokumentation lassen sich drei Gruppen unterscheiden:

- Dokumentation, die *definitiv beigebracht* werden kann. Dies betrifft sämtliche Vertragsunterlagen, Datenbestände, IT-Komponenten und Prozesse innerhalb der unmittelbaren Organisationshoheit. Wenn hier Dokumentation nicht beigebracht wird, muss das eine Korrekturaktivität auslösen.
- Dokumentation, die *grundsätzlich beigebracht* werden kann und rechtlich beigebracht werden muss. Dies betrifft sämtliche Vertragsunterlagen, Datenbestände, IT-Komponenten und Prozesse aus dem Kontext des Auftragverarbeiters. Wenn hier Dokumentation nicht beigebracht wird, ist die Schwere der Intransparenz zu prüfen. Vielfach ist eine (zumindest marktgängige) Zertifizierung einzufordern zur Kompensation für das, was real nur mit einem enormen Aufwand geprüft werden könnte.
- Dokumentation, die nur *fiktiv beigebracht* werden könnte, weil der Aufwand außerordentlich hoch wäre. Dies betrifft die Dokumentation der Hardware und Software (Einsicht in Quellcode) externer Hersteller, aber tatsächlich auch OpenSource. Hier können dann stellvertretend Zertifikate, Zusicherungen seitens der Hersteller und eben Fiktionen (Open Source „könnte geprüft werden, andere werden wohl geprüft haben") eine Rolle spielen.

8. Dokumentation ist kein Selbstzweck, sondern hat eine dienende Funktion: Anhand der Dokumentation, die die Soll-Werte und idealerweise auch Anweisungen zur Erzeugung der Ist-Werte enthält, *können vor Ort an den Gerätschaften* die Gegebenheiten der Datenspeicherungen, der Funktionen der IT-Systeme und der Prozesse entsprechend Prüfzweck und Prüftiefe geprüft werden. Hierbei sind aus Datenschutzsicht insbesondere die tatsächliche Wirksamkeit der risikenmindernden Maßnahmen mit Hilfe des SDM prüfbar.

9. Die Prüfergebnisse bzgl. der Funktionen müssen *rechtlich beurteilt* und die Rechtsfolgen ausgesprochen werden.

Eine strikte Prüfung würde am Ende lediglich zu einer rechtlichen Beurteilungen der Prüfergebnisse anhand der DSGVO führen. Die typische Prüfpraxis innerhalb von den Organisationen sieht jedoch anders aus. An einem negativen Prüfergebnis mit Sanktionen hat in der Regel niemand ein Interesse, weder der/die organisationsinterne DSB noch eine Datenschutzaufsichtsbehörde. Vielmehr besteht seitens aller Beteiligten ein Interesse an einer DSGVO-konformen Verarbeitung und dass mit der Feststellung von Verstößen umgehend heilende Korrekturmaßnahmen erfolgen. Deshalb führen organisationsinterne Datenschutz-Kontrollen und Prüfungen typischerweise zu Beratungen und Verbesserungszyklen (s. Abb. 8.5). Dies wäre als kleine Variante eines Datenschutzmanagements zu verstehen.

Wenn eine Datenschutzaufsichtsbehörde Dokumente zu einer Verarbeitung verlangt, müssen zumindest die Verzeichnisse der Verarbeitungstätigkeiten, die Schwellwertanalysen sowie Prüfberichte vorgelegt werden können. Wenn keine Prüfberichte zum Nachweis der Wirksamkeit der Maßnahmen gem. DSGVO vorliegen, kann das allein schon zu einem negativen Prüfergebnis bzw. zu einer negativen Beurteilung führen.

> **Aufgabe**
> Eine Prüfung im Datenschutz lässt sich ihrerseits als eine Verarbeitungstätigkeit, in der Regel mit einem zumindest mittelbar erwartbarem Personenbezug, verstehen. Insofern sollte die Durchführung von Datenschutzprüfungen ebenfalls im Verzeichnis der Verarbeitungstätigkeiten aufgeführt werden. Überlegen Sie einmal anhand des SDM-Würfels (s. Abschn. 8.1), welchen Qualitätsanforderungen eine Datenschutzprüfung genügen sollte. Bitte schauen Sie nicht einfach in meine Lösung im Abschn. A.3. Nehmen Sie sich stattdessen ein Blatt Papier und 15 min Zeit, malen Sie grob den Würfel mit seinen drei Dimensionen auf. Es entstehen für die Betroffenen Risiken, wenn Sie als DSB Ihre Datenschutzprüfungen nicht korrekt durchführen…was heißt dabei „korrekt"?

8.3   Datenschutzfolgen einer Verarbeitung abschätzen

Eine DSFA muss vor der Inbetriebnahme einer Verarbeitung durchgeführt werden.

Wenn von einer personenbezogenen Verarbeitung ein hohes Risiko für betroffene Personen ausgeht – das durch eine Schwellwertanalyse festgestellt wurde (s. Kap. 4) – dann muss eine Datenschutz-Folgenabschätzung nach Art. 35 DSGVO durchgeführt werden; die Anforderungen der DSGVO sind im Abschn. 4.2 zusammengestellt.

Besorgen Sie sich bitte das Kurzpapier Nr. 5 der DSK „Datenschutz-Folgenabschätzung nach Art. 35 DS-GVO" (DSK 2018c). In diesem Papier der DSK wird empfohlen, eine DSFA in vier Phasen durchzuführen:

1. Vorbereitung (Plan)
2. Durchführung (Do)
3. Umsetzung (Act)
4. Überprüfung (Check)

Die Herstellung einer DSFA im Wortsinne – nämlich in einem Bericht die Risiken für die Grundrechte und Freiheiten betroffener Personen abzuschätzen, die mit einer geplanten Verarbeitungstätigkeit einer Organisation einhergehen – ist nach der Phase 2 „Durchführung" mit der Abgabe des DSFA-Bericht an den Verantwortlichen beendet. Der Verantwortliche wird die Entscheidungen zu den im DSFA-Bericht ausgewiesenen Maßnahmen zur Behebung der Risiken treffen und entsprechende Anweisungen darüber geben. Der Art. 35 greift insofern über eine DSFA im engen Sinne eines DSFA-Berichts hinaus, weil der Artikel eben nicht nur ein Ausweis der Risiken, sondern auch die Implementation der Maßnahmen, einschließlich des Nachweises über deren Wirksamkeit, verlangt. Es sollte insofern bei der Auftragserteilung einer DSFA geklärt werden, ob das DSFA-Team „nur" einen DSFA-Bericht oder ob das Team vollständig alle auch darüber hinaus gehenden Anforderungen des Art. 35 DSGVO zumindest initiieren und betreuen soll.

Die Prozessschritte des Art. 35 wurden seitens des Gesetzgebers offensichtlich in Kenntnis des Deming-Zyklus (PDCA-Zyklus) der permanenten Verbesserung von Prozessen formuliert (vgl. Abschn. 8.7). Allerdings kann man auch erkennen, dass der in Art. 35 dargelegte Gesamtprozess nicht auf eine permanente Verbesserung ausgerichtet ist, sondern, durch Vertauschen der Phasen „Check" und „Act", als ein nur einmal durchzulaufender Prozess mit Abschluss durch die Implementation, dem Nachweis der Wirksamkeit der Maßnahmen und der Freigabe durch den Verantwortlichen vorgesehen ist. Das kann auch nicht anders sein, eine DSFA muss realistischerweise im Sinne einer Bilanz abgeschlossen werden können und kann nicht als Daueraufgabe implementiert werden. Eine immer notwendige kontinuierliche Verbesserung einer Verarbeitung sollte im Kontext des Datenschutzmanagements erfolgen (s. Abschn. 8.4). Insofern: Die Abarbeitung des Art. 35 sollte so abgeschlossen werden, dass die Berichte und empfohlenen Maßnahmen an die Datenschutzabteilung zur Durchsetzung weitergereicht werden können.

Das DSK-Kurzpapier Nr. 5 führt die vier Phasen einer DSFA mit insgesamt 16 Arbeitsschritten zur Abarbeitung der Anforderungen des Art. 35 DSGVO auf (s. Tab. 8.1).

Phase „Plan"

Die Vorbereitungsphase „Plan" entspricht dem, was man im Projektmanagement typischerweise zur Vorbereitung eines Projekts macht: Der Verantwortliche beauftragt eine/n Projektmanager*in, ein Team zur Durchführung der DSFA zusammenzustellen und einen Projektplan vorzulegen. Das DSFA-Team reformuliert dann den Auftrag, der/die Projektmanager*in plant die Prüfungsschritte, dabei müssen alle Akteure und Rechtsgrundlagen gesichtet werden. In dieser Phase des Projektmanagements kann das SDM noch keine unmittelbare Hilfestellung geben.

Es fällt nicht in den Aufgabenbereich des/der DSB, eine DSFA durchzuführen, sondern „nur" für die Durchführung einer DSFA beratend zur Seite zu stehen. Das bedeutet: Die Durchführung in der Praxis zu begleiten und durchaus auch zu kontrollieren bzw. das Ergebnis zu prüfen und zu beurteilen. Erneut gefragt: Wer macht eine DSFA? Aus meiner Sicht sinnvollerweise jemand, der oder die interdisziplinäre Projekte erfolgreich managen kann. Gutes Projektmanagement ist hier zentral. Kenntnisse des Regelwerks, einer Methodik wie SDM und der technisch-organisatorischen Maßnahmen können auch durch andere Expert*innenrollen im Team erbracht werden.

Phase „Do"

In der Durchführungsphase („Do") einer DSFA, die mit der Erstellung des DSFA-Berichts endet, zeigt sich dann der praktische Nutzen des SDM:

Tab. 8.1 Phasen der Durchführung einer DSFA

1. Vorbereitung DSFA	2. Durchführung DSFA	3. Umsetzung DSFA	4. Überprüfung DSFA
1.1 Zusammenstellung des DSFA-Teams	2.1 Modellierung der Risikoquellen	3.1 Umsetzung der Abhilfemaßnahmen	4.1 Ggfs. Überprüfung und Audit der DSFA
1.2 Prüfplanung	2.2 Risikobeurteilung	3.2 Test der Abhilfemaßnahmen	4.2 Fortschreibung
1.3 Festlegen des Beurteilungsumfangs (Scope)	2.3 Auswahl geeigneter TO-Maßnahmen	3.3 Dokumentation: Nachweis über die Einhaltung der DSGVO	
1.4 Identifikation und Einbindung von Akteuren und betroffenen Personen	2.4 Erstellung des DSFA-Berichts	3.4 Freigabe der Verarbeitungsvorgänge	
1.5 Bewertung der Notwendigkeit/Verhältnismäßigkeit in Bezug auf den Zweck			
1.6 Identifikation der Rechtsgrundlagen			

1. *Modellierung der Risikoquellen (Risikokriterien)* anhand des SDM-Würfels (s. Abschn. 8.1)

   – Modellierung der Risikokriterien entlang der Gewährleistungsziele (s. Kap. 5)
   – Modellierung der Datenverarbeitung entlang der vier Verarbeitungsphasen oder, mit höherer Auflösung, der neun Verarbeitungsvorgänge (s. Abschn. 3.5)
   – Modellierung der IT-Systeme mit deren IT-Prozessen auf verschiedenen Ebenen (s. Abschn. 3.3)
   – Modellierung der Angreifer und Akteure mit Einschätzung der Ressourcen, Motive, Ziele (s. Abschn. 8.3)

2. *Prüfen und Beurteilung aller identifizierten Risiken des Verfahrens*

3. *Auswählen und Spezifizieren der geeigneten TO-Maßnahmen* durch Heranziehen der SDM-Bausteine, um jeden Grundsatz zu beachten bzw. jedes Gewährleistungsziel zu erreichen (s. Kap. 7).

4. *Erstellen des DSFA-Berichts* (inkl. Darstellung des erreichbaren Schutzniveaus für die Betroffenen)

Wenn die Verarbeitung durch Ergreifen der empfohlenen TOM zur Minimierung der identifizierten Risiken auf einem verantwortbaren Schutzniveau betrieben werden könnte, kann in die Phase der Umsetzung der in der DSFA empfohlenen Maßnahmen eingestiegen werden.

Phase „Act"

Vor der Umsetzungsphase „Act" bedarf es der Entscheidungen des Verantwortlichen, welche Maßnahmen mit welcher Priorität zu ergreifen sind, und wie sie implementiert, konfiguriert und auf ihre Wirksamkeit hin kontrolliert werden. Spätestens in dieser Phase zeigt sich, in welcher etablierten Form eine Organisation Datenschutzanforderungen durchsetzt. Typischerweise verlangt die Betreuung einer exekutiven Aufgabe einer eigenen Abteilung.

Durchsetzung bedeutet zumeist, dass die geplante Verarbeitungslogik und die dabei verarbeiteten Daten auf Ebene 1 gestaltet ist. Dabei müssen häufig „Zugriffswünsche" auf Daten, Systeme und Prozesse durch benachbarte Abteilungen mit ähnlichen Zwecken abgewehrt werden. Das Durchsetzungsproblem muss grundsätzlich im Rahmen des Datenschutzmanagements einer dafür zuständigen Organisationseinheit gelöst werden. Wenn das Datenschutzmanagement nur aus einem/r DSB besteht, der die Umsetzung der operativen Datenschutzanforderungen einer Verarbeitung planen, durchführen, kontrollieren und prüfen soll, dann liegt dort der Schwachpunkt der gesamten Umsetzung. Wie auch immer realisiert, ab diesem Punkt wird das Datenschutzmanagement die Betreuung der Implementation der Maßnahmen, die restliche Umsetzung des Art. 35, übernehmen müssen (s. Abschn. 8.4).

Zu diesem Zeitpunkt steht die Durchführung von Tests der TOM sowie die Dokumentation von deren Wirksamkeit an.

Phase „Check"

Für die abschließende Überprüfungsphase „Check" weist das Kurzpapier Nr. 5 darauf hin, dass es sinnvoll sein kann, „(…), den DSFA-Bericht von einem unabhängigen Dritten überprüfen zu lassen. Auch könnte der Datenschutzbeauftragte, der gemäß Art. 35 Abs. 2 DS-GVO sowieso einzubeziehen ist, die DSFA abschließend prüfen und das Ergebnis der Leitungsebene des Verantwortlichen mitteilen."

Den Abschluss dieser Phase bildet die Freigabe der Verarbeitung durch den Verantwortlichen.

Ob die Autor*innen des Kurzpapiers hier einen Abschlussbericht zur Abarbeitung der Anforderungen des Art. 35 oder aber den sinnvollerweise zwischen Phase 2 und 3 zu erstellenden DSFA vor Augen gehabt haben, kann offenbleiben. Einen DSFA- oder Abschlussbericht einem externen Audit zu unterziehen – so wie es Standard im Qualitätsmanagement von Produkten und bei Umweltschutz- oder Wirtschaftsprüfungen ist – ist bislang nicht Routine im Datenschutz, wäre aber wie in all den anderen Fällen auch überaus sinnvoll und geboten.

Wenn das Ergebnis aus dem DSFA-Bericht nach Phase 2 – der oftmals Empfehlungen zu den zu implementierenden Maßnahmen enthält – oder aus dem Abschlussbericht nach Phase 4 – der bereits ein Urteil über die Wirksamkeit der implementierten Maßnahmen enthalten sollte – negativ ist, weil absehbar das angestrebte oder das reale Schutzniveau, trotz der technischen und organisatorischen Maßnahmen zur Risikoeindämmung, zu gering ist, kann der Verantwortliche nach Art. 36 DSGVO die zuständige Datenschutzaufsichtsbehörde konsultieren. Der Verantwortliche trifft, unter Berücksichtigung der Empfehlungen der Aufsichtsbehörde, dann eine Entscheidung, ob ggf. weitere zusätzliche Abhilfemaßnahmen zum Einsatz kommen sollen.

Aufgabe

Das Infektionsschutzgesetz (IFSG) sieht vor, dass bestimmte epidemisch relevante Krankheiten dem Robert-Koch-Institut (RKI) seitens der Gesundheitsämter (GA), die sich wiederum der Diagnosen von Ärzt*innen bedienen, zu melden sind. Versuchen Sie dafür einen Einstieg in eine grobe DSFA-Struktur zu finden. Verschaffen Sie sich bitte das IFSG (https://www.gesetze-im-internet.de/ifsg/index.html). Versuchen Sie, zunächst nur die Verarbeitungstätigkeit, die mit diesem Gesetz begründet werden soll, nachzuvollziehen. Zeichnen Sie dafür eine grobe Prinzipskizze mit drei nebeneinander angeordneten Kreisen; ein Kreis steht für eine Arztpraxis, der zweite Kreis für das Gesundheitsamt und der dritte Kreis für das RKI. Versuchen Sie, die Verarbeitung(en) anhand der vier Phasen „Erhebung", „Nutzung" „Übermittlung" „Löschung" zu beschreiben. Dann steigen Sie bitte in Phase 2 einer DSFA ein und überlegen sich, anhand der Gewährleistungsziele, welche Risiken für Betroffene bestehen und welche generischen Maßnahmen wohl zu ergreifen wären. Die Übung, an der Sie nun all Ihr Wissen testen können, ist es wert, dass Sie sich einen Vormittag dafür Zeit nehmen. Buchen Sie sich einen Raum mit Whiteboard und ziehen Sie ein paar verständige, modellierungsfähige Kolleg*innen hinzu, um gemeinsam, ein DSFA-Team simulierend, diskutieren zu können. Meinen Ansatz zu einer nur grob umrissenen Lösung zu diesem Szenario finden Sie in Abschn. A.3. Bitte nehmen Sie sich nicht den Spaß, indem Sie, ohne eigene Anstrengungen zu unternehmen, zum Lösungsansatz vorblättern.

Ich möchte noch vier Hinweise zur Durchführung einer DSFA sowie auf ein öffentlich zugängliches Beispiel für einen DSFA-Bericht geben:

(a) Die französische DS-Aufsichtsbehörde CNIL („Commission Nationale de l'Informatique et des Libertés") hat ein OpenSource-Tool zur toolgestützten Durchführung von DSFAen herausgebracht, das von einer englischsprachigen Webseite unter dieser URL abgerufen werden kann: https://www.cnil.fr/en/open-source-pia-software-helps-carry-out-data-protection-impact-assessment.

Das Tool ist technisch und optisch gut gemacht, bietet aber leider im profesionellen Einsatz einen nur geringen Nutzen. Das Tool ist nicht auf Verarbeitungstätigkeiten, sondern, typisch für den Ansatz der IT-Sicherheit, auf Risiken durch Komponenten ausgerichtet. Insofern ist es nicht auf die Komplexität der Verarbeitung hin skalierbar. Ganz gleich, ob man bspw. eine Trivialstverarbeitung wie eine „Organisation will ihre Jubilare ehren" oder eine „Organisation will eine Verarbeitung zur Mitarbeiter*innenüberwachung einführen", der Ablauf der Analyse ist trotz des offensichtlich enormen Unterschieds in der Intensität der Grundrechtseingriffe bei beiden Verarbeitungen immer der gleiche. Ein analytisches Zugänglichmachen einer Verarbeitung durch eine Aufgliederung nach Ebenen, Vorgängen oder Phasen ist nicht vorgesehen; geschweige denn eine Abwägung auch der Risiken von TO-Maßnahmen der IT-Sicherheit und des operativen Datenschutzes untereinander. Vor allem sind das Risikokalkül und die Schutzperspektive nicht hinreichend eindeutig am Risiko der betroffenen Personen orientiert (vgl. die Kritik am CNIL-DSFA-Tool Bock et al. 2019).

(b) Die „Plattform Privatheit" (ehemals das „Forum Privatheit") hat eine frei zugängliche Broschüre mit einer Methode zur Durchführung einer DSFA publiziert, dessen Ablaufschema zur Durchführung wiederum als Vorlage für das Kurzpapier Nr. 5 der DSK diente (vgl. Forum o. D., wichtig: 3. Auflage!). Die Erläuterungen und die Führung durch den Prozess sind in dieser Broschüre gut gelungen und nach wie vor hilfreich.

c) Der Bayerische Landesbeauftragte „für den Datenschutz für den öffentlichen Bereich" hat eine sehr gut gepflegte Webseite zur methodische Durchführung von Datenschutzfolgen-Abschätzungen erstellt, auch unter Rückgriff auf SDM-Methodik. Diese Anleitung ist deshalb ein besonders gut gelungenes Beispiel dafür, wie man das SDM nutzbringend anwenden kann (https://www.datenschutz-bayern.de/dsfa/). Ich empfehle, für die Feinplanung einer systematischen Durchführung einer DSFA diese Webseite aufzusuchen.

d) Für die Anwendung der Corona-Warn-App hatte das Robert-Koch-Institut (RKI) eine DSFA unter dem Titel „Bericht zur Datenschutz-Folgenabschätzung für die Corona-Warn-App der Bundesrepublik Deutschland – Öffentliche Version" durchgeführt (vgl. *Corona Warn-App – Bericht zur Datenschutz-Folgenabsch ä tzung für die Corona-Warn-App der Bundesrepublik Deutschland – Öffentliche Version – Version 1.20, 09.12.2021* 2021). Die CWA galt als ein Vorzeigeprojekt, wie die Umsetzung von Datenschutzanforderungen bei voller Leistungsfähigkeit, ohne zentrale Erfassung von Personen, gelingen kann. Dieser DSFA-Bericht der Entwickler*innen ist ausführlich und informationshaltig in Bezug auf die Darstellung der Techniken und Abläufe. Zuvor hatte das Forum InformatikerInnen für Frieden und gesellschaftliche Verantwortung e. V. (FIfF) bereits einen qualitativ hochwertigen DSFA-Bericht auf SDM-Basis vorgelegt (vgl. Bock et al. 2020), insbesondere um den Verantwortlichen – das RKI bzw. das BMI – und der Entwicklergruppe klarzumachen, dass diese Verpflichtung zur DSFA besteht und auf welchem aussagekräftigen Niveau eine DSFA gemäß DSGVO von der kritischen Öffentlichkeit erwartet wird. Für die DSFA des FiFF waren konzeptionell zentral u. a. die klare Zwecksetzung („Kontaktunterbrechung"), der Fokus auf den Grundrechtseingriff durch die Verarbeitung als Ganze und nicht ausschließlich auf die App sowie die ausführliche Diskussion des Prozessierens von „iDoP" („infektionanzeigende Daten ohne Personenbezug"). Der DSFA-Bericht der CWA-Entwicklergruppe geht zustimmend auf den DSFA-Bericht des FiFF ein, jedoch ohne alle die darin aufgezeigten

Risiken zu bearbeiten. Deshalb hat die Autorengruppe der FiFF-DSFA den DSFA-Bericht des RKI, sowohl inhaltlich als auch rechtlich und insbesondere methodisch, noch einmal kritisch untersucht (vgl. Rehak et al. 2022).

Angreifer, Motive und Ressourcen

Wie in der IT-Sicherheit, so ist auch im Datenschutz eine Angreifermodellierung unerlässlich, um die in der Praxis relevanten Risiken von den nur theoretisch relevanten Risiken zu unterscheiden und realistisch einschätzen und letztlich rechtlich beurteilen zu können. Diese Einschätzungen sind notwendig, um die Bearbeitung des Risikos durch Auswahl und Spezifikation der TOM letztlich durch den Verantwortlichen, der die Mittel dafür freigeben muss, priorisieren zu können.

Für viele, insbesondere externe, DSBe ist es unangenehm, wenn sie ihre/n Auftraggeber*in aus analytisch-methodischen Gründen heraus als „Angreifer" bezeichnen, die die Risiken für Betroffene vielfach durchaus vorsätzlich in Kauf nehmen. Diese Modellierung von Angreifern ist analytisch unverzichtbar, aber in der Kommunikation reicht es, von „Akteuren und Beteiligten" zu sprechen.

Klar ist – und diese Figur durchzieht dieses Buch als roter Faden von Beginn an –: *Hauptangreifer im Datenschutz* ist immer derjenige, der den Verführungen der Nutzenmaximierung aus den eigenen Datenverarbeitungen, deren Zwecke er bestimmt hat, am stärksten unterliegt und der gleichzeitig über die stärksten Mittel verfügt, genau diesen Verführungen zum Überreizen zu widerstehen, nämlich die datenverarbeitende Organisation, in persona letztlich: der Verantwortliche. Die Gefahr und das Heil liegen nah beieinander: Niemand kann das Leben von Menschen so leicht ungestraft beenden wie Ärzt*innen; zugleich sind es genau diese Expert*innen, um Menschen vor dem Tod zu bewahren.

Der Verantwortliche setzt die Ziele und Zwecke für die Verarbeitungen einer Organisation, und er stellt die Mittel zur Verarbeitung bereit. Der Verantwortliche hat insofern starke Motive, Zeit, Geld und vor allem das maximale Know-how, um das Maximum an Nutzen aus seiner Verarbeitungstätigkeit herauszuholen. Da gleichen sich die Motivlagen über verschiedene Organisationstypen hinweg, mal eben die Daten auch noch für einen anderen, zweifellos ebenso nützlichen Zweck zu verarbeiten. Große Unternehmen bezahlen dafür „Datenschutz-Jurist*innen", dass diese ihnen eine rechtskonforme Zweckänderungen gem. Art. 7 DSGVO formulieren, ohne dass die Rechtsgrundlagen für die eigentliche Verarbeitung verändert werden müssen.

Welche Angreifer sind, neben der Organisation bzw. dem Verantwortlichen, für eine Modellierung der Datenschutzrisiken noch relevant? Sicher auch *Cracker* – der geläufige Begriff mag „Hacker" lauten; ich stehe aber noch unter dem Eindruck von Wau Holland, der unter Hacker eher Suchende und Experimentierer verstand und nicht kriminelle Angreifer –, sie sind selbstverständlich relevant. Der Schutz vor Hacking – im Sinne eines kriminellen Zugriffs auf Verarbeitungen und deren personenbezogenen Daten – darf im Wesentlichen den IT-Sicherheitsaktivitäten einer Organisation überlassen bleiben; zumal den IT-Sicherheitsabteilungen in der Regel ungleich mehr Ressourcen zugestanden werden als dem operativen Datenschutz. Wichtig ist auch immer wieder zu betonen, dass im operativen Datenschutz nicht deshalb alles schon im grünen Bereich ist, nur weil es eine tragfähige Rechtsgrundlage gibt. Mit einer ausreichenden Rechtsgrundlage zur Ermächtigung einer Datenverarbeitung ist noch nichts für die wirksame Regulierung des Zugriffs oder des Bereitstellens von Daten unter Berücksichtigung der Grundsätze aus Art. 5 bzw. der Gewährleistungsziele getan.

Des Weiteren sind Abteilungen einer Organisation als latente Angreifer aufzufassen, neben der Personal- und Marketingabteilung insbesondere die IT-Abteilung. Eine Personalabteilung hat ein großes Interesse an der Steuerung der Mitarbeiter*innen; Mitarbeiterüberwachung, Leistungskontrolle und algorithmische Steuerung sind ein ständiges Thema (vgl. Christl 2021); einige Regeln finden sich im §26 des BDSG. Eine technikaffine Marketingabteilung will grundsätzlich alle Daten, die im Kontext einer Organisation erzeugt werden, korrellieren, kontrollieren und gestalten, bevorzugt im Kontext einer BI- oder zum Training der KI-Instanz. IT-Administrator*innen sind grundsätzlich nicht befugt, auf die Daten der Sachbearbeitung zuzugreifen. Wenn es technisch bei einer etablierten Verarbeitung schwierig wird, „die IT aus den Inhalten rauszuhalten", dann muss zumindest sichergestellt werden, dass sämtliche Aktivitäten der Administration automatisiert, hochauflösend und revisionsfest protokolliert werden. Mit anderen Worten: Es muss durch eine gesteigerte Transparenz kompensiert werden, was an Verlusten der Sicherung der Vertraulichkeit, Integrität und Verkettbarkeit hingenommen wird. Bei einem hohen Risiko einer Verarbeitung ist diese Kompensation rechtlich allerdings zumindest umstritten, ich denke in einer engen Auslegung der DSGVO ist diese Kompensation eher nicht akzeptabel.

Die nachfolgende Liste externer Standard-Angreifer im Datenschutz verdankt sich der Frage: „Welche Organisationen haben Zugriff auf Verarbeitungen mit ihren personenbezogenen Daten, entweder weil sie objektiv eine entsprechende Motivlage haben oder weil der Zugriff gesetzlich erlaubt oder gefordert ist?" Dies ist eine Frage, die methodisch spätestens im Kontext einer jeden DSFA gestellt werden muss.

Gleich nach dem Verantwortlichen und den Mitarbeiter*innen einer Organisation müssen *Sicherheitsbehörden* datenschutzrechtlich als Angreifer modelliert werden. Der Staat kann sich, im Zweifel zuletzt auf sein Gewaltmonopol gegründet, immer Zugriff auf die Daten anderer Organisation in seinem Hoheitsgebiet verschaffen; auch ohne gesetzliche Grundlage, wie im Kontext Edward Snowdens deutlich wurde. Bis ein Verfassungsgericht auf Bundes- oder europäischer Ebene interveniert und Rechtsverstöße feststellt, können viele Jahre vergehen.

Ich möchte jetzt nicht die politischen und grundrechtlichen Einschränkungen oder Nichteinschränkungen insbesondere der Aktivitäten von inländischen oder ausländischen Geheim- oder Nachrichtendiensten, oder die Frage, ob den Verfassungsgerichten schnellere Urteilsverfahren an die Hand zu geben sind, diskutieren. Diese Aktivitäten der Dienste sind schlicht Realität und grundsätzlich in Rechnung zu stellen. Gegen diese Angreifer ist realistisch kein Kraut gewachsen, zumal ein Großteil der Forschung von diesen Diensten bezahlt wird. Es muss aber das vor Augen geführt werden, was ein Verantwortlicher machen kann.

So ist es bspw. realistisch, anzunehmen, und deshalb in jeder Datenschutzrisikomodellierung zu beachten, dass jederzeit die *Staatsanwaltschaft* oder die *Polizei* vor der Tür steht und mit einem korrekten richterlichen Beschluss auf die Herausgabe von Daten drängt. Dafür sollte jede Organisation einen Standardprozess mit TOM vorsehen, in dem zumindest folgende Aspekte geregelt sind:

- Wer ist zu beteiligen (Verantwortlicher, DSB, ISB, betroffene Abteilungsleitung, Personal-/Betriebsrat, Justiziar/in)?
- Welche Formen der Kommunikation an welchen Adressen müssen mit der Sicherheitsbehörde etabliert werden?
- In welcher gesicherten Form werden Daten herausgegeben?
- Wie sind die Auskunftsansprüche der DSGVO umzusetzen, zumindest wenn als geklärt gilt, wessen personenbezogene Daten betroffen, aber zur Aufklärung unerheblich waren?
- Welche Fehler sind vorgefallen und wie werden sie zukünftig vermieden („lessons learned")? Wenn Fehler im Umgang mit Sicherheitstechniken vorgefallen sind: Wie werden sie zukünftig vermieden?
- Sicherstellung der Protokollierung dieses Ereignisses.

Als weitere Angreifer sind die *Dienstleister* im Kontext des Gebäudemanagements oder für Transporte (Versender, Post/UPS) zu modellieren. Herauszuheben sind weiterhin Dienstleister im Kontext der IT (Wartung, Rechenzentrum, Internet-Provider, Cloud) sowie die *Hersteller von Software* der genutzten Fachverfahren, Betriebssysteme oder Geräte. *Banken, Versicherungen,* aber auch *Scoringunternehmen* und *Adresshändler* greifen in einem besonderen Maße in die Grundrechte von Personen ein und bekommen oftmals parasitären Zugang zu den Verarbeitungen ihrer Auftraggeber. Der Staat greift ebenfalls stark ein, etwa durch Leistungserbringer wie das *Sozialamt,* durch *Geheim- und Nachrichtendienste,* aber auch durch Untätigkeit, wenn *Gerichte* nicht urteilen oder *DS-Aufsichtsbehörden* nicht prüfen.

In einer DSFA sollte eine solche Liste, die bei weitem nicht vollständig ist, erstellt werden. Neben der eigenen Organisation und den Sicherheitsbehörden, die jederzeit vor der Tür stehen können, kommen typischerweise mindestens weitere Angreifer wie Dienstleister mit ihren Möglichkeiten des Zugriffs auf personenbeziehbare Daten hinzu.

8.4 Datenschutz von Verarbeitungen organisationsweit managen

Der Zweck des Datenschutzmanagements (DSM) besteht darin, Datenschutz in einer Organisation herzustellen, zu kontrollieren und dauerhaft wirksam durchzusetzen.

In den Datenschutz-Fachzeitschriften wird beständig über Datenschutzmanagement (DSM) oder Datenschutzmanagementsysteme (DSMS) publiziert. Eine Internetrecherche zu „Datenschutzmanagement" wirft zahllose Beratungsfirmen aus, die ihre Interpretationen von Datenschutzmanagement prägnant darlegen und ihre Aktivitäten überwiegend mit Tools und Checklisten zu hinterlegen versprechen.

Sieht man sich die Leistungskataloge dieser Firmen an, dann erkennt man, dass Datenschutzmanagement ganz überwiegend mit der Dokumentation von Aktivitäten gleichgesetzt wird und weitaus weniger mit dem Management der vor der Dokumentation liegenden Aktivitäten zum Schutz betroffener Personen. Es stellt sich immer die Frage: Welche Aktivitäten sollen von einem Datenschutzmanagement ausgehen, also: Wer macht Datenschutz? Und wie immer gilt es, auch und gerade beim Thema Datenschutzmanagement, darzulegen, auf welchen Objektbereich das „Management" bezogen und welcher Konflikttyp und welche Probleme bearbeitet werden. Es reicht nicht, bspw. „Datenschutzmanagement" und „DIN EN ISO 9001:2015" und Betroffenenrechte in Verbindung zu setzen und zu meinen, damit sei auf der operativen Ebene alles Wesentliche geklärt. Vielfach trifft man auf ein Verständnis von Datenschutzschutzmanagement im Sinne eines Compliancemanagements, das allein auf der rechtlichen Ebene verbleibt und allenfalls noch einfache Kontrollfragen stellt wie: Wurde eine Schwellwertanalyse durchgeführt und liegt ein DSFA-Bericht vor? Das Ankreuzen von Ja/Nein wird dann schon als Durchführung einer Prüfung beurteilt.

Die wesentliche Frage, die hinter dem Datenschutzmanagement steht (s. Abb. 8.6), ist, wer Datenschutz in einer Organisation am Ende tatsächlich wirksam durchsetzt. Zum Beginn der Arbeitsaufnahme eines/r DSB kann und muss diese/r gegenüber der Leitung dies oftmals erst klarstellen. Nützlich für die Klarstellung ist zunächst einmal die Differenz „verantwortlich/zuständig" zu klären: Verantwortlich für die Bearbeitung einer Verarbeitungstätigkeit ist der Verantwortliche, also die Geschäftsführung, der/die Bürgermeister*in, der/die Landrät*in, der/die Minister*in, der Arzt/die Ärztin, der/die Vorsitzende des Vereins. Nicht verantwortlich sind diejenigen, die die Einhaltung des DSGVO kontrollieren, wie Datenschutzbeauftragte, oder diejenigen, die Datenschutz in der Organisation durchsetzen sollen, wie Mitarbeiter*innen und Leitungen von administrativ-tätigen Datenschutzabteilungen. Allerdings sind diese Mitarbeiter*innen zuständig dafür, dass die ihnen übertragenen Aufgaben durchgeführt werden; sie müssen sich dafür gegenüber dem Verantwortlichen verantworten. Verantwortlich sind auch nicht diejenigen, die die Daten „nur" verarbeiten, zum Beispiel als Rechenzentrum im Auftrag einer Organisation. Die Auftragsverarbeitung setzt voraus, dass der Verantwortliche die IT-Aktivitäten des Rechenzentrums kontrollieren, prüfen, beurteilen und entsprechend steuern kann. Das ist in der Praxis allerdings keine realistische Annahme. Vielmehr ist es eher so, dass die Rechenzentren ihren Auftragebern mitteilen, welche Korrektur-Optionen diese unter welchen Bedingungen benutzen können, und dies ist nicht nur im Falle von Amazon Web Services und Microsoft Azure so, sondern auch in einem kleinen kommunalen Rechenzentrum. Vielfach wurde die IT in den letzten beiden Jahrzehnten so weit ausgelagert, dass die Organisationen, selbst wenn sie noch „IT-Kopfstellen" betreiben, Schwierigkeiten haben, ihre Anforderungen in der Sprache der IT auszudrücken. Wenn Rechenzentren mit den von anderen Organisationen angelieferten Daten zu eigenen Zwecken rechnen, dann sind Rechenzentren selbst verantwortliche oder sie sind mitverantwortlich; womöglich kommt dann das Konzept der „gemeinsamen Verar-

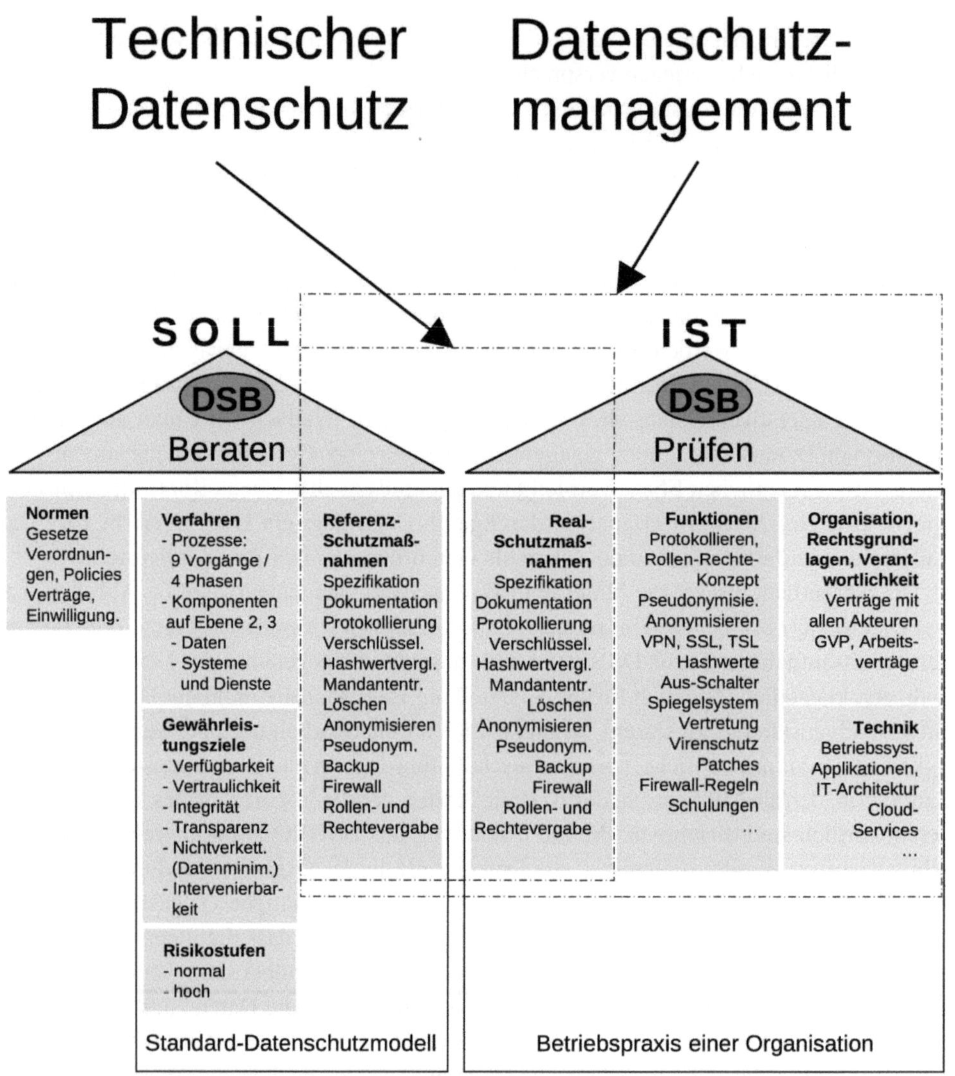

Abb. 8.6 Datenschutzmanagement mit SDM

beitung" bzw. „gemeinsame Verantwortung" (s. Abschn. 4.2) zum Tragen (vgl. Artt. 26, 28, 29 DSGVO).

Ein nennenswertes Datenschutzmanagement erkennt man daran, ob neben dem oder der DSB weitere Rollen im Kontext der Datenschutzadministration etabliert sind und eine Datenschutzabteilung – etwa analog zur IT-Sicherheitsabteilung – eingerichtet ist. Bei sehr kleinen Organisationen könnte eine Lösung des Administrationsproblems im Datenschutz darin bestehen, dass eine Person für die Durchsetzung mehrerer Querschnittaufgaben zuständig ist. Typische Rollenbezeichnungen im Kontext des Datenschutzmanagements, die mir in meiner Prüftätigkeit aufgefallen sind, lauten:

- DS-Referent/in,
- DS-Bevollmächtigte/r,
- DS-Koordinator/in,
- DS-Administrator/in,
- DS-Auditor/in,
- DSFA-Projektmanager/in und DSFA-Teammitglieder.

Was meint nun „Management"? Nach Peter F. Drucker sind vier Aktivitäten des Managements zu unterscheiden (vgl. Drucker 2002): Management…

- *setzt Ziele und Zwecke* für (Teile) eine(r) Organisation,
- *organisiert und koordiniert Aktivitäten* (von Teilen) einer Organisation,
- *entscheidet* in Bezug auf Umsetzungen und Priorisierungen der Zielverfolgung und
- *kontrolliert* den Erfolg.

Die Ziele und Zwecke in Bezug auf Datenschutz setzt der Verantwortliche der Organisation. Hier besteht allerdings ein Konflikt, weil der Verantwortliche, in Bezug auf die Umsetzung der Grundrechte und Grundfreiheiten, nicht frei über die Ziele und Zwecke „seines Datenschutzmanagements" – und ob es überhaupt eines geben soll – entscheiden kann. Insofern kommt dem/der DSB oder der Leitung der Datenschutzmanagamentabteilung oder dem/der Justiziar*in die Aufgabe zu, dem Verantwortlichen die organisationsextern bestehenden Vorgaben der DSGVO und das Ausmaß der verbliebenen Freiheitsgerade darzulegen. Und dann geht es darum, eine positive Zweckbestimmung des DSM zu erarbeiten.

Ein Datenschutzmanagement bzw. Datenschutzmanagementsystem (DSMS) einzurichten und dann methodisch, auf der Grundlage des SDM, zu betreiben, ist ein umfangreiches Thema, das in der SDM-Methode, und so auch hier, nur grob skizziert werden kann.

Der DSM-Prozess (s. Abb. 8.7) des SDM wird in Anlehnung an den bewährten PDCA-Zyklus ausgestaltet. Der Datenschutzmanagement-PDCA-Zyklus umfasst die folgenden vier Phasen, die, in anderer Reihenfolge, auch bei der DSFA genannt wurden:

1. Plan: Planen, Spezifizieren, DSFA, Dokumentieren
2. Do: Implementieren, Protokollieren
3. Check: Kontrollieren, Prüfen, Beurteilen
4. Act: Anweisen, Verbessern

Das SDM unterstützt den Verantwortlichen bei der Durchführung von Schwellwertanalyse und Datenschutz-Folgenabschätzung und der daraus resultierenden Auswahl an technischen

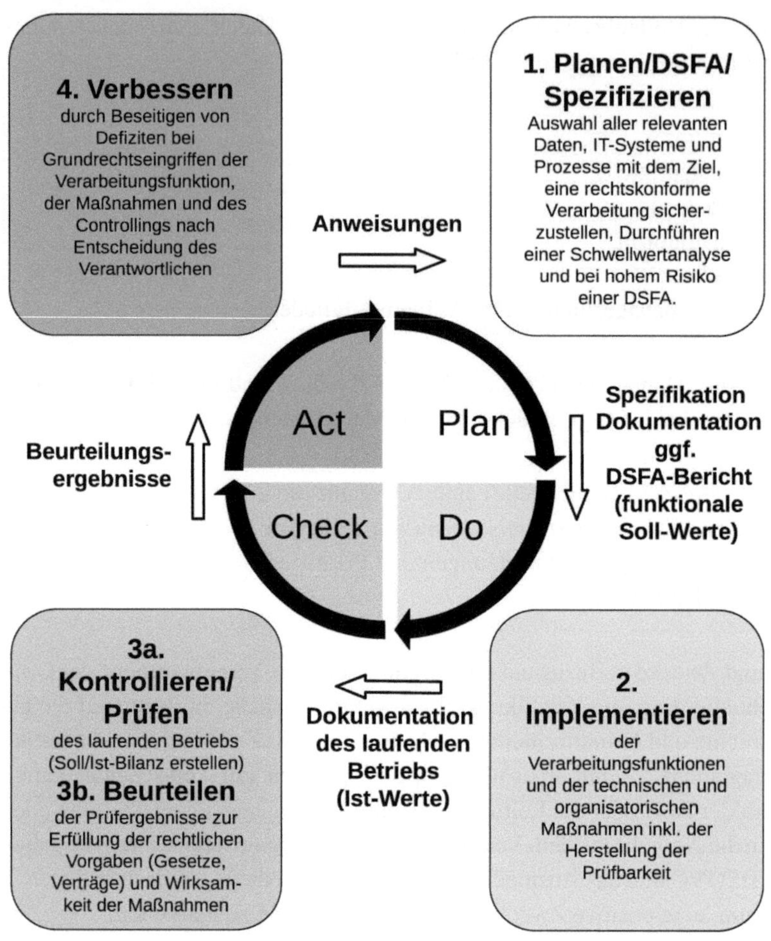

Abb. 8.7 Datenschutzmanagementsystem mit SDM

und organisatorischen Maßnahmen (Soll-Werte). Dafür werden die gewählten Maßnahmen mit den generischen Maßnahmen (vgl. Abschn. D1) im Referenzmaßnahmen-Katalog abgeglichen (in Phase 1 des DSM-Zyklus). Die ausgewählten Maßnahmen werden in Phase 2 für den laufenden Betrieb umgesetzt. Die aus der Planungsphase resultierenden funktionalen Soll-Werte werden mit den aus dem laufenden Betrieb resultierenden funktionalen Ist-Werten verglichen (Phase 3a). Anschließend erfolgt eine Beurteilung der Erfüllung der rechtlichen Vorgaben und der ggf. verbleibenden Restrisiken für die Rechte und Freiheiten der Betroffenen (Phase 3b). Ein zu geringes Schutzniveau bzw. ein als zu hoch beurteiltes Restrisiko müssen dann durch entsprechende Verbesserungen, etwa durch zusätzliche Maßnahmen, auf ein akzeptables Maß gemindert werden (Phase 4).

Die zum Ende von Phase 3 getroffene Beurteilung kann in der Folge sowohl Grundlage für die Empfehlung bzw. die Aufforderung der Aufsichtsbehörde als auch der Anweisungen des Verantwortlichen bilden, entweder durch zusätzliche technische oder organisatorische Maßnahmen die Defizite zu beheben oder von der Verarbeitungstätigkeit Abstand zu nehmen, soweit sich keine Rechtskonformität herstellen oder keine ausreichende Risikominderung mit verhältnismäßigen Mitteln erreichen lässt (Phase 4 des DSM-Zyklus). Die Grafik in Abb. 8.7 zeigt den gesamten DSM-Zyklus, in den das SDM eingebunden ist.

Für jede Verarbeitungstätigkeit wird es in der Regel erforderlich sein, für einige Aspekte den DSM-Zyklus mehrfach zu durchlaufen. Das betrifft insbesondere den Verantwortlichen bei der Planung von Verarbeitungstätigkeiten. So könnte bei der Inbetriebnahme eines Fachverfahrens ein erster Zyklus dessen Testbetrieb betreffen, der zweite Zyklus den Pilotbetrieb und der dritte Zyklus dann den produktiven Wirkbetrieb. Die Häufigkeit der Durchläufe hängt davon ab, wie weit der Verarbeitungskontext an die Erfordernisse des Datenschutzes in der Planungsphase oder im Rahmen eines Prüfprozesses der Aufsichtsbehörde angepasst werden musste.

Plan: Spezifizieren, DSFA, Dokumentieren

In Phase 1 zur Planung einer Verarbeitungstätigkeit mit Personenbezug werden zunächst die Risiken und daraus dann die Maßnahmen zur Bearbeitung der Risiken bestimmt, einschließlich der Möglichkeiten zum Nachweis der Einhaltung der DSGVO. Damit wirksame Maßnahmen bestimmt werden können, müssen die normativen Anforderungen in operative Anforderungen tranformiert werden, dabei hilft das SDM. Dann ist festzulegen, welche Aktivitäten der Sachbearbeitung, der Fachprogramme und Systeme und welche Ereignisse von Prozessen zu protokollieren sind.

In die Planungsphase tritt man für gewöhnlich nach Absolvieren der Schwellwertanalyse ein, wenn feststeht, ob von der Verarbeitung ein normales oder hohes Risiko ausgeht. Wenn ein hohes Risiko besteht, dann wird die Risikoanalyse durch die DSFA geleistet. Es folgt der DSFA-Bericht, der entweder nur eine Darstellung der Risiken oder darüber hinausgehend auch eine Empfehlung der die Risiken bearbeitenden Maßnahmen enthält. Diese Maßnahmen müssen dann noch, etwa im Rahmen der weiteren Bearbeitung der Anforderungen des Art. 35, der über das Anfertigen eines DSFA-Berichts hinausgeht, durch die DSFA-Projektgruppe oder im Rahmen der Aufgaben aus dem Bereich des Datenschutzmanagements, weiter spezifiziert werden.

Im Baustein „Spezifizieren" (s. Abschn. 7.2) werden wesentliche Aspekte dieser Phase beschrieben, auch um die Prüfbarkeit der Umsetzung der Anforderungen der DSGVO zum Nachweis ihrer Wirksamkeit herstellen zu können.

Do: Implementieren, Protokollieren

In Phase 2 werden die aus den Ergebnissen der Phase 1 empfohlenen und spezifizierten Maßnahmen, entsprechend den Anweisungen des Verantwortlichen, umgesetzt. Auf der Basis der Dokumentation der funktionalen Soll-Werte aus Phase 1 müssen nun die Aktivitäten von

IT-Systemen und Administratoren beim Implementieren, Konfigurieren und der Betrieb der Maßnahmen sowie weitere relevante Ereignisse, prüffähig dokumentiert und protokolliert werden.

Bei der Implementierung von Systemen und Programmen ist darauf zu achten, dass anhand von System-Dokumenten und Protokollen die Funktionen der Fachapplikationen und der Schutzvorkehrungen von IT-Systemen und Diensten auf den verschiedenen Ebenen (bspw. Client, Server) überprüft werden können. Das Vorliegen dieser Dokumente und Protokolle (Ist-Werte) ist die Voraussetzung zur Durchführung der Phase 3 des DSM.

Check: Kontrollieren, Prüfen, Beurteilen

Der Kern der Anwendung des SDM im DSM-Zyklus besteht darin, die in der Planungsphase bestimmten funktionalen Soll-Werte mit den festgestellten Ist-Werten in Beziehung zu setzen (Phase 3a). Zudem werden die relevanten Referenzmaßnahmen mit den tatsächlich umgesetzten technischen und organisatorischen Maßnahmen verglichen. Abweichungen vom Soll sind danach zu beurteilen, inwieweit sie die Umsetzung der Grundsätze aus Artikel 5 DSGVO bzw. das Erreichen der Gewährleistungsziele gefährden.

In der Checkphase lässt sich häufig mit nur geringem Aufwand kontrollieren, ob Anforderungen erfüllt werden, wenn die entsprechend zugeordneten Maßnahmen fehlen, diese Maßnahmen falsch oder unzureichend umgesetzt sind oder die Referenzmaßnahmen nicht korrekt angewendet wurden. Komplizierter ist der Fall, wenn die zu prüfende Stelle andere als die Maßnahmen des Referenzmaßnahmen-Katalogs gewählt hat. Auch wenn diese als grundsätzlich geeignet beurteilt werden können, muss separat geprüft werden, ob sie in ihrer konkreten Ausgestaltung tatsächlich das festgestellte Risiko angemessen bearbeiten und im Ergebnis mindern. An dieser Stelle hilft das SDM, die Erörterung auf den Nachweis dessen zu fokussieren, dass (oder inwieweit) die getroffene technische oder organisatorische Maßnahme funktional äquivalent bzw. wirkungsgleich zur Referenzmaßnahme ist.

Ausgangspunkt für die datenschutzrechtliche Beurteilung einer Verarbeitungstätigkeit ist die Feststellung der funktionalen Soll-Ist-Differenzen. Diese Differenzen werden in der Beurteilungsphase (Phase 3b) wieder ins Rechtliche übersetzt und mit den datenschutzrechtlichen Anforderungen (Soll) verglichen. Im Rahmen einer datenschutzrechtlichen Beurteilung werden aus den festgestellten Abweichungen ggfs. „normative Mängel". Je gravierender ein Mangel ist, umso wirksamer muss er durch entsprechende Änderungsanweisungen in Phase 4 des DSM-Prozesses für ein erneutes Durchlaufen aller Phasen des DSM-Zyklus abgestellt werden. Das Ergebnis der Phase 3b besteht in Beurteilungen, die geeignet sind, um rechtliche und funktionale Verbesserungen herbeizuführen.

Act: Verbessern und Entscheiden

Die in Phase 3b festgestellten Mängel müssen so formuliert sein, dass anschließend konkrete funktionale Maßnahmen getroffen werden können. Diese Beurteilungen als Ergebnisse aus Phase 3 sind vom Verantwortlichen in Phase 4 zu sichten, zu beraten und zu priorisieren. In dieser Phase 4 müssen festgestellte Mängel zu Entscheidungen des Verantwortlichen und zu daraus resultierenden Anweisungen zu Änderungen von Maßnahmen oder zu neuen Maßnahmen führen, die dann in einem neuen Zyklus zu planen, zu implementieren und zu prüfen sind. Wurden Maßnahmen getroffen, die alle Mängel beseitigen, kann davon ausgegangen werden, dass alle Defizite beseitigt wurden und die Verarbeitungstätigkeit rechtskonform ist.

Wenn ein solcher standardisierter Prozess für alle Verarbeitungen mit Personenbezug eingerichtet und etabliert ist (siehe Abb. 8.8), dann können darin die Themen eingebunden werden, deren Bearbeitung man von einer DS-Managementabteilung im Rahmen eines DSMS erwarten darf wie bspw.:

- Erstellung und Verwaltung der Dokumentation der Verarbeitung und zum Nachweis der Wirksamkeit der Umsetzung der Anforderungen (Prüfberichte), u. a. Verzeichnis von Verarbeitungstätigkeiten, Datenschutzvorfällen und deren Verfolgung (Transparenz)
- Erstellung, Vereinbarung und Verwaltung von Auftragsverarbeitungen (Rechtmäßigkeit)
- Erzielung von Wirksamkeit der Maßnahmen durch Steuerung von technischen und organisatorischen Maßnahmen und anhand technischer Parameter nachweisen (Integrität)
- Kontrolle der Auftragsverarbeitungen (Vertraulichkeit, Nichtverkettung)
- Hinterlegung von Rollen und Berechtigung (bspw. im LDAP) und einer permanenten Kontrolle unterziehen (Nichtverkettung)
- Permanente Kontrollen der Löschprozesse (Intervenierbarkeit)
- Durchführung von Integritätschecks der Systeme und Datenbestände (Integrität)
- Durchführung von DSFAen, mit regelmäßigem Berichten während der Projektlaufzeit (Rechtmäßigkeit)
- Beteiligung an der Erstellung des Leistungsverzeichnisses und dem Einkauf von Applikationen (oftmals im Zusammenhang mit einer Auftragsverarbeitung (Support)). Das Leistungsverzeichnis muss stark und aussagekräftig sein, damit ein starkes Produkt dabei herauskommt, das der DSGVO genügt. Der Einkauf „von der Stange" ist nicht immer schlecht, sollte aber kritisch befragt werden. Entscheidend sind der Mehrwert in Form der Entlastung der Ressource „Personal" sowie der „eingebaute Datenschutz".
- Erstellung abteilungsspezifischer Datenschutz-Richtlinien, insbesondere mit Regelungen für die Aktivitäten der Mitarbeiter*innen sowie Schulungen (Nichtverkettung)
- Verwaltung der Kommunikation mit Betroffenen (Auskunftsersuchen) und Aufsichtsbehörde
- Erstellung und Verwaltung von Notfallkonzepten (Verfügbarkeit, Transparenz, Integrität, Nichtverkettung, Vertraulichkeit)
- Generell: Durchführung von Prüfungen und externen Auditierungen (Transparenz)

Zum Schluss sollen zwei weitere Managementinstrumente in dieser kurzen Einführung nur noch erwähnt werden, weil sie zum Repertoire der Erfolgskontrolle in einem jeden Managementsystem zählen: Zum einen die Ausbildung eines Kriterienkatalogs zur Modellierung der Reife von Prozessen, das als *CMMI* („Capability Maturity Model Integration", vgl. zum

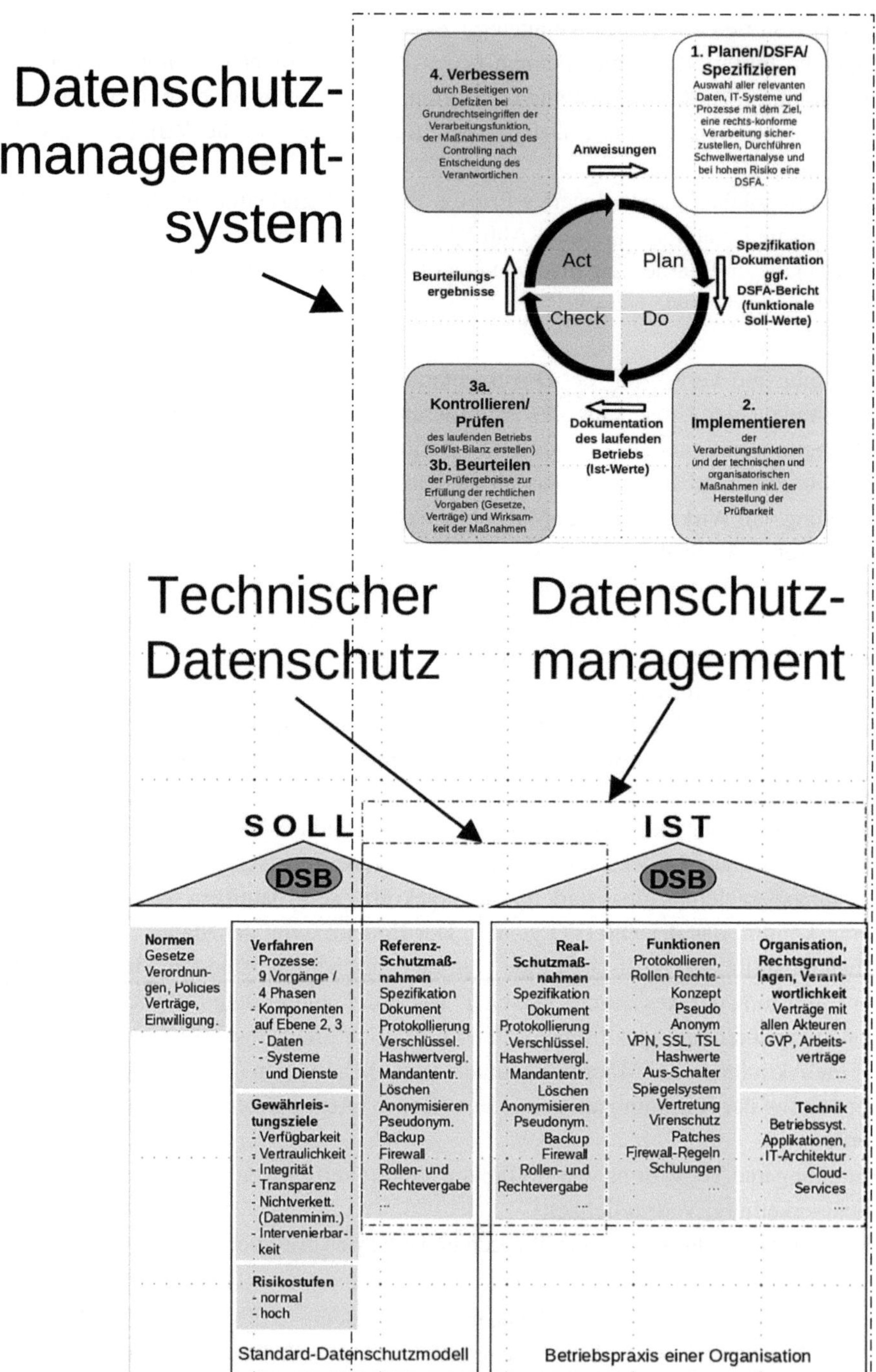

Abb. 8.8 Datenschutzmanagementsystem mit SDM in der Praxis einer Organisation

Einstieg https://de.wikipedia.org/wiki/CMMI) bezeichnet wird. Dieses zumeist fünfstufig konzipierte Reifegradmodell für Prozesse – von unreifen Prozessen, die zwar initiiert sind, aber deren Outputs nicht einmal prognostiziert werden können, bis zu voll-automatisierten Prozessen, die sich begrenzt selbst optimieren können – wäre heranzuziehen, sei es für die Prozesse, die von einem DSMS kontrolliert werden oder sei es für die Teilprozesse des DSMS oder das gesamte System, um zu erkennen, auf welchem Niveau der Wirksamkeit Datenschutz tatsächlich in einer Organisation gemanaged wird (vgl. Lorenz 2024). Die Beurteilung des Reifegrads des DSM obläge dem/der DSB.

Und das zweite Instrument wären *KPI* („Key-Performance-Indicator", vgl. zum Einstieg reicht ein Wikipedia-Artikel: https://de.wikipedia.org/wiki/Key-Performance-Indicator), mit denen der Erfolg eines Datenschutzmanagements bzw. Datenschutzmanagementsystems messbar würde. Ein einfacher KPI für Datenschutzmanagement könnte darin bestehen, die Zeit zu messen von der Meldung eines Datenschutzvorfalls bis zu dessen Erledigung; je kürzer, desto besser. Man könnte auch den Grad der Dokumentation der Verfahren oder die Dauer der Durchführung von DSFAen ähnlicher Komplexität heranziehen. Diese Indikatoren können im jährlichen Tätigkeitsbericht des/der DSB aufgeführt werden, um zumindest einen Einstieg in ein internes Benchmarking der DS-Managementprozesse zu finden. KPIs scheinen noch nicht in der Datenschutzpraxis angekommen zu sein, insbesondere nicht im Kontext von Behörden, eine entsprechende Suchanfrage im Internet erzeugt nur wenige einschlägige Treffer. Das erscheint mir ein weiterer Indikator für die leider nur geringe Reife von Datenschutzmanagementprozessen in der Praxis zu sein.

> **Aufgabe**
> Notieren Sie aus der Perspektive eines/r DSB für diejenige Organisation, die Sie vor Augen haben, den Zweck und die Ziele des zu implementierenden Datenschutzmanagements.

8.5 SDM-Tools

Die ersten SDM-Tools wurden bereits kurz nach der Verabschiedung des SDM-V1 2015 entwickelt. Es handelte sich dabei durchweg um Formularblätter in Tabellenkalkulationen. Die Autor*innen dieser Tools listeten darin die Maßnahmen der SDM-Bausteine auf, nach Gewährleistungszielen sortiert, und legten eine Ampel zur Dokumentation des Status der Umsetzung daneben. Diese Art der Dokumentation ist weit verbreitet und insbesondere älteren Kolleg*innen aus den Anfangstagen der Dokumentation bspw. von Grundschutz-Modellierungen bekannt. Diese Tools haben einen begrenzten Nutzen, sinnlos sind sie nicht, aber sie deshalb schon als „SDM-Tools" zu bezeichnen, greift etwas hoch, weil sie nur den Stand der Dokumentation von Maßnahmen wiedergeben.

Wenn man „SDM-Tool Datenschutz" in eine Suchmaschine eingibt – ich mache das seit Verabschiedung von SDM-V2b unregelmäßig immer mal wieder –, dann werden zunehmend häufiger vielversprechende Treffer angezeigt, viele mit Links zu Anbietern von Datenschutzmanagement-Lösungen. In der Regel sucht man anfangs nach einem Stand-Alone-Tool bspw. für die Durchführung von DSFA-Projekten gem. Art. 35 DSGVO nach SDM-Methodik. Es ist konzeptionell aber durchaus ein guter Ansatz, wenn ein DSFA-Tool in ein übergreifendes Datenschutzmanagementsprogramm integriert ist. So gibt es erste SDM-Tools, die Teil einer umfassenden Geschäftsprozessmodellierungen sind. Ganz im Sinne des Art. 25 DSGVO ist Datenschutz hier nicht als etwas konzipiert, das zum Schluss eines Designprozesses irgendwie zusätzlich noch beachtet werden muss, sondern die Gewährleistungsziele des Datenschutzes sind von Beginn an selbstverständlicher Bestandteil des Designs von Prozessabläufen und deren Absicherung. Denn darum genau geht es ja beim Datenschutz: Um die grundrechtskonforme Gestaltung von Verarbeitungen, also von privat organisierten Geschäftsprozessen und öffentlichen Verfahren.

Eine Sichtung von 11 SDM-Tools zum Jahreswechsel 2022/2023 durch die UAGSDM hat eine erstaunliche Vielfalt an Ansätzen und Outputs gezeigt. Eine Erkenntnis der Sichtung bestand darin, dass man vor der Suche nach einem Tool klärt, welche Assistenz genau gesucht ist. Man kann dafür zunächst einmal zwei Typen von SDM-Tools unterscheiden, Universaltools, die alle Anforderungen der DSGVO abzudecken versprechen und Fokustools, die spezielle Anforderungen der DSGVO abdecken wie bspw. die Erstellung von Dokumentationen, die Erarbeitung einer DSFA inkl. eines DSFA-Berichts oder die Erstellen eines Prüfberichts zu einer Verarbeitung. Eine weitere Unterscheidung zu treffen ist sinnvoll, ob sich ein Programm an Expert*innen einer einzelnen Datenschutzabteilung wendet oder ob es sich um ein Enterprisetool handelt, auf das konzernweit von unterschiedliche Abteilungen – Fachabteilungen, IT-Abteilung, IT-Sicherheit, Datenschutzmanagement, DSB – zugegriffen werden kann.

Unterscheiden lassen sich Tools sinnvoll auch im Hinblick auf ihren Output: Einige Tools erzeugen spezielle Nachweise für bestimmte Anforderungen der DSGVO, oder spezielle Prüfberichte (Audits), Anweisungen mit Teilschritten zur Durchführung von Prüfungen oder DSFAen oder zur Bestimmung von Schutzmaßnahmen oder zum Aufbau eines Datenschutzmanagements.

Damit es sich bei einem Datenschutztool um ein SDM-Tool handelt und dessen Hersteller es zu Recht so bezeichnet, muss das Tool zwei Eigenschaften aufweisen: 1) Es muss mindestens einige wesentliche Modellierungskomponten des SDM enthalten – bspw. mit einer Verarbeitung (und nicht einer Daten- oder IT-Komponente) als Ausgangspunkt, Risikoeinstufung der Verarbeitung durch Schwellwertanalyse, Nutzung der Gewährleistungsziele als Risikokriterien – und es sollte 2) eine Führung durch einen methodisch sinnvollen Ablauf aufweisen, wobei letzteres eigentlich die wesentliche Eigenschaft für die Bezeichnung „SDM-Tool" ist. Daran gemessen ist die Zahl der zu Recht so bezeichneten SDM-Tools noch überschaubar (Stand: Frühjahr 2024). Tools, die nur SDM-Schutzmaßnahmen mit Ampel-statusnotation in einer Tabellenkalkulation auflisten, oder die, im Rahmen von Programmen zur Umsetzung des IT-Grundschutzes, lediglich die drei „Datenschutz-Schutzziele" inkl. der SDM-Bausteine ergänzt haben, erfüllen keine dieser beiden Eigenschaften. Um das ganz klar zu sagen: Letztere sind keine SDM-Tools!

Ein vollwertiges SDM-Tool weist deshalb sowohl typische SDM-Komponenten auf als auch eine funktionale Abfolge der Modellierungen, Analysen und Bearbeitungen von Risiken. Ein SDM-Tool sollte eine gute Deckung zu dem aufweisen, was im nachfolgenden Kapitel zu SDM-Konformität gelistet ist (s. Kap. 10). Es wäre wünschenswert, wenn SDM-Tools zukünftig ihre wesentlichen Modellierungskomponenten SDM explizit auswiesen:

- *SDM-SG:* Das Tool orientiert sich am Schutz betroffener Personen bei Verarbeitungen durch Organisationen nach Regeln der DSGVO;
- *SDM-V3E:* Modellierung einer Verarbeitung anhand der Unterscheidung von mindestens drei Ebenen;
- *SDM-VPH:* Modellierung einer Verarbeitung entlang von Phasen bzw. Verarbeitungs-vorgängen;
- *SDM-GZ:* Modellierung der Datenschutzrisiken entlang des vollständigen Sets der Gewährleistungsziele;
- *SDM-MGB:* Zugriff auf alle generischen Schutzmaßnahmen sowie die SDM-Bausteine;
- *SDM-*:* Vollumfängliche Modellierung nach SDM-V3;
- *SDM-DSFA:* Unterstützt die Durchführung von Datenschutz-Folgenabschätzungen mit SDM;
- *SDM-DSM:* Unterstützt den Aufbau und Betrieb eines Datenschutzmanagements nach SDM.

Und auch die Führung des Anwenders bzw. der Anwenderin durch ein SDM-Tool sollte explizit ausgewiesen sein. Folgende Kennzeichnungen der von SDM-Tools verwendeten methodischen Führungen wären fair:

- *M-:* Tool ermöglicht Nutzer*innen nach qualifizierter Schulung die Umsetzung von zumindest Teilen der Komponenten der SDM-Methode ;
- *Mo:* Tool ermöglicht Nutzer*innen nach qualifizierter Schulung die Umsetzung von (Teilen der) Komponenten der SDM-Methode mit Freitexten;
- *M+:* Tool ermöglicht Nutzer*innen nach qualifizierter Schulung die Umsetzung der Abläufe der SDM-Methode;
- *M*:* Tool erzwingt die Anwendung der SDM-Methode mit allen SDM-Komponenten, eine Schulung der Nutzer*innen wäre geboten;

8.6   SDM-Schulungen

Die Anwendung des SDM muss man lernen. Das Zusammenspielen von Regelwerken, technischen Funktionen und Schutzmaßnahmen bei der Gestaltung von Verarbeitungen ist in der Regel kompliziert und verlangt nicht nur Interdisziplinarität, sondern Transdisziplinarität, also die Zusammenarbeit insbesondere über die akademischen Grenzen hinweg (vgl. Dressel et al. 2014). Ganz sicher ist die Abstimmung der unterschiedlichen Kalküle zwischen Recht, Technik, Modellierungswissen und nicht zuletzt Betriebswirtschaft nicht einfacher als im Bereich der Sicherung der Informations- oder IT-Sicherheit oder im Bereich der Gewinnung ökologischer Nachhaltigkeit beim Einsatz von Technik.

Der Vorteil des SDM, nämlich den hohen Anspruch bzw. die Komplexität von Datenschutzanforderungen gemäß DSGVO deutlich zu machen, macht die Nutzung des SDM eher unbeliebt bei Organisationsverantwortlichen. Es gibt insofern ein objektives Interesse daran, das SDM nur in einer schwachen Version zu interpretieren, in Artikeln den Nutzen des SDM zu bezweifeln und mit entsprechenden Mindsets SDM-Schulungen mit zweifelhaften Inhalten anzubieten. Neben mangelhaften SDM-Tools nimmt deshalb auch die Zahl mangelhafter Schulungen zum SDM zu. Und als Ratschlag verbleibt wenig mehr, als in den Beschreibungen zu angebotenen SDM-Schulungen auf Aspekte zu achten, die auf eine gewissen SDM-Konformität schließen lassen (s. Kap. 10). Schlechte SDM-Tools und schlechte SDM-Schulungen waren ein wichtiges Motiv, dieses Buch zu schreiben. Generell sollte aber nicht auf eine SDM-Schulung verzichtet werden, zumal weil Sie bereits dieses Buch kennen und das Buch Sie in die Lage versetzen sollten, bei einer schlechten Schulung die Diskussion zu suchen. Im Kontext der Datenschutzakademie Schleswig-Holstein des Unabhängigen Landeszentrums für Datenschutz (DSA, https://www.datenschutzzentrum.de/akademie/) und der Usergroup SDM (UGSDM, https://www.ugsdm.de) werden qualitativ hochwertige SDM-Schulungen mit den Inhalten dieses Buches angeboten (Stand: Frühjahr 2024).

8.7   Zwischenstand: SDM anwenden

Mit dem SDM-Würfel lässt sich jede Verarbeitungstätigkeit im Hinblick auf die Risiken, die gemäß der DSGVO zu bearbeiten sind, effizient analysieren. Der Würfel mag komplex erscheinen, aber diese Komplexität ist nicht dem Würfel, sondern der DSGVO zuzurechnen. Diese systematisch erzeugte Klarheit offenbart schonungslos, wie weit Anspruch, wenn der denn überhaupt besteht, und Wirklichkeit bei der Umsetzung der Anforderungen des operativen Datenschutzes in den Organisationen auseinander liegen.

Das SDM stellt sich ausschließlich in den Dienst der DSGVO und beansprucht erst dann bei einer Prüfung zum Einsatz zu kommen, wenn zuvor alle rechtlichen Voraussetzungen an eine Verarbeitung geklärt sind. Es leitet dazu an, funktionale Prüfergebnisse so aufzubereiten, dass am Ende ein abwägendes, rechtliches Gesamturteil zu einer Verarbeitung und deren DSGVO-Konformität gefällt werden kann.

Bei Prüfungen sollten der Prüfzweck (Feststellung der Rechtskonformität mit anschließender Sanktion oder Beratung?) und die Kontroll- oder Prüftiefe (auf den Ebenen 1 bis 3 oder speziell in einer Verarbeitungsphase) vor einer Prüfung geklärt sein. Dieses Minimum an Erwartungsmanagement ist eine Voraussetzung, um so etwas wie eine *Prüfintegrität* erreichen zu können. Und weil bei einer Datenschutzprüfung personenbeziehbare Daten verarbeitet werden (können) und auf jeden Fall Risiken für Betroffene bestehen, wenn eine Prüfung unterbleibt oder diese nur unzulänglich durchgeführt wird, sollte eine Prüfung ihrerseits als eine Verarbeitung im Sinne der DSGVO ausgestaltet sein, für die folgerichtig die Grundsätze aus Art. 5 DSGVO gelten.

Es hat sich gezeigt, dass Art. 35 DSGVO über die Durchführung einer DSFA im engen Wortsinne hinausgeht. Der Art. 35 weist über die Spezifikationsphase im Rahmen eines DS-Managementsystems hinaus, weil Art. 35 auch noch die Implementation wirksamer Maßnahmen umfasst. Man merkt dem Art. 35 an, dass die Autor*innen dieses Artikels einen nur einmalig zu durchlaufenden Demingzyklus zur Betreuung des Lebenszyklus von Daten vor Augen hatten. Aber ganz gleich, ob man die DSFA vollständig nach Art. 35 durchführt oder aber den DSFA-Bericht nach Absolvieren der Phase 2 an das DS-Management übergibt…, das SDM liefert für all das die wesentlichen Strategien der Risikoverortung und der Risikobearbeitung durch Bestimmung der entsprechenden TOM.

Am Ende hängt der Datenschutz einer Organisation davon ab, dass jemand Datenschutz nicht nur verantwortet und überwacht, sondern Datenschutz tatsächlich wirksam macht. Für kleine Organisationen eine eigenständige administrative Datenschutzmanagementabteilung einzufordern, ist korrekt aber unrealistisch. Oder vielleicht auch nicht, wenn dieser jemand außer den operativen Datenschutz auch die Energiebilanz und den Arbeitsschutz in einer Organisation betreut. Wenn man in DSGVO und SDM geschult ist und somit weiß, was im Datenschutz wie zu tun ist, dann ist Datenschutz in kleinen Organisationen praktisch umzusetzen zwar aufwändig, das lässt sich nicht kleinreden, aber machbar, insbesondere wenn SDM-Tools genutzt werden. Wenn eine Organisation eine gewisse Größe erreicht hat und so komplex ist, dass sie eine IT-Sicherheitsabteilung unterhält, dann muss neben der/dem bestellten DSB auch eine mit administrativen Aufgaben befasste Datenschutzabteilung zur Durchsetzung und zum Controling der Maßnahmen implementiert sein. Letzteres ist ohne SDM-Tools nicht mehr leistbar.

Der operative Datenschutz hat zwar, rechtsdogmatisch und in Bezug auf Menschen, das letzte Wort bei der Gestaltung personenbezogener Verarbeitungen, aber er sollte sich in ein definiertes Verhältnis zu anderen Management-Frameworks, wie ITIL oder CoBIT oder das Management der IT-Sicherheit, setzen können. SDM im Kontext anderer Methoden und Standards ist deshalb das Thema des nächsten Kapitels.

Literatur

BfDI (2020). *Info 04 – Die Datenschutzbeauftragten in Behörden und Betrieben.* https://www.bfdi.
bund.de/SharedDocs/Downloads/DE/Broschueren/INFO4.pdf?__blob=publicationFile&v=6.

Bock, Kirsten, Susan Gonscherowski und Eva Schlehan (2019). „Das PIA-Tool der CNIL im auf-
sichtsbehördlichen Praxistest – Bürokratie oder praktikabler Ansatz?" In: *PinG – Privacy in Germany* 3, S. 138–142.

Bock, Kirsten, Christian Ricardo Kühne u. a. (2020). „Datenschutz-Folgenabschätzung für die
Corona-App". In: https://www.fiff.de/dsfa-corona.

Christl, Wolfie (2021). *Digitale Überwachung und Kontrolle am Arbeitsplatz – Von der Ausweitung betrieblicher Datenerfassung zum algorithmischen Management?* https://crackedlabs.org/dl/
CrackedLabs_Christl_UeberwachungKontrolleArbeitsplatz.pdf.

*Corona Warn-App – Bericht zur Datenschutz-Folgenabschätzung für die Corona-Warn-App der Bun-
desrepublik Deutschland – Öffentliche Version – Version 1.20, 09.12.2021* (2021). Techn. Ber.
RKI.

Dressel, G. u. a. (2014). *Interdisziplinär und transdisziplinär forschen – Praktiken und Methoden.*
Bielefeld: transcript.

Drucker, Peter F. (2002). *Was ist Management? Das Beste aus 50 Jahren.* Econ.

DSK (2018a). *Kurzpapier Nr. 13 – Auftragsverarbeitung.* https://www.datenschutzkonferenz-online.
de/media/kp/dsk_kpnr_13.pdf.

DSK (2018b). *Kurzpapier Nr. 16 – Gemeinsam für die Verarbeitung Verantwortliche.* https://www.
datenschutzkonferenz-online.de/media/kp/dsk_kpnr_16.pdf.

DSK (2018c). *Kurzpapier Nr. 5 – Datenschutz-Folgenabschätzung nach Art. 35 DS-GVO.* https://
www.datenschutzkonferenz-online.de/media/kp/dsk_kpnr_5.pdf.

DSK (2024). *Das Standard-Datenschutzmodell – Eine Methode zur Datenschutzberatung und -
prüfung auf der Basis einheitlicher Gewährleistungsziele – Version 3.1.* https://www.datenschutz-
mv.de/datenschutz/datenschutzmodell/.

Forum, Privatheit (o. D.). *Whitepaper Datenschutzfolgenabschätzung – Ein Werkzeug für einen besseren Datenschutz.* https://www.forum-privatheit.de/wp-content/uploads/Forum_Privatheit_White_
Paper_DSFA-3.pdf.

Kühn Philipp M. und Trittermann, Kira (2024). „Die Haftung des internen und externen Datenschutzbeauftragten – Leitfaden für die Beurteilung von Haftungsrisiken in der Praxis". In: *Zeitschrift für
Datenschutz (ZD)* 5, S. 243–248.

Lorenz Ingo und Fox, Dirk (2024). „Ein Reifegradmodell für die Datenschutzorganisation". In: *DuD
– Datenschutz und Datensicherheit* 3.3, S. 183–187.

Rehak, Rainer, Christian R. Kühne und Kirsten Bock (2022). „Analysis and constructive criticism of
the official data protection impact assessment of the German Corona-Warn-App". In: *Conference
proceedings of the Annual Privacy Forum (APF) (forthcoming).*

Schmitt Hartmut und Groen, Eduard C. (2021). „Qualitätsmodell zur Förderung des Beschäftigten-
datenschutzes". In: *Datenschutz und Datensicherheit (DuD)* 01, S. 28–32.

Der Inhalt dieses Kapitels

In diesem Kapitel wird das SDM in den Kontext zu anderen für Organisationen relevante Methoden und Standards gestellt.

Sehr wichtig für das SDM war und ist noch immer der Bezug zum IT-Grundschutz des BSI, sowohl als Methodik für die Verschränkung von Risiken (Gefährdungen) und Schutzmaßnahmen als auch insbesondere als Lieferant für Kryptomaßnahmen wie Verschlüsseln und Signieren. Beachtlich sind außerdem Standards der ISO, die zunehmend spezifischere Bezüge zur DSGVO herstellen. So beschreibt bspw. die ISO/IEC 27701 ein „Privacy Information Management System" und will damit eine Lücke des Informationsmanagementsystems nach ISO/IEC 27001 füllen. Die Themen „IT-Grundschutz" und „ISO 27701" werden nachfolgend nur kurz angerissen, um sie in Bezug zum SDM zu setzen.

Während die ISO/IEC 27701 und das SDM praktisch ohne Berührungspunkte nebeneinander betrieben werden können, ist dies im Vergleich zu einem Organisationssteuerungsparadigma wie ITIL-V4 anders: ITIL-V4 bietet ein organisationsweit aufgespanntes Managementframework, in dessen Teilprozesse sich das SDM gut einfügen lässt.

Das SDM ist obendrein – mit den ausgewiesenen Prüfkriterien als Prüfsystematik und Prüfmethodik – prädestiniert zur Zertifizierung von Verarbeitungstätigkeiten gemäß Art. 42 DSGVO.

Zuletzt wird noch ein kurzer Blick auf das Kirchen-Datenschutzmodell (KDM) geworfen, das aus dem SDM heraus entwickelt wurde und sich inbesondere darum bemüht, das SDM auch für kleinere Organisationen anwendbar zu machen.

M. Rost, *Das Standard-Datenschutzmodell (SDM)*,
https://doi.org/10.1007/978-3-658-44998-8_9

Beizuziehende Literatur
Bitte haben Sie den Text der DSGVO und zur SDM-Methodik weiterhin zur Hand. In den nachfolgenden Kapiteln werden einige Fachpublikationen genannt.

9.1 SDM und IT-Grundschutz

Bitte verschaffen Sie sich Orientierung bzgl. des IT-Grundschutzes („ITGS") des BSI. Die Webseiten des BSI sind die maßgebliche Quelle für alle aktuellen Publikationen zum IT-Grundschutz (https://www.bsi.bund.de/DE/Themen/Unternehmen-und-Organisationen/Standards-und-Zertifizierung/IT-Grundschutz/it-grundschutz_node.html). Ich kann für einen ersten Einstieg auch die Wikipedia-Seite zum ITGS empfehlen, die eine effiziente Übersicht gibt (https://de.wikipedia.org/wiki/IT-Grundschutz-Kataloge).

Leider sind die BSI-Webseiten zu den Publikationen des ITGS nicht verlässlich über Jahre hinweg über die immer gleichen Links auffindbar. Die umfassendste Darstellung von Prozessen, Standards, Methoden, Gefährdungen findet sich im „IT-Grundschutz-Kompendium", das aktuell (Frühjahr 2024) 900 Seiten umfasst (BSI 2023). Laden Sie diesen Text herunter und suchen Sie nach „CON.2", dort finden Sie den Bezug zum SDM.

Das SDM ist methodisch aus dem IT-Grundschutz heraus entwickelt worden und hat sich dann emanzipiert. Für die Umsetzung der Anforderungen an die Informationssicherheit mit Hilfe des ITGS gibt es ein anhaltendes Wohlwollen und Interesse seitens der operativen Datenschützer*innen in den Datenschutzaufsichtsbehörden. Ohne eine enge Kooperation zwischen den Disziplinen können die Risiken der Verarbeitungen nicht wirkungsvoll bearbeitet werden.

Das Attraktive am Grundschutz für den operativen Datenschutz war das Konzept der „Schutzziele", die mit Maßnahmen gekoppelt waren. Schutzziele waren Bestandteile der ersten Datenschutzgesetze der neuen Bundesländer Anfang der 1990er Jahre (s. Abschn. 5.2.1). Schutzziele bilden in der IT-Sicherheit den normativen Anker, weil die Anforderungen an die IT-Sicherheit von Organisationen, mit Ausnahme des Kontextes *Kritische Infrastrukturen* (KRITIS) bzw. des *BSI-Gesetzes, §8* (https://www.gesetze-im-internet.de/bsig_2009/), nicht gesetzlich verankert waren. Deswegen legte der IT-Grundschutz sehr viel Wert darauf, dass eine Geschäftsführung sich zur IT-Sicherheit – mit deren Schutzzielen der Verfügbarkeit, der Vertraulichkeit und der Integrität – ausdrücklich bekennt und dieses Bekenntnis organisationsweit gut vernehmbar auch kommuniziert. Dieses Bekenntnis einer Geschäftsleitung zu den Schutzzielen der IT-Sicherheit erzeugt deren verbindliche Geltung und ersetzt insofern fehlende gesetzliche Verbindlichkeit. Zur Umsetzung des Datenschutzes bzw. des Datenschutzrechts muss sich die Leitung einer Organisation dagegen nicht bekennen, das Datenschutzrecht gilt. Die Anforderungen des Datenschutzes müssen oftmals auch gegen das geäußerte Desinteresse einer Geschäftsleitung, eines Ministeriums oder der Leitung eines Forschungsinstituts umgesetzt werden. Der IT-Sicherheitsbeauftragte bzw. die IT-Sicherheitsabteilung nutzt die normativ-heuristische Führung durch Schutzziele im Interesse der Organisation, um die Geschäftsprozesse und deren (auch personenbezogenen) Daten auf allen organisatorischen und technischen Ebenen zu sichern. Durch die Aktivitäten der IT-Sicherheit werden auch personenbezogene Daten geschützt, weil diese für eine Organisation wertvoll sind. Ein unbefugter Zugriff auf diese Daten oder ein Verlust dieser Daten aufgrund einer mangelhaft abgesicherten IT kann zu datenschutzrechtlich oder strafrechtlich begründeten Sanktionen gegen die Organisation führen. Kurz: IT-Sicherheit schützt personenbezogene Daten im Interesse der Organisation vor dem Zugriff durch unbefugte Dritte.

Die Pioniere des SDM waren durchweg zumindest erfahrene Anwender des ITGS; einige arbeiteten auch als vom BSI zertifizierte ITGS-Auditoren. Ganz zu Beginn der Beschäftigung mit Schutzzielen teilten die SDM-Pioniere die Vorstellung, dass das SDM das Arsenal der Schutzziele der IT-Sicherheit – Sicherung der Verfügbarkeit, Integrität und Vertraulichkeit – schlicht um drei weitere Schutzziele nunmehr des Datenschutzes ergänzt. Wie beim ITGS auch sind mit diesen Schutzzielen Schutzmaßnahmen verbunden – wie insbesondere die Pseudonymisierung und die Anonymisierung, das gesicherte Löschen von Daten oder die rechtlich begründete Trennung von Mandanten aufgrund des Zweckbindungsgebots –, die vom ITGS nachrangig spezifiziert und betreut wurden. Aufgrund besonders intensiver Diskussionen zur DSGVO, die ab 2012 einsetzten und in denen gute alte Gewohnheiten aus BDSG- und LDSG-Zeiten gerettet und schlechte abgelegt wurden, zeigte sich die Notwendigkeit, „personbezogene Verarbeitungstätigkeiten" weitaus stärker betonen zu müssen als nur auf das Vorhandensein von personenbezogenen Daten abzustellen. Denn es sind die Prozesse, mit denen tatsächlich wirksam in die Grundrechte eingegriffen wird, es reicht nicht das bloße Vorhandensein von personenbeziehbaren Daten. Damit veränderte sich auch das Verständnis und die Funktion der Schutzziele im Rahmen des SDM.

Die Diskussionen zum SDM kreisten zunehmend um die vom Datenschutz zu erfüllende Funktion, dass die Grundrechtseingriffe, die durch die Verarbeitung in meist technischer Form vollzogen werden, nicht nur unter normativen, sondern daraus abgeleitet auch unter operativen Bedingungen stehen müssen und dass deren Intensität auf das geringste Maß einzuschränken ist. Und als Pointe gegenüber dem ITGS war dann festzuhalten, dass auch die Maßnahmen des ITGS den Anforderungen der DSGVO genügen müssen. ITGS schützt Geschäftsprozesse, SDM schützt Personen vor diesen Geschäftsprozessen und deren Sicherheitsmaßnahmen. Damit war klar, dass das SDM sich vom Vorbild „ITGS" emanzipieren musste, aber nur, um anschließend einen *Modus der engagiert-gewogenen Zusammenarbeit* einnehmen zu können. Die führenden Köpfe im BSI, die die Grundschutz-Methodik entwickelt und dann viele Jahre betreut hatten, in persona insbesondere Isabel Münch und ihr Team, sahen das exakt genau so. Ich glaube, sie sahen das sogar noch vor uns Datenschützer*innen in dieser Klarheit. Entsprechend konstruktiv fielen die um 2014 geführten Gespräche zwischen den Vertreter*innen des AK-Technik und der BSI-Grundschutzabteilung aus. Wenn man dem Datenschutz das Quentchen Führung symbolisch mitgeben wollte, das ihm aus Sicht des Datenschutzes zukommen muss, könnte man ihn als *Taktgeber* bezeichnen. Die Beziehung des ITGS zum SDM aus Sicht des ITSG ist im Baustein CON.2 dargestellt.

Trotz der Emanzipation blieb – und bleibt noch immer – der ITGS für das SDM insbesondere als Maßnahmenlieferant wichtig. Das SDM hat auf der Ebene der technischorganisatorischen Maßnahmen aktuell (Frühjahr 2024) klar erkennbar noch immer große Lücken, und zwar genau dort, wo Maßnahmen der IT-Sicherheit gut bearbeitet sind, nämlich im Kontext der Sicherung der Vertraulichkeit und Integrität. Das Vorhandensein dieser Lücke war immer offensichtlich und von Beginn an gebilligt, weil es, angesichts der wenigen Autor*innen in der UAGSDM, höhere Priorität hatte, solche Bausteine zu erstellen, die gar nicht oder in einem zu geringen Maße vom ITGS betreut wurden.

Zu den Kryptomaßnahmen, derer man sich seitens des SDM beim ITGS bedient, zählen bspw. die Nutzung von Zertifikaten zur Sicherung von Anforderungen der Integrität bei Daten oder der Authentizität von Personen und IT-Systemen untereinander sowie zur Verschlüsselung von Daten und Kommunikationsbeziehungen. Bei diesen Themen ist das Wissen und die Manpower des BSI denen der Datenschutzaufsicht weit überlegen, insbesondere wenn die Sicherheit von Algorithmen und deren Implementation oder auch die von Betriebssystemen und Programmen zu prüfen ist. Es gibt aber auch eine ganze Reihe prozessnaher Problemstellungen, bei denen Informationssicherheitsbeauftragte (ISBe) und operative Datenschützer*innen gemeinsam kompetent dafür sorgen können, dass die Organisationen sicher und datenschutzgerecht agieren. Dies ist bspw. der Fall bei der Analyse der Prozesse im Kontext einer Public-Key-Infrastruktur (PKI) oder beim Härten von IT-Systemen oder beim Umgang mit Hash-Prüfsummen-Differenzen, inwieweit diese zum Anlass genommen werden, auch eine harmlos erscheinende Integritäts- oder Vertraulichkeitsverletzung aufzuklären.

CON.2

In der Version des IT-Grundschutz-Kompendiums von 2022 wurde im Baustein CON.2 die Aufgabe des Datenschutzes noch wie folgt definiert:

> Aufgabe des Datenschutzes ist es, Personen davor zu schützen, dass sie durch die Nutzung ihrer personenbezogenen Daten durch Dritte in der Ausübung von Grundrechten beeinträchtigt werden (BSI 2023, S. 145).

Dieses tatsächlich falsche – und bei vielen BSI-Auditoren nach wie vor vorherrschende – Verständnis von Datenschutz wurde in der Version von 2023 korrigiert. Nun heißt es zutreffend in wünschenswerter Klarheit:

> Im Gegensatz zur Informationstechnik, die primär dem Schutz der datenverarbeitenden Institution dient, ist es Aufgabe des Datenschutzes, natürliche Personen davor zu schützen, dass Institutionen oder Stellen mit ihren Verarbeitungstätigkeiten zu intensiv in die Grundrechte und Grundfreiheiten der Personen eingreifen (BSI 2023, CON.2 S. 1).

Das BSI kümmt sich um „Informationssicherheit", die wie folgt definiert wird:

Informationssicherheit hat den Schutz von Informationen als Ziel. Dabei können Informationen sowohl auf Papier, in IT-Systemen oder auch in Köpfen gespeichert sein. Die Schutzziele oder auch Grundwerte der Informationssicherheit sind Vertraulichkeit, Integrität und Verfügbarkeit. Viele Anwender ziehen in ihre Betrachtungen weitere Grundwerte mit ein (BSI 2023, Glossar S. 3).

Bezüglich der Ansprüche des SDM führt das BSI nun in CON.2 aus:

- Es überführt datenschutzrechtliche Anforderungen in einen Katalog von Gewährleistungszielen.
- Es gliedert die betrachteten Verarbeitungen in die Komponenten: Daten, IT-Systeme und Dienste (inkl. Schnittstellen) sowie Prozesse.
- Es berücksichtigt die Einordnung von Verarbeitungstätigkeiten basierend auf den Risikostufen „kein oder gering", „normal" und „hoch" gemäß DSGVO in die Schutzbedarfsstufen „normal" und „hoch", insbesondere mit Auswirkungen auf der Ebene der Sachbearbeitung mit ihren Fachverfahren, die von Anwendungen und IT-Infrastruktur unterstützt werden.
- Es bietet einen Katalog mit standardisierten Schutzmaßnahmen (BSI 2023, CON.2. S. 2).

Als Gefährdungen für Organisationen durch mangelnden Datenschutz werden aufgelistet:

- „Missachtung von Datenschutzgesetzen oder Nutzung eines unvollständigen Risikomodells" – Unter dieser Überschrift werden im ITGS wesentliche Anforderungen des Datenschutzes zusammengefasst. Hiernach ist für jede Verarbeitung eine Rechtsgrundlage Voraussetzung, das Risiko geht von der Institution aus, eine Zweckbestimmung der Verarbeitung ist notwendig, usw.
- „Festlegung eines zu niedrigen Schutzbedarfs" – Unter dieser Überschrift werden wesentliche operative Risiken formuliert, die für eine Organisation bestehen, wenn sie sich nicht an die DSGVO bzw. an die funktionalen Vorgaben des SDM hält. Im Einzelnen:
  - „Die Institution hat den gegenüber der Informationssicherheit erweiterten Schutzzielkatalog des Datenschutzes nicht berücksichtigt."
  - „Die Institution hat bei der Schutzbedarfsermittlung nicht zwischen den Risiken für die Umsetzung der Grundrechte der Betroffenen und den Risiken für die Institution unterschieden."
  - „Die Institution hat zwar die beiden Schutzinteressen unterschieden, aber die Funktionen des Verfahrens und der Schutzmaßnahmen zugunsten der Institution bzw. zu Ungunsten betroffener Personen gestaltet." (BSI 2023, CON.2 S. 3)

In „CON.2.A1" ist die Umsetzung des SDM abschließend als „Basisanforderung" ausgewiesen. Und in Bezug auf die Anwendung des SDM heißt es:

Die gesetzlichen Bestimmungen zum Datenschutz (DSGVO, BDSG, die Datenschutzgesetze der Bundesländer und gegebenenfalls einschlägige bereichsspezifische Datenschutzregelungen) MÜSSEN eingehalten werden. Wird die SDM-Methodik nicht berücksichtigt, die Maßnahmen also nicht auf der Basis der Gewährleistungsziele systematisiert und mit dem Referenzmaßnahmen-Katalog des SDM abgeglichen, SOLLTE dies begründet und dokumentiert werden (BSI 2023, CON.2 S. 5).

Lohnt die Befassung mit dem IT-Grundschutz des BSI aus Sicht des operativen Datenschutzes bzw. des SDM?

Ja, die Befassung lohnt definitiv. Der IT-Grundschutz gilt als eine ganz besonders wertvolle Quelle für technisch-organisatorische Maßnahmen im operativen Datenschutz. Es darf darüber nur nicht vergessen werden, dass IT-Grundschutz und der operative Datenschutz unterschiedliche Schutzobjekte haben. Die vom IT-Grundschutz bezogenen Maßnahmen müssen so genutzt werden, dass sie (auch) den betroffenen Personen nützen. Die Maßnahmen aus dem IT-Grundschutz sind so zu spezifizieren, zu betreiben und zu überwachen, dass diese die Intensität von Grundrechtseingriffen durch die Organisation mindern. Aber auch die Maßnahmen des SDM nützen der Informationssicherheit, insbesondere beim Durchsetzen von Trennung bei IT-Systemen, Datenbeständen und Prozessen; beim Nutzen von Protokolldaten und dem Ausbau der Möglichkeiten, in die Verarbeitung eingreifen zu können.

9.2   SDM und ISO/IEC 27701:2019

Wenn Sie Zugriff auf ISO-Standards haben, dann besorgen Sie sich bitte die ISO/IEC 27701:2019 sowie die ISO/IEC 27001 und die ISO/IEC 29100. Neu hinzugekommen sind die ISO-Standards 31700-1 und 31700-2 zu Privacy-By-Design, die sich mit Bezug zu Art. 25 DSGVO an Hersteller und Verbraucher richten. Das sind wesentliche Standards, die im Kontext Datenschutz Nutzen entfalten können. Wenn Sie keinen Zugriff auf diese Texte haben, finden Sie einen Einstieg durch eine einfache Internetrecherche sowie über die englischsprachige Wikipedia. Nachfolgend soll ein Eindruck von der Nützlichkeit eines ISO-Standards bzgl. der Umsetzung der DSGVO und der Möglichkeit zu einem harmonischen Zusammenspiel mit dem SDM am Beispiel der ISO/IEC 27701:2019 vermittelt werden.

Die „ISO/IEC 27701:2019" ist zunächst einmal eine Erweiterung der „ISO/IEC 27001", die eine internationale Norm für das *Management der Informationssicherheit* ist. Die „ISO/IEC 27001" enthält Anforderungen für die Einrichtung, Umsetzung, Aufrechterhaltung und die kontinuierliche Verbesserung eines *Informationssicherheitsmanagementsystems* (ISMS), das Organisationen darin unterstützen soll, die Sicherheit der in ihrem Besitz befindlichen Informationen zu erhöhen. Sie allein bietet aber einen nur geringen Nutzen für die Datenschutzpraxis (vgl. Cardillo und Bethke 2020). Die ISO/IEC 27701 erweitert ein bestehendes ISMS um zusätzliche Anforderungen, mit denen ein *Datenschutzinformationsmanagementsystem* („Privacy Information Management System", PIMS) eingerichtet, aufrechterhalten und kontinuierlich verbessert werden kann. Die Norm umreißt dafür einen Rahmen für die Verarbeitung personenbezogener Daten („Personally Identifiable Information", PII), mit denen Verantwortliche und Verarbeiter von PII Datenschutzkontrollen verwalten können.

Die ISO/IEC 27701 wurde im August 2019 publiziert. In der Einleitung wird sie zunächst in die Systematik der ISO-Familie eingeordnet. Entsprechend referenziert sie auf Standards zum Management der Informationssicherheit wie die ISO/IEC 27000, die ISO/IEC 27001:2013, die ISO/IEC 27002:2013 sowie die ISO/IEC 29100, in der Terminologie, Verantwortlichkeiten und Rollen der Verantwortlichen für die Verarbeitung personenbezogener Daten definiert werden. Im Anhang der ISO/IEC 27701 werden darüber hinaus Maßnahmen anderer ISO-Standards mit Datenschutzbezug, wie die ISO/IEC 29100 („Rahmenwerk für Datenschutz"), die ISO/IEC 27018 („public cloud services") und die ISO/IEC 29151 („Leitfaden für den Schutz personenbezogener Daten") referenziert. Am Ende des Anhangs erfolgt eine tabellarische Zuordnung („Mapping") der Anforderungen an das PIMS zu den relevanten Artikeln 5 bis 49 der DSGVO.

Der allgemeine Zweck der ISO/IEC 27701 besteht darin, Anforderungen zu spezifizieren und eine Anleitung zur Einrichtung, Implementierung, Wartung und kontinuierlichen Verbesserung eines PIMS in Form einer Ergänzung der genannten ISO-Standards und der DSGVO zu bieten. Der spezifische Zweck besteht darin, PIMS-bezogene Anforderungen zu spezifizieren und eine Anleitung zur Verarbeitung von personenbezogenen Daten sowohl für Verantwortliche („PII-Controller") als auch für Verarbeiter („PII-Processor") zu geben. Der Standard soll für alle Arten und Größen von Organisationen gelten, also einschließlich öffentlicher und privater Unternehmen, staatlicher Einrichtungen und gemeinnütziger Organisationen. Er soll insbesondere eine Anleitung für die Verarbeitung personenbezogener Daten innerhalb eines ISMS geben.

Die ISO/IEC 27701 holt insofern nicht das nach, was auch in allen anderen ISO-Standards fehlt, nämlich die Umsetzung gesetzlicher Datenschutzanforderungen an eine riskante Verarbeitung zum Ausgangspunkt der Standardisierungsbemühungen und zum Anlass für den Ausweis von Standard-Schutzmaßnahmen zu nehmen. *Der Anforderung, dass die Intensität der Eingriffe in die Selbstbestimmung von Personen, die von der Verarbeitung selber ausgehen, analysiert und dann minimiert werden müssen, genügt die ISO/IEC 27701 insofern nicht.* Das ist den Autor*innen der IST-Standards auch klar, wenn in der ISO/IEC 27701 darauf hingewiesen wird, dass die nationalen und lokalen Normen und Regelungen zu berücksichtigen seien.

Lohnt die Befassung mit der ISO/IEC 27701 aus Sicht der DSGVO-Anforderungen an einen operativen Datenschutz trotzdem?

Ein konkret die Umsetzung der DSGVO prüfender oder an der Verfahrensgestaltung beteiligter Datenschutzbeauftragter sollte keine unmittelbar nützlichen Werkzeuge und Arbeitshilfen von der ISO 27701 erwarten. Auf der Ebene der Auflistung von Schutzmaßnahmen der IT-Sicherheit hat der IT-Grundschutz aus unserer Sicht zudem mehr und zumeist Detaillierteres zu bieten. Eine Stärke der ISO 27701 besteht darin, dass sie die Organisation selber in den Blick nimmt („5.1 Understanding the organization and its context"). Dadurch kann man erkennen, wo es in einer Organisation strukturell und prozessual hapert, um Änderungen herbeizuführen. Über diese insbesondere das Datenschutzmanagement berührende Stelle sieht das SDM zu großzügig hinweg (Rost und Sowa 2020, S. 662).

9.3 SDM und ITIL

Die Befassung mit IT-Grundschutz und einer qua Titel als besonders „datenschutznah" einzuschätzenden ISO-Norm wie der ISO/IEC 27701 hat gezeigt, dass das SDM eine von diesen Methoden separierte Stellung im Gefüge der Methoden und Standards aus unterschiedlichen Gründen einnehmen muss. Gegenüber dem ITGS ist dies notwendig, weil der operative Datenschutz Personen wirksam vor Organisationen schützen muss. Und gegenüber der ISO/IEC 27701 ist zu betonen notwendig, dass es dieser Norm, wie auch allen anderen ISO-Normen, an Grundrechtsorientierung fehlt.

Gleichwohl darf berechtigt verlangt werden, dass das SDM nicht als ein Solitär sozusagen über allem thront – selbst wenn sich das grundrechtlich rechtfertigen ließe –, sondern dass es sich in ein allgemeines, übergreifendes Organisationsframework einfügen lässt, das neben Informationssicherheit und operativem Datenschutz bspw. auf Qualitätsmangement abzielt, dass bspw. auch das Energiemanagement oder die IT-Revision umfassen kann (vgl. Sowa 2021). Ein aussichtsreicher Kandidat dafür ist ein die Organisation übergreifendes Gesamtframework wie die „Information Technology Infrastructure Library" (ITIL), die dem SDM eine angemessene funktionale Position in dem gesamten Framework-Gefüge einer Organisation zuweisen kann.

ITIL wurde in den 1980er-Jahren als lose Sammlung von „Best Practices" mit dem Ziel veröffentlicht, die Erbringung von IT-Services zu standardisieren und kosteneffizienter zu gestalten (vgl. Axelos 2020). Dadurch entstand ein De-Facto-Standard für das Management von IT-Services, der den Anspruch erhob, sich für das Management sämtlicher technologiebasierter Dienstleistungen zu eignen. Es umfasst ein Lebenszyklusmodell und bietet einen modularen Aufbau, in dem einzelne Elemente durch spezifischere oder bereits im Unternehmen etablierte Standards und Methoden ersetzt und miteinander verzahnt werden können. ITIL 4 besteht aus den zwei Komponenten „4-Dimensionen-Modell" und „Service-Wertschöpfungskette".

Die mittels SDM aus Art. 4 Nr. 2 DSGVO herausdestillierten neun Verarbeitungsvorgänge (s. Abschn. 3.5) finden sich hier als wesentliche Bestandteile von IT-Services wieder. Insofern führt diese Sicht des IT-Service-Management dazu, dass Verarbeitungsvorgänge als ohnehin vom Management erfasst und gesteuert gelten können. Die spezifischen Anforderungen des Datenschutzes an die Gestaltung einer Verarbeitungen fügen sich nahtlos ein. Und die Anforderungen des Datenschutzmanagements (s. Abschn. 8.4), dies nur als Hinweis, lassen sich im Vier-Dimensionen-Modell des ITIL-Service-Managements unterbringen.

In der ITIL-Dimension „Organisationen und Menschen" wäre die Aufgabe anzugehen, operativen Datenschutz in der Organisation zu implementieren. Konkrete Fragestellungen können sein, ob die Organisation durch Definition von Rollen, Verantwortlichkeiten, Kompetenz und Kommunikationskanälen gut definiert ist, um Datenschutzanforderungen in gebotener Zeit als Aktivitäten umsetzen zu können, und ob alle Mitarbeiter im Datenschutz unterwiesen wurden.

Die Dimension „Informationen und Technologien" betrachtet die Informationen und Kenntnisse, die für das Management von Services, Technologien sowie für die Beziehungen zwischen verschiedenen Komponenten des Service-Wertesystems erforderlich sind. Wesentliche Elemente des Datenschutzes, wie beispielsweise der Eintrag im Verzeichnis von Verarbeitungstätigkeiten (Art. 30 DSGVO) einschließlich Identifikation und Dokumentation der verarbeiteten personenbezogenen Daten, die DSFA sowie die technischen und organisatorischen Maßnahmen, sind in dieser Dimension zu verorten. Hier ließe sich auch das SDM, verstanden als Methode, um normative Anforderungen in funktionale Anforderungen zu transformieren, verorten.

Die Dimension „Partner und Lieferanten" stellt auf den Aspekt der Auftragsverarbeitung ab und umfasst die Beziehungen einer Organisation zu anderen Organisationen, die an Design, Entwicklung, Deployment, Bereitstellung, Support und/oder kontinuierlicher Verbesserung von Services beteiligt sind. Sie umfasst auch Verträge und andere Vereinbarungen zwischen der Organisation und ihren Partnern oder Lieferanten. Neben den Auftragsverarbeitungsvereinbarungen wären hier insbesondere Drittlandsübermittlungen an externe Dienstleister angesiedelt.

Die Dimension „Wertströme und Prozesse" betrachtet, wie die verschiedenen Teile der Organisation auf integrierte und koordinierte Weise zusammenarbeiten, um durch Produkte und Services Wertschöpfung zu ermöglichen. Im Kontext des Datenschutzes entfaltet diese Dimension gleich in zweierlei Hinsicht ihre Wirkung: Zum Ersten können hier systematisch alle Prozesse betrachtet werden, die auf ein funktionierendes DSMS abzielen. Zum Zweiten empfiehlt es sich, in dieser Dimension auch die Nicht-Datenschutzprozesse daraufhin zu untersuchen, ob bei allem Zusammenwirken mit dem Ziel der Wertschöpfung der Wert des Datenschutzes ausreichende Beachtung findet, indem bspw. der Grundsatz der Zweckorientierung und Zweckbindung beachtet wird.

Die Umsetzung von Maßnahmen des SDM aus diesen vier Dimensionen heraus kann dann durch die Aktivitäten und etablierten Management-Praktiken von ITIL unterstützt erfolgen. Die Umsetzung einer Maßnahme wird zunächst als Anforderung in die Aktivität „Planung" eingesteuert. Die Planungsaktivität analysiert, wo die Organisation im Hinblick auf diese Maßnahme steht. Sie gibt eine Zielrichtung vor und ermittelt grob die Lücken und Mängel. Die Ergebnisse der Planungsaktivität sind „Outputs", die als „Inputs" von den Folgeaktivitäten aufgegriffen und weiterentwickelt werden. Die im Rahmen der Aktivität „Planung" maßgeblich unterstützenden Aktivitäten sind: Architecture Management, Continual Improvement, Information Security Management, Measurement and Reporting, Portfolio Management, Risk Management, Strategy Management, Availability Management, Service Continuity Management und Service Level Management. Ich muss es an dieser Stelle mit den Hinweisen bewenden lassen, weil die Integration von SDM in ITIL ein eigenständiges

Großthema ist und eine entsprechend eigenständige Publikation verlangte (vgl. Welke und Rost 2020).

Lohnt die Befassung mit ITIL aus Sicht des operativen Datenschutzes?

Ja. Das SDM kann in Form eines Datenschutz-Managementsystems und einer Datenschutzabteilung, die die Datenschutzanforderungen administrativ in der Organisation durchsetzt, in die Standard-Services-Practices von ITIL integriert werden. ITIL bietet generell die Voraussetzungen, um Verarbeitungstätigkeiten zweckbestimmt zu planen, umzusetzen, zu kontrollieren und permanent verbessern zu können. ITIL eignet sich insofern auch ungleich besser zur Umsetzung von Datenschutz-Anforderungen als bspw. ein isoliertes IT-Security-Managementsystem, das wiederum nur einen Teilausschnitt eines ITIL-Frameworks bildet. ITIL bietet erprobte Möglichkeiten des Konfliktmanagements, bspw. um Konflikte zwischen den Anforderungen des operativen Datenschutzes und der IT-Sicherheit in den Blick zu stellen und zu bearbeiten.

9.4   SDM und Zertifizieren

Es liegt auf der Hand, dass das SDM hervorragend zur Zertifizierung von Verarbeitungstätigkeiten nach den Anforderungen der DSGVO herangezogen werden kann. Die DSK hat ein Papier veröffentlicht, in dem das SDM, als Systematik und Methodik für ein Zertifizierungsprogramm, genutzt werden kann (vgl. DSK 2021). Die Anforderungen an Zertifizierungen und Zertifizierungstellen sind in Art. 42 und Art. 43 DSGVO formuliert. Worin besteht die Funktion von Zertifizierungen?

> „Datenschutzrechtliche Zertifizierungen umfassen Zusicherungen hinsichtlich der datenschutzkonformen Realisierung von Verarbeitungen personenbezogener Daten. Sie sollen auch als Nachweis dienen, dass zum Zeitpunkt der Zertifizierung, aber auch darüber hinaus, im Gültigkeitszeitraum von maximal drei Jahren (vgl. Art. 42 Abs. 7) diese Zusicherungen eingehalten werden." (Prietz et al. 2020, S. 654)

Eine Zertifizierung ist insofern ein Sonderfall einer Datenschutzprüfung (s. Abschn. 8.2), sie muss vier Themenfelder aufweisen:

- Ausweis relevanter *Prüfkriterien*
- Ausweis einer transparenten und integren *Prüfsystematik*
- Ausweis von geeigneten *Prüfmethoden*
- Ausweis der datenschutzrechtlichen *Beurteilung von Prüfungsergebnissen*

Diese Unterscheidung von Prüfkriterien, Prüfsystematik und Prüfmethoden ist in internationalen Zertifizierungsverfahren gängig und basiert auf der Anwendung der technischen Normen DIN EN ISO/IEC 17000 und DIN EN ISO/IEC 17011. Diese Normen sind ihrerseits grundlegend, um die technische Norm *DIN EN ISO/IEC 17065* anzuwenden, die für

Zertifizierung zu nutzen Art. 43 Abs. 1 lit b DSGVO vorschreibt. All diese Anforderungen können mit Hilfe des SDM erfüllt werden.

In Bezug auf die *Prüfkriterien* ist auf den SDM-Würfel hinzuweisen, mit dem Ausweis der Gewährleistungsziele und der Verarbeitungsvorgänge und Verarbeitungsebenen. Diese Kriterien sind sichergestellt relevant in Bezug auf die Transformation der normativen Vorgaben der DSGVO in technisch-organisatorische Vorgaben für Prozesse und IT-Komponenten und IT-Dienste.

Eine *Prüfsystematik* muss sicherstellen, dass die Transformation von der Beobachtung der Eigenschaften der Komponenten einer Verarbeitung über die Feststellung ihrer funktionalen Angemessenheit bis zur datenschutzrechtlichen Beurteilung möglich ist. Dabei ist die Prüftiefe festzulegen, die notwendig ist, um die Wirksamkeit technisch-organisatorischer Maßnahmen sicher bestimmen zu können. Genau das kann mit Hilfe des SDM-Würfels geleistet werden, nämlich festzulegen, in welcher Form und mit welcher Tiefe eine Verarbeitung einschließlich ihrer TOM zertifiziert werden kann oder zertifiziert werden soll.

Eine datenschutzrechtliche *Prüfmethode* dient dem Nachweis, dass eine Zusicherung, hinsichtlich der datenschutzrechtlichen Anforderungen im Anwendungskontext, technisch sichergestellt und/oder rechtlich gewährleistet ist. Das bedeutet für eine datenschutzrechtliche Prüfmethodik:

- TO-Maßnahmen müssen im Einklang mit den datenschutzrechtlichen Anforderungen in der technischen Implementierung sein, eine Zertifizierung muss die Wirksamkeit der ergriffenen TO-Maßnahmen nachweisen.
- Die eingesetzten IT-Systeme und IT-Dienste müssen den datenschutzrechtlichen Anforderungen im Betrieb auf Dauer genügen.
- Die IT-Systeme und IT-Dienste müssen aktiv und regelmäßig getestet werden, Anwendungs- und Testszenarien frühzeitig auf der Basis der Spezifikation entwickelt werden.
- Abweichungen hinsichtlich der Zusicherungen sind zu beurteilen, um die Schwere der Abweichungen festzustellen.
- Auf der Grundlage der datenschutzrechtlichen Beurteilung sind Entscheidungen zu treffen, welche Anpassungen notwendig sind, um bestehende Zusicherungen zu wahren.
- Wenn keine Anpassungen möglich sind, dann ist keine erfolgreiche oder keine Aufrechterhaltung einer bestehenden Zertifizierung möglich.

Dieses standardisierte Vorgehen bei einer Prüfung auf DSGVO-Konformität kann das SDM allein aus sich heraus als bloße Methode nicht sicherstellen. Das Vorgehen ist festgelegt durch die Verbindlichkeit einer Prüfung, insbesondere im Umgang mit abweichenden Prüfergebnissen durch die prüfende Stelle. Das SDM kann allerdings den systematischen Anspruch sicherstellen, dass eine Prüfung oder Zertifizierung – als Verarbeitungstätigkeit, mit einem hochgradig relevanten Grundrechtebezug –, ihrerseits den Grundsätzen nach Art. 5 DSGVO genügt (s. Abschn. A.3). Insofern ist es geboten, Freiheitsgrade bei der rechtlichen Beurteilung herauszunehmen, indem eine *Zertifizierungsstelle* ein *Zertifizierungsprogramm* nutzt, das Prüfkriterien, -systematik und -methodik integriert und den Auditor oder die Auditorin geradlinig durch einen Zertifizierungsprozess führt. Allein aufgrund des mittelbaren Personenbezugs eines Zertifizierungsprogramms läge es zudem nahe, eine Zertifizierung – mit ihren Komponenten Kriterien, Systematik, Methodik sowie den dabei eingesetzten Werkzeugen – ihrerseits als eine Verarbeitungstätigkeit aufzufassen, die, wenn sie einzelne Verarbeitungsvorgänge oder vollständige Verarbeitungen mit hohem Risiko zertifizieren können soll, ihrerseits einer DSFA gem. Art. 35 DSGVO zu unterziehen ist. Betroffene Personen ebenso wie zertifizierte Organisationen müssen darauf vertrauen können, dass die Zertifizierungsverfahren tatsächlich integer gegen sämtliche Anforderungen der DSGVO geprüft haben.

9.5   SDM und KDM

Das von einer ökumenischen Projektgruppe, bestehend aus Vertreter*innen der evangelischen und katholischen Datenschutzaufsichtsbehörden Deutschlands, erarbeitete *Kirchliche Datenschutzmodell* (KDM) basiert auf dem SDM. Die Übernahme des SDM ist deshalb möglich, weil das kirchliche Datenschutzrecht der DSGVO folgt, auch wenn es Eigenständigkeit beansprucht und diese Eigenständigkeit vom Art. 91 DSGVO gedeckt ist (vgl. Hoeren 2018).

Diese Projektgruppe steckt bislang weniger Energie in die Weiterentwicklung und Pflege des SDM, dafür mehr in dessen Anwendbarkeit. Auf der Webseite (https://www.kirchliches-datenschutzmodell.de/) findet man deshalb eigenständige Publikationen mit Handreichungen zur praxisnahen Anwendung des SDM, wie bspw. jüngst im Kontext Kindergarten.

Lohnt die Befassung aus Sicht der DSGVO-Anforderungen an einen operativen Datenschutz?

Ja, definitiv. Hier sind gute Entwicklungen bzgl. der Anwendung des SDM auch in kleineren Organisationen zu erwarten.

9.6   Zwischenstand: SDM im Kontext

Wenn die Orientierung im Datenschutz fehlt, dann wird typischerweise versucht, Datenschutzrisiken anstelle des SDM mit ISO-Standards betriebswirtschaftlich zu kalkuieren und am Ende kategorial folgerichtig „zu bewerten". Oder das SDM wird als Untermenge der Informationssicherheit zugeschlagen und bspw. dem IT-Grundschutz des BSI integriert. Als ein typisches Beispiele, das nur ein geringen Grad an Deckung durch die DSGVO aufweist, ist *LINDDUN* im Kontext von Software-Architekturen zu nennen (vgl. Wuyts 2015). Als ein weiteres Beispiel dafür, das SDM nur als einen erweiterten IT-Grundschutz zur Lieferung von speziellen Datenschutzmaßnahmen aufzufassen, ist *ZAWAS* (vgl. Mierowski 2021). Das Versprechen der Integration von SDM und IT-Grundschutz löst ZAWAS nicht ein, weil die funktionalen Anforderungen an die Verarbeitung nicht entschieden aus der grundrechtlichen Schutzperspektive der Betroffenen formuliert werden. Die Risiko- und Schutzperspektive von ZAWAS ist die einer etwas erweiterten Informationssicherheit. Das sehr ernstzunehmende Problem daran ist, dass die Aktivitäten oberflächlich nach Umsetzung der DSGVO aussehen, die auch permanent beschworen wird, aber sie erzeugt keinen materiellen Grundrechteschutz. Wenn der praktische Datenschutz von den starken Standards des BSI und der ISO, mit ihren überzeugten Auditor*innen, und von sozusagen „bequemen Methoden" wie ZAWAS in einer Organisation gekapert wird – die Verantwortlichen haben in der Regel nichts dagegen –, dann ist es schwer, einen wirksamen, grundrechteorientierten operativen Datenschutz mit dem SDM auf die Beine zu stellen.

Aus Sicht des operativen Datenschutzes ist es geboten, aus dem Modus der gewogenen Zusammenarbeit heraus eng mit den für Informationssicherheit Zuständigen zu kooperieren. Die Verarbeitungen der Organisationen und der dafür Verantwortlichen sind in das Blickfeld zu rücken. Das bedeutet nicht, dass man diese Standards nicht für den Grundrechteschutz nutzen kann. Genau das macht das SDM mit den Verweisen in die Maßnahmenkataloge des ITGS hinein und mit dem Demingzyklus des Plan Do Check Act der ISO 9001 für ein Datenschutzmanagementsystem. ITIL-V4 bietet, vermutlich ebenso wie CoBIT mit den „Key-Risk-Indicators" (KRI), gute Prozessstrukturierungen, mit denen sich auch die datenschutzrechtlichen Anforderungen managen lassen. Es ist damit zu rechnen, dass es zu weiteren Abspaltungen des SDM wie die des KDM kommen wird, mit vorausgewählten, domänenspezifischen Anpassungen des SDM auf bestimmte Typen von Organisationen.

Literatur

Axelos (2020). „ITIL®Foundation, ITIL 4 Edition (German Edition)". In: https://www.axelos.com/.

BSI (2023). *IT-Grundschutz-Kompendium.* https://www.bsi.bund.de/SharedDocs/Downloads/DE/BSI/Grundschutz/IT-GS-Kompendium/IT_Grundschutz_Kompendium_Edition2023.html.

Cardillo, Anna und Andreas Bethke (2020). „Der „nichtverhandelbare" Hauptteil der ISO/IEC 27001 und die Bedeutung für den Datenschutz". In: *DATENSCHUTZ-BERATER* 11, S. 273–276.

DSK (2021). *Anforderungen an datenschutzrechtliche Zertifizierungsprogramme – Datenschutzrechtliche Prüfkriterien, Prüfsystematik und Prüfmethoden zur Anpassung und Anwendung der technischen Norm DIN EN ISO/IEC 17067 (Programmtyp 6) (Version 1.8, 16.04.2021).* https://www.datenschutzkonferenz-online.de/media/ah/DSK_Anwendungshinweis_Zertifizierungskriterien.pdf.

Hoeren, Thomas (2018). „Kirchlicher Datenschutz nach der Datenschutzgrundverordnung – Eine Vergleichsstudie zum Datenschutzrecht der evangelischen und der katholischen Kirche". In: *NVwZ – Neue Zeitschrift für Verwaltungsrecht* 6, S. 373–375. https://www.itm.nrw/wp-content/uploads/Kirche_Datenschutz.pdf.

Mierowski, Stefan (2021). *Datenschutz nach DS-GVO und Informationssicherheit gewährleisten.* Springer Vieweg.

Prietz, Christian, Martin Rost und Julia Stoll (2020). „Prüfverfahren zur datenschutzrechtlichen Zertifizierung". In: *DuD – Datenschutz und Datensicherheit* 10 (44), S. 654–658. https://maroki.de/pub/privacy/2020-10_DuD_Zertifizierung_Prietz_Rost_Stoll.pdf.

Rost, Martin und Aleksandra Sowa (2020). „Die ISO 27701 und das SDM-V2 im Lichte der Umsetzung der DSGVO". In: *DuD – Datenschutz und Datensicherheit* 10 (44), S. 659–662. https://maroki.de/pub/privacy/2020-10_DuD_27701_SDM_Rost_Sowa.pdf.

Sowa, Aleksandra (2021). *IT-Prüfung, Datenschutzaudit und Kennzahlen für die Sicherheit.* Springer.

Welke, Sebastian und Martin Rost (2020). „ITIL 4 und SDM 2.0 „verschränkt"". In: *it Service management – Fachzeitschrift für die ITSDM-Community* 51 (15), S. 12–18.

Wuyts, Kim (2015). *Privacy Threats in Software Architectures – Dissertation KU Leuven.*

Als mir die Frage „Wie stellt man SDM-Konformität fest?" das erste Mal gestellt wurde, hatte ich zunächst unangemessen unwillig reagiert, mich dann bei der Fragestellerin entschuldigt. Mir hatte sich diese Frage so noch nicht gestellt. „Ganz bescheiden" bestand der Zweck des SDM aus meiner Sicht einzig darin, DSGVO-Konformität im Sinne der Umsetzung des grundrechtlichen Schutzes von Personen herzustellen. Meine erste improvisierte Antwort lautete entsprechend, dass SDM-Konformität irrelevant sei, es ginge einzig und allein um das Erreichen von DSGVO-Konformität, das sei der Qualitätsmaßstab für das SDM. Wenn das SDM dabei hilft, die Anforderungen der DSGVO umzusetzen, ist der Zweck des SDM erfüllt, das muss es leisten. Wenn man einige Teile aus der Methodik des SDM anders macht, kann das durchaus in Ordnung sein.

Doch es ist hilfreich, eine Vorstellung von spezifischer „SDM-Konformität" ent-wickeln, weil SDM-Konformität nicht auf das Regelwerk DSGVO abzielt, sonden auf die SDM-Methode als einer fest umrissenen Umsetzungsstrategie insbesondere für die DSGVO. Das SDM bezeichnet vor allem einen bestimmten Ablauf von Aktivitäten, und nur sekundär einen Lieferanten für Standardmaßnahmen des operativen Datenschutzes. Es drängen seit 2020 außerdem „SDM-Tools" und „SDM-Schulungen" auf den Markt, die ohne diesen SDM-spezifischen methodischen Gehalt sind. Das ist zum ärgerlichen Problem geworden weil es, im Unterschied zu BSI-Grundschutz oder zur ISO-Zertifizierung, keine qualitäts-sichernden Maßnahmen für das SDM gibt. Angesichts solcher, den Datenschutz und das SDM verwässernden, Aktivitäten stellt sich die Frage nach der SDM-Konformität sogar mit besonderem Nachdruck.

Deshalb: Was darf als „SDM-konform" gelten…

(a) in Bezug auf Bestimmung des *Schutzguts* (s. Abschn. 4.2)?
(b) bei der Modellierung/Analyse einer *Verarbeitung* (s. Abschn. 3.1)?

(c) bei der *Einstufung des Grundrechtsrisikos* (s. Abschn. 6.2)?

(d) bei der *Modellierung von Datenschutzrisiken* (s. Abschn. 6.1)?

(e) bei der Bestimmung, der Implementation sowie beim Betrieb und dessen Überwachung von (skalierbaren) *Schutzmaßnahmen* (s. Abschn. 7.1)?

(f) bei der Durchführung einer *Prüfung* einer Verarbeitung (s. Abschn. 8.2)?

(g) bei der Durchführung einer *Datenschutz-Folgenabschätzung* einer Verarbeitung (s. Abschn. 8.3)?

(h) beim Betreiben eines *Datenschutzmanagement(systems)* für eine Organisation (s. Abschn. 8.4)?

(i) bzgl. der Assistenz von *SDM-Tools* (s. Abschn. 8.5)?

Diese Fragen sollen nachfolgend ein letztes Mal beleuchtet werden, was zugleich die wesentlichen Inhalte des Buches zusammenfasst.

a) Das SDM stellt sich vornehmlich in den Dienst der Umsetzung der normativen Anforderungen der DSGVO, die wiederum die Artikel 7 und 8 der EU-Grundrechtecharta konkretisiert. Wichtig: Auch wenn die Rechtsgrundlagen für eine Verarbeitung ausreichen, besagt das allein noch nichts darüber, dass auch die Praxis der Verarbeitung insgesamt DSGVO-konform erfolgt.

Bei der operativen Umsetzung der Anforderungen gilt es einerseits, die Methoden der Informationssicherheit zu nutzen, andererseits darf darüber der Unterschied zwischen dem Schutzgut der Informationssicherheit und dem Schutzgut des (operativen) Datenschutzes nicht aus den Augen verloren werden. Die Aktivitäten des Datenschutzes dienen dem Schutz von natürlichen Personen bei den personenbezogenen Datenverarbeitungen von Organisationen (vgl. Art. 1 bis Art. 3 DSGVO). Die Aktivitäten der Informationssicherheit dienen der Sicherung dieser Verarbeitungen im Interesse der Organisation bzw. des für sie Verantwortlichen. Es gilt sicherzustellen, dass das *Schutzgut* – „natürliche Personen" (Art. 1 DSGVO) und „Organisationen" („Niederlassung", Art. 3 DSGVO) mit ihren Interessen an den Daten zu diesen Personen – immer im Zentrum aller um Schutz ringenden Aktivitäten des SDM bzw. des operativen Datenschutzes steht. Zwischen Organisationen und Personen besteht in der Regel keine Augenhöhe; Organisationen sind in der Regel strukturell bevorteilt, die Bedingungen und konkrete Ausgestaltung der Kommunikationen und der Datenverarbeitung zu bestimmen.

Das SDM soll als Methode eine stabile, gut überschaubare, vertrauenswürdige Brücke zwischen den normativen Abwägungen der juristischen Expertise und der technisch-organisatorischen Expertise in Bezug auf Verarbeitung personenbezogener Daten bilden, die zu konkreten Umsetzungen mit standardisierten Abläufen und Techniken führen. Erst in zweiter Linie ist das SDM „Lieferant" für Schutzmaßnahmen.

b) Ausgangspunkt zur Beurteilung der Intensität des Grundrechteeingriffs ist die personenbezogene Verarbeitung einer Organisation. Deswegen bedarf es zur Bearbeitung der latenten Datenschutzrisiken einer *Modellierung der Verarbeitung der personenbeziehbaren Daten,* mit einem Erfassen des zeitlichen Ablaufs der Datenflüsse und den dabei in Anspruch genommenen Verarbeitungsorten, Diensten, personenbezogenen Daten, Prozessen und IT-Komponenten an Hardware und Software. Der SDM-Würfel stellt diese drei Dimensionen und die wesentlichen rechtlich regelungsbedürftigen Eigenschaften einer Verarbeitung in den Blick.

c) Die Verarbeitung personenbeziehbarer Daten erzeugt Risiken für Personen, die es ohne die Verarbeitung nicht gäbe. Die anstehende Entscheidung darüber, ob durch die Verarbeitung ein „normales" oder ein „hohes Risiko" für betroffene Personen besteht, lässt sich in Form einer *Schwellwert-Analyse* ermitteln.

Bei der Bearbeitung der Risiken gilt es, *vier Typen von Risiken zu unterscheiden:* Das Risiko, dass a) der Zugriff der Organisation auf natürliche Personen nicht hinreichend milde gestaltet ist; b) die Anforderungen der DSGVO nicht vollumfänglich mit risikomindernden Maßnahmen, insbesondere mit Bezug auf Art. 5 DSGVO, bedacht werden; c) die Anforderungen der Informationssicherheit nicht systematisch beachtet wurden und d) die Maßnahmen der Informationssicherheit nicht DSGVO-konform betrieben werden.

d) Zur Modellierung der manifesten Risiken einer Organisation werden die Grundsätze des Artikels 5 DSGVO als „Gewährleistungsziele" herangezogen und auf die Verarbeitung als Designvorgaben im Sinne des Art. 25 DSGVO angewendet. Als *Risikokriterien* fungieren die Negationen der Gewährleistungsziele, also konkret und stichwortartig formuliert: Intransparenz der Verarbeitung und der Schutzmaßnahmen, unzureichende Einschränkung der Nutzbarkeit der Daten (gemäß „nice-to-have"), keine Intervenierbarkeit insbesondere für Betroffene in die Art und Menge der Datenerhebung sowie die Abläufe, unbefugt möglicher Zugriff auf Daten, Systeme und Prozesse, fehlende oder mangelhafte Sicherung der Integrität der Daten, Systeme und Prozesse.

Wichtig für die Ausgestaltung von Maßnahmen ist, dass diese Ziele, in Bezug auf die Verarbeitung, in ein Abwägungsverhältnis zueinander gesetzt werden. Das SDM verdeutlicht, dass zum einen die Ziele zueinander in einem Spannungsverhältnis stehen, wodurch sie sich einerseits gegenseitig schwächen können. So können bspw. gesteigerte Anforderungen zur sicheren Umsetzung von Transparenz durch eine hochauflösende Protokollierung wiederum Anforderungen zur Sicherung auch der Vertraulichkeit oder Zweckbindung von Daten gefährden. Zum anderen können sich andere Konstellationen von Gewährleistungszielen gegenseitig verstärken. Die Sicherung der Vertraulichkeit von Daten verstärkt in der Regel auch deren Integrität.

e) Jedem Gewährleistungsziel ordnet das SDM Maßnahmen zur Minderung der Eingriffsintensität bzw. Maßnahmen zum Schutz von Personen zu. Wenn nach der für jede Verarbeitung obligatorisch durchzuführenden Schwellwertanalyse ein hohes Risiko für eine Verarbeitung festgestellt wird, dann müssen die zu treffenden *Schutzmaßnahmen* für diese Verarbeitung eine erhöhte bzw. hohe Wirksamkeit aufweisen. Im Wesentlichen handelt es sich immer um die gleichen risikenmindernden Maßnahmen, schließlich kommen bei einem hohen Risiko keine überraschend neuen Risiken, die über die Risiken gemäß der Grundsätze des Artikels 5 DSGVO hinausgehen, hinzu. Deshalb besteht die wesentliche Methode zum Erreichen einer hohen Wirksamkeit der Schutzmaßnahmen darin, dass die Maßnahmen zur Umsetzung eines Gewährleistungsziels ihrerseits den Anforderungen der anderen Gewährleistungsziele genügen müssen.

Das SDM macht sensibel dafür, dass gerade besonders wirksam umgesetzte Schutzmaßnahmen eines Gewährleistungsziels die Schutzmaßnahmen anderer Gewährleistungsziele schwächen können. Wo der angemessene Ausgleich der Schutzwirkungen der Schutzmaßnahmen untereinander liegt, ist gemeinsam im Team mit Jurist*innen und Techniker*innen zu bestimmen.

Weil Schutzziele einander stärken oder schwächen können, müssen Änderungen von Schutzmaßnahmen in einer Gesamtabstimmung betrachtet werden.

f) Eine *Datenschutzprüfung* ist ihrerseits als eine Verarbeitung im Sinne der DSGVO, mit den Qualitätsanforderungen aus Art. 5 DSGVO bzw. anhand der Gewährleistungsziele des SDM, durchzuführen. Datenschutzprüfungen können jederzeit mit personenbezogenen Daten Dritter in Berührung kommen; und eine mangel- oder fehlerhafte Datenschutzprüfung kann unabsehbare Folgen für betroffene Personen haben. Insofern ist es folgerichtig, Datenschutzprüfungen einer Organisation ins Verzeichnis der Verarbeitungsverzeichnisse einzutragen sowie einer DSFA zu unterziehen.

Ein weiterer Aspekt für die Qualitätssicherung einer Datenschutzprüfung sind die Unterscheidungen a) einer Kontrolle, die Sachverstand verlangt, von b) einer Prüfung, die Methodenkompetenzen verlangt, von c) einer Beurteilung, die Werte- und Regelkompetenzen verlangt und deren Zweck darin besteht, dass der Verantwortliche daraus abgeleitet dann d) Bewertungen vornehmen und Anweisungen bzgl. des Behebens von Mängeln, Fehlern und Rechtsverstößen geben kann. Das wiederum verlangt Weisungs- und Durchsetzungskompetenz.

g) Wenn durch die Schwellwertanalyse die Risikostufe einer Verarbeitung als „hoch" beurteilt wird, dann muss eine *DSFA,* entlang den Regelungen des Art. 35 DSGVO, für diese Verarbeitung durchgeführt werden. Ausgangspunkt einer DSFA ist die vollständige Beschreibung einer Verarbeitung, deren Inhalte sich an den Dimensionen und Kategorien des SDM-Würfels und den vier Risikotypen orientieren sollte. Neben dem Ausweis der Funktionen der Verarbeitung sind die Rechtsverhältnisse und entsprechende Rechtsgrundlagen zu erfassen sowie die bereits getroffenen und die, aufgrund der Analyse als mangel- oder fehlerhaft identifizierten, noch zu treffenden Schutzmaßnahmen gemäß SDM-Katalog in einem DSFA-Bericht auszuweisen.

Eine Organisation verfolgt in der Regel das Motiv, sämtliche Daten mit einem Maximum an Nutzen für die Organisation auszuwerten. Die DSFA dient nicht dazu, diesen Konflikt unsichtbar zu machen, sondern im Gegenteil diesen Konflikt klar herauszuarbeiten, um der Verarbeitung eine Form zu geben, die um Fairness bemüht grundrechtlich verantwortbar ist.

Die Grundrechtsorientierung der DSGVO bzw. des SDM verlangt von einer DSFA, dass als Hauptangreifer diejenige Organisation zu modellieren ist, die als Verantwortlicher Grundrechtsrisiken für betroffenen Personen durch die Verarbeitung der personenbezogenen Daten erzeugt. Und dann folgen obligatorisch zumindest die Dienstleister und IT-Auftragsverarbeiter des Verantwortlichen sowie die Sicherheitsbehörden, die im Grundsatz jederzeit und berechtigt Zugriff auf die Daten haben oder sich nehmen können. Deshalb ist für jede DSFA die Formulierung eines explizierten Angreifermodells, mit zumindest den drei bereits genannten Organisationstypen, obligatorisch. Ein DSFA-Bericht enthält deshalb mindestens eine hoch auflösende Beschreibung der Verarbeitung, stellt einen Bezug zu den Grundsätzen des Art. 5 DSGVO bzw. den Gewährleistungszielen des SDM her und weist eine Liste relevanter Angreifer auf, mit entsprechenden Empfehlungen für die Gestaltung der Verarbeitung und risikenmindernde Schutzvorkehrungen aus dem Arsenal der SDM-Maßnahmen zum Nutzen betroffener Personen.

h) Die Betreuung einer Organisation in Bezug auf die Durchsetzung und das Überwachen von Datenschutzmaßnahmen geschieht durch das *Datenschutzmanagement,* das grundsätzlich, wie jede andere übergreifende Aufgabe in einer Organisation, von einer eigens dafür eingerichteten Abteilung betrieben werden muss. In vielen Organisationen besteht das DSM in einer undefinierten Form und wird zumeist irgendwie dem/der für Durchsetzung nicht zuständigen Datenschutzbeauftragten aufgebürdet. Das SDM weist dem vierphasigen PDCA-Zyklus der kontinuierlichen Verbesserung von Prozessen, der heutzutage in vielen Organisationen im Rahmen des Qualitätsmanagements etabliert ist, bestimmte Aktivitäten zu.

i) Inzwischen werden viele *SDM-Tools* angeboten. Ein SDM-Tool ist dann SDM-konform, wenn es Assistenz für alle die zuvor gelisteten Eigenschaften leistet. Spezielle SDM-Tools befassen sich nur mit Durchführung einer DSFA mit SDM (und einigen weiteren Kurzpapieren der DSK) oder mit der Dokumentation von Verarbeitungen nach Anleitung des SDM-Würfels. Definitiv nicht SDM-konform sind solche Tools, die die Modellierung von IT-Verbünden im Kontext des IT-Grundschutz des BSI als Grundlage nehmen und diese mit SDM-Maßnahmen der drei weiteren, nicht vom Grundschutz betreuten, Schutzziele ergänzen. Unzulänglich sind auch solche Tools, die in einer Tabellenkalkulation allein alle Maßnahmen aus den Bausteinen des SDM auflisten und dahinter eine Ampel anordnen, die den Dokumentationsstand zeigen sollen.

Das SDM stellt sich vollständig in den Dienst der Umsetzung der DSGVO und in die, aus meiner Sicht von Spiros Simitis begründete, Tradition der entschieden grundrechtsfreundlichen Auslegung des Datenschutzrechts (vgl. Simitis 2006).

Das SDM steht noch in einer weiteren Tradition. Im Vorwort wurde die Funktion des Datenschutzes so definiert, dass Datenschutz Personen vor übergriffigen Organisationen schützen soll (s. Kap. 1). Man kann das Verständnis von Datenschutz weiter fassen und als *das Vermeiden unerwünschter Folgen moderner Informationsverarbeitung* ausweisen. Das war das Anliegen von Wilhelm Steinmüller, als er, zusammen mit seinen Assistenten Lutterbeck und Mallmann sowie weiteren Coautoren, auf die kleine Anfrage der Fraktionen der FDP und SPD 1972 das erste deutschsprachige Datenschutzgutachten vorgelegt hatte (vgl. Steinmüller 1972; Rost und Krasemann 2008; Pohle 2018). Hiernach ziele Datenschutz darauf ab, das Eintreten unerwünschter Folgen durch organisatorische und technische Gestaltung der Verarbeitung zu verhindern (Steinmüller 1972, S. 44). Inzwischen ließe sich Datenschutz auch positiv bestimmen: Die Umsetzung von Datenschutzanforderungen kann wünschbare (Formen von) Verarbeitungen ermöglichen, wenn man bspw. gegenwärtig an die Entwicklung von KI-Automaten denkt. Steinmüller sah mit dem Aufkommen der IT einen enormen Gestaltungsbedarf im Bereich von Staat und Unternehmen, analog zum Gestaltungsbedarf bei Atomenergie und Gen-Technik. Während Steinmüller später das Recht nur als eines der Steuerungsinstrumente zur Gestaltung von IT-Systemen auswies (vgl. Steinmüller 1993), zeigte Alexander Rossnagel, dass es gerade das Recht sei, das einen großen Einfluss auf die Gestaltung von Technik, sowohl in Bezug auf die Grundrechte gefährdende Atomenergie als auch auf die IT, nehmen kann (vgl. Roßnagel 1993).

Beide Autoren haben den gestalterischen Einfluss von Recht – als einer eigenständigen Logik, die mehr als nur ein Überbauphänomen kapitalistischen Wirtschaftens im Sinne des

„Recht des Stärkeren" bietet (vgl. Buckel 2007) – herausgearbeitet. Das Set der Gewährleistungsziele kann dabei von unterschiedlichen Logiken und Wissensdomänen aus als universelle „Design-Strategie" (DSK 2024, S. 37) für Verarbeitungen in Anspruch genommen
werden. Die Gewährleistungsziele des Datenschutzes lassen sich zudem als funktional-
operative Ergänzung der „Geltungsanforderungen an eine vernünftige Rede" der Universalpragmatik nach Habermas ausweisen (Rost 2013b, S. 90). Hiernach lassen sich die Geltung der Grundsätze aus Art. 5 DSGVO bzw. die Geltung der Gewährleistungsziele nach
SDM vernünftigerweise nicht aussichtsreich negieren. Und zugleich müssen die Organisationen, die die Kommunikationsinfrastrukturen für die „Verbreitungsmedien" bereitstellen,
den Gewährleistungszielen des SDM folgen, damit sich tatsächlich ein seltsamer Zwang
des besseren Arguments nicht nur im Kontext von Menschen, die unmittelbar miteinander
sprechen, sondern auch beim Gebrauch von Internetdiensten entfalten kann. Diese Thesen vertiefen Überlegungen, die Roßnagel et al. 1992 bei der Ableitung der funktionalen
Anforderungen aus den rechtlichen Anforderungen zur Gestaltung der ISDN-Infrastruktur
in Deutschland anstellte (vgl. Hammer et al. 1993, S. 43 ff.). Roßnagel bezog sich wiederum
auf soziologische Überlegungen ebenfalls von Podlech (vgl. Podlech 1989) und Luhmann
(vgl. Luhmann 1986).

Trotz einiger Ansätze haben Soziolog*innen den Datenschutz in den letzten Jahrzehnten nicht als spannendes Thema der vielgestaltigen Machtkonditionierung des Verhältnisses Organisation-Person im Kontext moderner Welt-Gesellschaft wiederentdeckt (vgl. Gräf
1993), sondern sich bspw. einer „Genealogie der Privatheit" verschrieben, in denen ein weiteres Mal Privatheit als Emanzipationsprojekt und als Zumutung zugleich deskriptiv herausgearbeitet wird (vgl. Ochs 2022, kritisch bzgl. des Ansatzes: Pohle 2018). Dabei hatte
Adalbert Podlech die enorme Bedeutung des Datenschutzes schon 1976 mit viel Wucht auf
die Agenda soziologischer Theoriebildung gesetzt:

> Beide grundlegenden gesellschaftstheoretischen Probleme, das der Legitimation von politi
> scher Macht und das der akzeptablen Struktur ökonomischer Produktionsverhältnisse, sind in
> ihrer jeweils historischen Formulierung technikabhängig. Ein drittes technikabhängiges grund
> legendes staatstheoretisches Problem kann unter dem etwas unglücklich gewählten Namen
> Datenschutz dahingehend formuliert werden: Unter welchen Bedingungen ist das Informa
> tionsgebaren einer Gesellschaft für die Glieder der Gesellschaft akzeptabel? Daß die gesell
> schaftstheoretische Gleichordnung des Datenschutzes mit den beiden zuerst genannten Proble
> men nicht zu hoch gegriffen ist, zeigt die enge Verklammerung der drei Problemkreise, wobei
> die informationelle Fassung gesellschaftstheoretischer Probleme insofern methodisch Vorrang
> besitzt, als sie die allgemeinste Problemformulierung gestattet (Podlech 1976, S. 313 f.).

Der Datenschutz und das Datenschutzrecht legen den Organisationen nicht nur weitere
Begründungslasten auf, so dass Verantwortliche, ungeachtet der Konsequenzen dieser
Lasten, trotz allem nach Belieben mit Personen agieren können. Vielmehr gibt das Datenschutzrecht Anweisungen zur Gestaltung von Verarbeitungstätigkeiten, damit Organisationen „fair" agieren; und Fairness appelliert an einen objektiven Maßstab. Datenschutz und

Datenschutzrecht verlangen von Organisationen, dass sie vorsichtig mit Menschen umgehen sollen, so wie der Naturschutz von Organisationen verlangt, vorsichtig mit der Natur umzugehen, selbst dann, wenn niemand hinsieht und niemand klagt und Schäden nicht unmittelbar offensichtlich sind. Die „Künstliche Intelligenz"-Automaten sind eine Herausforderung sowohl für Grundrechte als auch den Schutz der Umwelt (vgl. Schulzki-Haddouti 2021). Was sich im Naturschutz zeigt, nämlich dass die Privatisierung von Natur als „beliebig verfügbares Eigentum" genau nicht zum vorsichtigen Umgang mit der Natur führte, ganz im Gegenteil (vgl. Redecker 2020), ist auch beim Datenschutz immer schon ebenso klar wie umstritten gewesen: Wem gehören Daten? Sind sie Privateigentum oder gehören sie niemandem, nicht den Organisationen, die sie erzeugen, aber auch nicht den Personen? Ein undenkbarer Gedanke? Und nun? Die politischen Versuche, Datenschutzkonflikte auf Verfügungsgewalt über Daten als Ware zu reduzieren und mit den Kategorien des Eigentums eine behandelbare Form zu geben, bleiben selbstverständlich nicht aus (vgl. Draude 2024), zu stark ist das Eigentumsparadigma als Selbstverständlichkeit in alles hineingewoben. Und doch gelingt es nicht überzeugend, auch nicht den weltweit vielen Datenschutzjurist*innen, die im Auftrag der Organisationen immer wieder daran arbeiten und vorsorglich schon mal das Gegenteil behaupten. Personenbezogene Daten gehören wie Luft niemandem und sie gehören allen; es bedarf daher einer „Informationsordnung" (Alexander Roßnagel). Das Datenschutzrecht stellt diese Ordnung her, ohne dafür in das Eigentumschema zurückzufallen. Diese Eigenschaft macht das Datenschutzrecht so neuartig und modern, und für viele traditionell ausgebildete Jurist*innen zugleich so sperrig und zu Beginn der Befassung regelrecht unverständlich. Dabei sind viele moderne Verantwortliche durchaus bereit, fair zu agieren, in Bezug zur Natur wie auch zum Datenschutz. Die DSGVO und das SDM weisen den Weg, wie dies in der Praxis konkret gelingen kann.

Wie in der Einleitung des Buches bereits geschrieben: Das SDM unterstützt nicht die Vorstellung, dass DSGVO-Compliance bereits dann erreicht ist, wenn (irgend)eine Rechtsgrundlage (typisch: Datenschutzerklärung plus Einwilligung) vorliegen. Viel besser wird es auch nicht, wenn dazu noch einige inzwischen billige, gut eingeführte Standardmaßnahmen der IT-Sicherheit in Anlehnung an Art. 32 (typisch: komplexe Passworte, VPN-Tunnel); Einträge in das Verzeichnis der Verarbeitungstätigkeiten nach Art. 30, eng am DSGVO-Text ausgefüllt und eine gewisse Übung, von Hand und auf Anfrage einige Betroffenenrechte nach Artt. 13, 14, 15 bedienen zu können, hinzukommen. Selbst dieses oberflächliche Niveau der Umsetzung der DSGVO, die den Zweck des Datenschutzes aus dem Blick verliert, muss vielen Organisationen mühsam über lange Zeit abgerungen werden. Für solche Aktivitäten muss man tatsächlich nicht das SDM nutzen, die gerade unter betrieblichen Datenschutzbeauftragten weit verbreitet sind und gegen die die Interessensverbände betrieblicher und behördlicher Datenschutzbeauftragter ebenso wenig tun wie die vielen der zumeist nur juristisch ausgebildeten Autor*innen in den Datenschutz-Fachzeitschriften. Man hat sich eingerichtet. Entsprechend irrlichternd fallen Kritiken zum SDM aus:

„Und für ausgebildete Juristinnen und Juristen dürfte es doch wesentlich einfacher sein, eine juristische Prüfung einer Verarbeitung personenbezogener Daten auf Basis des juristischen Handwerkzeugs durchzuführen als das SDM anzuwenden; zumal dieses die Zulässigkeit einer Datenverarbeitung dann noch ausklammert. Wo soll es also helfen?" (Hansen-Oest 2023, S. 321)

Ja, wobei hilft das SDM? Keinen Zweifel, dass es für Jurist*innen einfacher ist, sich nicht mit der komplexen Praxis personenbezogener Verarbeitungen auseinanderzusetzen und sie überhaupt erst einmal prüffähig aufzubereiten. Nur wie geht man dann mit Art. 32 Nr 1 lit. d DSGVO um, der einen Ausflug in das Reich der Physik fordert bei der Anwendung „ein(es) Verfahren(s) zur regelmäßigen Überprüfung, Bewertung und Evaluierung der Wirksamkeit der technischen und organisatorischen Maßnahmen zur Gewährleistung der Sicherheit der Verarbeitung." Dafür fehlt es Jurist*innen an Ausbildung und Handwerkszeug. Die Kritik am SDM in diesem Artikel ist deshalb lesenswert, weil sie zeigt, mit welchem Unverständnis für die tatsächlich bestehenden Praxisanforderungen zur Umsetzung der DSGVO von juristischer Seite offenbar noch immer zu rechnen ist. Als besonders kritisch wird in diesem Artikel zudem herausgehoben, dass das SDM die Betroffenenposition zu stark mache und nicht beachte, dass die DSGVO den freien Verkehr der Daten unterstützen solle. Außerdem sei die Anwendung des SDM nur eine Empfehlung. Da wird wirklich alles zusammengekehrt, um insbesondere unsichere DSBe von der Anwendung einer wirksamen Methode zu entmutigen. Eine rechtliche Replik auf diesen SDM-kritischen Artikel findet sich bei Scheja (2024). Als SDM-Befürworter darf man berechtigt verlangen, dass Kritiker eine bessere methodische Alternative nennen, die in Bezug auf Umsetzung und Technik tatsächlich im Höchstmaße rechtssensibel bleibt und den Grundrechteschutz der Personen beachtet. Der Rat, auf eine Methode zur Transformation von rechtlichen in funktionale Anforderungen zu verzichten, ist unprofessionell und fahrlässig (vgl. Hammer et al. 1993). Und eine andere Methode alternativ zum SDM ist im Kontext Datenschutz bislang nicht in Sicht. Im SDM als Methode ist außerdem keine programmatische Schlagseite zugunsten betroffener Personen eingebaut, auch wenn im theoretischen Teil dieses Buches die Bearbeitung der Asymmetrie zwischen Organisationen und betroffenen Personen als Zweck des Datenschutzes ausgewiesen ist. Gerade weil das SDM das datenschutzrechtliche Verständnis für Verarbeitungen und die Grundrechtsrisiken vertieft, lässt sich das SDM besonders wirkungsvoll vorsätzlich im Interesse der Organisationen und gegen betroffene Personen nutzen. Den Unterschied macht wie immer nicht das Werkzeug, sondern dessen Führung.

Der SDM-Würfel zeigt, wie anspruchsvoll die Praxisanforderungen der DSGVO sind. Deshalb trifft das SDM auf Widerstand, nicht nur in den Unternehmen oder bei alteingesessenen Datenschutzbeauftragten, die sich aus methodischer Not im Irgendwie eingerichtet haben, sondern auch in Datenschutzaufsichtsbehörden. Denn mit der Anwendung des SDM in den Organisationen steigen die Qualitätsanforderungen an Prüfungen, weil Datenschutzprüfungen, ganz unabhängig vom Verwaltungsverfahrensrecht in Bund und Ländern, als Verarbeitungstätigkeiten mit zumindest mittelbarem Personenbezug auszugestalten sind. *Damit müssen Datenschutzprüfungen grundsätzlich ihrerseits den Grundsätzen von Artikel*

5 DSGVO genügen. Diese Stringenz stresst jede Organisation in der EU, also auch Datenschutzaufsichtsbehörden. Personen müssen in einer modernen Gesellschaft darauf vertrauen können, dass bezahlte Expert*innen des Datenschutzes, so wie andere Expert*innen auch, ihren Job auftragsgemäß bzw. erwartungsgemäß, und das heißt rechtskonform mit einem nicht beliebig weiten Ermessensspielraum, überprüfbar, intervenierbar, zweckgemäß, integer den gesamten Umfang erfassend, befugt und tatsächlich wirksam erledigen.

Im Kontext der Sicherung der Informationssicherheit ist allen Beteiligten klar, wie anspruchsvoll diese Aufgabe ist und dass die zuständigen Expert*innen die Anwendung bsw. des IT-Grundschutzes und der ISO-Standards aufwändig erlernen müssen. Die Aufgabe, die Anforderungen des operativen Datenschutzes umzusetzen, sind sicher nicht minder anspruchsvoll (Rost 2013a, S. 35 f.). Das Ergebnis all der Bemühungen um Grundschutz und Standards besteht im gelungenen Falle darin, dass Organisationen anschließend über so viel gesicherte Selbststeuerung verfügen, dass sie in anspruchsvollen, komplexen, „gefährlichen" Umgebungen bestehen können. Datenschutzmethodik muss man genauso wie jede andere Form des Gestaltens, Prüfens und Beratens ebenfalls mit Aufwand erlernen, juristisches Räsonnieren in der Auslegung der DSGVO allein erzeugt noch keinen Grundrechteschutz. Die Anwendung der SDM-Methodik gehört in professionelle Hände. Und es braucht Ressourcen für die Implementation von Regeln, Abläufen und Maßnahmen, die dafür sorgen, dass mit Menschen innerhalb und außerhalb von Organisationen nicht beliebig umgesprungen wird.

Ohne eine Datenschutztheorie bleiben Aktivitäten im Namen des Datenschutzes in der Praxis unverständlich und unnütz. Für Antidatenschutz-Lobbyisten ist es leicht, Datenschutz als nutzlosen, Innovationen verhindernden Bürokratismus zu diskreditieren, genau so ist er vielfach implementiert. Dass es beim Datenschutz „nicht um Privatheit geht!" (Wilhelm Steinmüller) und auch nicht nur um den Schutz von Daten, darf seit Anfang der 1970er Jahre als geklärt gelten. Ein aggressiv-ruppiger Umgang mit Natur und Menschen – man schaue in die Anfänge der Industrialisierung in Europa, USA und Sowjetunion oder derzeit auch nach Indien und China – ist auf Dauer nicht möglich. Menschen ersticken im Smog und der Hitze der Städte. Despoten, ganz gleich ob mit staatlicher oder wirtschaftlicher Übermacht ausgestattet, regredieren eine Gesellschaft, zumindest zeitweise, auf ein gesellschaftlich vormodernes Niveau, in dem beliebig über Natur und Menschen verfügt wird und ihnen Umstände aufgezwungen werden, in denen sich die Potentiale eines gelingenden Lebens nicht entfalten können. Datenschutz schützt natürliche Personen, nicht deren Daten, vor dem latent willkürlich-ausufernden Umgang mit Personen durch Organisationen.

Literatur

Buckel, Sonja (2007). *Subjektivierung und Kohäsion – Zur Rekonstruktion einer materialistischen Theorie des Rechts.* Bd. 2. Vieweg.
Draude, Claude et al. (2024). *Verrechnung, Design, Kultivierung – INSTRUMENTENKASTEN FÜR DIE GESTALTUNG FAIRER GESCHÄFTSMODELLE DURCH KO-VALUATION (Whitepaper).*

Hrsg. von Michael et al. Friedewald. https://www.uni-kassel.de/forschung/files/ITeG/Forschung/ FAIRDIENSTE/Forschungsberichte-1-2024-WP-Fairdienste.pdf.

DSK (2024). *Das Standard-Datenschutzmodell – Eine Methode zur Datenschutzberatung und -prüfung auf der Basis einheitlicher Gewährleistungsziele – Version 3.1.* https://www.datenschutz-mv.de/datenschutz/datenschutzmodell/.

Gräf, Lorenz (1993). *Privatheit und Datenschutz – Eine soziologische Analyse aktueller Regelungen zum Schutz privater Bereiche auf dem Hintergrund einer Soziologie der Privatheit.* Dissertationsschrift Köln.

Hammer, Volker, Ulrich Pordesch und Alexander Roßnagel (1993). *Betriebliche Telefon- und ISDN-Anlagen rechtsgemäß gestaltet.* Bd. 1. Springer, S. 43–86.

Hansen-Oest, Stephan (2023). „Das Standard-Datenschutzmodell – ein Ansatz mit einem rechtlichen Fehler". In: *Datenschutzberater* 12, S. 318–321.

Luhmann, Niklas (1986). *Grundrechte als Institution.* 3. Aufl. Schriften zumöffentlichen Recht 24. Unveränderter Nachdruck der 1965 erschienenen ersten Auflage. Berlin: Duncker & Humblot.

Ochs, Carsten (2022). *Soziologie der Privatheit.* Weilerswist: Velbrück Wissenschaft. https://www.nomos-elibrary.de/10.5771/9783748914877.pdf?download_full_pdf=1&page=1.

Podlech, Adalbert (1976). „Gesellschaftstheoretische Grundlage des Datenschutzes". In: *Datenschutz und Datensicherung.* Hrsg. von Rüdiger Dierstein, Herbert Fiedler und Arno Schulz. Köln: Bachem-Verlag.

Podlech, Adalbert (1989). „Alternativkommentar zum Grundgesetz für die Bundesrepublik Deutschland". In: Hrsg. von Wassermann. 2. Aufl. Neuwied. Kap. Alternativkommentar zum GG.

Pohle, Jörg (2018). *Datenschutz und Technikgestaltung: Geschichte und Theorie des Datenschutzes aus informatischer Sicht und Folgerungen für die Technikgestaltung.* https://edoc.hu-berlin.de/handle/18452/19886.

Redecker, Eva von (2020). *Revolution für das Leben – Philosophie der neuen Protestformen.* Fischer-Verlag.

Roßnagel, Alexander (1993). *Rechtswissenschaftliche Technikfolgenforschung – Umrisse einer Forschungsdisziplin.* Baden-Baden: Nomos-Verlag.

Rost, Martin (2013a). „Eine kurze Geschichte des Prüfens". In: *Informationssicherheit stärken – Vertrauen in die Zukunft schaffen.* Hrsg. von BSI. 1. Tagungsband zum 13. Deutschen IT-Sicherheitskongress. Gau Algesheim: Secumedia-Verlag, S. 25–35. https://maroki.de/pub/privacy/2013_05_BSI_SDM-Pruefen_Rost_Vortrag_v2a.html.

Rost, Martin (2013b). „Zur Soziologie des Datenschutzes". In: *DuD – Datenschutz und Datensicherheit* 37.2, S. 85–91. http://www.maroki.de/pub/privacy/2013-02_DuD-SozDesDS.html.

Rost, Martin und Henry Krasemann (2008). *Interview mit Prof. Steinmüller, aus der Reihe „Video-Interviews mit DatenschützerInnen zur Geschichte und Theorie des Datenschutzes".* https://maroki.de/pub/video/steinmueller/start_video_steinmueller.html.

Scheja, Gregor (2024). „Wie falsche Annahmen zur falschen Annahme rechtlicher Fehler führen: Replik zu Stephan Hansen-Oests Stichwort des Monats im Datenschutz-Berater 12/2023". In: *Datenschutzberater* 3.

Schulzki-Haddouti, Christiane (2021). *KI und Nachhaltigkeit.* https://www.plattform-lernende-systeme.de/files/Downloads/Publikationen/PLS_KI_und_Nachhaltigkeit_2021.pdf.

Simitis, Spiros (2006). „Geschichte der Datenschutzgesetzgebung". In: *Bundesdatenschutzgesetz.* Hrsg. von Spiros Simitis. 6. Aufl. Baden-Baden: Nomos, S. 61–153.

Steinmüller, Wilhelm (1972). *Grundfragen des Datenschutzes, Gutachten im Auftrag des Bundesministeriums des Innern, BT-Drs. VI/3826, Anlage 1.* https://dserver.bundestag.de/btd/06/038/0603826.pdf.

Steinmüller, Wilhelm (1993). *Informationstechnologie und Gesellschaft – Einführung in die angewandte Informatik.* Darmstadt: Wissenschaftliche Buchgesellschaft.

Anhang

A.1 Dank

Normalerweise finden sich Danksagungen im Vorwort. Wenn der Dank nur wenige Zeilen beansprucht, dann ist das eine gute Lösung; doch ich möchte mich etwas ausführlicher als üblich mit Begründungen bei einer Reihe von Personen bedanken und das ohnehin sehr lange Vorwort nicht noch mehr beanspruchen. Dass das SDM heute als Methodik des operativen Datenschutzes etabliert ist, ist das Werk vieler Personen. Die für die Entwicklung insbesondere der Gewährleistungsziele besonders wichtigen Personen habe ich in der „kurzen Entstehungsgeschichte" (s. Kap. 5.2.1) genannt, darüberhinaus müssen einfach noch weitere Personen genannt werden, die insbesondere mein Verständnis für Datenschutz formten oder die das SDM zur praktischen Relevanz verhalfen.

Dass Datenschutz ein außerordentlich spannendes Thema sein kann, habe ich erstmals von Dr. Marit Hansen gelernt, nachdem sie mich noch im Studium als Autor für ein soziologisches Gutachten über „Jugendschutz im Internet" gewonnen hatte, in dessen Erarbeitung ich mit zentralen Fragestellungen des Datenschutzes erstmals in Berührung kam. Dass Datenschutz kein Thema ist, das man den Datenschutzjurist*innen und deren Verwaltung anvertrauen darf, sondern das darüber hinausgehend gestaltet werden muss, habe ich erstmals von Dr. Helmut Bäumler (Jurist) gelernt. Mein Interesse speziell an Datenschutzmethodik geweckt haben Uwe Jürgens, der die „Landesverordnung über die Sicherheit und Ordnungsmäßigkeit automatisierter Verarbeitung personenbezogener Daten" in Schleswig-Holstein entworfen hatte, sowie Dr. Martin Meints, der an einer Standardisierung von Prüfungen im Datenschutz arbeitete und dafür etablierte Methoden der IT-Sicherheit in den Datenschutz importiert hatte. Erste Orientierung im Datenschutzrecht fand ich wiederum durch Uwe Jürgens und danach insbesondere durch Meike Kamp. Wichtig war die Zusammenarbeit mit Henry Krasemann bei der Durchführung einer Reihe vielstündiger Videointerviews mit frühen Wegbereitern des Datenschutzes – wie bspw. Prof. Lutterbeck, Prof. Podlech, Prof. Simitis und Prof. Steinmüller (vgl. https://www.maroki.de/pub/video/00_index_video_interviews_datenschutz.html), die, zusammen mit der anschließend

© Der/die Herausgeber bzw. der/die Autor(en), exklusiv lizenziert an Springer Fachmedien Wiesbaden GmbH, ein Teil von Springer Nature 2025
M. Rost, *Das Standard-Datenschutzmodell (SDM)*,
https://doi.org/10.1007/978-3-658-44998-8

einsetzenden Lektüre ihrer zentralen Texte, mein Verständnis von Datenschutz massiv beeinflussten. Die Durchführung dieser Interviewreihe fiel in die Amtszeit von Dr. Thilo Weichert, der nicht nur öffentlich sichtbar, sondern auch in die Aufsichtsbehörde (ULD) hinein, mutig agierte. Von Thilo Weichert habe ich gelernt, dass man Datenschutz ohne Mut und Bereitschaft zum Eingehen von Konflikten nicht machen kann. Zu dieser Zeit gab es im ULD außerdem die „Kaffeerunde" (mit u. a. Kirsten Bock, Dr. Felix Bieker, Benjamin Bremert, Dr. Malte Engeler, Susan Gonscherowski, Eva Schlehan), in der sich jede noch so unwahrscheinliche These zum Datenschutz interdisziplinär diskutieren ließ.

Die Kollegen Gabriel Schulz (LfDI M-V), Michael Wilms (LDI), Helmut Eiermann (LfDuI RLP) und Uwe Robra (LfD NI) reagierten unmittelbar positiv auf die erste Präsentation des SDM im „Arbeitskreis Technik". Sie sahen sofort das Potential und die Notwendigkeit einer spezifischen Methode zur Umsetzung von Datenschutzanforderungen. Ohne die Fürsprache etablierter Mitglieder von Arbeitsgruppen haben Innovationen durch Neulinge, wie ich einer war, in Arbeitskreisen keine Chance. Gabriel Schulz hat dann nicht nur dafür gesorgt, dass die Datenschutzaufsichtsbehörden, der IT-Planungsrat und das BSI sich mit dem SDM befassen mussten, sondern er hat das SDM wesentlich in die Richtung der praktischen Anwendbarkeit getrieben und, bspw. mit dem ersten SDM-Baustein „Löschen", den Maßstab für SDM-Bausteine gesetzt. Daniela Will, eine externe betriebliche Datenschutzbeauftragte und Vorsitzende des Erfahrungskreises (ERFA-Kreis) Bayern der Gesellschaft für Datenschutz und Datensicherheit e. V. (GDD), rief mich frühzeitig zu Vorträgen und Schulungen nach Bayern, um das SDM dort insbesondere den betrieblichen Datenschutzbeauftragten nahezubringen. Von ihr stammt das SDM-Motto „Ich bin der Meinung: Datenschutz hat Logik." Das war nicht ohne Risiko für sie, weil man seitens der Landesdatenschutzaufsicht für den privaten Bereich sich nicht vom SDM überzeugt zeigte und diese Aktivitäten aus Norddeutschland in den eigenen Gefilden wohl als ziemlich ungehörige Einmischung empfand. Auch im Kontext des GDD, wo man das SDM zunächst begrüßte aber nach den ersten Schulungen im Namen der GDD zu beargwöhnen anfing, verteidigte sie die besondere Praxistauglichkeit des SDM. Julia Stoll (ehemals HBDI) versuchte bis zu ihrem Ausscheiden, das SDM und die durch die DSGVO vorgeschriebene Entwicklung eines Zertifizierungsverfahrens seitens der Datenschutzaufsichtsbehörden zu vereinen. Ricardo Morte Ferrer hatte ebenfalls sehr früh das SDM als betrieblicher Datenschützer eingesetzt und es über Spanien sogar bis nach Südamerika bekannt gemacht. Mit Marita Häuser von der Datenschutzakademie Schleswig-Holstein wurden die ersten Schulungen zum SDM entworfen. Und Ralf Schulze von der KEDUA GmbH war sofort bereit, Schulungen zum SDM in einem von mir konzipierten Webinar-Format durchzuführen, bei dem die operativen und betriebswirtschaftlichen Risiken von SDM-Schulungen noch nicht absehbar waren. Mit Dr. Todt und Erik Kahnt hatte ich angenehm intensive Diskussionen zum Kirchen-Datenschutzmodell (KDM), die wiederum zurückwirkten auf die Schärfung meines Verständnisses vom SDM. Für das Kapitel zur Geschichte der Schutzziele durfte ich auf bislang unveröffentlichte Arbeitstexte von Dr. Bud P. Brügger und Lennart Wittkowski (TU-Dresden) zugreifen. Anhaltend wichtige Diskussionen zum Datenschutz führe ich mit

Dr. Stefan Köpsell, Christian Kühne (BBfDSuI), Dr. Jörg Pohle (HIIG), Rainer Rehak (FIfF), Wolfgang Zimmermann sowie meinen Kolleg*innen des ULD, darunter insbesondere Dr. Bud P. Bruegger, Dr. Marit Hansen und Dr. Thomas Probst. Mit Kirsten Bock (ULD) diskutierte ich bis zu ihrem Ausscheiden gründlich über Datenschutztheorie und lernte dabei juristisch und rechtsphilosophisch viel von ihr.

Ohne die Überlegungen und Diskussionen von Andreas Pfitzmann und Marit Hansen gäbe es keine Gewährleistungsziele. Ohne das institutionelle Wirken von Gabriel Schulz und das Engagement von Kirsten Bock gäbe es kein SDM, jedenfalls nicht in den vorliegenden Formen. Auf ähnlichem Niveau für das Gelingen wichtig waren außerdem die unermüdlichen Aktivitäten von Karin de Lange („Der SDM-Würfel ist ein Quader!"), deren Praxiserfahrungen bei der Anwendung der ersten Versionen des SDMs ins Modell zurückflossen. Von Karin de Lange stammt außerdem das erste methodisch überzeugende SDM-Tool.

Aktuell (Frühjahr 2024) besteht das SDM-Entwickler*innenkernteam der UAGSDM aus Cyrille Jike (LfDuI HB), Thomas Haeberlen (BfDI), Lars Konzelmann (SD), Christian Ricardo Kühne (BBfDSuI), Robert Maka (HmbBfDI), Dr. Rene Meis (LDI), Michael Tolk (BfD EKD), Dr. Christoph Wambsganz (BayLfD), René Weichelt (LfDI M-V) und Martin Rost (ULD).

Im Herbst 2023 gründete sich in Hannover die „Usergroup Standard-Datenschutzmodell" (UGSDM, (https://www.ugsdm.de), deren Mitglieder praxisnahe Themen rund um die effiziente Anwendung des SDM bearbeiten. Bei den Mitgliedern dieser Gruppe bedanke ich mich insbesondere dafür, dass mit ihnen der Perspektivwechsel von „Begründe dass das SDM taugt" zu „Think big!" möglich wurde.

Dass ich dieses Buch endlich geschrieben habe, geht u. a. auf einen längeren Mailwechsel mit padeluun (Digitalcourage) zurück. Und Kirsten Bock hatte lange Zeit schon darauf aufmerksam gemacht, dass das offizielle SDM-Handbuch der DSK stellenweise unnötig unverständlich formuliert sei und allein deshalb „draußen" weniger Hilfe durch das SDM ankäme als in der Methode enthalten sei. David Imgrund hat die Erstellung des Buches seitens des Springer-Verlags auf eine in jeder Hinsicht kompetente, flexible und angenehme Weise betreut. Dr. Michael Schack sprengte eine anhaltend nervige LaTeX-Klippe weg und ist mir generell ein wichtiger Gesprächspartner. Franz Hoegl reagierte umgehend und zugewandt auf meinen Wunsch, dass ich gern eine Grafik von ihm für das Buchcover verwenden möchte. Sebastian Kansy übernahm mit großer Sorgfalt sowohl für die erste als auch die zweite Auflage die formale Durchsicht des Manuskripts. Gabriel Schulz kommentierte das gesamte Manuskript der 1. Auflage, Herbert Scheller korrigierte schnell und akribisch die 2. Auflage, Karin de Lange kommentierte und korrigierte die gesamten Manuskripte beider Auflagen. Erik Kahnt hatte nur wenige Passagen der 1. Auflage bearbeiten können, diese dafür ganz besonders gründlich. Einige Überlegungen, Anregungen und Sätze dieser frühen Kritiker*innen des Textes waren besser als die meinen, so dass ich sie, ohne diese zu kennzeichnen, schlicht wörtlich übernahm.

Allen Genannten gilt mein herzlicher Dank; alle zu Unrecht Ungenannten bitte ich um Entschuldigung.
Martin Rost (sdm@maroki.de, 20. Mai 2024)

A.2   Betriebskonzept des SDM

Wie kann man als externe/r Datenschützer*in oder Hersteller von Programmen für TOM oder Management die eigenen Erfahrungen in das SDM – in die Methode oder die Bausteine – einfließen lassen?

Das SDM wird von Mitarbeiter*innen entwickelt und gepflegt, die in deutschen Datenschutzaufsichtsbehörden beschäftigt sind. Diese sind in der Regel auch Mitglieder der Unterarbeitsgruppe SDM („UAGSDM") des AK-Technik. Eine Beteiligung von Autor*innen außerhalb der Datenschutzaufsichtsbehörden ist nicht vorgesehen, um eine eindeutige Unabhängigkeit von allen anderen Organisationen oder Tätigkeiten zu gewährleisten.

Grundsätzlich wäre eine externe Beteiligung möglich, wenn sich ein/e Autor*in aus der UAGSDM findet und diese/r bereit ist, sich eines vorgeschlagenen Themas anzunehmen. Das Thema wäre dann in der UAGSDM oder dem AK-Technik vorzustellen und durch den oder die Mitarbeiter*in bis zur Verabschiedung zu betreuen. Unabhängig von dieser offiziellen Struktur sind informelle Gruppen wie bspw. die UGSDM entstanden, die das SDM anwenden und eigene Informationsmaterialien und Ausbildungskonzepte entwickeln. Die UGSDM bietet einen Anker, an dem Organisationen außerhalb der Datenschutzaufsichtsbehörden an der Weiterentwicklung des SDM teilhaben können.

Der Entstehungsprozess eines Bausteins durch die UAGSDM verläuft wie folgt:

- Entwurf durch den Autor oder die Autorin,
- Review durch Mitglieder der UAGSDM,
- Freigabe des Entwurfs durch die UAGSDM für den Review im AK Technik,
- Review durch Mitglieder des AK Technik,
- Abgabe des ggf. angepassten Entwurfs durch den Autor oder die Autorin an die UAGSDM,
- erneute Überprüfung mit Freigabe des Entwurfs durch die UAGSDM für die Verabschiedung im AK Technik,
- Verabschiedung durch den AK Technik (ggf. erneute Bearbeitung durch den Autor oder die Autorin),
- nach einstimmiger Verabschiedung Veröffentlichung des Bausteins durch den AK Technik.

Änderungen an Bausteinen oder der Methode werden durch Change-Requests (CR) initiiert. Ein CR enthält eine Beschreibung, eine Analyse und einen Lösungsweg oder eine Lösung des Problems, inkl. einer Einschätzung der Relevanz, des Aufwands und der Dauer der Umsetzung durch die UAGSDM.

A.3   Lösungen der Aufgaben

Die nachfolgenden drei Lösungen sind relativ umfangreich, sie bieten nur einen ersten Einstieg, der auf der Grundlage des SDM methodisch naheliegt.

Zur Lösung 1: Dass die Prüftätigkeit eines/einer DSBen ab einer gewissen Größe selbst als Verarbeitung zu gestalten ist, überrascht niemanden in solchen Organisationen, die eine Datenschutzabteilung betreiben. Aber es überrascht in der Regel Prüfer*innen, wenn man sie darauf hinweist, dass die Gewährleistungsziele hervorragende Kriterien sind, um die Qualität ihrer Datenschutzprüfungen zu beurteilen.

Zur Lösung 2: Es ist mir nicht möglich, hier eine vollständige DSFA für die Umsetzung des Infektionsschutzgesetzes (IFSG) als Verarbeitungstätigkeit zu präsentieren, zumal das Gesetz absehbar fortgeschrieben wird. Ich habe dieses Beispiel nur deshalb gewählt, weil hier beispielhaft mehrere Verarbeitungen verschachtelt sind, trotzdem die Verarbeitung durch das RKI insgesamt noch gut überschaubar ist. Rechtlich ist die Dreierkonstellation spannend, wonach eine privatrechtlich organisierte Praxis, ein in der Regel kommunal betriebenes Gesundheitsamt (sowie vielfach eine weitere Behörde auf Landesebene) und ein Institut, das einem Bundesministerium untersteht, zusammenarbeiten müssen. Handelt es sich um ein Verfahren mit gemeinsamer Verantwortung? Kann das RKI bei ausbleibender Meldung einer Praxis diese mit einer Ordnungswidrigkeitsstrafe belegen? Hat das RKI Verantwortung nur für die (geplante) gemeinsame Infrastruktur zur Verarbeitung von Meldungen? Dies sind nur Fragen, eine vorausliegende rechtliche Analyse des ISG sprengte den Rahmen der Bearbeitung dieser Aufgabenstellung.

Zur Lösung 3: Der Ausweis eines Zwecks ist die maßgebliche Regelungsgröße, um ein Datenschutzmanagement angemessen gestalten zu können. Sie finden in der Lösung sechs Beispiele unterschiedlicher Vorstellungen bzw. Definitionen zum Zweck, den ein DSM verfolgen kann.

„Prüfen als Verarbeitung"

Erinnern Sie sich bitte an die Abfolge Kontrollieren, Prüfen, Beurteilen und Anweisen (s. Kap. 4.3.5). Beim *Kontrollieren* fragt man danach, ob etwas sachlich Relevantes prüfbar vorhanden ist. Beim *Prüfen* fragt man anhand eines Soll-Ist-Abgleichs im Grunde nach der Qualität dessen, was vorhanden ist, und erzeugt ein Prüfergebnis. Beim *Beurteilen* von Prüfergebnissen fragt man danach, ob etwas rechtlich Relevantes erhoben und geprüft wurde und ob etwaige Abweichungen bei den ermittelten Prüfergebnissen rechtlich einen Unterschied machen. Ein entsprechendes Compliance-Urteil geht an den Verantwortlichen, der daraus

Anweisungen, mit Aufforderungen zum weiteren Vorgehen macht. In einer Datenschutzprüfung – ganz gleich ob organisationsintern durch den/die DSB oder durch eine Datenschutzaufsichtsbehörde (DSA) – werden Daten beim Kontrollieren erhoben; sie werden zu Abgleichzwecken erst funktional-normativ mit dem SDM, dann rechtlich-normativ mit der DSGVO, geprüft und am Ende beurteilt. Der Verantwortliche – in einer Datenschutzaufsichtsbehörde die Leiterin oder der Leiter – entscheidet über das weitere Vorgehen. Und bei alldem werden jede Menge IT, und teilweise auch Prüftools für spezielle Fragestellungen, eingesetzt, etwa Analysetools für Protokolldaten. Die IT-gestützten Prüftätigkeiten einer Datenschutzabteilung sind von anderen Teilen der Organisations-IT, vergleichbar zu den Abteilungen mit besonderem Vertraulichkeitsschutz – Leitung, Personal- oder Betriebsrat, Wirtschaftsprüfung, Personalabteilung – zu separieren. Typischerweise ist mit der Bezeichnung „Datenschutzprüfung" das Kontrollieren, Prüfen, Beurteilen und Anweisen umfasst.

Diese Feststellung, dass eine Datenschutzprüfung als Verarbeitungstätigkeit zu verstehen und entsprechend auch zu gestalten ist, hat einige Folgen; u. a. die, dass Datenschutzprüfungen in das Verzeichnis der Verarbeitungstätigkeiten nach Art. 30 aufgenommen werden sollten. Viel wichtiger ist aber, dass durch dieses Verständnis ein Maßstab zur Beurteilung der Qualität von Prüfungen bereitsteht, nämlich in Form der Gewährleistungsziele. Deklinieren wir sie doch einmal durch:

- Verfügbarkeit: Werden (Teile von) Verfahren geprüft? Gibt es einen Maßstab für die Prüfaktivitäten des/der DSBen oder der Datenschutzaufsicht (DSA)? Wann wurde zuletzt geprüft? Gibt es einen Plan für zukünftige Prüfungen? Gibt es eine Strategie für das Initiieren von Prüfungen? Werden Prüfungen ereignisgetrieben (z. B. durch Beschwerden), regelmäßig (aufgrund einer Strategie) oder zufällig angestoßen?
- Integrität: Gibt es ein Prüfkonzept, ein Prüfverfahren, eine Prüfmethodik mit dem Ausweis der normativen und funktionalen Prüfkriterien einschließlich einer Vorgabe zur Prüftiefe einer Verarbeitung – denken Sie insbesondere an die Ebenen 1 bis 3 (s. Kap. 3.3)?
- Vertraulichkeit: Gibt es Gründe, eine Prüfungen so durchzuführen, dass kein unnötiges Aufsehen durch die Prüfung entsteht? Gibt es Aspekte im Kontext der Prüfung, die berechtigt vertraulich zu behandeln sind, etwa Geschäftsgeheimnisse?
- Transparenz: Werden die Maßstäbe einer anstehenden Prüfung, die anhand abtrakter Fragen in dieser Auflistung vorgestellt werden, der zu prüfenden Organisation in konkreter Form mitgeteilt, mit dem Zweck, dass die zu prüfende Organisation eine Chance erhält, auf die Erwartungen des/der DSBe bzw. der DSA auch angemessen reagieren zu können? Kann die Organisation hinreichend erkennen, aus welchem Grunde und mit welchem Zweck sie geprüft wird? Wenn eine Prüfung aufgrund zu erwartender schwerwiegender Mängel durchgeführt wird oder Personen akut bedroht sind, dann muss seitens der DSA unmittelbar gehandelt werden, und zumindest im Nachgang die Transparenzanforderungen eingelöst werden. Zur Transparenz zählt auch, dass der/die DSB oder die DSA über

ihre Prüftätigkeiten berichtet, bei DSAen typischerweise in einem jährlich oder zwei-jährlich erscheinenden Tätigkeitsbericht. Über Prüfungen und Prüfberichte muss auch gesprochen werden können.

- Nichtverkettung: Ist für eine Prüfung geklärt, mit welchem Ziel geprüft wird, was der Prüfgegenstand, der Prüfumfang und die Prüftiefe ist und wie lange die Prüfung voraussichtlich dauert? Ist ersichtlich, bei welchen Ergebnissen mit welchen Konsequenzen zu rechnen ist?
- Intervenierbarkeit: Bekommen die betroffenen Personen, aber auch die zu prüfende Organisation, Gelegenheit, sich zur Prüftätigkeit und zu den Beurteilungen äußern zu können?

Wenn sich eine Datenschutzaufsichtsbehörde zu einer Prüfung ankündigt, sollten die Beteiligten die Datenschutzaufsichtsbehörde nach dem Prüfgegenstand, nach den Prüfkriterien und nach dem Prüfkonzept, oder besser noch: nach dem Prüfmodell, fragen. Trivialauskünfte wie „Wir prüfen nach Maßgabe der DSGVO!" oder „Wir geben grundsätzlich keinen Auskunft darüber, wie wir was prüfen!" sollten nicht akzeptiert werden. Die Beteiligten haben ein Recht darauf, dass Datenschutzprüfungen ihrerseits den Anforderungen nach Art. 5 DSGVO genügen.

„Verarbeitung nach IFSG"
Das Infektionsschutzgesetz (IFSG) ist um das Jahr 2000 im Kontext von HIV-Meldungen entstanden.

Der Gesetzgeber hatte sich beim Formulieren des Gesetzestextes nicht durchgängig an die auch damals schon datenschutzrechtlich etablierten Begriffe gehalten. Man kann dem Text aber entnehmen, dass die Übermittlung personenbezogener Daten vom Arzt oder der Ärztin an das Gesundheitsamt als „Meldung" und die Übermittlung vom Gesundheitsamt an das RKI nunmehr korrekt als „Übermittlung" bezeichnet wird. Das RKI wiederum ist gehalten, im Rahmen der Amtshilfe anderen Bundesbehörden – wer das sein darf, ist nicht weiter ausgeführt, typisch wären das BMI, das BGM und das Bundeskanzleramt – die gewünschten Auskünfte bspw. zur pandemischen Lage zu geben.

Jede der beteiligten Organisationen – Praxen, Gesundheitsämter, RKI – führt dabei eine eigene Verarbeitungstätigkeit aus, die gehaltvoll entlang zumindest der vier Phasen – Erhebung, Nutzung, Übermittlung und Löschung – jeweils einzeln beschreibbar ist (s. die Skizze in Abb. A.1).

In der *Praxis* erfolgt bzgl. Covid die Diagnose. Dort werden – aus der Sicht der Gesamtverarbeitung zum Zwecke der Erstellung der Fallzahlen einer Pandemie – die „Rohdaten" erzeugt und zu diagnostischen Daten veredelt. Die Diagnose basiert im Wesentlichen auf den Ergebnissen der Untersuchungen eines externen Labors (AV). Es wird ein Therapieplan erstellt, und die pandemierelevanten Daten werden an das Gesundheitsamt gemeldet, in einer Form, die das Gesetz vorgibt. Technisch können verschiedene Kanäle für die Meldung verwendet werden. Weil in Deutschland dafür bislang keine einheitliche Infrastruktur betrieben wird, melden viele Ärzte die Daten anstatt per (unverschlüsselter) E-Mail per Fax ein. Das

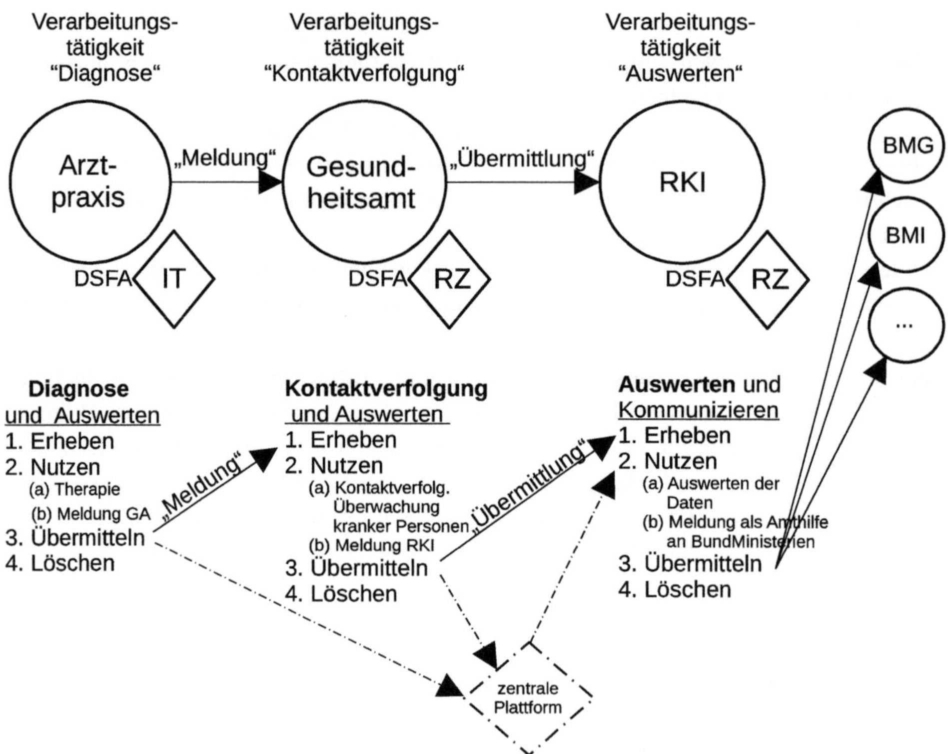

Abb. A.1 Verarbeitungstätigkeiten zur Umsetzung des Infektionsschutzgesetzes (IFSG)

Problem beim Fax formuliert die Bremer Datenschutzaufsichtsbehörde, die die Vertraulichkeit eines Faxes der einer unverschlüsselten E-Mail gleichsetzt (https://www.datenschutz.bremen.de/datenschutztipps/orientierungshilfen-und-handlungshilfen/telefax-ist-nicht-datenschutz-konform-16111). Die Gesundheitsdaten des oder der Patient*in werden in einer Krankenakte geführt. Die Meldedaten und dessen Medium müssen gelöscht werden; dass gemeldet wurde, muss revisionsfest protokolliert werden.

Im *Gesundheitsamt* werden diese Meldungen gesammelt. Als Erhebung gilt das Entgegennehmen der Meldungen von den Ärzt*innen. Die Inhalte der Meldungen werden – wieder aus Sicht der Gesamtverarbeitung zum Zwecke der Erstellung der Fallzahlen einer Pandemie – insofern weiter veredelt, als dass von Personen abgesehen wird, und diese zu statistisch auswertbaren „Fällen" werden. Das Gesundheitsamt verbindet mit der Meldung weitere Aktivitäten, für die es im Zuge der Pandemiebekämpfung zuständig ist. Es werden kranke Personen beraten und deren Aufenthaltsort überwacht, sofern das Aufkommen nicht zu groß ist. Dann werden diese aufbereiteten Daten – in einigen Fällen über dazwischen geschaltete Landesämter, wovon der Einfachheit halber für diesen Übungsfall abgesehen werden soll – an das RKI gemeldet. Im Kontext der SARS-CoV-2-Pandemie-Kontaktverfolgung kommt nun unter dem Stichwort „SORMAS" eine Kommunikations-Infrastruktur ins Spiel, die den Gesundheitsämtern (zukünftig?) dabei helfen soll, sowohl die Meldungen über verschiedene Kommunikationskanäle seitens der Ärzt*innen, als auch die Übermittlung an das RKI zu unterstützen. Hier ist zu fordern, dass die Meldedaten nach der Meldung gelöscht werden und die Daten, die beim Gesundheitsamt gesetzlich geregelt verbleiben dürfen, zur weiteren Bearbeitung genutzt werden können.

Das *RKI* hat die gesetzliche Aufgabe (siehe „§4 IFSG, Aufgaben des Robert Koch-Institutes"), über den Verlauf der Pandemie zu unterrichten. Als Erhebung gilt das Entgegennehmen der Übermittlungen durch die Gesundheitsämter. Diese Daten werden zum eigentlichen Zweck verarbeitet, nämlich Daten für die Steuerungsaktivitäten verschiedener Bundesbehörden, vermutlich zur Erstellung von Studien und zur Information der Öffentlichkeit, aufzubereiten. (Wie autonom das RKI bspw. gegenüber dem BMI in Bezug auf eigene Pressemitteilungen agieren kann, und ob eine Autonomie vom Gesetz gedeckt ist, ist spannend, muss uns hier nicht weiter interessieren.) Und auch stellt sich zum Schluss die Frage: Ist das Kunst oder kann das weg? Das Aufbewahren der Originaldaten der Übermittlung muss eigens geregelt sein; ansonsten war die Übermittlung der Zweck, der mit der Übermittlung erfüllt ist; ein weiteres Speichern ist nicht erforderlich, die Daten sind zu löschen. Wenn mit den Meldungen noch geforscht werden soll, könnte das ein anderer Zweck sein; es müsste dafür eine neue Rechtsgrundlage, die vermutlich wissenschaftlich motiviert ist, erstellt werden und die das Aufbewahren für den auszuweisenden Zweck regelt.

Das Besondere an dieser Verarbeitungstätigkeit besteht insofern darin, dass sie über die Verarbeitungen von mindestens drei eigenständigen Organisationseinheiten hinweg reicht. Verantwortlich für die Umsetzung der IFSG ist das RKI, gemeinsam mit den Arztpraxen und den Gesundheitsämtern. Eine Rechtsgrundlage ist vorhanden, die im konkreten Falle zu prüfen wäre.

Aus Datenschutzsicht ist festzustellen, dass es sich in allen Fällen um personenbezogene Art.9-Daten handelt, mit denen grundsätzlich ein hohes Risiko für die Betroffenen einhergeht. Die Schwellwertanalyse gemäß Muss-Liste der DSK würde zum Urteil führen, dass hier Menschen sowohl einem Profiling wie auch einem Scoring unterliegen mit der Folge, dass sowohl die Praxen als auch die Gesundheitsämter für ihre Verarbeitungen eine DSFA durchführen müssen. Dabei sind die verwendeten Programme und die etwaig genutzten Rechenzentren, die bei allen beteiligten Organisationen eine wesentliche Rolle spielen, mit einzubeziehen. Ebenso muss das RKI eine DSFA vorlegen, insbesondere dann, wenn die Meldungen der Gesundheitsämter personenbeziehbar sind, zu denen nicht nur unmittelbar namentliche sondern auch pseudonyme Meldungen zählen würden. Das wäre zu klären.

„Zweck eines Datenschutzmanagements"
Nachfolgend finden Sie Definitionen für den Zweck eines Datenschutzmanagements, die typisch für bestimmte Rollenauffassungen sind. Vergleichen Sie Ihre Definition mit den besonders konturiert formulierten nachfolgenden Definitionen zu einem DSM. Die letzte

Definition (F) könnte eine sein, die nach der Lektüre dieses Buches naheliegt, und von der ich hoffe, dass sie Ihrer Definition nahekommt.

(A) Ein/e *echte/r Datenschützer*in* – also jemand, der oder die vom Betroffenen und der strukturellen Machtasymmetrie zugunsten von Organisationen ausgeht und als Handlungsmaßstab die Anforderungen der DSGVO anlegt und mit Hilfe des SDM ausführt – könnte das Ziel und den Zweck eines DSM abstrakt wie folgt festlegen: „Der Zweck eines DSMs besteht darin, dauerhaft und kontinuierlich für eine Organisation die datenschutzrechtlich bestehenden Anforderungen an sämtliche personenbezogene Verarbeitungstätigkeiten zu kennen, zu kommunizieren und durch koordinierende Aktivitäten so in operative Anforderungen zu wandeln, dass das DSM die Organisation anhand expliziter Ziele des Datenschutzes transparent steuert, d. h. Defizite/Fehler erkennt und wirksam korrigiert, und den Erfolg, in Bezug auf die Minimierung der Eingriffsintensität der Verarbeitungstätigkeiten für die von ihnen betroffenen Personen, und die Wirksamkeit der technisch-organisatorischen Maßnahmen nachweisbar und prüfbar macht."

Diese Ausführungen übertreffen die Definition für ein Datenschutzmanagement (DSM) und treffen vielmehr auf ein Datenschutzmanagementsystem (DSMS) zu.

(B) Ein *grundrechtlich ignoranter und datenschutzrechtlich desorientierter Verantwortlicher* könnte den Zweck eines DSM wie folgt festlegen:
„Der Zweck eines DSM besteht darin, sicherzustellen, dass die Datenverarbeitung einer Organisation so eingerichtet ist, dass das DSM so wenig wie möglich Ressourcen bindet bzw. so wenig wie möglich kostet, mit dem Ziel, dass die Datenverarbeitung trotzdem datenschutzrechtlich konform (für Betroffene sowie für Konkurrenten) erscheint und zumindest einer oberflächlichen Prüfung durch eine Aufsichtsbehörde standhält."

In der Praxis ist davon auszugehen, dass diese Vorstellung häufig anzutreffen ist. Die Folge ist, dass ein/e engagierte/r DSB, um einen wirksamen Datenschutz auf der operativen Ebene durchzusetzen, kämpfen muss.

(C) Eine *verantwortliche Verantwortlichen-Perspektive* könnte den Zweck eines DSM wie folgt ausweisen:
„Der Zweck eines DSM besteht darin, eine rechtskonforme Datenverarbeitung der Organisation sicherzustellen, aber so, dass die eigentliche Funktion einer Organisation durch die Umsetzung von datenschutzrechtlichen Anforderungen nicht in Gefahr gerät."

(D) Ein/e *juristisch geprägte/r engagierte/r DSB* könnte den Zweck eines DSM wie folgt definieren:
„Der Zweck eines DSM besteht darin, eine rechtskonforme Datenverarbeitung insgesamt in dem Sinne sicherzustellen, dass eine Organisation mit ihren personenbezogenen Verarbeitungstätigkeiten auf einem tatsächlich geringstmöglichen Niveau in die Rechte und Freiheiten der von der Verarbeitung betroffenen Personen eingreift."

Hier mangelt es an einer notwendig praktischen Orientierung. Wie die Transferleistung erbracht werden soll – wie also aus den normativen Anforderungen operative Anforderungen für die Praxis werden – müsste ergänzt werden.

(E) Aus einer *technisch-dominierten DSB-Perspektive* könnte die Definition eines DSM eher in diese Richtung gehen:

„Der Zweck eines DSM besteht darin, die personenbezogene Daten zu schützen und die Datenverarbeitung für Betroffene transparent zu machen. Das bedeutet vor allem, dass nur Befugte auf Daten zugreifen dürfen (Verschlüsselung, Rollen- und Berechtigungskonzept) und eine ausführliche Dokumentation und Protokollierung der Systeme anzufertigen ist."

Hier mangelt es, komplementär zur vorigen Definition, an der notwendig normativen Orientierung an der DSGVO.

(F) Ein/e *praktisch orientierte/r engagierter DSB* könnte andere Aspekte an einem DSM betonen:

„Der Zweck eines DSM besteht darin, die Risiken in Bezug auf die Intensität von Grundrechtseingriffen, die eine jede Verarbeitungstätigkeit mit Personenbezug erzeugt, für die davon betroffenen Personen zu minimieren. Das bedeutet, dass die Verarbeitungstätigkeiten minimal eingriffsintensiv zu gestalten sind und dass die technisch-organisatorischen Maßnahmen zugunsten betroffener Personen, insbesondere unter vollständiger Beachtung der Grundsätze aus Art. 5 sowie der Betroffenenrechte aus Artikel 12 bis 22 DSGVO, implementiert und permanent überwacht werden müssen."

Stichwortverzeichnis